"十四五"职业教育国家规划教材

城市轨道交通概论
（第 3 版）

赵矿英 主编
彭志平 梁蔚 副主编

电子工业出版社
Publishing House of Electronics Industry
北京·BEIJING

内 容 简 介

本书是"职业教育城市轨道交通专业教材"之一，是根据城市轨道交通培养方案编写的项目式职业性教材。本书通过9个项目下的27个任务，较全面地概括了我国城市轨道交通的发展历程、车站类型、线路的设计和设施、轨道、车辆、信号系统、通信系统、供电系统、机电设备、自动售检票系统、城市轨道交通的运营组织、运营控制、行车组织、乘务组织、客运组织、票务组织、安全设施及管理等内容。同时，本书介绍了目前国内外新型城市轨道交通技术及设备发展的最新案例。

本书可以作为职业院校的城市轨道交通专业及相关专业的教学用书，也可以作为从事城市轨道交通行业职工的参考资料和培训用书。

本书还配有电子教学参考资料包（包括电子教案、教学指南及习题答案），详见前言。

未经许可，不得以任何方式复制或抄袭本书之部分或全部内容。
版权所有，侵权必究。

图书在版编目（CIP）数据

城市轨道交通概论 / 赵矿英主编. —3 版. —北京：电子工业出版社，2022.2
ISBN 978-7-121-42648-3

Ⅰ．①城⋯ Ⅱ．①赵⋯ Ⅲ．①城市铁路－轨道交通－职业教育－教材 Ⅳ．①U239.5

中国版本图书馆 CIP 数据核字（2022）第 015170 号

责任编辑：徐　玲　　　　　　文字编辑：靳　平
印　　刷：大厂回族自治县聚鑫印刷有限责任公司
装　　订：大厂回族自治县聚鑫印刷有限责任公司
出版发行：电子工业出版社
　　　　　北京市海淀区万寿路173信箱　邮编 100036
开　　本：787×1092　1/16　印张：19.75　字数：505.6 千字
版　　次：2013 年 3 月第 1 版
　　　　　2022 年 2 月第 3 版
印　　次：2025 年 6 月第 8 次印刷
定　　价：49.00 元

凡所购买电子工业出版社图书有缺损问题，请向购买书店调换。若书店售缺，请与本社发行部联系，联系及邮购电话：(010) 88254888，88258888。
质量投诉请发邮件至 zlts@phei.com.cn，盗版侵权举报请发邮件至 dbqq@phei.com.cn。
本书咨询联系方式：xuling@phei.com.cn。

前言 Introduction

城市轨道交通是现代城市公共交通的主要形式。城市轨道交通不仅可以满足日益增长的城市居民出行需求，而且具有运能大、能耗低、污染少、速度快、安全准点等特点，是一种节约资源、保护环境的城市公交系统，符合城市可持续发展原则。城市轨道交通种类繁多，有城市地下铁道、轻轨交通、有轨电车、单轨交通、市郊铁路、磁悬浮线路、机场联络铁路、全自动乘客捷运系统等。

城市轨道交通是集线路、车辆、供电、通信信号、自动售检票、运营管理等专业工种于一体的综合系统。新工艺、新技术、新材料、新产品等四新知识在城市轨道交通各个专业得到充分的运用。本书作为"职业教育城市轨道交通专业教材"之一，是结合城市轨道交通专业人才培养方案和职业教育教材现状编写的，涵盖城市轨道交通的主要内容。为适应职业教育的需要，编者力求本书内容体现当代职业教育新理念。为紧跟城市轨道交通行业发展，编者尽量使本书内容保持一定的知识与技术领先。

本书在体例设计上突破了传统教材的编写模式，理论与实践相结合，突出职业教育的实践性，主要有以下特点。

（1）采用项目式体例，任务驱动，以完成具体任务为目标进行编写。每个项目包括3个任务，而每个任务下设有"学习目标""学习任务""工具设备""教学环境""基础知识""相关案例""拓展知识"等模块，并配置操作运用案例和习题。

（2）注重实用、案例多、观念新，内容通俗易懂，融入和结合了城市轨道交通专业骨干教师多年的教学经验和体会。为了方便教师教学，特别增加教师工作活页，寓专业能力、方法能力和社会能力培养于情境教学。内容编排重点突出，图文并茂，反映城市轨道交通的基本专业知识和基本技能。

（3）为了使学生能学以致用，特别增加了学生学习活页，让学生学习模拟城市轨道交通专业设备具体运用。通过具体知识认知模拟训练、情境实操及教学评价等环节，使学生加深对专业知识和技能的理解，以及对基本技能和基本方法的掌握，从而达到使学生对城市轨道交通运输设备的认知目的，为学生学习其他后续专业课程打下坚实的基础。

本书由河北轨道运输职业技术学院赵矿英担任主编，河北轨道运输职业技术学院彭志平和梁蔚担任副主编，行业专家中国铁路北京局集团有限公司石家庄南站站长高凤昆参与编写。具体编写分工为：赵矿英、高凤昆编写了项目一、项目八、项目九，彭志平编写了项目二、项目三、项目四，梁蔚编写了项目五、项目六、项目七。赵矿英负责全书框架和

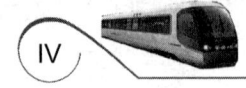

编写思路的设计、主要项目的编写及全书的统稿和审定工作。

本书在编写过程中得到了多位城市轨道交通行业专家的大力支持，在此表示衷心的感谢！

为了方便教师教学，本书还配有电子教案、教学指南及习题答案（电子版）。请有此需要的教师登录华信教育资源网下载或与电子工业出版社联系，免费获取（E-mail：hxedu@phei.com.cn）。

由于城市轨道交通正处于快速发展期，技术装备日新月异，各城市轨道交通运输设备也都有各自的特点，资料收集很难达到齐全和最新，再加上编者水平所限，书中技术资料和数据肯定存在不足和差异，错误和疏漏在所难免，在此敬请读者见谅，也恳请读者多提宝贵意见和批评指正，我们将十分感谢。

编　者

目录 Contents

项目一　城市轨道交通及其发展　1

　　任务一　城市轨道交通 ……………………………………………………… 1
　　任务二　城市轨道交通的发展与网络化运营 …………………………… 14
　　任务三　城市轨道交通及其发展的操作运用案例 ……………………… 25

项目二　城市轨道交通车站及其设计　32

　　任务一　车站及其设备设施 ……………………………………………… 32
　　任务二　车站平面布局设计 ……………………………………………… 41
　　任务三　城市轨道交通车站及其设计的操作运用案例 ………………… 50

项目三　城市轨道交通线路设备与线网规划　58

　　任务一　城市轨道交通线路设备与施工 ………………………………… 58
　　任务二　城市轨道交通线网规划 ………………………………………… 77
　　任务三　城市轨道交通线路设备与线网规划的操作运用案例 ………… 89

项目四　城市轨道交通车辆及其设备　99

　　任务一　城市轨道交通车辆的类型 ……………………………………… 99
　　任务二　城市轨道交通车辆设备的组成 ………………………………… 111
　　任务三　城市轨道交通车辆及其设备的操作运用案例 ………………… 125

项目五　城市轨道交通车辆牵引系统与供电系统　133

　　任务一　城市轨道交通车辆牵引系统 …………………………………… 133
　　任务二　城市轨道交通供电系统 ………………………………………… 146
　　任务三　城市轨道交通车辆牵引系统与供电系统的操作运用案例 …… 163

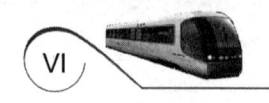

项目六　城市轨道交通信号系统与通信系统　　171

任务一　城市轨道交通信号系统 …………………………………………………… 171
任务二　城市轨道交通通信系统 …………………………………………………… 188
任务三　城市轨道交通信号系统与通信系统的操作运用案例 …………………… 200

项目七　城市轨道交通行车管理　　210

任务一　城市轨道交通列车运行计划 ……………………………………………… 210
任务二　城市轨道交通行车组织与乘务管理 ……………………………………… 231
任务三　城市轨道交通行车管理的操作运用案例 ………………………………… 244

项目八　城市轨道交通客运组织与票务组织　　253

任务一　客运组织 …………………………………………………………………… 253
任务二　票务组织 …………………………………………………………………… 265
任务三　城市轨道交通客运组织与票务组织的操作运用案例 …………………… 273

项目九　城市轨道交通环境控制与安全管理　　279

任务一　城市轨道交通环境控制 …………………………………………………… 279
任务二　城市轨道交通安全管理 …………………………………………………… 289
任务三　城市轨道交通环境控制与安全管理的操作运用案例 …………………… 304

项目一 城市轨道交通及其发展

自 20 世纪下半叶以来，伴随着世界各国的城市区域不断扩大，城市经济日益发展，城市人口逐渐上升。城市流动人口及汽车保有量的猛增，导致城市交通量急剧增长。而城市道路的相对有限性与汽车生产的相对无限性的尖锐矛盾迫使各国政府实施"公交优先"的战略——在大城市建设以轨道交通为骨干、道路公交为基础、出租车为补充的公共交通系统。因此，在城市大力发展轨道交通势在必行。

任务一 城市轨道交通

学习目标

（1）了解城市轨道交通的概念。
（2）掌握城市轨道交通的特点。
（3）了解城市轨道交通的类型。
（4）掌握城市轨道交通按运能范围、车辆类型和主要技术特征进行分类的各种轨道交通类型的特点。

学习任务

认知城市轨道交通的概念，熟知城市轨道交通的特点，认知城市轨道交通的分类，熟知并能识别按运能范围、车辆类型和主要技术特征进行分类的各种轨道交通类型的特点。

工具设备

城市轨道交通不同类型车辆及其设备的相应挂图、图片，多媒体设备等。

教学环境

多媒体教室或在城市轨道交通车站现场教学。

一、城市轨道交通的概念和特点

（一）城市轨道交通的概念

城市轨道交通是一个包含范围较大的概念，在国际上没有统一的定义。根据轨道交通的特性，从广义上讲，凡是车辆运行在导轨上的交通运输都可称为轨道交通运输。在轨道交通运输发展的历史进程中，人们常把担当长运输的铁路称为大铁路（或称为干线铁路），以区别于城市轨道。因此，我们通常所说的城市轨道不包括大铁路。

城市轨道交通是指在城市公共客运交通系统中以电能为动力、具有固定轨道线路、配备运输车辆及服务设施的快速大运量公共交通设施和方式。

可见，城市轨道交通是指以轨道运输方式为主要技术特征的，在城市公共客运交通系统中具有中等以上运量的轨道交通系统（有别于道路交通），主要为城市内（有别于城际铁路，但可涵盖郊区及城市圈范围）公共客运服务，是一种在城市公共客运交通中起骨干作用的现代化立体交通系统。

（二）城市轨道交通的特点

1. 运量大

城市轨道交通由于高密度运转、行车时间间隔短、行车速度快、编组车辆数多，因而具有较大的运输能力。市郊铁道单向高峰的运输能力最大可达到 6 万～8 万人次/小时；地下铁道（简称地铁）单向高峰的运输能力达到 3 万～6 万人次/小时，甚至达到 8 万人次/小时；轻轨单向高峰的运输能力达到 1 万～3 万人次/小时；有轨电车单向高峰的运输能力能达到 1 万人次/小时。可见，城市轨道交通的运输能力远远超过公交车。据相关文献统计，地铁每千米线路年客运量可达 100 万人次以上，最高达到 1200 万人次，如莫斯科地铁、东京地铁、北京地铁等。城市轨道交通也能在短时间内输送较大的客流。据统计，地铁在早高峰 1 小时内能通过全日客流的 17%～20%；在早高峰 3 小时内能通过全日客流的 31%。

2. 准时

城市轨道交通由于其车辆在专用行车轨道上运行，不受其他交通工具干扰，不产生线路交叉堵塞现象，并且不受气候影响，能全天候运行，所以能按运行图运行，具有可信赖的准时性。

3. 快捷

与常规公共交通相比，城市轨道交通多数采用高站台，且其车辆有较高的运行速度，有较高的启、制动加速度，停站时间短，从而使乘客上、下车迅速，换乘方便，并能较快地到达目的地，缩短出行时间。

4. 舒适

与常规公共交通相比，城市轨道交通由于运行在不受其他交通工具干扰的轨道线路上，所以其车辆具有运行平稳的特性。同时，其车辆、车站等装有空调、引导装置、自动售票等直接为乘客服务的设备，车厢整洁舒适和设计人性化等，使得城市轨道交通具有较好的乘车条件，其舒适性优于公交车，如图 1-1、图 1-2 所示。

5. 安全

城市轨道交通由于没有平交道口，不受其他交通工具干扰，并且有先进的通信信号设备，因此安全系数较高。

6. 占地少，不破坏地面景观

大城市地面拥挤、土地费用昂贵。城市轨道交通由于充分利用了地下和地上空间的开发，不占用地面街道，因此能有效缓解由于汽车大量发展而造成的道路拥挤、堵塞，有利于城市空间的合理利用，特别是有利于缓解大城市中心区过于拥挤的状态，进而提高了土地利用价值，并能保护城市景观。

图 1-1　时尚、舒适的地铁车厢

图 1-2　公交车车厢

7. 低污染

城市轨道交通车辆采用电力牵引方式，与公交车相比，不会产生废气污染。随着城市轨道交通的发展，公交车的数量还会减少，这进一步减少了汽车的废气污染。同时，城市轨道交通由于在线路和车辆上采用了各种降噪措施，一般不会对城市环境产生严重的噪声污染。

8. 投资大，技术复杂，建设周期长

城市轨道交通是一个庞大的系统工程，涉及土建（装修）、机械、电子、供电、通信、信号等多种技术，具有设备多，技术要求、技术含量高，系统性、严密性、联动性要求高等特点。城市轨道交通土建工程大而多，且建设的周期长，涉及的资金投入一般是每千米4亿～6亿元人民币。一般大城市建成一个200km的地铁网要投资上千亿元人民币的资金，且建设时间为10～20年。

二、城市轨道交通的类型

城市轨道交通种类繁多、技术指标差异较大、各国评价标准不一，目前尚无十分统一的分类标准。不同的分类方法可以有不同的结果。城市轨道交通按照运能范围、车辆类型及主要技术特征，可分为有轨电车、地下铁道（地铁）、轻轨、独轨、磁悬浮、新交通系统等。

1. 有轨电车

有轨电车是使用电力牵引、轮轨导向、1～3辆编组运行在城市路面线路上的低运量轨道交通系统。

有轨电车一般设在城市中心，穿街走巷运行，具有上、下车方便、造价低、建设难度小的优点。有轨电车一般采用直流电动机驱动，与其他车辆混行，受路口红、绿灯的控制，正点率低，噪声大，加/减速性能较差，因此通行能力低、安全程度低，极易与地面道路车辆发生冲突而引起道路交通堵塞。目前，大连、长春、上海和香港等城市还保留着老式有轨电车。大连老式有轨电车如图1-3所示。

经改造后的现代化有轨电车（如图 1-4 所示）与性能较差的轻轨交通已很接近，只是车辆尺寸稍小一些，运营速度接近 25km/h，单向运输能力可达 2 万人次/小时。1908 年，上海第一条老式有轨电车建成通车，如图 1-5 所示。百年之后的 2009 年，上海张江地区现代化有轨电车建成通车，如图 1-6 所示。

图 1-3　大连老式有轨电车

图 1-4　大连现代化有轨电车

图 1-5　上海老式有轨电车

图 1-6　上海现代化有轨电车

2．地铁

地铁泛指轴重相对较大，单向高峰的运输能力在 3 万～7 万人次/小时的大容量轨道交通系统。该系统在市区多为地下隧道线路（如图 1-7 所示），主要运行于市区，也可延伸到市郊运行。

图 1-7　地铁

地铁的主要技术特征是轨道线路全部或部分建在地下且全封闭、站间距较密、电力驱动、信号自动化控制。地铁运行具有运量大、速度快、安全、准时、舒适、节约城市土地资源等特点，但建设费用大、周期长、成本回收慢，每千米投资为 4 亿～6 亿元人民币。地铁的主要技术参数如表 1-1 所示。

表 1-1　地铁的主要技术参数

序号	项目	技术参数	序号	项目	技术参数
1	单向高峰的运输能力	30 000~70 000 人次/小时	8	安全性和可靠性	较好
2	列车编组车辆数	4~8 节，最多 11 节	9	最小曲线半径	300m
3	列车容量	3000 人	10	最小竖曲线半径	3000m
4	车辆构造速度	89~100km/h	11	舒适性	较好
5	平均运行速度	30~40km/h	12	城市景观	无大影响
6	车站平均间距	600~2000km/h	13	空气污染，噪声污染	小
7	最大通过能力	30 对/h	14	站台高度	一般为高站台，乘车方便

3．轻轨

如图 1-8 所示，轻轨是在有轨电车的基础上改造发展起来的城市轨道交通。轻轨是运行在轨道上，荷载较轻（相比于地铁）的一种交通系统。轻轨原来的定义是指采用轻型轨道的城市交通系统。

(a) 地面轻轨　　　　　　　　　　　(b) 高架轻轨

图 1-8　不同类型的轻轨

轻轨最早使用的是轻型钢轨，现在已采用与地铁相同质量的钢轨，所以目前国内外都以客运量或车辆轴重的大小来区分地铁和轻轨。轻轨是指运量或车辆轴重小于地铁的快速轨道交通。在我国《城市轨道交通工程项目建设标准》中，把每小时单向客流量为 0.6 万~3 万人次的轨道交通定义为中运量轨道交通。

轻轨交通采用线路隔离、自动化信号、调度指挥系统等措施，最高速度可达 60km/h，克服了有轨电车运能（运输能力简称）低、噪声大等问题。另外，轻轨线路可以为地面、地下和高架混合型，一般与地面道路完全隔离，采用半封闭或全封闭专用车道。轻轨交通由于具有投资少、建设周期短、运能大、灵活等优点，因此发展很快。

目前，无论是发达国家，还是发展中国家，轻轨交通都方兴未艾，各国纷纷根据自己的国情制定相应的轻轨交通发展战略和模式。纵观各国情况，轻轨交通大致有以下三类发展模式：一是改造老式有轨电车为现代化轻轨，如德国、东欧各国，如图 1-9 所示；二是将废弃铁路改建成轻轨（如图 1-10 所示），如美国圣迭戈轻轨、瑞典的哥德堡轻轨、德国的卡尔·马克思州轻轨，我国上海轻轨明珠线一期工程、武汉轨道交通 1 号线一期工程，也属于这种方式；三是建设轻轨新线路，如马尼拉、鹿特丹、中国香港等。

图 1-9　德国老式有轨电车改造为轻轨

图 1-10　将废弃铁路改建成轻轨

4. 独轨

独轨也称为单轨，是指通过单一轨道梁支撑车厢并提供导引作用而运行的中等运量的轨道交通系统，其最大特点是车体比承载轨道要宽。

按照支撑方式的不同，独轨通常分为跨坐式和悬挂式两种形式。跨坐式独轨是车辆跨坐在轨道梁上行驶，如图 1-11 所示；悬挂式独轨是车辆悬挂在轨道梁下方行驶，如图 1-12 所示。

图 1-11　跨坐式独轨

图 1-12　悬挂式独轨

独轨交通线路多为高架，占地小，可充分利用城市空间，适宜在大城市的繁华中心区建线，对城市景观及日照影响小；独轨交通线路构造简单，建设费用低，约为地铁的 1/3；独轨一般采用轻型车辆，走行装置采用空气弹簧和橡胶轮结构，并采用电力驱动，故运行噪声低、无废气、乘坐舒适；独轨交通线路架于空中，具有交通和旅游观光的双重作用。

独轨由于其走行装置采用橡胶轮，而橡胶轮与混凝土轨面的滚动摩擦阻力比钢轮与钢轨面的大，故其能耗比一般轨道交通的多约 40%，且有轻度的橡胶粉尘污染；独轨的车辆及特殊的运行方式，使得它不能与常规的地铁、轻轨等接轨；独轨道岔结构复杂、笨重、转换时间较长，从而延长了车辆折返时间；如果独轨车辆运行至区间时发生事故，疏散和救援工作困难。

5. 磁悬浮

磁悬浮是指一种非轮轨黏着、用直线电机驱动列车运行的轨道交通系统。磁悬浮保留了轨道、道岔和车辆转向架及悬挂等许多传统机车车辆的特点，克服了传统机车机械噪声和磨损等问题，不受轮轨黏着速度理论极限的限制，速度可达 500km/h 以上。

磁悬浮列车从悬浮机理上可分为常导吸型（如图 1-13 所示）和超导斥型（如图 1-14 所示）。

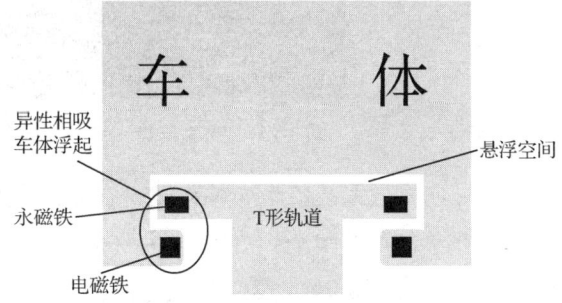

（a）常导吸型磁悬浮列车　　　　　　　（b）常导吸型磁悬浮列车悬浮原理示意图

图 1-13　常导吸型磁悬浮列车及其悬浮原理

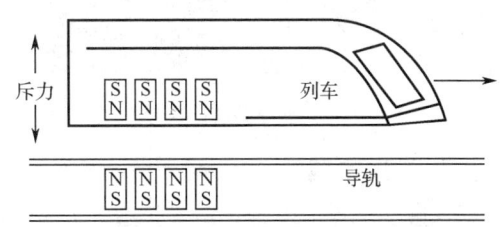

（a）超导斥型磁悬浮列车　　　　　　　（b）超导斥型磁悬浮列车悬浮原理示意图

图 1-14　超导斥型磁悬浮列车及其悬浮原理

我国上海的轨道交通 2 号线就是磁悬浮列车专线（如图 1-15 所示），并于 2003 年 1 月 4 日正式开始商业运营，是世界上第一条投入商业运营的磁悬浮线路，设计最高运行速度为 430km/h，仅次于飞机的飞行时速。它的磁悬浮列车是在德国的 TR08 列车的基础上发展起来的，在运行速度、舒适性、能耗、环境、安全性和运行维护等方面，具有铁路车辆和飞机无可比拟的优势。

6. 新交通系统

新交通系统（New Transport System）是新开发的具有高速、准点、舒适和污染小的交通方式及其运行服务系统的总称；是 20 世纪 60 年代出现的不同于传统运输方式的新型交通系统；是为克服现有交通方式在环境和经营上的缺陷，或为满足现有运输方式难以适应的运输需求而开发的新交通方式。新交通系统现多用于乘客运输。

图 1-15 2003 年投入商业运营的上海磁悬浮列车专线

自动导向交通系统就是一种新交通系统，是指系统中利用导轨导向自动控制运行的新型轨道交通系统，如图 1-16、图 1-17 所示。

图 1-16 日本自动导向交通系统　　　　图 1-17 美国新交通系统

按照行走方式的不同，新交通系统分为以下几种类型。

（1）自动化导轨交通系统：是指导入计算机和全自动控制系统的双轨铁路、独轨铁路，属中量轻轨输送方式，适于承担的运输范围介于公交车和市郊铁路之间。

（2）新型无轨交通系统或复合交通系统：是指以自动控制（无人驾驶）的新型无轨电车在导向槽中行驶的系统，如图 1-16 所示。

（3）步行者援助系统：由高速人行道、自动扶梯和小座舱组成，主要用于运送上、下飞机的乘客和邮件。

（4）公交车运营自动控制系统：是为适应非大量的乘客需求，通过计算机系统收集信息，并将其组织起来开行无固定路线的小型公交车或公交车站间运行自动预报系统。

三、城市轨道交通系统组成

城市轨道交通系统包含了线路、车辆、供电、通信、运营调度、自动售检票（自动售票和检票的简称）、客运服务、安全保障等诸多环节，各环节中又分别包含机械、电气、控制、自动化、计算机等多工种工作。所有这些环节和工种工作必须有效联动，才能确保城市轨道系统的正常运营。城市轨道交通系统各环节发挥着各自不可替代又不可或缺的作用。例如，列车是运送乘客的载具，但必须在已铺设完成的轨道线路上才能行驶；列车行驶依靠的是供电环节提供的电源；为保证列车行驶安全，必须有畅通及时的通信系统和准确无误的信号系统作为保障；乘客进出车站、购买车票、上下列车都需要客运人员提供车站服务等。

由此可见，只有确保城市轨道交通系统涉及的各环节都能工作正常，才能使城市轨道交通发挥作用。

按照城市轨道交通工作目标和服务对象的不同，可以将城市轨道交通涉及的环节分为设备系统和运营管理两大类。

（一）设备系统

设备系统的最大特点是为运营管理提供设备和技术保障，一般不与乘客直接接触。各环节利用技术先进、性能可靠、操作简便的专业设备，为城市轨道交通实现安全运送乘客的既定目标提供可靠的物质保障。城市轨道交通设备系统的构成如图1-18所示。

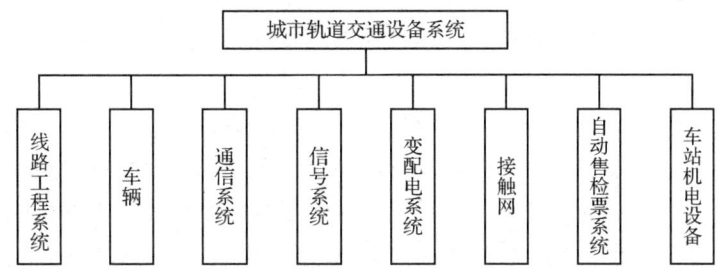

图1-18 城市轨道交通设备系统的构成

1. 线路工程系统

城市轨道交通采用的是电力驱动的轮轨系统。线路工程系统既是列车运行的支撑，同时也是电动列车驱动电路的组成部分。所以，线路工程是整个乘客运送系统的基础。在城市轨道交通系统中，一般将隧道、桥梁、车站建筑等纳入线路工程系统。

2. 车辆

作为运送乘客的载具，车辆的性能直接决定了运送乘客目标的实现质量。乘客在途中的安全有赖于车辆的安全运行；车辆行进速度则直接决定了乘客到达的快捷和准点；车厢载客量、车厢硬件设备则决定了乘客出行过程的舒适度。

3. 通信系统

通信系统的任务是建立一个能实现系统内指挥调度及公务业务联系的通道。例如，为乘客提供运营信息，为公安部门提供视频和无线资源，为消防管理部门提供无线资源等。有线通信系统和无线通信系统是通信系统的两个子系统。

4. 信号系统

信号是信息的表现形式，信息则是信号的具体内容，可以认为信号是信息传递的一种手段。城市轨道交通通过信号实现行车指挥和车辆运行现代化，保证车辆运行安全，提高运输效率。此外，还要利用信号将运营信息告知乘客，实现客流组织和完成乘客运送任务。

5. 变配电系统

电力是城市轨道交通车辆驱动的能源，由国家电网提供。电网供给的是经长途输送的高压交流电，须进行逐级降压后才能使用。由于城市轨道交通的电动列车大都采用电抗压降小的直流供电制式，因此逐级降压和整流是变配电系统的主要工作内容。

6. 接触网

行进中的车辆在速度、水平和垂直平面内的位置是在不断变化的。接触网为行进和停站车辆提供可靠电源。高压交流电经降压、整流后形成的直流电，通过接触网送达车辆，供车辆使用。因此，接触网是连接固定供电源和移动车辆间的中间传导系统。该系统最大的特点是接触网始终保持对车辆的供电状态。

7. 自动售检票系统

将计算机管理引入售检票所形成的自动售检票系统，实现了售票、检票作业的自动化，实现了乘客的"自助式"服务，不但节省了劳动力成本，有效提高了服务质量，同时在数据统计方面，尤其在各时间段的客流量统计和各车站客流变化的分析方面提供了可靠的工具，为客流组织、车站设施布置甚至车站规模的确定提供了翔实的数据。

8. 车站机电设备

车站机电设备包括车站自身的硬件设备系统和为乘客服务的设备系统两大类。属于前者的有车站火警自动报警系统、车站自动管理系统、车站给排水系统等；属于后者的有车站通风系统、车站空调系统、自动扶梯系统、站台屏蔽门系统等。车站机电设备的完好率将直接决定车站安全和乘客能直接感受到的舒适、方便、安全程度。车站机电设备系统虽然不直接决定城市轨道交通的运营质量，但能充分体现城市轨道交通的服务质量。

（二）运营管理

运营管理的工作目标是为乘客提供安全、快捷、准点、方便和尽可能舒适的出行工具，所以，凡是直接涉及乘客出行的环节和工种，均纳入运营管理范围。城市轨道交通系统运营管理的环节和工种如图 1-19 所示。

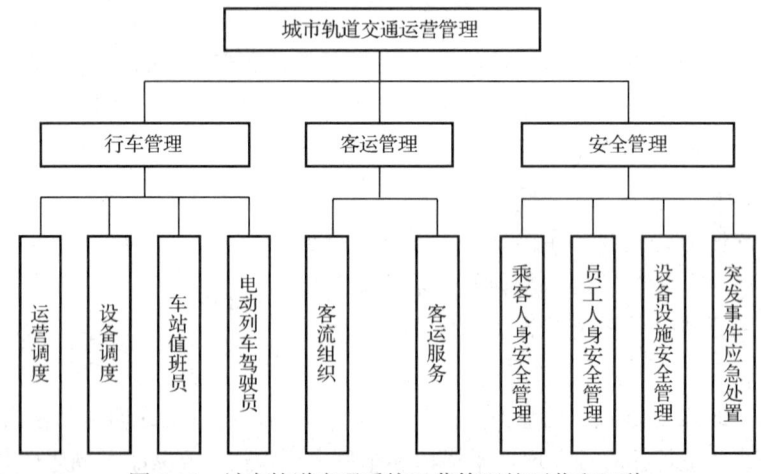

图 1-19　城市轨道交通系统运营管理的环节和工种

1. 行车管理

行车管理主要是指对城市轨道交通系统内所有车辆的运行管理。城市轨道交通车辆的运行是按运行图进行的。编制运行图、下达行车命令、突发事件时的行车调整、有关行车组织的即时命令发布等均是行车管理的工作范畴。

1）主要工种

行车管理的主要工种包括运营调度、设备调度、车站值班员、电动列车驾驶员等。

2）主要工种的岗位和主要职责

（1）运营调度、设备调度一般集中在线路调度中心，负责全线的行车指挥。

（2）车站值班员岗位在车站，负责按运行图或调度命令，对途经车站的列车进行正常行车操作或调整，对车站客流进行组织或疏导。

（3）电动列车驾驶员岗位在列车上，除了负责驾驶列车运送乘客外，还要通过列车广播、车厢显示屏等平台为乘客提供服务；当列车突发故障时，更要承担安全疏导乘客的任务。

2. 客运管理

客运管理是对乘客运送全过程的管理，是直接面向乘客的重要服务系统。对于该系统，服务对象是广大乘客群；专业宗旨是为乘客提供优质服务；专业评价标准是乘客满意度。

1）两个重要子系统

客运管理又包含两个重要子系统：客流组织和客运服务。前者主要是组织乘客有序流动；后者是为乘客提供优质服务。车站服务员（简称站务员）是服务提供者。

2）车站服务员

车站服务员是为乘客提供服务的人员，其岗位在车站。理论上，车站服务员是乘客出行过程中唯一能接触到的城市轨道交通工作人员，因此乘客可以通过车站服务员的言行举止对轨道交通运营企业的工作质量进行评判。随着城市轨道交通各系统自动化技术的不断提高，目前已实现了乘客"自助式出行"的目标，即乘客可以依靠车站提供的各类信息指示，在"无人服务"的状况下自主完成出行。

3. 安全管理

城市轨道交通系统中安全运营始终是第一要务。广大乘客的生命安全、设备的安全运行、突发事件时的人员疏散和事故处理，以及反恐、防恐的措施制订、实施都是安全管理的工作范畴。从工作性质分，安全管理又有乘客和员工人身安全管理、设备设施安全管理和突发事件应急处置三大工作内容。

综上所述，城市轨道交通系统因其封闭、独立和自成体系的运营方式使安全、准点、快捷地运送乘客的目标得以实现；多环节、多工种工作的联动和新设备，新技术的应用是城市轨道交通系统的最大特点。

相关案例

天津津滨轻轨

　　天津津滨轻轨又称天津地铁 9 号线，始建于 2001 年 1 月 18 日，一期工程东段于 2003 年 9 月 30 日建成通车，2004 年 3 月 28 日开始试运营。

　　天津津滨轻轨一期工程东段，即中山门至东海路段，设中山门、一号桥、二号桥、新立镇、东丽开发区、小东庄、军粮城、钢管公司、胡家园、塘沽站、泰达站、市民广场、会展中心、东海路共 14 座车站，全长为 45.409km，其中高架线为 39.915km，地面线为 5.494km，于 2001 年 5 月 18 日开工建设，2003 年 9 月 30 日建成通车。

　　2004 年 3 月 28 日，天津津滨轻轨一期工程东段开放试运营。在试运营期间，天津津滨轻轨实行人工售票，按照乘车里程不同，有 3 元和 5 元两种不同票价；每日运营时间自 7：00 至 19：00；首批开通的车站有中山门、东丽开发区、钢管公司、塘沽站、泰达路、东海路共 6 座车站。除这 6 座车站之外，胡家园站作为员工通勤车站，只供内部使用，而会展中心站只供泰达足球场或会展中心举办活动时开放使用。

　　2004 年 5 月 25 日，一号桥站开通。

　　2004 年 9 月 13 日，延长每日运营时间，自 6：30 至 19：00。

　　2004 年 10 月 18 日，市民广场站开通。

　　2005 年 3 月 27 日，会展中心站开通。

　　2005 年 4 月 28 日，二号桥站开通，一号桥站关闭。启用自动售检票系统及轻轨 IC 卡收费方式，调整票价有 2 元、3 元、4 元、5 元、6 元 5 种。

　　目前，天津津滨轻轨每日运营时间自 6：30 至 21：00，沿线 14 个车站均已开放，并且在终点站实行 6：15 开始进站、8：55 终止进站的规定；2008 年秋实现城市一卡通收费方式，按轻轨 IC 卡九五折方式收费，每张卡仅限一人使用，出站付费，并在全线所有车站开通售卡充值业务。

　　2007 年，天津津滨轻轨开始运营全国第一条电气导轨列车，由泰达站所在的第一大街开往第十三大街，沿途覆盖开发区主要的金融机构、政府部门、大型企业、部分大学及其他项目；全程各站统一票价为 2 元，可投币或者在泰达站购买专用 IC 卡或凭学生证办理学生卡（享受四折优惠）。

　　天津津滨轻轨西段，即中心广场至中山门段，设中心广场、天津站、七经路、十一经路、大直沽西路、东兴路共 6 座车站，全长为 7.53km，其中高架线路为 0.58km，过渡线路为 0.28km，地下线路为 6.67km，已于 2004 年开工建设，于 2008 年 12 月实现高架线路与地下线路铁轨的对接和控制转换，于 2012 年正式通车。

项目一 城市轨道交通及其发展

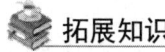 拓展知识

一、轨道交通方式的比较

各种轨道交通特点比较如表 1-2 所示。

表 1-2 各种轨道交通特点比较

	项 目	有轨电车	轻轨铁路	市郊铁路	地 铁
	城市人口	20 万～50 万人	10 万～100 万人	50 万人以上	100 万人以上
	商业区雇员	2 万人以上	2 万人以上	4 万人以上	8 万人以上
线路特点	CBD 线路长度	10km 以下	20km 以下	40km 以下	24km 以下
	股道	在街道	至少 40%隔离	分离	隔离
	CBD 可达性	地面	地面或地下	地面到 CBD 边缘	地下
	郊区站距	350m	1km	1～3km	2km
	CBD 站距	250m	300m	—	0.5～1km
	最大坡度	10%	8%	3%	3%～4%
	最小半径	15～25m	25m	200m	300m
	工程量	最小	较小	中等	大
机车车辆	车辆质量	16t	20t 以下	46t	33t
	列车编组车辆数	1 或 2 节	2 或 4 节	至多 12 节	至多 8 节
	车辆能力	50 座 75 站	40 座 60 站	60 座 120 站	50 座 150 站
	车辆可达性	步行	步行或站台	站台	站台
运行指标	供电电压	DC 500～750V	DC 600～750V	DC 600～1.5V 或 AC 25kV	DC 750V DC 1500V
	供电方式	顶上	顶上	顶上或三轨	三轨或顶上
	平均速度	10～20km/h	30～40km/h	45～60km/h	30～40km/h
	最大速度	50～70km/h	80km/h	120km/h	80km/h
	一般高峰间隔时间	2min	4min	3min	2～5min
	每小时最大客运量	15 000 人次	20 000 人次	60 000 人次	30 000 人次

二、城市轨道交通运营管理模式分类

1. 有竞争条件下的官办官营模式

在该模式下，城市轨道交通线路为政府所有，由两家或两家以上的运营单位通过招标方式获得运营权。韩国首尔城市轨道交通运营管理采用了这种模式。

2. 无竞争条件下的官办官营模式

在该模式下，城市轨道交通线路为政府所有，由一家单位独家经营，或由两家以上单位按行政区域划分范围经营。伦敦、纽约、北京、广州、柏林、巴黎的地铁运营管理都属于这种模式。

3. 官办半民营模式

在该模式下，城市轨道交通线路为政府所有，由政府股份占主导地位的上市公司经营。中国香港地铁运营管理采用这种模式。

4. 官办民营模式

在该模式下，城市轨道交通线路为政府所有，由民间股份占主导地位的上市公司经营。新加坡地铁运营管理属于这种模式。

官办民营模式的主要特点如下。

（1）城市轨道交通作为福利项目由政府负担建设费用。

（2）淡化运营公司的职能，运营公司无城市轨道交通线路的所有权，政府不干涉运营收入也不对运营开支进行补贴。

（3）城市轨道交通运营公司完全民营，第一大股东为私人投资公司。

（4）由政府制定城市轨道交通运营水平和规则，以保证城市轨道交通的公共福利性质。

5. 多种经济成分构成的模式

在该模式下，城市轨道交通线路归政府和地方公共团体共同所有，同样由政府和地方公共团体共同组织人员经营。东京的城市轨道交通运营管理很早就采用了这种模式。

6. 私办私营模式

在该模式下，城市轨道交通线路由私人集团投资兴建，由私人集团经营，政府无权干涉私人工作。曼谷轻轨就采用这种模式。

任务二　城市轨道交通的发展与网络化运营

学习目标

（1）了解城市轨道交通的起源。

（2）掌握城市轨道交通的发展阶段及各阶段的表现。

（3）了解城市轨道交通的网络化运营。

（4）掌握城市轨道交通网络成型的基本条件，以及网络化运营对客运服务、票务清算和运营安全的要求。

学习任务

认知城市轨道交通的起源；熟知城市轨道交通的发展阶段及各阶段的表现；认知城市轨道交通的网络化运营；熟知城市轨道交通网络成型的基本条件，以及网络化运营对客运服务、票务清算和运营安全的要求。

工具设备

城市轨道交通不同类型车辆及其设备的相应挂图、图片，多媒体设备等。

教学环境

多媒体教室或在城市轨道交通车站现场教学。

项目一 城市轨道交通及其发展

🔰 基础知识

一、城市轨道交通的发展

从城市和交通的发展历史来看，城市规模的大小与城市交通工具的技术进步密切相关。城市的大约直径一般就是当时最快交通工具1小时走行的距离。美国科学史研究者屈菲尔（Trefil）提出，城市的规模取决于人们在其中移动的难易程度，即大部分人不愿意花1小时以上时间在一次出行上。例如，1819年，伦敦市区只有行人、手推车和数量不多的马车，因此当时伦敦城市半径不超过5km；而今天的伦敦有了快速轨道交通，其城市直径扩大到了128km（约80mile）。

随着世界各国城市化的发展，城市人口密集、交通拥堵、环境污染严重、能源匮乏、居民出行时间长、出行难等所谓的城市疾病不断涌现，城市交通成为困扰城市发展的主要问题。特别是在第二次世界大战后，城市发展几乎是一个不断满足机动化的过程。然而，为了提高机动性，城市必须不断增加道路设施的供给。新的道路建设降低了出行时耗，但同时引发了新的出行需求，在经过一段时间后又回升到新的交通拥堵水平。因此，城市总是在"道路拥堵—增加运输能力—增加旅行速度—刺激城市延伸—增加旅行量—再拥堵"之间循环，而道路的增长始终跟不上汽车的生产速度。土地是一种不可再生的有限资源，道路不可能无限增长，这就需要一种运量中等、能耗低、占地少的交通形式来解决日益增加的交通拥堵问题，而城市轨道交通应运而生。

世界城市轨道交通的发展大致经历了5个阶段。

1. 城市轨道交通萌芽阶段（19世纪初至19世纪末）

19世纪以前，城市的交通手段以步行和马车为主。1662年，法国人巴斯卡尔（Pascal）向法国政府提交了一份公共马车计划。这份计划很快得到了国王路易十四的许可，允许在巴黎的5条街上提供公共马车服务——城市公共交通从此诞生。公共马车为现代公共交通奠定了最基本的运营规则，即有固定线路和班次，无论是否有乘客都要定点按时发车，乘客按里程付费等。

17世纪末，马车在欧洲已被大量用于公共事业，成为当时陆地上最重要的大众化交通工具。20世纪初，公共马车从欧洲经上海和天津传入北京。公共马车最早运载的是使馆区的西方外交人员和商人。后来，清政府官员和富商也开始乘坐公共马车。

有轨公共马车作为城市轨道交通的雏形是从19世纪初开始登上历史舞台的。1827年，世界上第一条有轨公共马车出现在美国纽约百老汇的大街上，如图1-20所示；1832年，有轨公共马车在美国纽约的第4大街正式运营，美国迪士尼乐园的现代版有轨公共马车如图1-21所示；从1855年开始，有轨公共马车大规模地替代了无轨公共马车并在美国及欧洲迅速扩展；到了1890年，有轨公共马车（马拉铁路）的轨道线路总里程达到了9 900km。

有轨公共马车在钢轨上行驶，比无轨公共马车更快，它既可以提高行驶速度及平稳性，还可以利用由多匹马组成的马队来提高牵引力、增大车辆规模、降低运输成本及票价，因而大受欢迎。

图1-20 19世纪初的有轨公共马车　　图1-21 美国迪士尼乐园的现代版有轨公共马车

工业革命推动了原有城市规模的扩大和新工业城市的兴起，城市人口急骤增长。虽然有轨公共马车比无轨公共马车有了很大的改进，但随着城市人口及车辆的增加，在平交道口出现的交通堵塞问题日益严重。交通的拥堵使人们想到了将交通线路往地下铺设，以便很好地解决客流膨胀与土地紧张的问题。

以英国为例，经过 20 年的酝酿和建设，世界上第一条城市地下铁路（Metropolitan Railway）——地铁，于 1863 年在伦敦正式运营，如图 1-22 所示。这条地铁线路从帕丁顿（Paddington）到法灵顿（Farringdon）。这条地铁的动力来自英国铁路公司租借的蒸汽机车。这条地铁线路约为 7.6km，而其隧道横断面高度为 5.18m、宽度为 8.69m。这条地铁的隧道为单拱形砖砌结构。这条地铁标志着城市轨道交通在世界上正式诞生。

（a）　　　　　　　　　　　　　（b）

图1-22 世界上最古老的伦敦地铁

早期的地铁由蒸汽机车牵引。为了把烟雾排出，早期地铁车站甚至没有顶棚。虽然当时地铁设施简陋，而且污染严重，但由于它不像地面道路那样拥堵，还是受到了广大市民的欢迎。

2. 城市轨道交通初步发展阶段（19世纪末至20世纪20年代）

19世纪末，电力机车牵引的方式开始进入城市轨道交通领域。该方式大大提升了城市轨道交通的实用性。在这一阶段，欧美的城市轨道交通发展较快。其间，13个城市建成了地铁，还有许多城市建设了有轨电车。

世界上第一条地铁的诞生促进了人口密集的大都市公共交通的发展。1879年，电力驱动的车辆研制成功。1896年，布达佩斯修建了欧洲最早的电气化地铁。从此，地铁开始进入电力牵引时代。电气化地铁解决了地铁通道的空气污染问题。环境条件的改观使地铁显示出了强大的生命力。

有轨电车是于19世纪80年代登上历史舞台的。1881年，德国柏林工业博览会上展示了一列3节车辆编组的小型有轨电车；它只能乘坐6人，在400m的轨道上演示。1888年，世界上第一条有轨电车系统在美国的弗吉尼亚州的里士满市投入商业运营。

有轨电车是于19世纪末进入我国的。1899年，德国西门子在北京修建了马家堡至永定门的有轨电车线路（如图1-23所示）。但在1900年义和团起义进攻北京时，该条有轨电车线路被拆毁。1906年，天津第一条有轨电车线路运营（如图1-24所示），天津成为我国第一个拥有有轨电车的城市。随后，上海、大连、北京、沈阳、哈尔滨、长春和香港等城市也相继修建了有轨电车线路。

20世纪20年代，欧洲、美洲及亚洲的一些国家的有轨电车也有了很大的发展。这种老式有轨电车行驶在城市的道路中间，其运行速度慢、准点率很低，而且噪声大、加速性能低、乘车舒适度差，但在当时仍然是公共交通的骨干。

图1-23　古老的北京前门外有轨电车线路　　　图1-24　古老的天津有轨电车

3. 城市轨道交通的停滞萎缩阶段（20世纪20年代至40年代末）

第二次世界大战的爆发和汽车工业的发展导致了城市轨道交通的停滞和萎缩。

自19世纪20年代开始，以美国为代表的美洲和欧洲一些国家进入了汽车时代。例如，1939年，美国有轨电车线路的长度由原来的32 180km锐减为4344km；1912年，美国的370个城市建有有轨电车线路，到了1970年只剩下8个城市保留了有轨电车线路。而有轨电车交通的萎缩反过来又促使人们更加依赖小汽车。

4. 城市轨道交通复苏阶段（20世纪50年代至60年代）

第二次世界大战后，各国经济开始恢复，城市流动人口及汽车保有量猛增，交通量急剧增长，城市道路的相对有限性与汽车生产的相对无限性产生了尖锐的矛盾。例如，汽车可以用流水线生产，道路却不能；汽车可以进口，道路却不能等。汽车虽然能给人们带来快捷、方便、舒适的"门到门"现代交通文明，但汽车带来的交通拥堵、事故频繁、能源过度消耗、尾气和噪声污染等一系列社会问题日益突出。所以，"行车难、乘车难"等不仅成为市民工作和生活的一个突出问题，而且也制约着城市经济的发展。

第二次世界大战后，世界各大城市地铁建设蓬勃发展。在此期间，加拿大的多伦多、蒙特利尔，意大利的罗马、米兰，美国的费城、旧金山，苏联的列宁格勒、基辅，日本的名古屋、横滨，韩国的首尔，中国的北京等30座城市相继建成了地铁。其中，北京第一条地铁线于1969年建成通车，线路全长为23.6km。

5. 城市轨道交通高速发展阶段（20世纪70年代至今）

第二次世界大战后，世界经济经过短暂的恢复后而高速发展，且城市人口高度集中，这就要求轨道交通高速发展以适应日益增加的客运需求。于是，很多国家都确定了优先发展城市轨道交通的方针。有的国家甚至立法解决城市轨道交通的资金来源。这一切都标志着城市轨道交通进入了高速发展阶段。

20世纪70年代和80年代，各国地铁建设进入高峰期。据日本地铁协会统计，到1999年，全世界已有125个城市建成地铁，线路总长度为7000km。20世纪地铁的发展是迅速的。从1900年世界上只有6条地铁线路，到2000年增加到了106条，百年建成了百条地铁线路，并且80%的地铁线路都是在第二次世界大战后特别是70年代建成的。

在地铁高速发展的过程中，世界各国地铁各具特色。莫斯科地铁是世界上最豪华的地铁，有欧洲"地下宫殿"的美称，如图1-25所示。莫斯科地铁中天然的石料、欧洲的传统灯饰与莫斯科气势恢宏的各类博物馆交相辉映，简直是一座艺术博物馆。莫斯科市区9条地铁线路纵横交错，充分体现了莫斯科城市轨道交通规划和建筑业的一流水平。

（a） （b）

图1-25 富丽堂皇的莫斯科地铁

美国纽约是当今世界地铁运行线路最长的城市；其线路有37条，全长为432.4km；其车站多达498个。芝加哥地铁是当今世界上速度最快的地铁。

巴黎地铁是世界上最方便的地铁，每天发出4960列车，在主要车站的出入口均设有计算机显示，应乘的线路、换乘的地点等一目了然。法国里尔地铁是当今世界最先进的地铁，全部由微机控制，无人驾驶，轻便、省钱、省电；其车辆行驶中噪声、震动都很小。法国里尔地铁高峰时每小时能通过60列车辆，为世界上行车间隔最短的全自动地铁。

新加坡地铁车站和线路清洁明亮，一尘不染，是世界上最安全、最清洁、管理最好的地铁。

中国地铁自20世纪末开始进入建设高潮阶段。例如，上海市第一条地铁线路自1995年建成至今达到了近510km，2020年年底达到800km。

由于地铁造价昂贵，建设进度受财政和其他因素制约，因此西方国家大城市在建设地铁的同时，又重新把注意力转移到地面轨道上来，利用现代高科技开发了新一代噪声低、速度高、转弯灵活、乘客上下方便，甚至照顾到老人和残疾人的低地板新型有轨电车（如图 1-26 所示）、独轨电车和磁悬浮列车。这些新型交通工具在线路结构上采用了降噪声技术措施。在速度要求较高的线路上采用专用车道，在繁忙道路交叉处则进入半地下或高架交叉以避免影响地面交通，在对速度要求不高的线路上则采用与道路平齐、与汽车混合的运行方式。

图 1-26 新型有轨电车

总之，城市轨道交通的高速发展，既方便了城市居民出行，又引导了城市发展，在节约资源、能源与环保等方面也具有比较大的优势，还能促进沿线土地开发，加快城市发展，产生明显的国民经济效益、社会效益和生态效益。特别是进入 21 世纪后，城市轨道交通的建设和运营实践都证明，城市轨道交通的发展对解决大城市交通拥堵、提高居民生活质量和环境质量、调整城市布局结构和产业结构，以及拉动城市社会经济持续发展都具有重要意义。

二、城市轨道交通的网络化运营

城市轨道交通方便、快捷、准时的优点已被城市居民所接受。城市轨道交通也越来越成为市民出行的首选公共交通方式。但是，随着城市的发展，城市地域越来越大，单一的轨道交通线路显然难以满足市民日益增长的出行需求。于是，同一城市中出现了"3 条以上走向固定的运营线路，通过换乘车站可以进行不同线路间转换"的运营网络。城市轨道交通的网络化运营有助于解决大城市所面临的市民"出行难"问题，因此必然成为城市轨道交通的发展趋势。

（一）运营网络构成条件和效率

城市轨道交通建设需要巨额的资金和一定的建设周期，因此在城市轨道交通建设的过程中，一般都遵循"根据规划、逐条建设、依次投运、形成网络"的建设规律，城市轨道交通运营网络是逐步形成的。

1. 城市轨道交通运营网络形成的基本条件

一般认为城市轨道交通运营网络的形成必须同时满足两个条件：一是必须有 3 条以上独立运营线路；二是各运营线路至少有一个以上与其他运营线路相连通的换乘车站。

1）运营线路数量

每一条运营线路至少有两个起始车站。位于这两个起始车站中间的车站称为中途车站或中间站。如果两条运营线路只有 4 个起始车站，即便有较多中间车站，也终因运营线路覆盖区域太小，而难以形成有效的运营网络。由 3 条以上运营线路形成的运营网络，至少有 6 个不同的起始车站，只要规划合理，一般就可以形成有一定覆盖面的运营网络。当然，运营线路越多，运营网络覆盖的区域越大，市民出行也越方便。

2）换乘条件

换乘车站和多条独立运营线路是构成城市轨道交通运营网络的基础。换乘车站是两条以上独立运营线路共有的车站，设有通往各独立运营线路候车站台的连接区域，且乘客通过连接区域可以转乘其他不同运营线路的列车。城市轨道交通换乘车站专指城市轨道交通运营网络内不同运营线路间乘客的换乘车站，不包括城市轨道交通与其他交通工具的换乘车站。

2. 城市轨道交通运营网络的效率

城市轨道交通运营网络应承担运输不少于 1/3 以上的城市客流总量。

城市轨道交通客运总量与公交客运总量之比直接显示出城市轨道交通在城市公共交通方面的作用。城市轨道交通虽然有快捷、准点、大运量等特点，但是其覆盖面、便捷程度、候车时间等因素都将直接决定人们的乘坐愿望。因此，城市轨道交通运营网络的客运总量占城市客流总量的比例就成为衡量城市轨道交通运营网络所发挥作用的一个重要参数。在城市公交车、出租车和轨道交通三大系统中，后来居上的城市轨道交通客运总量占城市客流总量的比例是否突破 1/3 就成为判断城市轨道交通运营网络是否形成的关键条件。

综上所述，3 条以上独立运营线路、互通的换乘是构成城市轨道交通运营网络的要素；城市轨道交通运营网络承担的客流总量则是对运营网络效率的评判依据。"公交优先"的内涵是指提高公交客运量与城市客流总量之比。

3. 网络化运营客流组织重点在换乘车站

客流量的迅猛增加是城市轨道交通网络化运营后带来的最大变化之一。城市轨道交通运营网络的客流量并不仅是各运营线路客流的叠加，还增加了各运营线路间便利换乘的乘客。因此，城市轨道交通网络化运营后必然会增加新的换乘车站客流量。

1）换乘车站客流组成

换乘车站客流由原单线固有乘客和网络化运营后新增的换乘客流两部分组成。前者将车站作为目的地车站，需要检票进站或验票出站，是正常的车站流动客流；而后者只在换乘区域内流动。

2）车站客流组织目的

车站客流组织目的是组织乘客按照预先设定的路线有序流动。

3）换乘车站客流组织措施

换乘车站客流组织措施包括保证换乘人群各行其道、有针对性地组织客流等。

（二）网络运营对客运服务的要求

乘客对换乘的服务需求基本可以归纳为"换乘便捷、路径合理、信息明确"。

1. 换乘便捷

换乘便捷包含换乘的方便和快捷两个含义，即使乘客的换乘方便、快捷。

2. 路径合理

要根据车站环境的不同，如原地换乘、同层换乘、错层换乘等，合理设计乘客换乘路径。需要出站才能换乘的车站一般不定义为换乘车站。

3. 信息明确

城市轨道交通网络化运营的另一特征是大量的城市轨道交通网络运营信息需要及时告知乘客，如首末班车信息、列车停运信息、车站大客流信息等。城市轨道交通运营网络越完善，涉及的运营线路和换乘车站就越多，各站需要发布的信息量也就越大，需要客运组织者精心规划和合理布置。

（三）网络化运营对票务清算的要求

客流是城市轨道交通生产组织的重要依据，票款是企业的重要收入源之一，因此城市轨道交通网络化运营对客流量的统计和票款的清算都提出了新的要求。

1. 网络化运营的票制

交通行业的票价历来就各不相同，一般有单一票价制和累进票价制两种。

2. 引进自动售检票技术

城市轨道交通引进的自动售检票系统技术对客流量统计与分析、票务业务结算、数据收集的完整性、速度和可靠性都有了极大的提高，为城市轨道交通网络化运营后的票务清算、分析提供了技术保证。

（四）网络化运营对运营安全的要求

城市轨道交通运营网络作为城市的主要公共交通工具，覆盖面广，日均载客量大，因此一旦发生不能正常运营的事故或故障，将为市民出行带来不便，甚至可能扰乱城市公共交通的正常秩序。为将故障对城市轨道交通运营造成的影响降到最低，针对城市轨道交通乘客必须在车站乘坐的特点，制定城市轨道交通网络化运营的车站应急处置预案是十分必要的。

车站应急处置预案是指城市轨道交通运营网络突发非正常情况，车站临时执行预先制定的、有别于正常运营的、特殊的客流组织措施。特别需要指出的是，所有的应急措施都需要得到乘客的配合；只有使乘客愿意按照应急处置方案规定的路径流动，才能发挥应急措施作用，避免因乘客恐慌造成车站秩序混乱和局面失控。

相关案例

世博会前的上海轨道交通网络化运营建设

2010 年以前，大力发展城市轨道交通、解决交通问题是成功举办世博会的关键因素。根据规划，上海城市轨道交通在 2010 年前后形成由 13 条运营线路组成的基本运营网络，其总长度达到 510km、中心城范围内的总长度为 310km，初步形成功能完善、能够支撑国际化大都市发展目标的轨道交通网络体系。

1. 对外交通枢纽

如图 1-27 所示，上海铁路南站是一个多功能的大型综合交通枢纽，也是上海对外交通与城市轨道交通的换乘枢纽之一。上海铁路南站本区域有 R1、M3 和 L1 三条轨道交通线，长途汽车站，近郊汽车站，公交枢纽站，出租车停车场等交通枢纽设施。

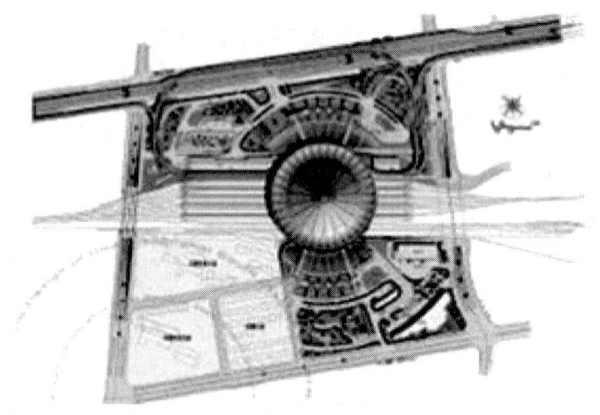

图 1-27　上海铁路南站总平面图

实现这三条轨道交通线之间、城市轨道交通与铁路上海南站之间的便捷换乘是构建现代化综合换乘枢纽的核心，为此必须综合开发利用上海铁路南站地下空间资源。

2. 市内交通换乘枢纽（如图 1-28 所示）

上海城市轨道交通基本网络体系中共有 209 个车站。其中，二线换乘车站有 66 个，三线或三线以上的换乘站有 16 个。以这些轨道交通换乘站为依托，形成了上海城市综合交通体系中的市内交通换乘枢纽，如人民广场交通换乘枢纽、徐家汇交通换乘枢纽。

如图 1-29 所示，人民广场不仅是上海的行政中心、商业中心，而且历来是上海主要的市内交通换乘枢纽，汇集了包括常规地面公交、轨道交通在内的多种城市客运交通方式，目前全日客流量已超过 50 万人次。

如图 1-30 所示，徐家汇是上海的副中心之一，也是大型的市内交通换乘枢纽。地铁一号线的建成，极大地带动了徐家汇地区的城市发展和城市地下空间开发利用。例如，利用地铁一号线折返线的上层空间开发建成了徐家汇地铁商城，并与地面大型的公共建筑共同形成了徐家汇商圈。

项目一　城市轨道交通及其发展

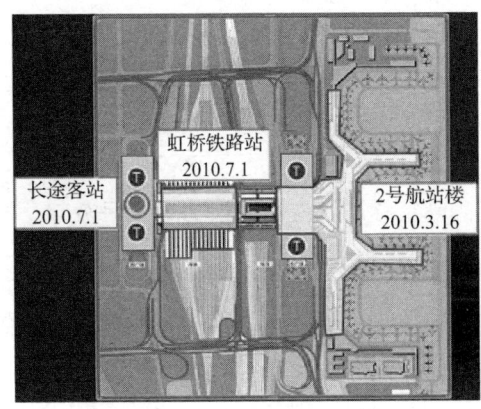

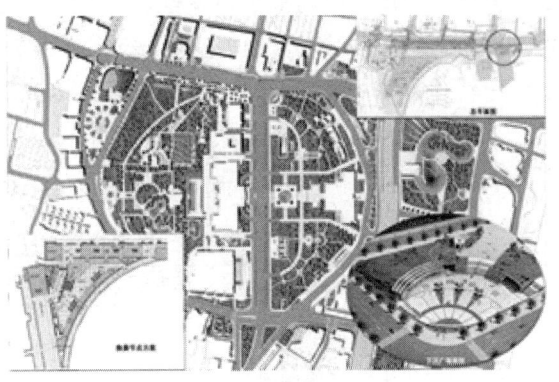

图 1-28　市内交通换乘枢纽　　　　　　　图 1-29　人民广场平面图

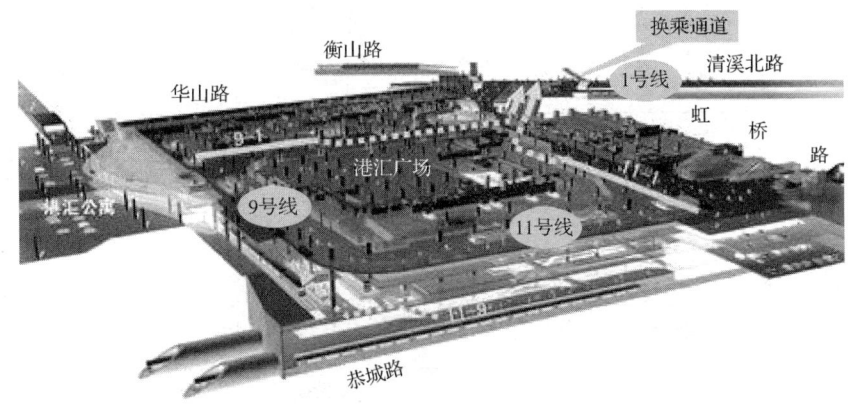

图 1-30　徐家汇交通换乘枢纽

根据规划，R4 线和 R3 线在徐家汇相交，使徐家汇交通换乘枢纽的地位得到了进一步的提升。徐家汇交通换乘枢纽是目前上海最难实施的城市轨道交通换乘枢纽之一。经过多方案研究比较，R4 线的车站拟利用已建的港汇广场的地下车库来建设，这也是城市轨道交通与已建地下空间结合的典型案例。

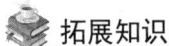拓展知识

世界地铁标志

"地铁"在全球大多数国家中都称为"Metros"（只有很少一部分国家把地铁称为 subway、underground、U-Bahn、T-bana 或者其他），大多数地铁都会把其标志（LOGO）设置在入口，或者印在车厢、路线图和车票上。所以，地铁的标志多少都和"Metros"中的"M"有关。

我们看到世界各国的地铁标志有各种各样的设计。大多以字母"M"和地铁横切面为原型来设计。一些城市里，地铁标志代表着整个地铁系统；而另一些城市里，地铁标志只代表某一条运营线路或者负责某一运营线路的公司。有些城市的地铁只有一个标志，如德国、意大利、西班牙；而有些城市的地铁有很多个标志，如俄罗斯。德国的地铁标志是一

个蓝色的 U。意大利的地铁则是红色的 M。西班牙的地铁是红色的 C。在俄罗斯，地铁标志大多使用代表莫斯科（Moscow）的红色 M。

地铁作为城市重要的交通工具，每天运载着不同的人到达城市的某个角落。如表 1-3 所示，地铁标志作为城市地铁的形象和符号，出现在城市的每个角落。其实，地铁标志本身代表的就是城市的特色、城市精神的物化。同时，地铁标志也是城市实力的一种展示。

表 1-3　世界主要国家或城市的地铁标志

国家或城市名称	地铁标志	国家或城市名称	地铁标志	国家或城市名称	地铁标志
釜山		巴西利亚		北京	
德国		仁川		广州	
大邱		伊斯坦布尔		香港	
福冈		基辅		南京	
波士顿		洛杉矶		上海	
意大利		西班牙		沈阳	
开罗		首尔		深圳	
吉隆坡		新加坡		天津	
旧金山		大阪		台北	
仙台		平壤		石家庄	

续表

国家或城市名称	地铁标志	国家或城市名称	地铁标志	国家或城市名称	地铁标志
伦敦	UNDERGROUND / OVERGROUND	莫斯科	M	东京	

任务三　城市轨道交通及其发展的操作运用案例

【操作运用案例1】城市轨道交通的认知

1. 实训项目教师工作活页

实训项目教师工作活页　　　　　　　　　　　　　　　　　　　　NO:_____

实训项目	城市轨道交通的认知				
学时	2	班级			
实训场所	普通教室、能连接互联网的多媒体教室及城市轨道交通系统的各种模型实训室。				
工具设备	多媒体设备课件、图片、示教板、计算机多媒体设备等。				
教学目标	专业能力	（1）了解城市轨道交通的概念。 （2）掌握城市轨道交通的特点。 （3）了解城市轨道交通的类型。 （4）掌握城市轨道交通按运能范围、车辆类型和主要技术特征进行分类的各种轨道交通类型的特点。			
	方法能力	（1）能综合运用专业知识，通过利用专业书籍、多媒体课件和图片资料获得帮助信息。 （2）能根据实训项目学习任务确定实训方案，从中学会表达及展示活动过程和成果。			
	社会能力	（1）能在实习训练活动中保持积极向上的学习态度。 （2）能与小组成员和教师就学习中的问题进行交流和沟通。 （3）能与他人共享学习资源且具有较好的合作能力和团队协作精神。			
教学活动	略（详见教学活动设计）				
教学评价	学生活动： （1）以5~7人小组为单位开展实训活动，根据本组成员在实训过程中的能力表现及结果进行自评、组内互评。 （2）根据其他小组成员在成果展示活动中的表现及结果进行互评。 教师活动： （1）教师组织学生开展评价活动和总结。 （2）对学生本实训项目单元成绩做出综合评价。				
教学资料	（1）城市轨道交通概论教材。 （2）城市轨道交通运输设备、车站设备等参考书。 （3）实训项目学生学习活页。				
指导教师		教学时间	年　　月　　日		

2. 实训项目学生学习活页

实训项目学生学习活页　　　　　　　　　　　　　　　　　　　　　　NO:_____

实训项目 1　城市轨道交通的认知

班级：_____　姓名：_____　　　　学号：_____　时间：_____

一、实训目标

1. 专业能力目标

（1）了解城市轨道交通的概念。

（2）掌握城市轨道交通的特点。

（3）了解城市轨道交通的类型。

（4）掌握城市轨道交通按运能范围、车辆类型和主要技术特征进行分类的各种城市轨道交通类型的特点。

2. 方法能力目标

（1）能综合运用专业知识，通过利用专业书籍、多媒体课件和图片资料获得帮助信息。

（2）能根据实训项目学习任务确定实训方案，从中学会表达及展示活动过程和成果。

3. 社会能力目标

（1）能在实习训练活动中保持积极向上的学习态度。

（2）能与小组成员和教师就学习中的问题进行交流和沟通。

（3）能与他人共享学习资源且具有较好的合作能力和团队协作精神。

二、知识总结

1. 什么是城市轨道交通系统？

2. 城市轨道交通有哪些形式？简述它们的使用范围和特点。

3. 与其他交通方式相比，城市轨道交通具有什么优缺点？

三、操作运用

1. 填写地铁主要技术参数。

序号	项　目	技术参数	序号	项　目	技术参数
1	单向高峰的运输能力		9	安全性和可靠性	
2	列车编组车辆数		10	最小曲线半径	
3	列车容量		11	最小竖曲线半径	
4	车辆构造速度		12	舒适性	
5	平均运行速度		13	城市景观	
6	车站平均间距		14	空气污染，噪声污染	
7	最大通过能力		15	站台高度	
8	与地面交通隔离率				

项目一 城市轨道交通及其发展

续表

2. 填写城市轨道交通设备系统的构成。

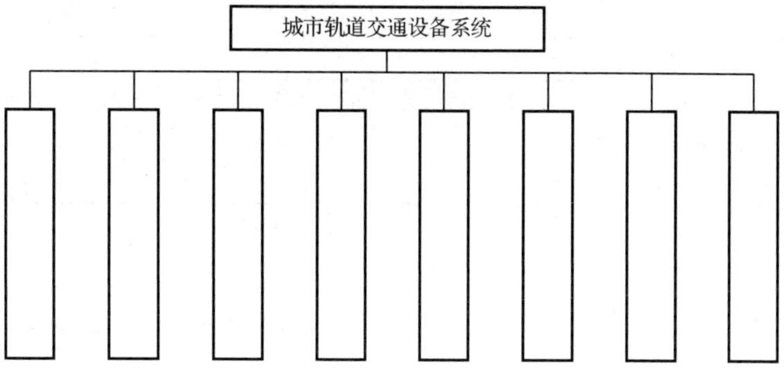

3. 填写城市轨道交通运营管理的环节和工种。

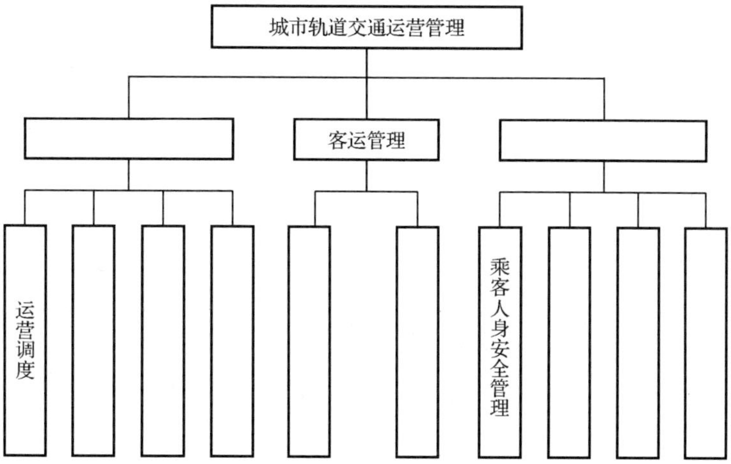

四、实训小结

五、成绩评定

1. 学生评价

评价等级	A—优	B—良	C—中	D—及格	E—不及格
学生自评					
组内互评					
他组互评					

2. 教师评价

评价等级	A—优	B—良	C—中	D—及格	E—不及格
专业能力					
方法能力					
社会能力					
评价结果					

续表

3. 综合评价

评价等级	A—优	B—良	C—中	D—及格	E—不及格
评价结果					

注：按照学生自评占10%、组内互评占10%、他组互评占20%、教师评价占60%的比例计分。其中，A—100分，B—85分，C—75分，D—60分，E—50分。

4. 评价量规

等级	行为表现描述
A	能圆满高效地完成实训任务的全部内容
B	能顺利完成实训任务的全部内容
C	能完成实训任务的全部内容，但需要一些帮助和指导
D	自己只能完成实训任务的部分内容，但在教师的指导下，能完成任务的全部内容
E	不能完成实训任务的全部内容

【操作运用案例2】城市轨道交通的发展与网络化运营的认知

1. 实训项目教师工作活页

实训项目教师工作活页　　　　　　　　　　　　　　　　　　　NO:_____

实训项目	城市轨道交通的发展与网络化运营的认知			
学　　时	2	班级		
实训场所	普通教室、能连接互联网的多媒体教室及城市轨道交通系统的各种模型实训室			
工具设备	多媒体设备课件、图片、示教板、计算机多媒体设备等。			
教学目标	专业能力	（1）了解城市轨道交通的起源。 （2）掌握城市轨道交通的发展阶段及各阶段的表现。 （3）了解城市轨道交通的网络化运营。 （4）掌握城市轨道交通运营网络形成的基本条件，以及网络化运营对客运服务、票务清算和运营安全的要求。		
	方法能力	（1）能综合运用专业知识，通过利用专业书籍、多媒体课件和图片资料获得帮助信息。 （2）能根据实训项目学习任务确定实训方案，从中学会表达及展示活动过程和成果。		
	社会能力	（1）能在实习训练活动中保持积极向上的学习态度。 （2）能与小组成员和教师就学习中的问题进行交流和沟通。 （3）能与他人共享学习资源且具有较好的合作能力和团队协作精神。		
教学活动	略（详见教学活动设计）			
教学评价	学生活动： （1）以5~7人小组为单位开展实训活动，根据本组成员在实训过程中的能力表现及结果进行自评、组内互评。 （2）根据其他小组成员在成果展示活动中的表现及结果进行互评。 教师活动： （1）教师组织学生开展评价活动和总结。 （2）对学生本实训项目单元成绩做出综合评价。			
教学资料	（1）城市轨道交通概论教材。 （2）城市轨道交通运输设备、车站设备等参考书。 （3）实训项目学生学习活页。			
指导教师		教学时间		年　　月　　日

2. 实训项目学生学习活页

实训项目学生学习活页　　　　　　　　　　　　　　　　　　　　　　　　NO:_____

实训项目 2　城市轨道交通的发展与网络化运营的认知

班级：_____　姓名：_____　　　学号：_____　时间：_____

一、实训目标

1. 专业能力目标
（1）了解城市轨道交通的起源。
（2）掌握城市轨道交通的发展阶段及各阶段的表现。
（3）了解城市轨道交通的网络化运营。
（4）掌握城市轨道交通运营网络形成的基本条件，以及网络化运营对客运服务、票务清算和运营安全的要求。

2. 方法能力目标
（1）能综合运用专业知识，通过利用专业书籍、多媒体课件和图片资料获得帮助信息。
（2）能根据实训项目学习任务确定实训方案，从中学会表达及展示活动过程和成果。

3. 社会能力目标
（1）能在实习训练活动中保持积极向上的学习态度。
（2）能与小组成员和教师就学习中的问题进行交流和沟通。
（3）能与他人共享学习资源且具有较好的合作能力和团队协作精神。

二、知识总结

1. 世界上最早的地铁在哪里？是什么时候开始通车的？

2. 城市轨道交通的发展阶段及各阶段的表现是什么？

3. 城市轨道交通运营网络形成的基本条件有哪些？

4. 城市轨道交通网络化运营对客运服务的要求有哪些？

5. 城市轨道交通网络化运营对票务清算的要求有哪些？

6. 城市轨道交通网络化运营对运营安全的要求有哪些？

三、操作运用

1. 根据本节所学内容，写出一篇关于某个城市城市轨道交通发展情况的小论文，并做成 PPT 形式，向同学及教师展示。

续表

2. 将图片所显示的地铁标志的国家或城市名称填在横线上。

（1）____　　（2）____　　（3）____　　（4）____　　（5）____　　（6）____

（7）____　　（8）____　　（9）____　　（10）____　　（11）____　　（12）____

四、实训小结

_____

五、成绩评定

1. 学生评价

评价等级	A—优	B—良	C—中	D—及格	E—不及格
学生自评					
组内互评					
他组互评					

2. 教师评价

评价等级	A—优	B—良	C—中	D—及格	E—不及格
专业能力					
方法能力					
社会能力					
评价结果					

3. 综合评价

评价等级	A—优	B—良	C—中	D—及格	E—不及格
评价结果					

注：按照学生自评占10%、组内互评占10%、他组互评占20%、教师评价占60%的比例计分。其中，A—100分，B—85分，C—75分，D—60分，E—50分。

4. 评价量规

等级	行为表现描述
A	能圆满高效地完成实训任务的全部内容
B	能顺利完成实训任务的全部内容
C	能完成实训任务的全部内容，但需要一些帮助和指导
D	自己只能完成实训任务的部分内容，但在教师的指导下，能完成任务的全部内容
E	不能完成实训任务的全部内容

思考与练习

1. 阐述世界城市轨道交通的产生和发展的脉络与阶段。
2. 简述城市轨道交通的定义。
3. 简述城市轨道交通的特点。
4. 简述城市轨道交通的类型。
5. 简述城市轨道交通的优缺点。
6. 城市轨道交通网络化运营对客运服务、票务清算和运营安全的要求有哪些?

项目二　城市轨道交通车站及其设计

车站是城市轨道交通体系的重要组成部分。车站的规模、选址和布局等不仅关系着城市交通的畅通，还影响着交通整体的运营效益。同时，车站还是连接其他交通方式的中枢，疏导城市交通，促进城市的健康发展。

任务一　车站及其设备设施

学习目标

（1）了解车站的概念和作用。
（2）掌握车站的分类及不同类型车站的特点。
（3）掌握车站客运的主要设备设施及其作用。
（4）掌握安全护栏、屏蔽门及其作用。
（5）熟悉车站通道设备的组成。
（6）了解车站的照明与低压配电系统。

学习任务

认知车站的概念和分类，能辨别不同类型车站；认知车站设计的基本原则和车站的一般布局；熟知车站用房各区域的划分及其功能；能识别车站防护设备及其功能；认知车站通道设备及照明设备的布局。

工具设备

城市轨道交通车站及其设施、设备的相应图片，多媒体设备等。

教学环境

多媒体教室或城市轨道交通车站现场教学。

基础知识

一、车站的概念和分类

（一）车站的概念

车站是供列车发车、通过、折返、倒车、停车的地点，是吸引和疏散客流、供乘客候车、乘车和换车的基本设施。车站的作用：不但要满足乘客安全、方便、迅速地乘车出行的要求，还要为乘客提供舒适、整洁的乘车环境。

（二）车站的分类

车站在城市轨道线路上设有配线，按照不同的方法可以分成不同的类型。

1. 按车站所处的空间位置分类

1）地面车站

地面车站设置在地面上。由于地面车站占用地面空间，具有分割轨道交通区域的特点，所以一般在城乡接合部采用此类型车站。它最大的优点是造价低，如图 2-1 所示。

2）地下车站

地下车站设置于地下，城市轨道交通运营线路（简称线路）也相应设置于地下，这样就为地面建筑群节省了空间。根据其埋深（埋在地下的深度），地下车站又可分为浅埋式车站和深埋式车站两种类型。从造价方面来看，埋深越大的地下车站，其造价越高，如图 2-2 所示。

图 2-1　地面车站

图 2-2　地下车站

3）高架车站

高架车站置于高架桥的桥面，在结构上比较简单，造价大大低于地下车站，如图 2-3 所示。

图 2-3　高架车站

2. 按车站运营的性质不同分类（如图 2-4 所示）

1）中间站

中间站是线路上数量最多的车站，仅供乘客上、下车之用，功能单一。另外，由于所处的位置不同，中间站有时还给乘客提供购物、参观城市景观等其他功能。中间站通常由站台、车站大厅或广场、售票厅、轨道交通企业专用空间和出入口通道组成。

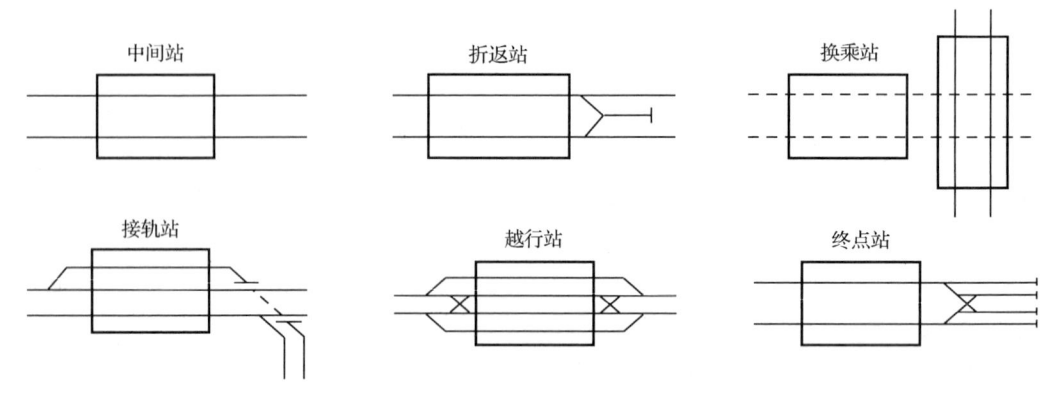

图 2-4 车站分类示意图

2）折返站

折返站又称区间站，车站尽端配有折返设备，以供列车在站内折返时使用。当折返列车到达折返站时，列车上的全部乘客都要下车；当折返列车掉头后，从本站出发的乘客再上车。

3）换乘站

换乘站是位于两条及两条以上线路交叉点上的车站。它除了具有中间站的功能外，还可以用于乘客在交叉的线路之间换乘。因此，换乘站除了配备供乘客乘降的站台、楼梯或自动扶梯外，还要配备供乘客由一条站台到另一条站台的换乘设施，如通道等。

4）接轨站

接轨站是位于线路分岔处的车站，可以在两个方向上接车和发车。

5）越行站

每个行车方向具有一条以上站线（含正线）的中间站，其中靠近站台的站线供本站停靠的列车使用，离站台稍远的站线供非本站停靠的越行列车使用。

6）终点站

终点站是位于线路起始点处的车站。所有乘客必须在终点站下车。终点站除了供乘客乘降外，还用于列车折返及停留。因此，终点站一般设有多股停车线。如果线路需要延长，终点站可作为中间站或折返站来使用。

3. 按车站站台的性质分类

1）岛式站台车站

岛式站台车站是位于上、下行车线路之间的车站，如图 2-5 所示。

岛式站台车站的优点是站台空间宽阔，站台面积利用率高；乘客换乘方便；客流量调剂灵活，便于车站集中管理。岛式站台车站的缺点是易造成乘客拥挤，不易扩建。客流量较大的车站最适于设置为岛式站台车站。因此，大多数地下车站及线间距大的车站均设置为岛式站台车站。

2）侧式站台车站

侧式站台车站是位于上、下行线路两侧的车站，如图 2-6 所示。

图 2-5　岛式站台车站

图 2-6　侧式站台车站

侧式站台车站的优点是上、下行乘客可避免相互干扰；正线和站线间不设喇叭口；造价低；改建容易。侧式站台车站的缺点是站台面积利用率低；不可调剂客流量；乘客在改变乘车方向时必须经过地道或天桥；车站管理分散；站台空间不及岛式站台车站宽阔。因此，侧式站台车站多用于两个方向客流量较均匀（或流量不大）的车站或高架车站。

3）混合式站台车站

混合式站台车站是同时兼有岛式站台车站和侧式站台车站两种形式站台的车站，主要用于乘客在两侧站台的换乘或列车折返。混合式站台车站有一岛一侧式车站，也有一岛两侧式车站，如图 2-7 所示。

图 2-7　混合式站台车站

二、车站客运主要设备设施

（一）车站用房

目前，国内各城市轨道交通运营公司对车站用房的定义不尽相同。一般来讲，车站用房包括设备用房、管理用房和辅助用房等。根据客流量的大小，在不影响客流集散的同时，还可以设置商业用房，如图2-8所示。

图 2-8　车站内的商业用房

1. 设备用房

设备用房基本分设于车站两端，而且车站一端的设备用房大，另一端的设备用房小。车站中间作为站厅公共区。

设备用房是安置、保养、维修各类设备的场所，一般分为票务维修室、通信机械室、信号机械室、环控配电室、照明配电室、低压配电室、蓄电池室、环控机房、气瓶间、污水泵房、混合风室、电缆井、屏蔽门控制室、电梯机房、变电所控制室、变压器室、变电所储藏室、变电所检修室、变电所整流变压室、高压开关柜室、整流器柜及直流开关柜室等。设备用房中最大的是环控机房，包括冷冻机房、通风机房及环控电控室。

2. 管理用房

管理用房包括站长室、警务室、车站控制室、票务室、会议室、信号值班室和站台监视亭等。管理用房的设置主要是对车站控制室、站长室的位置，以及消防疏散工作楼梯、工作人员卫生间的位置进行设置。

3. 辅助用房

辅助用房包括客服中心、临时售票亭等，主要是为乘客办理各种有关乘车业务或提供与乘车相关咨询业务房间。

4. 其他用房

其他用房指的是为满足乘客和车站工作人员日常需要所设置的房间，包括更衣室、洗手间、休息室、备品库、垃圾间、清扫工具间等。另外，有些车站设有公用电话亭、银行或自助银行等。

（二）屏蔽门、安全护栏

针对车站站台高的特点，车站应设置屏蔽门或安全护栏。它们的作用都是能够保证乘客在站台上乘降安全，有效防止乘客乘降前后在站台边沿掉入股道的事故发生，如图2-9、图2-10所示。

图2-9　屏蔽门　　　　　　　　　　　　图2-10　安全护栏

屏蔽门又称安全门或站台幕门，在月台上以玻璃幕墙的方式将站台和列车运行区域隔开。列车到达时，开启玻璃幕墙上的电动门供乘客上、下列车。屏蔽门虽然有比较高的维护费用，但其安全效益是长远的。

（三）车站通道

车站通道是乘客从车站出入口到站厅层或从站厅层到站台层的必经通道，是联系车站出入口、站厅层、站台层的纽带，如图2-11所示。不管是地下车站还是高架车站，一般分为两层或三层，而大型换乘枢纽站分层更多，层与层之间的通道设计也将直接影响站内客流的组织。车站通道的设计应以乘客流动路线为主要考虑依据，并遵循两个原则，即最大限度地缩短乘客行走距离和尽量减少进出站乘客流动路线的交叉。

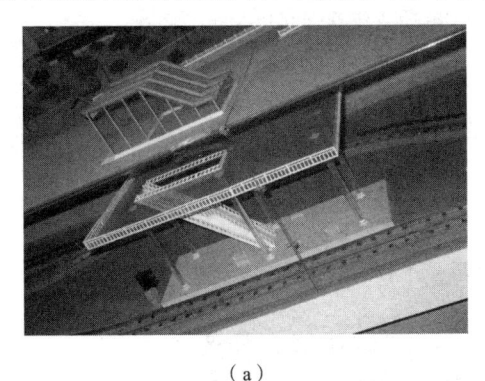

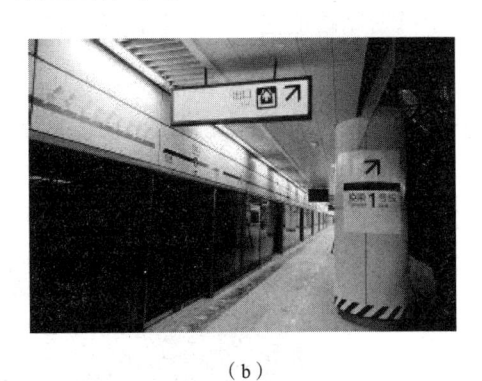

（a）　　　　　　　　　　　　　　　　（b）

图2-11　车站通道立体效果图和换乘标志

车站通道主要由楼梯、电梯和步行道构成。由于地下或高架车站具有分层较多的特点，各层之间都设有楼梯、自动扶梯或垂直电梯，以方便具有不同需要的乘客进出车站和乘车。

（四）低压配电系统与照明系统

1. 低压配电系统

城市轨道交通的独立特性决定了其低压配电系统的复杂性。城市轨道交通的低压用电设备数量大、类型多、应用范围广。城市轨道交通的低压配电系统设计的考虑因素比较多，如电线电缆的选择、配电结构等。低压配电系统直接向城市轨道交通的低压用电设备提供电能，并且监控照明设备、给排水设备和通风空调的运行状态。配电箱如图 2-12 所示。

图 2-12　配电箱

2. 照明系统

车站照明种类的多样化是由车站的地域特征及轨道运营的性质决定的，照明配电电路的数量不少于动力用电电路的数量。车站照明系统按属性分类，有一般照明、标志照明、节电照明、广告照明、事故照明、应急照明等。

在车站地道、站厅、站台内设置最多的是一般照明。它的作用是保证乘客在车站里能安全地候车和上、下车。

应急照明是除正常照明外的一种备用照明。应急照明装置是一种新颖的照明灯具，内部装有小型密闭蓄电池、充放电转换装置、逆变器和光源等部件。

（五）其他设备

（1）冷却塔：是主要为中央空调提供散热的设备。冷却塔原则上按车站"一端布置，每站一组"设置。

（2）商业设备：如售货厅、自动售货机（如图 2-13 所示）等。

图 2-13　自动售货机

（3）对讲器：安装于售票问讯处和车站控制室的玻璃窗前。乘客在需要帮忙时，可以通过对讲机及时与地铁车站工作人员对话联系。

相关案例

屏蔽门系统

屏蔽门系统是在20世纪80年代出现的一种先进装置，是一项集建筑、机械、材料、电子和信息等学科于一体的高科技产品，用于地铁站台。屏蔽门将站台和列车运行区域隔开，通过控制系统控制其自动开启。屏蔽门的安装能为乘客营造一个安全、舒适的候车环境。

屏蔽门除保障列车、乘客进出站时的绝对安全，还可以大幅度地减少司机瞭望次数，减轻了司机的思想负担，并且能有效地减少空气对流造成的站台冷/热气的流失，降低列车运行产生的噪声对车站的影响，提供舒适的候车环境，具有节能、安全、环保、美观等功能。

1. 屏蔽门系统概述

从目前各国设置的屏蔽门系统来看，屏蔽门分为封闭式（如图2-14所示）和半高式（如图2-15、图2-16所示）。其中，半高式屏蔽门通常被称为"安全门"，只起到安全和美观的作用；封闭式屏蔽门通常才被称为"屏蔽门"，也是最常用的一种屏蔽门。

图2-14 封闭式屏蔽门

图2-15 半高式玻璃隔墙屏蔽门 　　　　图2-16 半高式不锈钢篱笆屏蔽门

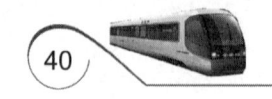

封闭式屏蔽门把站台乘客候车区与列车进站停靠区域分隔开。这种屏蔽门的主要功能是增加安全性、节约能耗及加强环境保护。

半高式屏蔽门相对简单,高度比封闭式屏蔽门低,空气可以通过屏蔽门上部流通,主要起了一种隔离作用,提高了站台候车乘客的安全,同时也能起到一定的降噪作用,如东京南北线上的屏蔽门约可降低噪声 10dB(A)。

2. 典型的屏蔽门系统案例分析

1)欧洲

1983 年,法国的自动捷运系统生产商马特拉公司为里尔地铁(采用了自动捷运系统)向瑞士的玻璃门生产商 Kaba Gilgen 定做自动滑门。里尔地铁是世界上最早安装玻璃屏蔽门的,如图 2-17 所示。

2)日本

在保证乘客安全的前提下,为了降低地铁的运营管理成本,日本在东京地铁南北线上安装了第二类屏蔽门,如图 2-18 所示。一般情况下,地铁设置了屏蔽门之后,只需司机一人操作就可保证安全,站台上无须站务人员接发列车,进行监视,从而减少了站台上的工作人员,大大地降低了地铁的管理成本。

图 2-17　里尔地铁屏蔽门　　　　图 2-18　日本东京地铁南北线上的屏蔽门

拓展知识

电　梯

电梯是一种以电动机为动力的垂直升降机,装有箱状吊舱,用于多层建筑乘人或载运货物。电梯也有台阶式的,其踏步板装在履带上连续运行,俗称自动扶梯或自动人行道。地铁电梯系统设计应符合一定的标准。

(1)垂直电梯:垂直电梯设置在车站出入口、站厅层和站台层,一般给有需要的人士使用,如伤残人士和携带大件行李的乘客或其他特殊人员,如图 2-19 所示。

垂直电梯的平台要高出路面 150~450cm。为方便轮椅使用者,在垂直电梯的平台外应设置斜坡。垂直电梯宜采用玻璃外墙以增加站内透明度。垂直电梯的相邻层的电梯门宜安排在相反方向。

（2）自动扶梯（如图 2-20 所示）：每座车站至少有一个出入通道要设置自动扶梯，且自动扶梯要在整个车站平均分布，如图 2-20 所示。

图 2-19　垂直电梯　　　　　　图 2-20　自动扶梯

站厅与站台之间，一般宜设上、下行自动扶梯。对于客流量不大的车站（且站厅与站台的高度差小于 5m 时），可用步行梯代替下行自动扶梯。当发生火灾时，车站的自动扶梯必须停止运行，以作为固定楼梯来疏散乘客。当车站通道高度差超过 7.2m 时，宜设上行自动扶梯；当车站通道高度差超过 10m 时，宜设上、下行自动扶梯。

按照《城市快速轨道交通工程项目建设标准》，自动扶梯和步行梯的设置标准如表 2-1 所示。

表 2-1　自动扶梯和步行梯的设置标准

高度差 H（m）	上　行	下　行	备　用
$H \leqslant 6$	步行梯△	步行梯	
$6 < H \leqslant 12$	自动扶梯	步行梯△	
$12 < H \leqslant 19$	自动扶梯	自动扶梯	步行梯△
$H > 19$	自动扶梯	自动扶梯	自动扶梯

注：1. H 分别指站台至站厅或站厅至地面高度差；无站厅时，指站台至地面的高度差。
　　2. △表示在重要车站或主要楼梯口，也可设自动扶梯。

任务二　车站平面布局设计

学习目标

（1）掌握车站按客流线的设计布局。
（2）了解客流线的组织原则。
（3）熟悉客流线的主要类型及客流线图。
（4）掌握站厅公共区设计及其设备构成。
（5）了解车站通道的设计及其要求。
（6）掌握站台长度、宽度和高度的设计原则。

学习任务

认知城市轨道交通车站按客流线的设计布局要求；熟识站厅公共区设计及其设备构成；认知车站通道设计及其要求，能识别客流线的主要类型及流线图。

工具设备

车站及其设备的相应图片，多媒体设备等。

教学环境

多媒体教室或车站现场教学。

基础知识

在城市轨道交通中，乘客在车站逗留时间较短，且没有行李积存与运输等业务。在中间站上，客流只有往返两个方向，因而乘客在站内活动形成的客流线及车站服务设施都比较简单，没有铁路客运站复杂。

一、按照客流线设计布局车站

车站总体布局的宗旨是尽可能使客流线简捷、顺畅、不相互干扰，为乘客创造便捷的乘降环境。因此，应按照乘客进出车站的先后顺序，合理布置进出站的客流线及设备用房。各种车站用房平面示意图如图 2-21 所示。

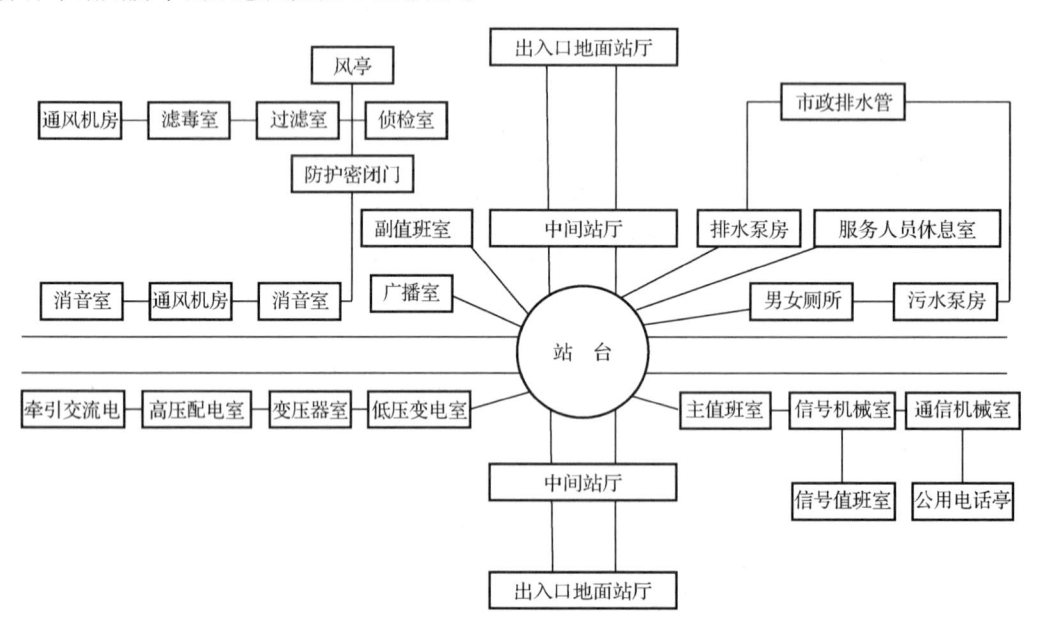

图 2-21　各种车站用房平面示意图

客流线是指车站内乘客流动的路线。客流线组织设计是否合理，不但影响车站的作业安全和效率，而且直接关系到车站对乘客的服务质量的高低，并具体反映在客运作业对于车站用房及各类设施的设置与布局的基本要求上。客流线如图 2-22 所示。

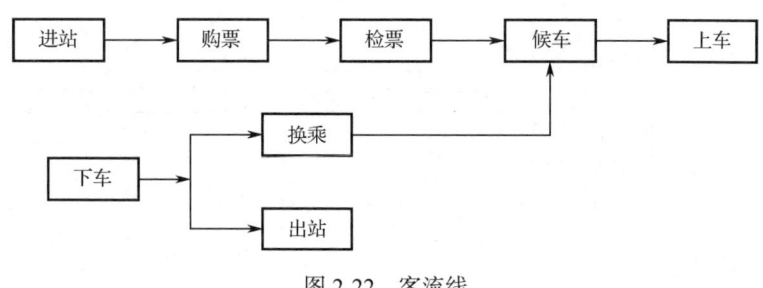

```
进站 → 购票 → 检票 → 候车 → 上车
                              ↑
下车 →  换乘 ─────────────────┘
     →  出站
```

图 2-22　客流线

(一) 客流线的组织原则

车站内各种客流线均有特定需求。这些需求可以通过合理设置与布局车站用房及各类设施来予以满足。为了尽可能满足其需求，在考虑乘客、车站用房及各类设施的设置与布局时，一般应遵循以下两个原则。

1. 最大限度地缩短乘客走行距离，避免客流线迂回

一般来讲，对于进出站客流线中客流量最大的普通客流线，应该首先保证其最简捷、通畅、距离最短。对于客流量不大的其他客流线，也应根据其特点、需要，尽量缩短其距离，避免其迂回。

2. 避免各种客流线相互交叉干扰

具体来讲，在对客流线设计组织中，应该力求将各种客流线分开，尤其是将进站客流线与出站客流线分开、进出站客流线与中转客流线分开。

(二) 客流线的主要类型

客流线主要有进站客流线、出站客流线和中转客流线三种类型。

1. 进站客流线

进站客流线按照其流动地点可以分为两种主要类型。

(1) 直接进站上车的客流线。

这种客流线的乘客大部分属于当地居民上班族，上下班时间的出行比较集中，绝大多数持城市一卡通或储值票等直接通过闸机结算费用的乘客。直接进站上车的客流线如图 2-23 所示。

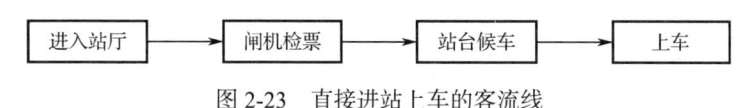

```
进入站厅 → 闸机检票 → 站台候车 → 上车
```

图 2-23　直接进站上车的客流线

(2) 进站购票或换乘上车的客流线。

这种客流线的乘客主要是不经常乘坐城市轨道交通工具出行的当地居民或从其他交通工具换乘过来的外地乘客，一般在周末或节假日比较集中。进站购票或换乘上车的客流线如图 2-24 所示。

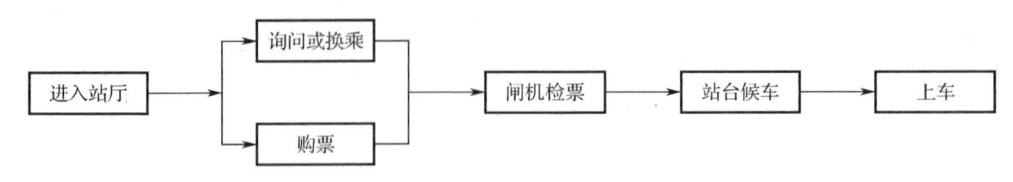

图 2-24　进站购票或换乘上车的客流线

2. 出站客流线

出站客流线比进站客流线简单，乘客办理手续少，在车站停留时间短。一般情况下，下车检票出站客流线如图 2-25 所示。

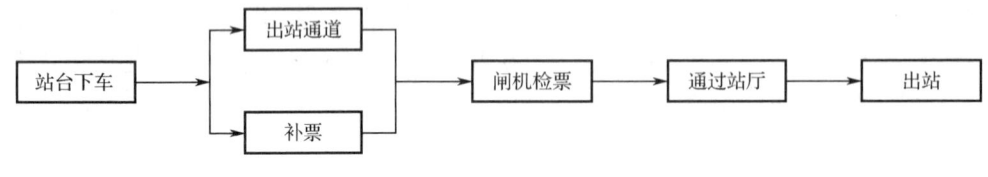

图 2-25　下车检票出站客流线

3. 中转客流线

在一些综合型枢纽站或线路换乘车站，存在大量的中转换乘乘客。他们的流动过程形成了中转客流线。中转乘客流线如图 2-26 所示。

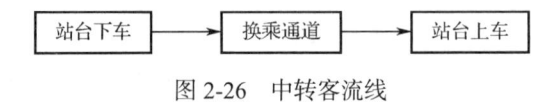

图 2-26　中转客流线

二、站厅的设计布局

站厅是主要为乘客提供售检票服务的场所。车站工作人员、各系统设备集中设置在这里。站厅的位置与车站埋深、人流集散情况、所处环境条件等因素有关。站厅的设计布局合理与否，将会直接影响车站使用效果及站内的管理和秩序。站厅的设计布局与车站类型、站台形式关系密切。在岛式站台车站，由于乘客进出车站需要跨越行车轨道，因此站厅与站台分别设置在两个不同的高度上，可设一个或两个站厅。侧式站台车站分两种情况：一是乘客进出车站需要跨越行车轨道，其站厅设计与岛式站台车站相同；二是乘客进出车站无须跨越行车轨道，站厅及站台设置在同一高度，可分设两个站厅。

站厅大致分为公共区和设备区两个区域。

1. 站厅公共区设计

根据车站运营及合理布置组织客流线的需要，站厅公共区划分为付费区及非付费区两大区域。站厅公共区布置应满足功能分区要求，尽量避免进出站及换乘人流路线之间的相互干扰。

检票口（机）宜垂直于人流方向布置。付费区内应设补票亭。检票口（机）处宜设监票亭。条件合适时，可考虑监票、补票采用合二为一的设置。

站厅内的自动售检票（Automatic Fare Collection，AFC）系统可实现城市轨道交通售票、检票、计费、收费、统计、清分、管理等全过程的自动处理。它应按乘客进出站流向合理布置，主要有自动售票机（如图2-27所示）、自动充值机、验票机、进出站闸机和人工售票口（如图2-28所示）等。

图2-27　自动售票机　　　　图2-28　进出站闸机和人工售票口

2. 站厅设备区设计

站厅设备区主要有各种车站用房（简称站房），包括设备用房、管理用房、辅助用房。管理用房主要包括车站控制室、站长室、交接班室等。其中，车站控制室是整个车站的"大脑"，通过车站设备监控系统对整个车站的通风空调系统、电梯、照明等设备进行自动化监控及管理，并在事故状态下协调车站设备的运行，保证乘客的安全和设备的正常运行。

三、车站通道的设计

车站通道主要是指车站出入口及风亭。车站出入口是车站的门户，除了功能设计需要科学先进外，还要具备美观大方等艺术特点。车站出入口是地面客流与车站的衔接口，也是城市轨道交通管理辖区的分界点。车站出入口一般都设有一定数量和类别的导向标志，以便引导乘客的出行。图2-29是一个地铁车站出入口。图2-30是郑州市轨道交通车站出入口及风亭的概念设计。

图2-29　地铁车站出入口　　　　图2-30　郑州市轨道交通车站出入口及风亭的概念设计

车站出入口的设置原则应该有以下几点。

（1）在选定车站出入口前，应首先确定车站出入口的数量。车站出入口的数量应根据吸引与疏散客流的需求设置，但不得少于两个。每个车站出入口宽度应按远期分向设计客流量乘以 1.1~1.25 不均匀系数来计算确定。

（2）车站出入口方向应与主客流的方向一致，宜与过街天桥、过街地道、地下街、邻近公共建筑物相结合或连通，统一规划，同步或分期实施。在兼作过街地道或天桥时，车站出入口宽度及站厅相应部位的设计应考虑过街客流量，同时考虑地铁夜间停运时的隔离措施。

（3）设于道路两侧的车站出入口宜平行或垂直于道路红线。一般情况下，距道路红线的距离应按当地规划部门要求确定。当车站出入口开向城市主干道时，其前方应有一定面积的集散场地。车站出入口不宜设在城市人流主要集散处，以便减少车站出入口人流堵塞的可能性。

（4）车站出入口宜分散均匀布置。车站出入口之间距离尽可能大一些，使其能够最大限度地吸引更多的客流，方便乘客进入车站。

（5）车站出入口宜设在火车站、公共汽车站、电车站附近，以便乘客换车。同时，车站出入口应设在明显位置处，便于乘客识别。

（6）在现有建筑群中修建车站出入口时，应尽量减少拆迁建筑物，优先保留新建的有保留价值的建筑物，以减少拆迁费用。

（7）有条件时，车站出入口可以与附近的地下商场等建筑物相连通，方便乘客购物和进入车站。车站出入口也可设在附近建筑物的首层，对乘客进出车站十分方便。

四、站台长度、宽度和高度的设计

1. 站台长度

站台是供乘客上下列车的平台。在站台设计中，一般要保证所有车辆均在站台长度之内。站台长度是指乘客可以乘降的站台范围。站台长度由列车编组车辆的计算长度决定。考虑到停车位置的不准确和车站值班员、驾驶员确定信号的需要，站台长度通常还预留一段停车误差距离。随着车辆控制的不断进步，停车误差距离越来越小。例如，上海轨道交通 2 号线，8 节车辆编组（4 动 4 拖），动车长为 22.80m，拖车长为 22.14m，停车误差距离取 8m，则站台长度为 187.76m。

站台应尽可能平直，以便车站员工能够监视全部站台情况和客流拥挤状况。站台边缘与车辆外边之间的空隙，在直线段宜为 80~100mm，在曲线段应不大于 180mm，以免乘客掉下站台。为此，站台乘降部分的曲线半径一般不小于 800m。

2. 站台宽度

站台宽度应按车站客流量计算确定，除了要满足正常的远期高峰每小时客流使用空间要求，还要满足事故状态客流疏散时间小于 6min 的要求。站台宽度相应的计算方法可参考《地铁设计规范》（GB 50157—2003）。岛式站台的宽度一般为 8~10m，侧式站台的宽度一般为 4~6m。

3. 站台高度

站台高度是指线路走行轨顶面至站台地面的高度。站台实际高度是指线路走行轨下面结构底板面至站台地面的高度，包括线路走行轨顶面至道床底面的高度。站台与车厢地板面等高的则称为高站台。高站台高度一般为 0.9m；站台比车厢地板面低一两个台阶的称为中站台、低站台。中站台、低站台的高度一般分别为 0.65m、0.45m。

相关案例

北京南站——亚洲最大火车站

北京南站，即原来的永定门火车站，是北京继北京站、北京西站的第三个大火车站，隶属北京铁路局管辖，现为直属特等站，位于北京市崇文门永外车站路，现址为北京市丰台区永外大街 12 号。2006 年之前，北京南站主要提供慢车和中短途运输服务，并于 2006 年 5 月 10 日起停用，以进行扩建改造工程。2006 年的新年除夕，北京南站主站房工程破土动工。2008 年 8 月 1 日，北京南站正式重新开工运行，成为京津城际铁路在北京到发的客运站。同时，京沪客运专线的到发站也设于北京南站。

北京南站主站房建筑面积为 310 000m²，相当于鸟巢体育场面积的 1.5 倍。伦敦希思罗机场所有的航站楼面积加起来也没有超过北京南站的面积。因此，北京南站被誉为"亚洲最大火车站"。北京南站容纳包括京沪高铁、京津高速城际列车在内的 24 条到发线，在设计的规模上大大超过北京站和北京西站。北京南站候车空间可容纳 10 500 人同时候车。北京南站的建设目标是实现地铁、国铁、公交等多种交通方式的无缝连接和零换乘。2015 年，北京南站的年客运量超过 1.5 亿人次，是城际列车和客运专线等快速列车在北京到发的客运站，也是北京最"快"的客运站。北京南站外景效果如图 2-31 所示。

图 2-31 北京南站外景效果

北京南站站房为双曲穹顶。其主体建筑从南北两个方向看，微微隆起，东西两侧各有一座大型钢结构雨篷站台。雨篷站台的主要建筑材料为银色的金属铝板。钢结构通透雨棚造型呈 W 形波浪起伏，最高为 40m，檐口高为 20m，酷似横向拉伸的祈年殿，融入了古典建筑"三重檐"的传统文化元素。北京南站成为佐证北京历史神韵与京城活力完美结合的产物。

北京南站主体共有 5 层，地上有 2 层，地下有 3 层。其中，地上一层为站台轨道层，

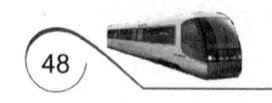

共设 24 条到发线，13 座站台，3 个客运车场；地上二层为高架候车层，是乘客进站层，建筑面积为 47 654m^2，中央为候车大厅，东西两侧是进站大厅，自北向南依次为各候车区；地铁站厅位于地下一层综合换乘大厅中部（如图 2-32 所示）；地下二层为 4 号线站台；地下三层为 14 号线站台。4 号线站台和 14 号线站台均采用岛式站台设计。4 号线站台呈西北—东南走向，垂直于地面铁路；14 号线站台呈西南—东北走向，平行于地面铁路。4 号线站台和 14 号线站台垂直交叉，中部通过楼梯相连。50%的乘客可在站内实现与地铁的"零换乘"。

图 2-32　北京南站地下一层综合换乘大厅一角

拓展知识

城市轨道交通换乘方式

随着我国经济和社会的发展及城市化进程的加快，城市人口和规模持续上升，城市居民出行总量不断增加，城市公共交通系统的压力逐渐增大。城市客运交通供不应求的矛盾日益突出。交通堵塞、停车困难、环境恶化等交通问题随之出现。由于我国城市用地紧张，不可能大规模地新建、扩建道路来满足日益增长的交通需求，因此为解决城市客运交通问题，必须发展具有快速、大运量、方便、准时、舒适的城市轨道交通系统。

随着城市轨道交通网络的完善，市民出行换乘量必定增大。换乘站是城市轨道交通各条线路之间或城市轨道交通线路与其他交通方式线路的交织点，是供乘客转线换乘的车站。乘客通过换乘站及其专用通道设施，实现人流沟通，达到换乘的目的。城市轨道交通的换乘站作为城市的重要客运枢纽，通过互相接运，充分发挥城市轨道交通强大的优势，最大限度地提高居民的出行效率。

城市轨道交通换乘方式首先取决于两条线路的走向和相互交织形式，并可分为同站台换乘、通道换乘、站外换乘、组合式换乘等基本形式。

1. 同站台换乘

同站台换乘一般适用于两条线路平行交织，而且采用岛式站台的车站形式。乘客换乘时，由岛式站台的一侧下车，跨过岛式站台并在岛式站台的另一侧上车，即完成了转线换乘，换乘极为方便。同站台换乘的基本布局是双岛站台的结构形式，可以在同一平面上布置，也可以双层立体布置，如图 2-33 所示。

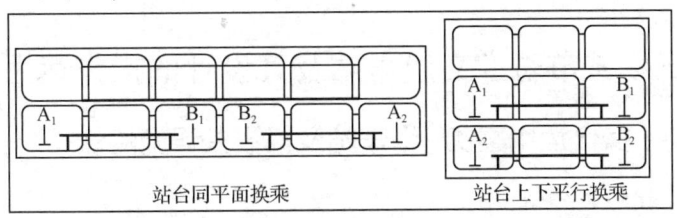

图 2-33 同站台换乘示意图

采用同站台换乘方式时，要求两条线路要有足够长的重合段。在两条线路分期修建的情况下，近期要把后期线路车站及区间交叉的预留位置处理好，工程量大，线路交叉复杂，施工难度大。所以，车站尽量选在两条线路建设期相近或同步建成的换乘点上。

2. 通道换乘

通道换乘是指在两条线路交叉处，两条线路上的车站在结构上完全脱开，用通道和楼梯将两个车站连接起来，供乘客换乘。连接通道一般设于两个车站站厅之间。通道换乘方式布置较为灵活，对两条线路交角大小及车站位置有较大适应性，预留工程少，甚至可以不预留，容许将来对预留线路位置进行适当调整。通道宽度可按换乘客流量的需要设计。换乘条件取决于通道长度，一般不宜超过 100 m。这种换乘方式最有利于两条线路工程分期实施，预留工程量最少，后期线路位置调节有较大的灵活性，如图 2-34 所示。

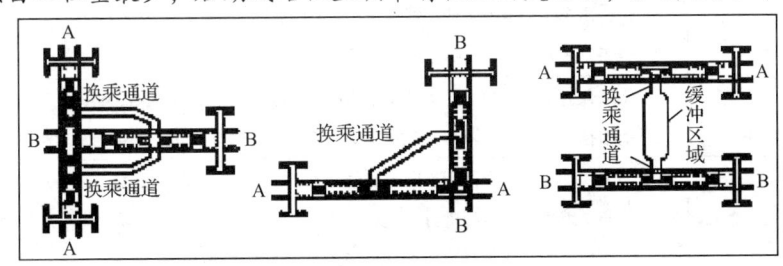

图 2-34 通道换乘示意图

3. 站外换乘

这种换乘方式是指乘客在车站付费区以外进行换乘，实际上是没有专用换乘设施的换乘方式。采用站外换乘方式，往往是无线网规划而造成的后遗症，一般不予推荐。这种换乘方式由于乘客要增加一次进、出站手续，再加上在站外与其他人流交织和步行距离长，因而显得十分不便。对城市轨道交通自身而言，是一种系统性缺陷的反映。因此，应注意尽量避免采用站外换乘方式。

4. 组合式换乘

在换乘方式的实际应用中，往往采用两种或几种换乘方式组合，以达到完善换乘条件、方便乘客使用、降低工程造价的目的。例如，同站台换乘方式辅以站厅或通道换乘方式，使所有的换乘方向都能换乘；楼梯换乘方式在岛式站台中，必须辅以站厅或通道换乘方式，才能满足换乘能力；站厅换乘方式辅以通道换乘方式，可以减少预留工程量等。上述组合

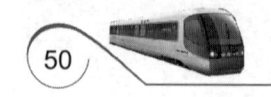

的目的，是从功能上考虑，不但要有足够的换乘通过能力，还要有较大的灵活性，为乘客、工程实施提供方便。

任务三　城市轨道交通车站及其设计的操作运用案例

【操作运用案例1】车站及其设备设施的认知

1. 实训项目教师工作活页

实训项目教师工作活页　　　　　　　　　　　　　　　　　　　NO：＿＿＿＿＿＿

实训项目	车站及其设备设施的认知		
学　　时	2	班级	略
实训场所	多媒体教室或车站。		
工具设备	车站及其设备的相应挂图，多媒体设备课件、图片等。		
教学目标	专业能力	（1）能说出车站的概念。 （2）会对车站进行分类。 （3）能识别车站的类型及特点。 （4）能说出车站客运的主要设备设施及其作用。 （5）能识别安全护栏、屏蔽门并说出其作用。 （6）能说出车站通道设备的组成。 （7）会识别车站的照明与低压配电系统。	
	方法能力	（1）能综合运用专业知识，通过专业书籍、上网查询、多媒体课件和图片资料获得帮助信息。 （2）能根据实训项目学习任务确定实训方案，从中学会表达及展示活动过程和成果。	
	社会能力	（1）能在实训活动中保持积极向上的学习态度。 （2）能与小组成员和教师进行交流和沟通。 （3）能与他人共享学习资源，具有较好的合作能力和团队协作精神。	
教学活动	略（详见教学活动设计）		
教学评价	学生活动： （1）以6～8人小组为单位开展实训活动，根据本组成员在实训过程中的能力表现及结果进行自评、组内互评。 （2）根据其他小组成员在成果展示活动中的表现及结果进行互评。 教师活动： （1）教师组织学生开展评价活动和总结。 （2）对学生本单元项目单元成绩做出综合评价。		
教学资料	（1）城市轨道交通概论教材。 （2）城市轨道交通运输设备参考书。 （3）实训项目学生学习活页（附页）。		
指导教师		教学时间	年　　月　　日

2. 实训项目学生学习活页

实训项目学生学习活页　　　　　　　　　　　　　　　　　　　　　　　　NO：_____

实训项目 1　车站及其设备设施的认知

班级：_____　姓名：_____　　学号：_____　时间：_____

一、实训目标

1. 专业能力目标

（1）能说出车站的概念。

（2）会对车站进行分类。

（3）能识别车站的类型及特点。

（4）能说出车站客运的主要设备设施及其作用。

（5）能识别安全护栏、屏蔽门并说出其作用。

（6）能说出车站通道设备的组成。

（7）会识别车站的照明与低压配电系统。

2. 方法能力目标

（1）能综合运用专业知识，通过专业书籍、上网查询、多媒体课件和图片资料获得帮助信息。

（2）能根据实训项目学习任务确定实训方案，从中学会表达及展示活动过程和成果。

3. 社会能力目标

（1）能在实训活动中保持积极向上的学习态度。

（2）能与小组成员和教师进行交流和沟通。

（3）能与他人共享学习资源，具有较好的合作能力和团队协作精神。

二、知识总结

1. 说出车站按照不同的方法进行的分类。

2. 分别说出中间站、换乘站、折返站、越行站、接轨站、终点站的设置地点及其功能。

3. 分别说出岛式站台车站、侧式站台车站的设置地点及特点。

4. 简要说出车站客运的主要设备设施。

续表

三、操作运用

1. 画出不同类型站台的车站示意图。

2. 根据车站分类图示,将(1)~(6)的车站种类填写在下表中。

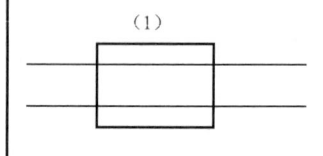

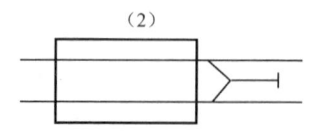

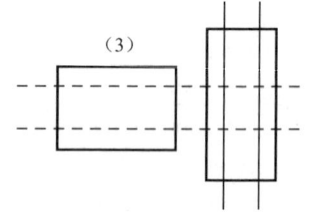

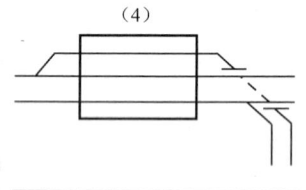

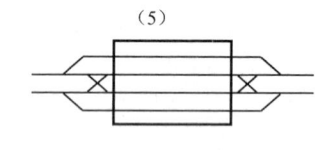

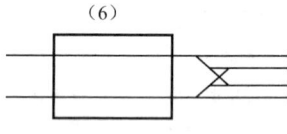

图示编号	(1)	(2)	(3)	(4)	(5)	(6)
车站种类						

四、实训小结

_____
_____

五、成绩评定

1. 学生评价

评价等级	A—优	B—良	C—中	D—及格	E—不及格
学生自评					
组内互评					
他组互评					

2. 教师评价

评价等级	A—优	B—良	C—中	D—及格	E—不及格
专业能力					
方法能力					
社会能力					
评价结果					

3. 综合评价

评价等级	A—优	B—良	C—中	D—及格	E—不及格
评价结果					

注:按照学生自评占10%、组内互评占10%、他组互评占20%、教师评价占60%的比例计分。其中,A—100分,B—85分,C—75分,D—60分,E—50分。

续表

4. 评价量规

等级	行为表现描述
A	能圆满高效地完成实训任务的全部内容
B	能顺利完成实训任务的全部内容
C	能完成实训任务的全部内容，但需要一些帮助和指导
D	自己只能完成实训任务的部分内容，但在教师的指导下，能够完成任务的全部内容
E	不能完成实训任务的全部内容

【操作运用案例2】车站平面布局设计的认知

1. 实训项目教师工作活页

实训项目教师工作活页　　　　　　　　　　　　　　　　　　NO:_____

实训项目	车站平面布局设计的认知			
学　时	2	班级		略
实训场所	多媒体教室或车站。			
工具设备	车站及其设备的相应挂图，多媒体设备课件、图片等。			
教学目标	专业能力	（1）能说出车站按客流线的设计布局。 （2）能说出客流线的组织原则。 （3）能识别客流线的主要类型并画出客流线图。 （4）能说出乘客进、出站活动的客流线。 （5）能识别站厅公共区设备构成。 （6）能说出车站通道的设计及其要求。 （7）能说出站台长度、宽度和高度的设计原则。		
	方法能力	（1）能综合运用专业知识，通过专业书籍、上网查询、多媒体课件和图片资料获得帮助信息。 （2）能根据实训项目学习任务确定实训方案，从中学会表达及展示活动过程和成果。		
	社会能力	（1）能在实训活动中保持积极向上的学习态度。 （2）能与小组成员和教师进行交流和沟通。 （3）能与他人共享学习资源，具有较好的合作能力和团队协作精神。		
教学活动	略（详见教学活动设计）			
教学评价	学生活动： （1）以6~8人组成的小组为单位开展实训活动，根据本组成员在实训过程中的能力表现及结果进行自评、组内互评。 （2）根据其他小组成员在成果展示活动中的表现及结果进行互评。 教师活动： （1）教师组织学生开展评价活动和总结。 （2）对学生本单元项目单元成绩做出综合评价。			
教学资料	（1）城市轨道交通概论教材。 （2）城市轨道交通运输设备参考书。 （3）实训项目学生学习活页（附页）。			
指导教师		教学时间	年　月　日	

2. 实训项目学生学习活页

实训项目学生学习活页　　　　　　　　　　　　　　　　　　　　NO：_____

实训项目 2　车站平面布局设计的认知

班级：_____　姓名：_____　学号：_____　时间：_____

一、实训目标

1. 专业能力目标

（1）能说出车站按客流线的设计布局。
（2）能说出客流线的组织原则。
（3）能识别客流线的主要类型。
（4）能说出乘客进、出站活动的客流线。
（5）能识别站厅公共区设备构成。
（6）能说出车站通道的设计及其要求。
（7）能识别客流线的主要类型并画出客流线图。
（8）能说出站台长度、宽度和高度的设计原则。

2. 方法能力目标

（1）能综合运用专业知识，通过专业书籍、上网查询、多媒体课件和图片资料获得帮助信息。
（2）能根据实训项目学习任务确定实训方案，从中学会表达及展示活动过程和成果。

3. 社会能力目标

（1）能在实训活动中保持积极向上的学习态度。
（2）能与小组成员和教师进行交流和沟通。
（3）能与他人共享学习资源，具有较好的合作能力和团队协作精神。

二、知识总结

1. 画出乘客进、出站活动的客流线图。

2. 说出客流线的组织原则及客流线的主要类型。

3. 说出站厅公共区各主要设备及设置要求。

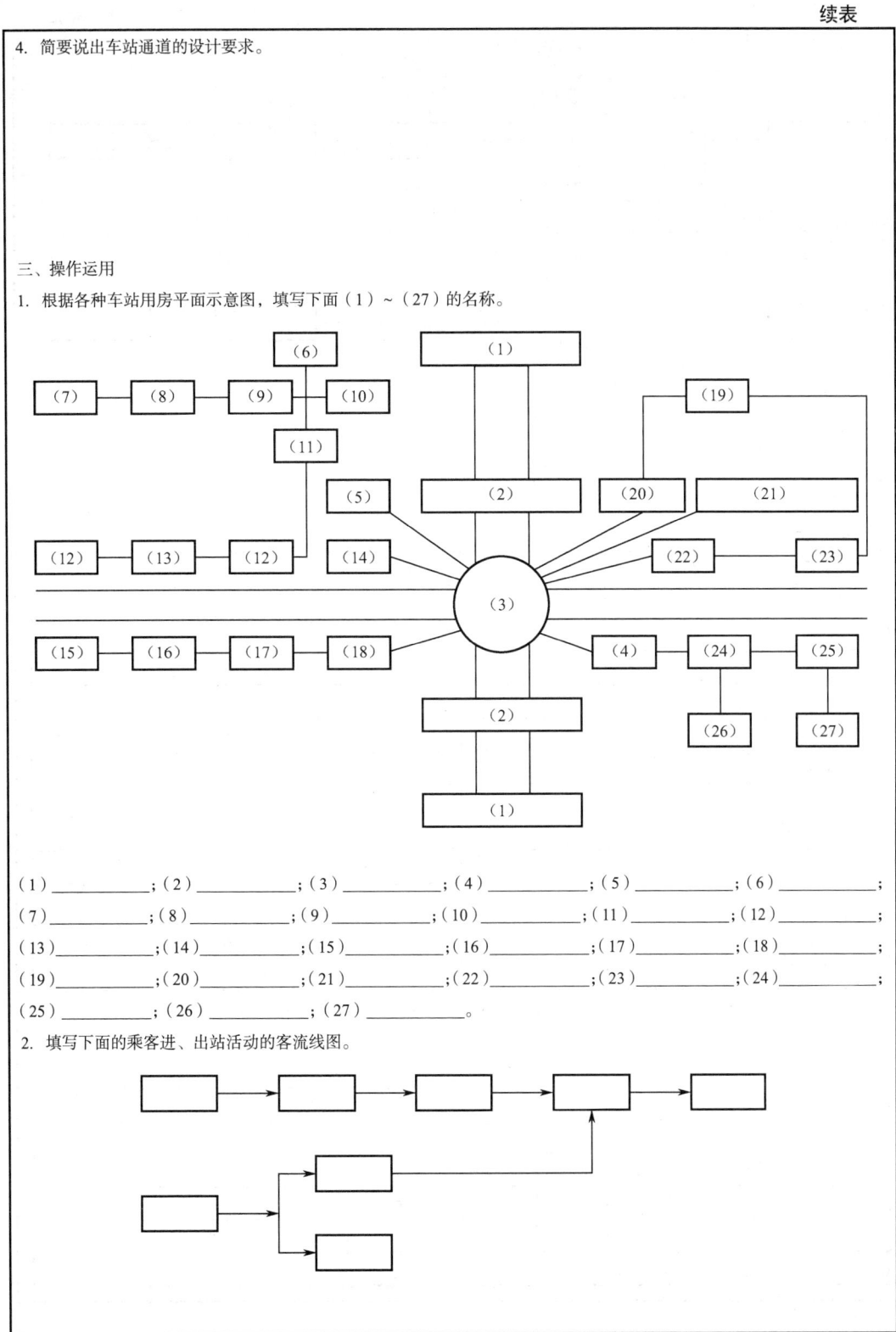

续表

4. 简要说出车站通道的设计要求。

三、操作运用

1. 根据各种车站用房平面示意图，填写下面（1）～（27）的名称。

（1）_____；（2）_____；（3）_____；（4）_____；（5）_____；（6）_____；
（7）_____；（8）_____；（9）_____；（10）_____；（11）_____；（12）_____；
（13）_____；（14）_____；（15）_____；（16）_____；（17）_____；（18）_____；
（19）_____；（20）_____；（21）_____；（22）_____；（23）_____；（24）_____；
（25）_____；（26）_____；（27）_____。

2. 填写下面的乘客进、出站活动的客流线图。

续表

3. 填写下面的进入车站购票上车或换乘上车的客流线图。

□ → □ → □ → □ → □
    ↘ □ ↗

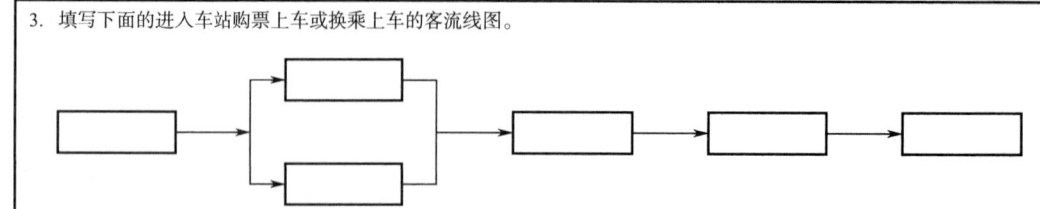

4. 填写下面的下车检票出站客流线图。

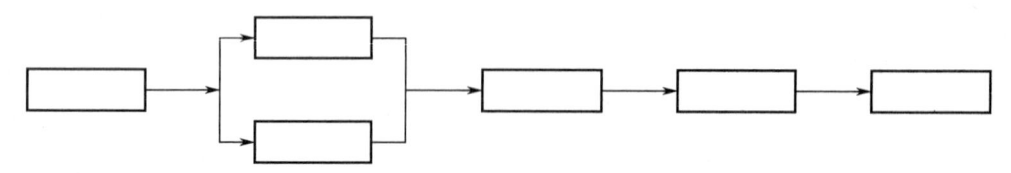

□ → □ → □ → □ → □
    ↘ □ ↗

四、实训小结

五、成绩评定

1. 学生评价

评价等级	A—优	B—良	C—中	D—及格	E—不及格
学生自评					
组内互评					
他组互评					

2. 教师评价

评价等级	A—优	B—良	C—中	D—及格	E—不及格
专业能力					
方法能力					
社会能力					
评价结果					

3. 综合评价

评价等级	A—优	B—良	C—中	D—及格	E—不及格
评价结果					

注：按照学生自评占10%、组内互评占10%、他组互评占20%、教师评价占60%的比例计分。其中，A—100分，B—85分，C—75分，D—60分，E—50分。

4. 评价量规

等级	行为表现描述
A	能圆满高效地完成实训任务的全部内容
B	能顺利完成实训任务的全部内容
C	能完成实训任务的全部内容，但需要一些帮助和指导
D	自己只能完成实训任务的部分内容，但在教师的指导下，能够完成任务的全部内容
E	不能完成实训任务的全部内容

问答题

1. 什么是车站？车站按所处的空间位置不同是如何分类的？车站按车站运营的性质不同是如何分类的？
2. 车站客运的主要设备设施有哪些？它们各有什么作用？
3. 什么是屏蔽门？屏蔽门有哪些种类？
4. 车站的通道设备有哪几部分组成？
5. 车站的照明系统是如何分类的？
6. 什么是客流线？客流线有哪些类型？它们该如何区分？
7. 站厅公共区的设计有哪些要求？站厅公共区包括哪些主要设备？
8. 车站通道的设计应考虑哪些因素？

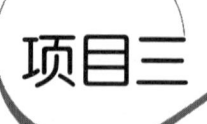

项目三 城市轨道交通线路设备与线网规划

城市轨道交通线路是城市轨道列车运行的道路设施，是城市轨道交通系统的基本组成部分。

城市轨道交通线路的特点如下。

（1）城市轨道交通线路一经建成，无论是在地下、地面还是在地面以上，其位置的改变都十分困难。城市轨道交通线路建成后的改建会引起周围建筑、道路等很大的拆迁工程，并破坏多年来逐渐形成的环境协调。因此，对城市轨道交通线路的设计要做长期的考虑。

（2）城市轨道交通线路全面地分布在整个城市区域内。为保证城市轨道交通线路的客流吸引力，通常站距设置为1~2km。因此，城市轨道交通线路上的站点设置密，停车频繁。

城市轨道交通线路是由各种不同零部件所组成的，具有规定的强度和稳定性，能保证列车以规定的速度，平稳安全、正点及不间断地运行的整体工程结构。

任务一 城市轨道交通线路设备与施工

学习目标

（1）掌握城市轨道交通线路的基本结构。
（2）掌握钢轨结构及其配件的作用。
（3）了解轨枕的作用及轨枕的类型特点。
（4）了解道床的作用，掌握不同类型道床的特点。
（5）掌握道岔的组成结构及道岔的分类。
（6）了解城市轨道交通线路附属设备。
（7）掌握不同的城市轨道交通线路标志和信号标志。
（8）熟悉城市轨道交通线路施工的基本方法。

学习任务

能识别城市轨道交通线路的基本结构组成；认知钢轨的基本结构；认知轨枕的作用和轨枕分类及扣件种类；认知道床的作用，熟知不同类型道床的特点；熟知道岔的结构组成，能识别道岔的类型；认知城市轨道交通线路附属设施和设备，能识别城市轨道交通线路的常用标志；认知城市轨道交通线路施工的基本方法。

工具设备

城市轨道交通线路设备的相应图片、模具，多媒体设备。

教学环境

多媒体教室和运输综合实训场。

基础知识

城市轨道交通线路的基本结构一般由钢轨、轨枕、道岔、道床、连接零件和轨道辅助设备等组成（如图 3-1 所示），是城市轨道交通列车行车的基础，是城市轨道交通运营的重要设备之一。城市轨道交通作用是引导机车车辆的运行，直接承受机车车辆车轮的垂直力和水平力，还承受机车车辆弹簧震动而产生的冲击力、列车运行及制动而产生的纵向力、列车通过曲线时因机车车辆摇晃而产生的侧向力。此外，受雨、雪、风及气温变化的影响，温度应力式无缝城市轨道交通线路还承受一定的温度应力。轨道把这些力均匀地传给路基和桥隧建筑物。

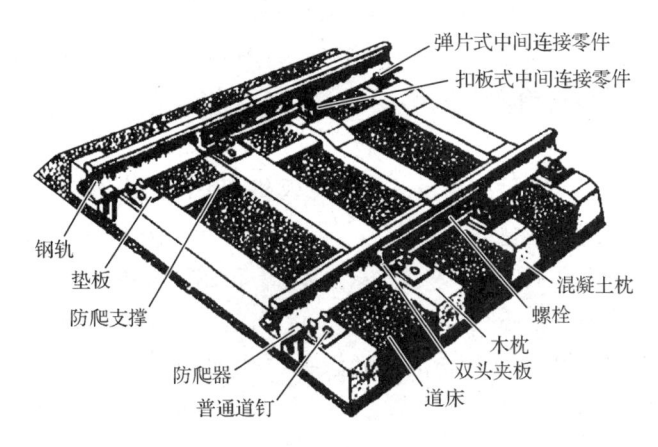

图 3-1 城市轨道交通线路的基本结构

一、城市轨道交通线路设备

（一）基本设备

1. 钢轨及其配件

钢轨是轨道的主要组成部件。它的功用在于引导机车车辆的车轮前进，承受车轮的巨大压力，并传递到轨枕上。钢轨必须为车轮提供连续、平顺和阻力最小的滚动表面。在电气化铁道或自动闭塞区段，钢轨还可兼做轨道电路之用。

1）钢轨的组成

钢轨断面形状为"工"字形。钢轨由轨头、轨腰、轨底三部分构成（如图 3-2 所示）。为使钢轨更好地承受来自各方面的力并保证必要强度条件，钢轨应有足够的高度，且其头部和底部应有足够的面积和高度，腰部和底部不宜太薄。不同类型钢轨横截面的各部分尺寸不同（如图 3-3 所示）。

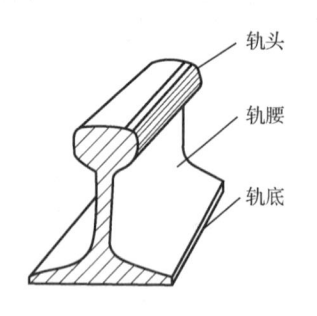

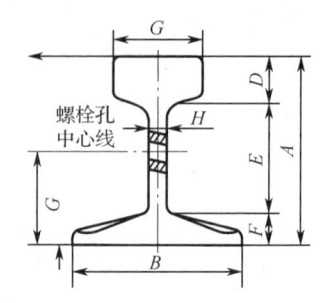

A—钢轨高度；B—轨底宽；C—轨头宽；D—轨头高；
E—轨腰高；F—轨底高；G—螺栓孔高；H—轨腰厚

图 3-2　钢轨结构　　　　　　　图 3-3　钢轨横截面图

钢轨的类型是以每米钢轨质量的千克数表示的。我国轨道上使用的钢轨有 75kg/m、60kg/m、50kg/m，43kg/m 和 38kg/m 等几种。38kg/m 钢轨现已停止生产，60kg/m、50kg/m 钢轨在主要干线上铺设，站线及专用线一般铺设 43kg/m 钢轨。对于重载轨道和特别繁忙的区段轨道，则铺设 75kg/m 钢轨。

2）钢轨配件

钢轨配件又称接头连接零件，主要由接头夹板和接头螺栓将钢轨与钢轨的端部连接起来，使钢轨接头部位共同承受弯矩和横向力。同时，利用接头夹板与钢轨之间的摩擦力，将钢轨接头处前后两根钢轨的间隙——轨缝控制在一定的限度内。

（1）钢轨接头的分类。

钢轨接头分为普通钢轨接头、异型钢轨接头、导电钢轨接头、绝缘钢轨接头、胶结钢轨接头和冻结钢轨接头等。

① 普通钢轨接头。

普通钢轨接头（如图 3-4 所示）是指将同类型钢轨用接头夹板和接头螺栓连接起来的钢轨接头。由于城市轨道交通为电气化铁路，并且正线多采用长无缝线路，故普通钢轨接头在城市轨道交通中很少采用。

图 3-4　普通钢轨接头

② 异型钢轨接头。

异型钢轨接头是指将不同类型钢轨（如 50kg/m 钢轨和 60kg/m 钢轨）用异型接头夹板和接头螺栓连接起来的钢轨接头。异型钢轨接头通常在不同类型轨道交界处（如正线线路和站场线路连接处）、站场出入线路端头使用。

当不同类型钢轨相连接时，还可插入相应的异型钢轨（异型钢轨的两端特制成不同类型的钢轨，有焊接异型钢轨和轨端模压成型的异型钢轨两种）。异型钢轨两端分别与同类型钢轨连接。

③ 导电钢轨接头。

当钢轨兼作城市轨道交通线路的牵引电流回路时，可将钢绞线焊在钢轨接头外侧的套扣中；当钢轨兼作轨道信号电路传输通道时，还可将轨道接续线（导接线）两端塞钉打入靠近轨端处轨腰上的导接线孔中。这种接头，提高了钢轨的导电能力，故称为导电钢轨接头。

④ 绝缘钢轨接头。

绝缘钢轨接头（如图 3-5 所示）是在接头夹板、接头螺栓、钢轨间加垫轨端槽型绝缘板及绝缘管、垫，使接头夹板、接头螺栓、钢轨间互相绝缘以隔断轨道的钢轨接头。

绝缘钢轨接头用于分隔轨道信号电路。城市轨道交通的正线都不设置绝缘节；而正线道岔区段的侧股和停车场轨道还常见这种绝缘钢轨接头。

⑤ 胶结钢轨接头。

胶结钢轨接头是用特制的黏接材料胶合而成的绝缘钢轨接头。胶结钢轨接头不仅提高了钢轨接头的绝缘性能，而且明显改善钢轨接头的受力状态。胶结钢轨绝缘接头作为绝缘钢轨接头的改良，在城市轨道交通新线上使用较多。

⑥ 冻结钢轨接头。

冻结钢轨接头（如图 3-6 所示）是用高强度螺栓，将接头夹板与钢轨夹紧，钢轨螺栓孔中插入月牙形垫片，依靠接头夹板与钢轨间的摩擦力和螺栓的支撑力，强制两根钢轨轨端密贴，使轨缝不再发生变化的钢轨接头。冻结钢轨接头在城市轨道交通高架线路上经常使用。

图 3-5　绝缘钢轨接头　　　　图 3-6　冻结钢轨接头

（2）钢轨接头连接零件的组成。

钢轨接头连接零件主要包括接头夹板、接头螺栓、螺母、垫圈等。另外，导电钢轨接头还有轨道导电接续线；绝缘钢轨接头、胶结钢轨接头还有相应的绝缘配件或材料。此外，不同的钢轨接头连接零件的规格也略有差异。

① 接头夹板（鱼尾板）。

接头夹板又称鱼尾板（如图 3-7 所示），是钢轨接头处连接钢轨用的夹板，标准形式为优质钢轧制的六孔双头式，适用于38～75kg/m钢轨。

图 3-7 接头夹板

② 接头螺栓、螺母和垫圈（如图3-8所示）。

接头螺栓使接头夹板同钢轨夹紧，以保持钢轨接头的整体性和强度。接头螺栓颈部的长圆凸台可卡在接头夹板的长网螺栓孔中。在拧紧螺母时，该凸台能避免螺栓跟着旋转。为使接头螺栓受力均衡和防止列车意外脱轨时将螺栓全部切断，接头螺栓应朝内、外交错安装，使螺栓、螺母分别位于两股钢轨的两侧。

图 3-8 接头螺栓、螺母和垫圈

垫圈分为弹簧垫圈及高强度平垫圈两种。弹簧垫圈是由弹簧钢制成的具有一定弹性的矩形断面或圆形断面单层开口垫圈。高强度平垫圈是经热处理的高硬度圆孔平垫圈。设置垫圈能改善螺母与接头夹板间的受力状态，并可防止螺母松动。

2. 轨枕及扣件

1）轨枕

轨枕又称枕木，也是轨道配件的一种。轨枕既要支撑钢轨，又要保持钢轨的位置，还要把钢轨传递来的巨大压力再传递给道床。它必须具备一定的柔韧性和弹性。它在列车经过时可以适当变形以缓冲压力，但在列车经过后还得尽可能恢复原状。

（1）木枕。

木枕分为普通木枕（如图3-9所示）、木岔枕、桥枕和短木枕。其中，桥枕在城市轨道交通中基本不使用。

木枕具有弹性好、易于加工、使用方便等优点。但是，木枕的弹性、强度和耐久性不够均匀，这样会加大轮轨动力作用，并且要使用大量的优质木材。木枕的使用寿命短。其失效原因很多，主要是腐朽、机械磨损和开裂。木枕由于易腐朽，在上道前要经过防腐处理。未经防腐处理的木枕称为素枕。中国木材资源较缺乏，因而木枕价格较高，在主要干线上已逐渐被混凝土枕取代。

（2）混凝土枕。

混凝土枕（如图3-10所示）主要分为混凝土长枕、混凝土短枕和混凝土支撑块。在城市轨道交通中，使用的混凝土长枕多为预应力混凝土枕。在我国，混凝土枕又可分为Ⅰ型混凝土枕（丝 79 型 PC 轨枕）、Ⅱ型混凝土枕（丝 81 型 PC 轨枕）及Ⅲ型混凝土枕。

图 3-9　木枕　　　　　　　　　图 3-10　混凝土枕

混凝土枕使用寿命长，稳定性高，养护工作量小，损伤率和报废率比木枕的要低得多。在无缝城市轨道交通线路上，混凝土枕比木枕的稳定性平均提高 15%～20%。因此，混凝土枕尤其适用于高速客运线，例如，日本的新干线、俄罗斯的高速干线都铺设它。但混凝土枕质量比较大，不利于铺设，且弹性比较差。

2）扣件

扣件是连接钢轨和轨枕的中间连接零件。其作用是将钢轨固定在轨枕上，保持轨距和阻止钢轨相对于轨枕的纵横向移动。在混凝土枕的轨道上，由于混凝土枕的弹性较差，因而扣件要具有足够的强度、耐久性和一定的弹性，并有效地保持钢轨与轨枕之间的可靠连接。此外，扣件还应具有零件少、安装简单、便于拆卸的特点。

（1）扣件的组成。

一般扣件都由扣压件和轨下垫层两部分组成（如图 3-11 所示）。扣件的作用主要是固定钢轨，限制钢轨前后、左右、上下的移动，保持轨道的几何尺寸。轨下垫层的作用主要是为轨道提供足够的弹性，同时辅助扣压件固定钢轨。

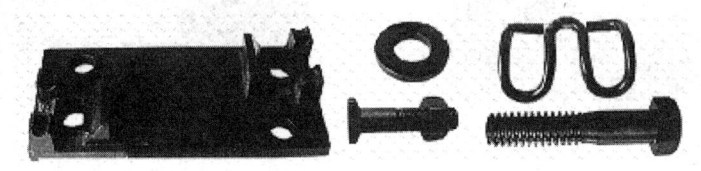

轨下垫层　　　　　　扣压件

图 3-11　扣件组成

（2）扣件的分类。

目前，在国内城市轨道交通中使用的扣件大致可分为传统扣件、DT 系列扣件、WJ 系列扣件、弹簧扣件和减震扣件五种。

① 传统扣件。

传统扣件沿用了铁路上的常用扣件，主要分为木枕用扣件（如图 3-12 所示）和混凝土枕用扣件。其中，木枕用扣件主要有分开式扣件和混合式扣件；混凝土枕用扣件主要有板式扣件、弹片式扣件和弹条式扣件。除弹片式扣件外，其余四种扣件常用于城市轨道交通碎石道床线路。

图 3-12　木枕用扣件

② DT 系列扣件。

DT 系列扣件（如图 3-13 所示）是为城市轨道交通地下线路专门设计的扣件，有 DT_I、DT_{II}、DT_{III}、DT_{IV}、DT_{VI} 和 DT_{VII} 等型号。其中，每个型号扣件还分为不同的改进类型，如 DT_{III-2} 扣件就是 DT_{III} 扣件的改进型扣件。DT 系列扣件在城市轨道交通地下整体道床中被大量使用。

③ WJ 系列扣件。

WJ 系列扣件（如图 3-14 所示）是一种无挡肩扣件，主要有 WJ-1、WJ-2、WJ-3、WJ-4、WJ-5 等类型。它主要用于城市轨道交通高架线路，是一种小阻力的扣件。

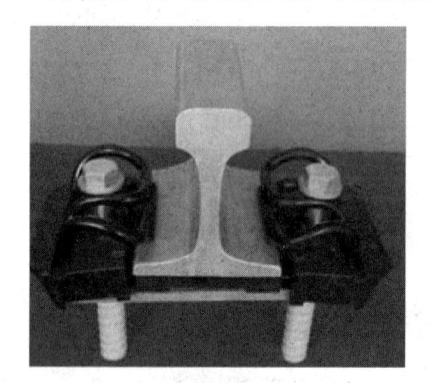

图 3-13　DT 系列扣件　　　　　　　图 3-14　WJ 系列扣件

④ 弹簧扣件。

弹簧扣件分为单趾弹簧扣件（如图 3-15 所示）和双趾弹簧扣件两种类型。目前，弹簧扣件在上海、广州等城市轨道交通线路中使用。

⑤ 减震扣件。

减震扣件（如图 3-16 所示）也是专为城市轨道交通设计的扣件。为了降低轨道的震动和噪声，减少对附近居民、建筑及地质不良地段的影响而使用的减震扣件，主要用于减震需求较高的枕式整体道床地段。

图 3-15　单趾弹簧扣件　　　　　　　　图 3-16　减震扣件

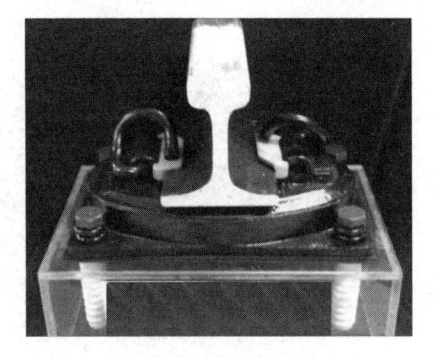

3．道床

道床是轨道的重要组成部分，是轨道框架的基础。道床通常指的是在轨枕下面、路基上面铺设的石碴（道碴）垫层。道床主要作用是支撑轨枕，把轨枕上部的巨大压力均匀地传递给路基，并固定轨枕的位置，阻止轨枕纵向或横向移动，大大减少路基变形的同时还缓和了机车车辆轮对对钢轨的冲击，便于排水。道床从结构和形式上可分为碎石道床和整体道床两种。

1）碎石道床

碎石道床结构简单，容易施工，减震、减噪性能较好，造价低，但其建筑高度较高，从而造成结构底板下降、隧道空间加大、排水设施复杂、养护工作频繁、更换轨枕困难。在道床作业时，粉尘飞扬会危害工作人员健康。一般在地面线及停车场道岔区域，采用木枕或混凝土枕的碎石道床。

2）整体道床

整体式道床又称无砟道床。其优点是整体性好，坚固、稳定、耐久；建筑高度小，隧道空间得到减小，轨道维修量小，从而适应了城市轨道交通运营时间长、维修时间短的特点。但其弹性差，从而引起列车运行的震动、噪声比较大，轨道造价比较高、施工时间长。整体道床主要有无枕式整体道床、轨枕式整体道床、弹性整体道床等类型。

（1）无枕式整体道床。

无枕式整体道床（如图 3-17 所示）没有专门的轨枕，而是将扣件或扣件预埋件直接埋设于混凝土道床、混凝土支撑块或混凝土立柱等混凝土结构内。此种道床多见于城市轨道交通高架线路和停车场整体道床线路。

（2）轨枕式整体道床。

轨枕式整体道床可分为短枕式整体道床和长枕式整体道床两种类型。

① 短枕式整体道床。

短枕式整体道床（如图 3-18 所示）的短轨枕是在工厂预制的，其横断面为梯形，底部外露钢筋钩，以加强与道床混凝土的连接。这种道床稳定、耐久，结构比较简单，造价较低，施工容易，进度较快。为了减少列车运行的震动和噪声，还研制了弹性短枕式道床、塑料短枕式道床和短木枕式道床。

图 3-17　无枕式整体道床

② 长枕式整体道床。

长枕式整体道床（如图 3-19 所示）一般预留圆孔，并用纵向筋穿过该圆孔，以加强道床的连接，使道床更坚固、稳定和整洁美观。这种道床适用于软土地基隧道，可采用轨排法施工，其进度快，施工精度也容易得到保证。

图 3-18　短枕式整体道床

图 3-19　长枕式整体道床

（3）弹性整体道床。

目前，国内主要铺设的弹性整体道床是浮置板式整体道床（如图 3-20 所示）。这种道床在浮置板下面及两侧设置了橡胶垫，从而使减震效果明显。由于浮置板质量较大，所以对这种道床施工时必须使用较大吊装机具，且施工进度难以保证，更换底部橡胶垫困难，对其大修时还要中断城市轨道交通的正常运营，而且其造价高。

图 3-20　弹性整体道床

3）弹性过渡段

由于整体道床和碎石道床弹性不同，在两者的交界处要设置弹性过渡段。弹性过渡段可以是整体道床，也可以是碎石道床。例如，北京地铁一、二期工程采用梯形短木枕拼装式整体道床作为弹性过渡段；上海地铁采用厚度渐变的碎石道床作为弹性过渡段。以上两种弹性过渡段都能很好地抵消弹性突变，效果良好。由于地铁扣件弹性好，采用厚度渐变的碎石道床作为弹性过渡段的办法比较好，且其铺设也简便。

4. 防爬设备

列车运行时，常常产生作用在钢轨上的纵向力，使钢轨纵向移动，有时甚至带动轨枕一起移动，这种纵向移动称为爬行。爬行一般发生在复线铁路的区间正线、重车方向的单线铁路、长下坡道上和进站时的制动范围内。

爬行往往引起钢轨接缝不匀、轨枕歪斜等现象，对城市轨道交通线路的破坏性很大，甚至造成涨轨跑道，危及行车安全，因此必须采取有效措施来防止爬行。目前，除了通过加固轨道的其他有关组成部分防止爬行，还可以通过防爬器和防爬支撑（如图3-21所示）防止线路爬行。

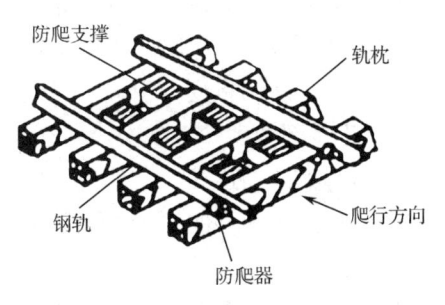

图 3-21 防爬器和防爬撑

（二）道岔

1. 道岔的定义

道岔是一种使机车车辆从一股道转入另一股道的线路连接设备（如图3-22所示），通常在车站、编组站大量铺设。有了道岔，可以充分发挥线路的通过能力。

图 3-22 道岔

2. 道岔的组成

城市轨道交通中大量使用普通单开道岔。普通单开道岔由转辙器、连接部分、辙叉及护轨组成（如图3-23所示）。

1）转辙器

转辙器是道岔的转换装置，用来实现转换道岔、锁闭道岔及反映道岔尖轨所处的位置。转辙器主要包括两根基本轨、两根尖轨、连接零件及跟部结构等。

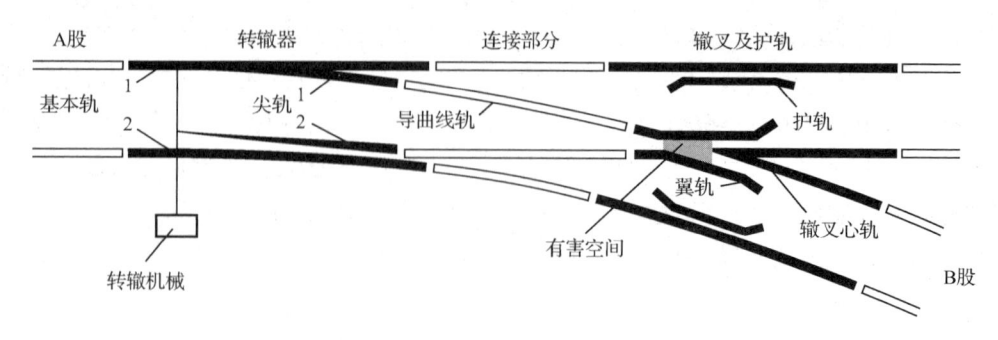

图 3-23 普通单开道岔的组成

（1）基本轨是道岔中接触尖轨和靠近护轮轨的钢轨。

（2）尖轨是转辙器中的重要部件之一。尖轨是用与基本轨同类型的标准钢轨或特种断面钢轨刨切而成的。尖轨的作用是依靠其被刨尖的一端与基本轨紧密贴靠，正确引导车轮的运行方向，从而将列车引进直股或侧股线路上。

2）连接部分

转辙和辙叉的连接轨道为连接部分。它由四股钢轨，即两股直线钢轨和两股曲线（道岔曲股连接部分为导曲线）钢轨重叠组成。

3）辙叉

辙叉是道岔中两股线路相交处的设备。它的作用是使列车能够按确定的行驶方向跨越线路，正常通过道岔。辙叉分为钢轨组合式辙叉、高锰整铸式辙叉和可动心轨式辙叉三种类型。

4）护轨

护轨是指在基本轨内侧增设的两根平行的钢轨（通常用旧轨），以防护车轮掉道，帮助卡住轮缘内侧。护轨是控制车轮运行方向、防止车轮在辙叉有害空间冲击或爬上辙叉心轨尖端、保证行车安全的重要设备。在可动辙叉心轨中，一般仅在侧股线路设护轨，以防止辙叉心轨的侧面被磨损。

3．道岔的种类

道岔按其用途和结构分为单开道岔、交分道岔两种类型。

1）单开道岔

使一条线路通向两条线路的道岔称为单开道岔。单开道岔又分为普通单开道岔和对称单开道岔等类型。

城市轨道交通普遍采用的单开道岔为普通单开单岔。普通单开道岔保持主线为直线，侧线在主线的左侧或右侧岔出（面对道岔尖端而言）。

侧线向左侧岔出的单开道岔，称为左向单开道岔，简称左开道岔，如图 3-24 所示。

侧线向右侧岔出的单开道岔，称为右向单开道岔，简称右开道岔，如图 3-25 所示。

对称单开道岔（如图 3-26 所示）是指道岔各部分均按辙叉角平分线对称排列，两条连接线路的曲线半径相同，且无直向和侧向之分，两侧线的运行条件相同。

2）交分道岔

交分道岔是缩短车站咽喉长度、减少车道用地、提高调车作业效率的良好设备。交分道岔略长于单开道岔，而其作用相当于两组对向单开道岔，因此可以缩短站场长度，特别在复线及多线区间的到达场、编组场和出发场等衔接的咽喉区。如果采用交分道岔配合交叉渡线，则站场长度的缩短更为明显。交分道岔又分为单式交分道岔（如图 3-27 所示）和复式交分道岔（如图 3-28 所示）两种类型。

图 3-24　左开道岔　　　图 3-25　右开道岔　　　图 3-26　对称单开道岔

图 3-27　单式交分道岔　　　　　　图 3-28　复式交分道岔

（三）城市轨道交通线路附属设施、设备

1. 挡车器

为了最大限度地增加安全性，防止在遇到特殊情况时列车冲出线路，在城市轨道交通主要车站的折返线、正线或停车场线、试车线等重要线路的终端，都安装了挡车器。城市轨道交通线路的挡车器要性能优良、外形美观、安全可靠。挡车器的类型很多，目前主要有液压缓冲挡车器（如图 3-29 所示）、滑移式缓冲挡车器（如图 3-30 所示）和固定挡车器（如图 3-31 所示）等类型。

图 3-29　液压缓冲挡车器　　图 3-30　滑移式缓冲挡车器　　图 3-31　XCD 型固定挡车器

2. 城市轨道交通线路标志

城市轨道交通线路标志是表明城市轨道交通线路状态和位置的指示设备。城市轨道交通信号标志是表示城市轨道交通线路状态、道岔位置、站界、运行环境等的器具。

城市轨道交通线路标志、信号标志的设置位置刚好和国家铁路线路标志、信号标志的设置位置相反，设在按计算公里方向线路的右侧。在双线区段，城市轨道交通线路标志应设在各线列车运行方向的右侧。

1）城市轨道交通线路标志的种类

城市轨道交通线路标志有公里标（如图3-32所示）、半公里标（如图3-33所示）、百米标、曲线标（如图3-34所示）、圆曲线和缓和曲线的始终点标、竖曲线始终点标、坡度标（如图3-35所示）等。

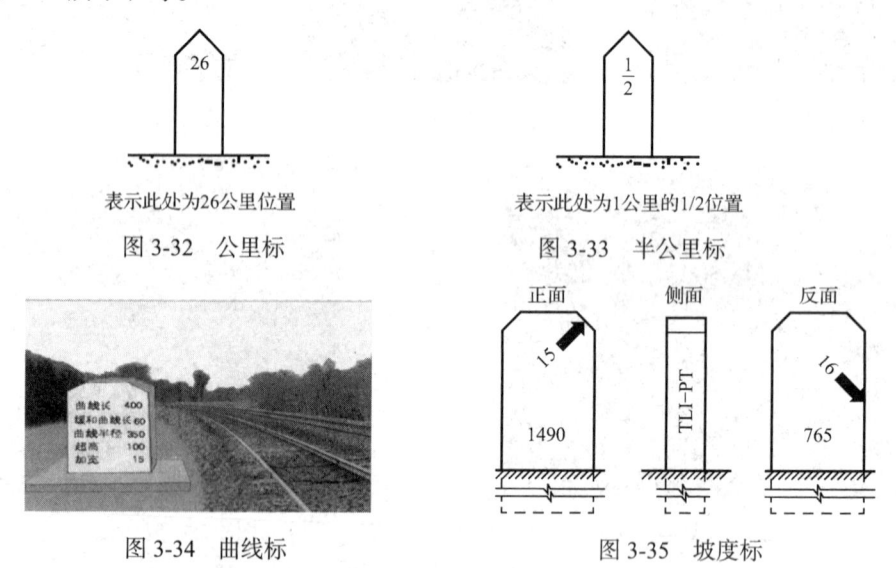

图3-32 公里标

图3-33 半公里标

图3-34 曲线标

图3-35 坡度标

（1）公里标设置在整公里的地方；半公里标设置在半公里的地方。

（2）百米标设置在1公里中整百米的位置。百米标上面数值的前面几位表示公里数，最后一位表示此位置处在该1公里中的百米数。在城市轨道交通中，有用百米标代替公里标和半公里标。

（3）曲线标设置在曲线的中部。曲线标上面标明了圆曲线长度、缓和曲线长度、曲线半径，以及外轨超高的长度和轨距加宽的长度。

（4）圆曲线和缓和曲线的始终点标上面分别写明缓圆、圆缓或直缓、缓直字样，表明其对应的方向是直线、缓和曲线或圆曲线。圆曲线和缓和曲线的始终点标在车站内设置的要求同公里标；在桥梁上，将写好该标志相应字样的木板或铁板挂在人行道栏杆上即可；在隧道内，将该标志相应字样用油漆写于隧道边墙上即可。

（5）坡度标设置在变坡点处。其正面和背面分别标明两边的坡度和坡段长度，并用箭头方向表示上坡或下坡。其中，箭尾处数字表示坡度，而下面数字表示坡段长度。其侧面标明变坡点的里程。

2）城市轨道交通信号标志的种类

（1）警冲标（如图 3-36 所示）设置在两会合线路线间距离为 4m 的中间，用来指示机车车辆的停留位置，防止会合线路上的机车车辆发生侧面冲突。

（2）站界标（如图 3-37 所示）设置在车站两头的最外端，表示车站的范围。

（3）鸣笛标（如图 3-38 所示）设置在道口等视线不良位置前。驾驶员见此标志必须鸣笛。

（4）减速标（如图 3-39 所示）设置在需要减速地点的两端。面向减速地点外一侧的减速标（称为正面）为圆圈中间加一横杠，表示减速起点；面向减速地点一侧的减速标（称为反面）为圆圈中间加一竖杠，表示减速终点。

（5）停车位置标设置在需要停车的地点，表示车辆停车时不得越过该标志。

图 3-36　警冲标　　图 3-37　站界标　　图 3-38　鸣笛标　　图 3-39　减速标

（四）轨道的几何形位

轨道的几何形位是指轨道各部分的几何形状、相对位置和基本尺寸。轨道几何形位是否正确，直接影响城市轨道交通的运营安全、乘客的乘车舒适度、线路设备的使用寿命和养护费用。轨道的几何形位的基本要素有轨距、水平、高低、轨向等。

1. 轨距

轨距为两根钢轨头部内侧间与线路中线垂直方向上的距离，要在轨顶面以下规定的部位量取。我国城市轨道交通普遍采用和国家铁路一致的标准轨距，为 1435mm。轨距用轨距尺（又称道尺）进行测量，通常沿轨道线路每 6.25m 检查一处。规定轨距不得超过标准轨距 6mm，且不低于标准轨距 2mm。所以，在线路直线部分的轨距应不大于 1441mm 且不小于 1433mm。

2. 水平

水平是指轨道上两股钢轨顶面的相对高低。直线地段两轨应保持同一高度，使两轨负荷均匀，允许有一定误差，其误差按线路种类的不同可以为 4~6mm。轨道不允许有三角坑存在，即在一段不太长的轨道线路内，不允许左右两轨高度差交替变化，以免引起列车剧烈摇晃。

3. 高低

高低是指一股钢轨纵向的相对高低。轨道高低必须满足平顺要求，以减少列车对轨道的冲击，确保运营的安全和乘客的舒适。高低是用 10m 弦线在钢轨顶面中间测量的最大矢度，最大矢度是弦线与钢轨顶面之间的距离最大者。用 10m 弦线测量的高低误差不得超过 4mm。

4. 轨向

轨向是指一股钢轨作用边的走向，又称方向。轨向在轨道直线段要平直、在轨道曲线段要圆顺。直线段轨向用 10m 弦线在钢轨顶面以下 16mm 作用边处测量矢度，其允许误差在正线不得超过 4mm，在站线及专用线不超过 6 mm。曲线段轨向用 20m 弦线在钢轨顶面以下 16mm 作用边处测量矢度，称为正矢，其误差按曲线正矢误差规定执行。

二、城市轨道交通线路施工的方法

（一）地下工程施工方法

1. 明挖法

明挖法是指由地面向下开挖土石方至设计标高后，自基底由下向上"顺作"施工完成隧道主体结构，最后回填基坑或恢复地面的施工方法。

明挖法是各国地下铁道施工的首选方法。在地面交通和环境允许的地方通常采用明挖法施工。浅埋地铁的车站和区间隧道也经常采用明挖法施工。明挖法施工属于深基坑工程技术。由于地铁工程一般位于建筑物密集的城区，因此深基坑工程的主要技术难点在于对基坑周围原状的保护，防止地表沉降，减少对既有建筑物的影响。

明挖法的优点是施工技术简单、快速、经济，常被作为首选方案；但其缺点也是明显的，如阻断交通时间较长、噪声与震动等对环境造成影响（如图 3-40 所示）。

图 3-40　明挖法施工现场

2. 盖挖法

盖挖法是当地下工程明做时，需要穿越公路、建筑等障碍物而采取的新型工程施工方法。

盖挖法是由地面向下开挖至一定深度后，将顶部封闭，其余的下部工程在封闭的顶盖下进行施工的。采用盖挖法施工的工程主体结构可以"顺作"，也可以"逆作"。

在城市繁忙地带修建地铁车站时，往往会占用道路、影响交通。当地铁车站设在主干道上时，为了不中断交通，且要确保一定交通流量要求，就可以选用盖挖法。

3. 暗挖法

暗挖法是指不挖开地面，采用在地下挖洞的施工方法。矿山法和盾构法等均属于暗挖法。

1）矿山法

矿山法是用开挖地下坑道的作业方式修建隧道的施工方法。矿山法是一种传统的施工方法。隧道开挖后受爆破影响，造成岩体破裂形成松弛状态，随时都有可能坍落。基于这种松弛荷载理论依据，矿山法施工是按分部顺序进行的，采取分割方式一块一块开挖，并要求"边挖边撑"以求安全。采用矿山法施工，支撑复杂，木料耗用多。随着喷锚支护的出现，使矿山法的分部数目得以减少，并进而发展成新奥法。

2）盾构法

盾构法是暗挖法施工中的一种全机械化施工方法。它是将盾构机在地中推进，通过盾构机外壳和管片支撑四周围岩，防止发生往隧道内的坍塌，同时在开挖面前方用切削装置进行土体开挖，并将挖出的土通过出土机械运出洞外，靠千斤顶在后部加压顶进，并拼装预制混凝土管片，形成隧道结构的一种机械化施工方法，如图3-41所示。盾构机既是一种施工机具，也是一种强有力的临时支撑结构。从外形来看，盾构机（如图3-42所示）是一个大的钢管机，较隧道部分略大。盾构机是设计用来抵挡外向水压和地层压力的。盾构机包括三部分：前部的切口环、中部的支撑环及后部的盾尾。大多数盾构机的形状为圆形，也有椭圆形、半圆形、马蹄形及箱形等其他形式。

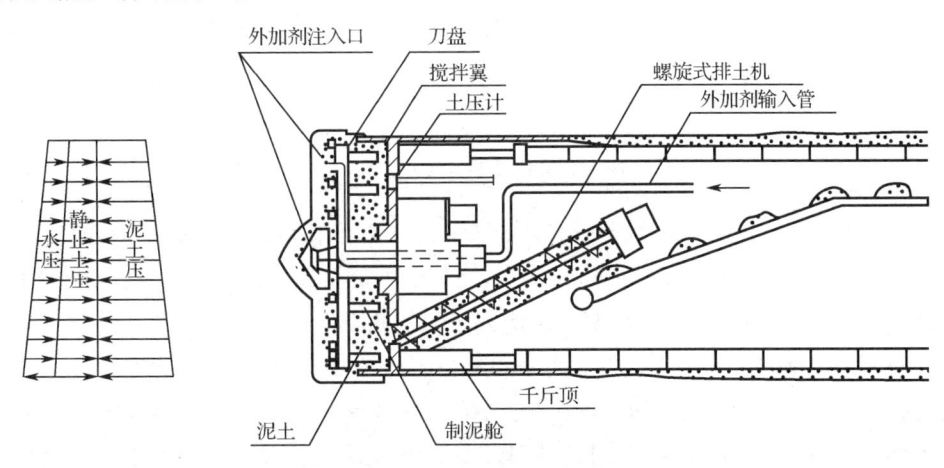

图3-41 盾构机施工原理

图3-42 盾构机

盾构法的优点：安全开挖和衬砌，掘进速度快；盾构机的推进、出土、拼装衬砌等全过程可实现自动化作业，施工劳动强度低；不影响地面交通与设施，同时不影响地下管线等设施；穿越河道时不影响航运；施工中不受季节、风雨等气候条件影响；施工中没有噪声和扰动;在松软含水地层中修建埋深较大的长隧道往往具有技术和经济方面的优越性。

(二)地面与高架结构施工方法

1. 地面筑堤法

地面筑堤法是一种从地面筑起护堤,在堤上铺设道床和轨道的方法。采用地面筑堤法施工,虽然建设费用不高,但堤下土地不能利用,造价反而更高。

2. 高架桥法

高架桥法是在搭建的高架桥上铺设道床和轨道的方法。高架桥主要是用混凝土建造的。高架桥类似于城市公路高架桥的形式,有拱形桥、梁形桥和刚性框架桥。高架桥主要由梁、墩台和基础三部分组成。高架桥跨越一般河流时,桥梁孔径应保证设计频率洪水、流冰及其他漂浮物或船只通过的安全要求。当高架桥跨越铁路、公路或城市道路时,桥梁孔径及桥下净空应满足有关规范的规定。一般情况下,城市地势平坦,城市轨道交通全线均可采用高架桥结构。为了节省城市轨道交通系统的造价,高架桥结构要有较小的建筑高度。

📖 相关案例

青岛地铁线路设计和施工特色

青岛地铁是山东省青岛市的城市轨道交通系统,又称青岛轨道交通。青岛地铁 1987 年开始筹建,1989 年形成"二线一环"线网,1994 年扩充为"四线一环"线网,1998 年对"四线一环"线网进行了深化和完善,达到了规划用地控制深度。青岛地铁在市区有 8 条线路、市域有 4 条线路,共有 12 条线路。2013 年 1 月,青岛市地铁一期工程(3 号线)已全面开工建设,2015 年 12 月通车试运行。地铁 2 号线一期工程前期准备工作已全面展开,2012 年开工建设,2016 年 12 月通车试运营。青岛地铁运营线路图如图 3-43 所示。

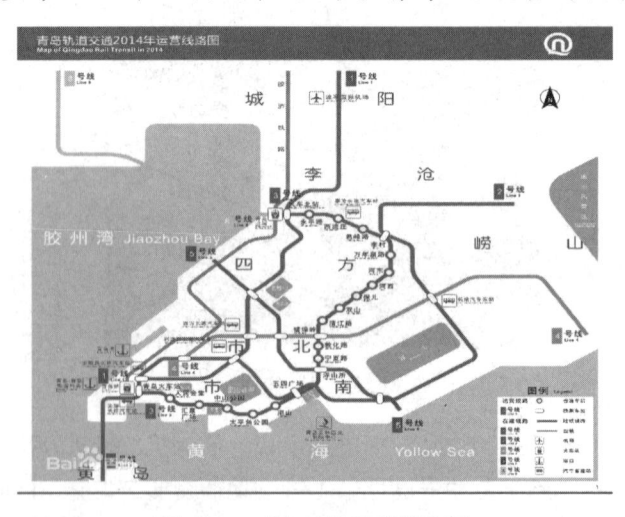

图 3-43 青岛地铁运营线路图

1. 施工技术

（1）青岛地铁 3 号线作为青岛市的第一条轨道交通线路，对于后续线路的建设具有引领作用。因此，青岛地铁 3 号线系统制式的确定尤为重要，并在设计阶段对外电源供电方式的选择、牵引网制式的选择、通风空调系统制式的选择进行了详细分析。

（2）车站主体用盖挖法"顺作"与明挖法"顺作"结合的方法施工（如图 3-44 所示）。为了处理好基坑安全和施工进度的矛盾，结合地层围岩条件，大胆采用了盖挖法与吊脚桩结合的基坑支护形式，即在车站西端岩层较好的范围采用"吊脚桩+岩石锚杆"的支护形式，吊脚桩承受顶板及路面的载荷；在车站东端岩层较差的范围采用"通长桩+锚索"的支护形式。同时，在钢筋混凝土中设计立柱，在立柱"逆作"节点采用双梁结构形式，既节约了工期、方便施工、降低了造价，又将对交通的影响时间降低到最小。

图 3-44　车站地下施工

（3）青岛市具有典型的土岩二元复合地层结构，总体来说，该地层是在强、中、微风化的花岗岩岩基上覆盖了不同厚度的第四系土层。青岛地铁 3 号线沿线地层覆盖的第四系土层厚度从 0~20m 不等，且其车站及区间穿越各种风化岩及土层，纵向很不均匀，整体呈"上软下硬"的特点。因此，青岛地铁在明挖车站基坑、暗挖车站及区间隧道方面都有相应的独特之处。

（4）青岛地铁 3 号线敦化路车站受线路纵坡影响，埋置较深，且其车站主体位于微风化花岗岩层中。为充分利用青岛市地层中微风化的花岗岩强度高、整体性好的特性，彰显青岛市特色，将该车站设计为塔柱式车站，采用分离岛式站台，两站台隧道之间采用天然岩柱支撑，隧道采用锚喷永久支护，设备用房全部外挂，两端站厅与站台分离（通过长的斜通道相连）。

（5）青岛地铁线路穿过青岛市主城区，周边建筑物密集，还要穿过多处文物保护建筑，避免地铁开通运营后列车震动对建筑和居民生活造成影响。这种工程建设充分考虑了震动影响，采用多种国际先进的震动控制技术，力争将地铁运营所产生的震动影响减到最小。其中，青岛地铁集团联合高校和科研院所，将应用于国防军工领域中的喷涂型高分子减震材料经过改进，并在地铁工程中进行应用试验，开发出了专用于地铁隧道减震降噪的新工艺和新材料，从而取得具有完全自主知识产权的科技成果，并已获得国家专利。该材料具

有施工方便、减震效果好、工程造价低、环保无毒害的特点,并可以作为隧道防水层使用,做到了"一材多能"。

(6)在青岛地铁建设中,部分区间要穿过河床和富水砂层等不良地质区段。在这些不良地层中开挖隧道会面临洞内坍塌、涌水涌砂等问题,且施工进度慢、风险高,甚至会出现地面建筑、道路沉降的问题。在青岛地铁2号线建设中,针对这类地层采用盾构法施工,最大限度地降低施工和周边环境风险。

2. 技术特点

(1)青岛地铁有国内最大的地铁同层换乘车站。五四广场站为地下双层岛式站台车站。该车站采取四线平铺施工,是青岛地铁的首座"平行换乘"车站,也是国内最大的地铁同层换乘车站。

(2)青岛地铁在国内首次采用复合式屏蔽门系统。青岛地铁2号线采用复合式屏蔽门系统,在屏蔽门上方约500mm未封闭断面设置可开启的通风窗。

(3)南车青岛四方机车车辆股份有限公司是青岛地铁运营车辆中标单位。它的城市轨道交通车辆自主研发能力处于国内领先水平。它是我国城市地铁、轻轨车辆的定点生产厂家,并可依托国家级技术中心、博士后科研工作站及国家工程实验室的优势。

(4)青岛地铁2号线首次在国内地铁行业引进TBM(Tunnel Boring Machine)技术。针对青岛特殊地质情况,青岛地铁2号线采用特别研发定制的改良型双护盾TBM进行施工建设。该技术填补了国内空白,施工中无须爆破,对周边环境影响小,且施工速度是传统方法的30倍,能够达到了绿色、环保、高效的目的,具有良好的社会、经济效益。

拓展知识

辙叉号数计算

辙叉号数又称道岔号数,是表示辙叉角大小的一种方法。辙叉心轨两个工作边的夹角 a 称为辙叉角(道岔角),如图3-45所示。因为辙叉角是以度、分、秒表示的,运用不方便,故在实际工作中都以辙叉号数 N 表示。

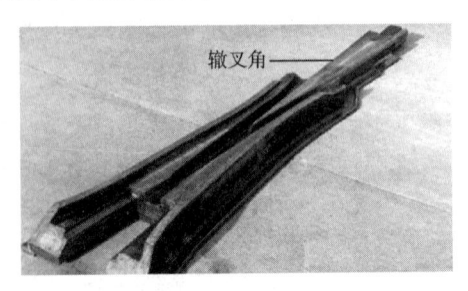

图3-45 辙叉角

我国铁道部规定,以辙叉角的余切表示辙叉号数。

辙叉号数计算方法为

$$N = \cot \alpha = \frac{PE}{AE}$$

式中　　N——辙叉号数；

PE——辙叉心轨理论尖端（P）至辙叉心轨作用边任意一点（E）的距离；

AE——辙叉心轨作用边任意一点（A）至辙叉心轨另一作用边的垂直距离（AE垂直于PE）；

a——辙叉角。

辙叉号数的计算如图3-46所示。常用辙叉号数与辙叉角关系如表3-1所示。

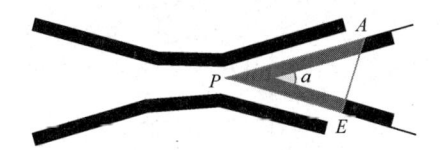

图3-46　辙叉号数的计算

表3-1　辙叉号数与辙叉角的关系

辙叉号数 N	6	7	9	12	18	24
辙叉角 a	9°27′44″	8°07′48″	6°20′25″	4°45′49″	3°10′47″	2°23′09″

现场测量辙叉号数的方法很多，可采用以下较简便的两种方法进行测量。

（1）在辙叉心轨上找出顶面宽为100mm及200mm两处，并分别画上两条线，然后再测量两条线间的距离，这个距离是100mm的几倍，就是几号道岔。

（2）先在辙叉心轨顶面上找出一脚宽处，再由该处向前量至辙叉心轨理论尖端处，实量几步就是几号道岔。

目前，我国铁路的主要线路上通常使用的单开道岔有8号、9号、12号、18号、30号、38号，对称道岔有6号、9号，三开道岔有7号，交分道岔有12号、9号。地铁正线一般铺设9号道岔，车场线一般铺设7号道岔。地铁道岔的号码较小，这是由于地铁的行车速度不高，而车场作业区速度也较低，同时可以少占地、节约投资。

任务二　城市轨道交通线网规划

📖 学习目标

（1）了解城市轨道交通规划的原则。

（2）了解城市轨道交通线网规划的内容和原则。

（3）了解城市轨道交通线网规划的方法。

（4）掌握城市轨道交通线网的基本结构和特点。

（5）掌握影响城市轨道交通站点设置的因素。

（6）了解联络线设置的原则。

（7）掌握城市轨道交通线路按照与地面位置关系的分类。

（8）掌握城市轨道交通线路按照运营作用的分类。

学习任务

认知城市交通规划的内容和规划原则，熟识城市轨道交通线网的基本结构类型，并能辨别不同类型的线网结构；认知城市轨道交通线网规划的方法；掌握线网设计中影响站点设置的因素；认知联络线设置的原则；认知城市轨道交通线路的分类，能辨别不同类型的线路。

工具设备

城市轨道交通线网规划的相应挂图、图片，多媒体设备等。

教学环境

多媒体教室。

基础知识

城市轨道交通规划是一项涉及城市规划、交通工程、建筑工程及社会经济等多种学科理论的系统工程。城市轨道交通的建设工期长、投资大。在城市规划中，城市轨道交通规划是非常重要的，直接影响城市的基本布局和功能定位，城市发展有极强的引导作用，促进城市结构调整、城市布局整合，对整个城市土地开发、交通结构、城市和交通运输系统的可持续发展都具有重大影响。

一、城市轨道交通规划的原则和步骤

（一）城市轨道交通规划的原则

随着经济的发展和城市进程的加快，对有限的城市空间资源进行规划与管理，合理地解决城市迅速增长的交通需求，将直接关系到各大城市的发展。一个科学、合理、完善的轨道交通线网是城市客运交通的发展方向，对城市发展起到决定性的引导作用。因此，城市轨道交通规划必须反复推敲、科学论证、不断完善。

1. 可持续发展原则

城市可持续发展应重视公共交通，而公共交通首选轨道交通。城市轨道交通规划作为未来城市轨道交通发展方向的指南针，必须符合可持续发展的原则，用最小的自然资源来换取最大的社会效益。

2. 协同性原则

城市轨道交通规划应与社会经济协同发展。与此同时，城市轨道交通规划还应与国家的路线、方针、政策，尤其是城市发展方针、目标相一致；与城市总体规划、土地利用规划、产业布局规划相一致，并且应该结合地方特色，统筹兼顾；注重保护历史文物、城市传统风貌和自然景观等。

3. 整体性原则

城市交通系统最优化要求各种运输方式合理配置、协调发展，最终达到满足城市居民出行的需求。因此，应将城市交通系统作为一个整体，在城市总体交通规划的基础上，结合各种交通运输方式的发展规划,制定城市轨道交通的发展规划。

4. 动态性原则

城市的发展是动态的,城市交通的发展也是动态的。动态的发展需要动态的规划来适应,而一成不变的静态交通规划是不符合科学发展观的,也不能适应现代化城市发展的需要。

5. 客观性原则

城市轨道交通规划必须客观,要采用科学的理论和方法来指导规划工作。城市轨道交通规划应反映客观事实,提出未来城市交通模式和方向,从而为城市决策者提供真实可靠的决策依据。

6. 可操作性原则

城市轨道交通规划的目的是为了实施。城市轨道交通规划既要满足社会经济发展的需要,又要受建设能力的制约,并在两者之间寻求一个平衡点,以保证城市轨道交通规划在最大可能实现前提下满足需求。

7. 经济性原则

城市轨道交通规划应本着经济节约的原则,最大限度地挖掘交通潜力,有步骤、有目的地在财力允许的基础上逐步建设城市轨道交通线网,而不能不顾经济实力盲目发展城市轨道交通。

(二)城市轨道交通线网规划的内容和原则

1. 线网规划的内容

城市轨道交通规划的核心内容和主要成果是城市轨道交通线网规划。城市轨道交通线网规划大致可分为三个层次的规划:一是城市轨道交通线网规划,主要是规划、编制整个城市轨道交通线路总图,包括车辆段、停车场布局规划;二是城市轨道交通线路实施规划,就是针对城市轨道交通线网中具体线路的走向、站点设置、敷设方式、换乘节点等进行控制性规划设计,达到"规划落地"的目标,同时实行项目选择和建设时序规划,支持和落实城市轨道交通线路建设的可实施性;三是城市轨道交通线网相关设施的布局规划,包括主变电所、控制中心和公交接驳等建设用地布局规划,以及车辆与设备进行线网资源共享规划。

2. 线网规划的原则

(1)城市轨道交通线网布设要与城市主客流方向相一致。

(2)规划线路要尽量沿道路主干道布设。

(3)规划线路要尽量经过或靠近大型客流集散点。

(4)城市轨道交通线网规划要考虑资源共享。

二、城市轨道交通线网的基本结构及规划的方法

(一)城市轨道交通线网的基本结构

受城市的布局结构、自然地理环境等因素的影响,城市轨道交通线网具有不同的线网结构。在各种线网结构中,主要有星形、网格状、无环放射状和有环放射状四种结构,如图3-47所示。

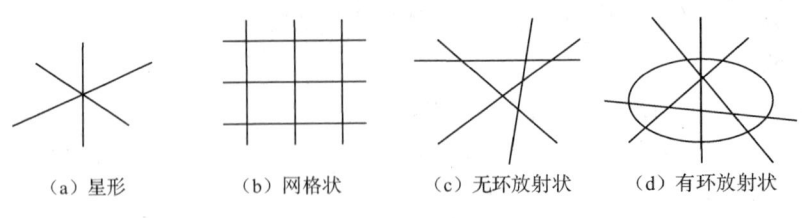

(a) 星形　　　(b) 网格状　　　(c) 无环放射状　　　(d) 有环放射状

图 3-47　线网结构

1. 星形结构

星形结构是指网络中所有线路只有一个交点的结构。在这种线网结构中，唯一的换乘站一般都位于市中心的客流集散中心，如目前的札幌（如图 3-48 所示）、布达佩斯地铁系统等。在这种线网结构中，所有线路间都可以直接换乘，但换乘枢纽的客流量大，换乘客流间相互干扰大；除容易引起混乱与拥挤外，换乘枢纽的设计与施工难度也很大。这种线网结构中，一般多采用分层换乘，因而车站的埋深加大，车站的建设费用增加，乘客换乘时间延长。在这种线网结构中，线路都能通达市中心，使得市郊与市中心间联系便利，市中心的可达性极好；但市郊间联系不便，必须经过市中心换乘。

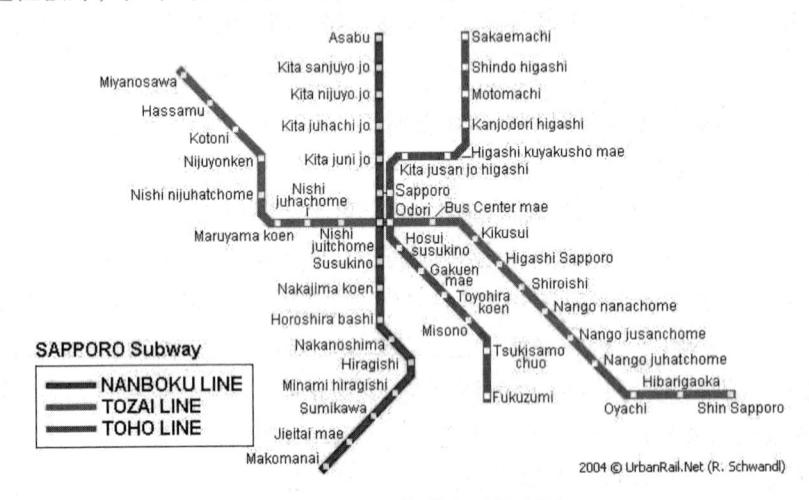

图 3-48　札幌轨道交通线路图

星形线网适用于单中心城市，且城市轨道交通线网规模不大，城市轨道交通线路条数不超过 3 条。

2. 网格状结构

网格状线网的各条线路纵横交叉，形成方格网，呈棋盘状。网格状线网中的线路走向比较单一，大多呈平行四边形。采用这种线网结构的有大阪和墨西哥城的轨道交通（如图 3-49 所示）。

网格状线网的特点：线路分布比较均匀，客流吸引范围比较大；线路按纵横两个走向，乘客容易辨识方向；换乘站较多，纵横线路间的换乘方便，线网连通性好；线路走向单一，对角线方向出行时要绕行；平行线路间换乘比较麻烦，一般需要换乘两次；应尽量将交叉点布置在大的客流集散点上，以减少换乘次数、方便乘客。

图 3-49 墨西哥城轨道交通线路图

网格状线网一般适用于规模不是很大、开发强度较低、中心区发展比较均匀的城市。

3. 无环放射状结构

无环放射状结构由多条径向线路交叉所形成，多为三角形的网络结构。采用这种线网结构的有芝加哥（如图 3-50 所示）、慕尼黑和布拉格等城市的轨道交通。

无环放射状线网的特点：中心点的可达性很好；市中心与市郊之间联系很方便，有利于市中心客流疏散；任何两条线路之间可直接换乘；任何两个车站之间只要换乘一次；当多条线路集中于市中心某一点时，容易造成客流组织混乱，并增加施工难度和工程造价；由于没有环行线，使得郊区之间的联系很不方便。

4. 有环放射状结构

有环放射状线网是在无环放射状线网的基础上增加环形线路（简称环线）而形成的线网，即由多条径向线路及环绕市区的环线共同构成。在规划规模不大的城市轨道交通线网中，如新德里、巴黎等轨道交通线网中，一般只有一条环线；而在一些规模较大的城市轨道交通线网中，如北京、莫斯科（如图 3-51 所示）、东京等轨道交通线网中，会出现两条或两条以上环线。

有环放射状线网具有无环放射性线网的所有优点，克服了无环放射状线网周边方向交通联系不便的缺点；方便了环线上的直达乘客和相邻区域间需要换乘的乘客；能起到疏解市中心客流的作用。

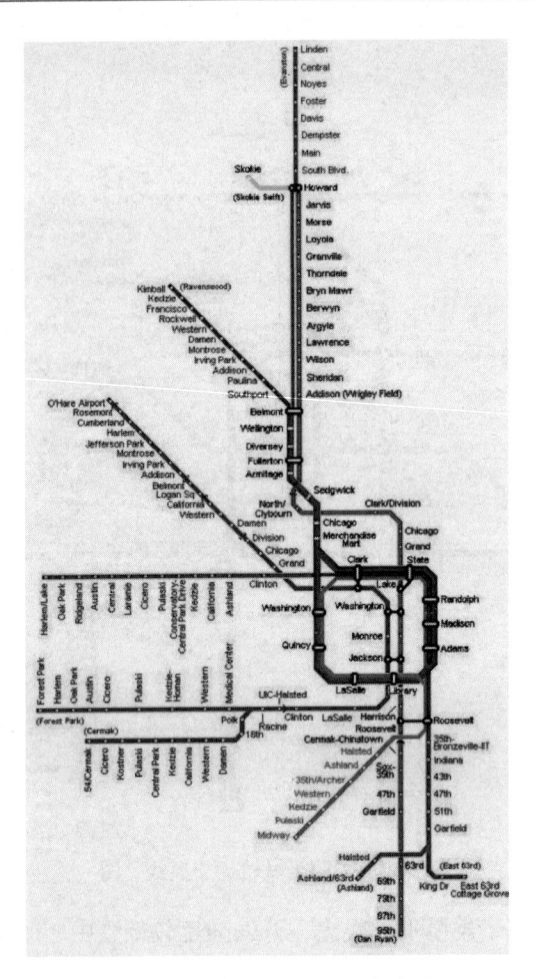

图 3-50　芝加哥轨道交通线路图

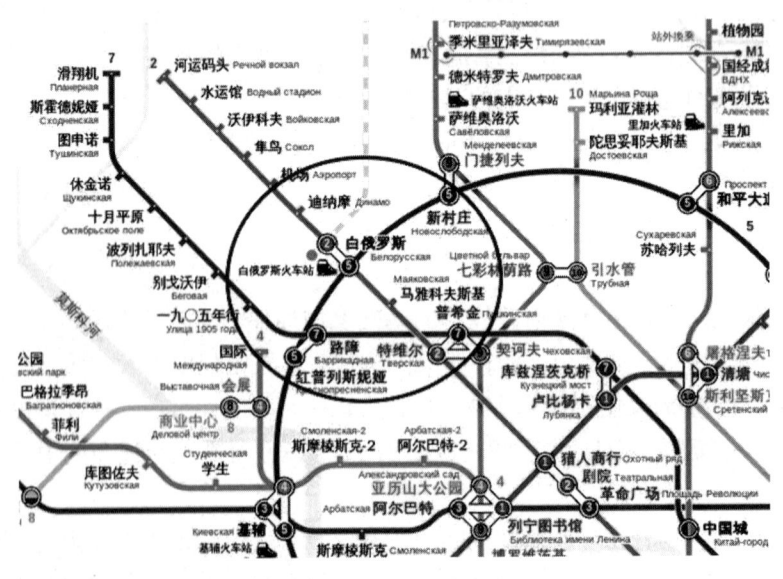

图 3-51　莫斯科地铁线路图

（二）城市轨道交通线网规划的方法

1. 点线面要素层次分析法

在这种方法中，"点""线""面"既是 3 个不同的类别，又是 3 个不同层次的研究要素。"点"是局部、代表个体性的问题，即在规划时考虑客流集散点、换乘节点的分布；"线"代表方向性问题，即在规划时考虑城市轨道交通线路的布局；"面"代表整体性、全局性的问题，即线网的结构和对外交通出口的分布形态。该方法主要是以城市结构形态和客流需求特征分析为基础，对客流集散点、客流分布、主要对外辐射方向及线网结构进行分层研究。

2. 功能层次分析法

这种方法根据城市结构层次和组团划分，将整个城市轨道交通线网规则按功能分为 3 个层次，即骨干层、扩展层和充实层。骨干层与城市基本结构吻合，是基本线网骨架；扩展层在骨干层基础上向外的扩展规则；充实层是增加线网密度的规则。

3. 主客流方向线网规划法

该方法的要点是根据城市居民的交通需求特点，以及近期最大限度满足干线交通需求、远期引导城市合理发展和实现交通结构功能的需要，进行近期和远期的交通需求空间分布特点的量化分析，并结合定性分析与经验，提出若干城市轨道交通线网规划方案。其具体做法：在现状与未来线网上进行交通分配，按照确定的原则绘制客流期望线路图，根据客流预测期望线路图确定主客流的方向；然后沿主客流方向布线，提出若干轨道线网规划方案。

4. 逐线扩充规划法

这种方法以原有城市轨道交通线网为基础，进行线网规模扩充以适应城市发展的需要。为此，必须在已建线路的基础上，调整规划中的其他未建线路，扩充新的线路，将每条线路依次纳入线网后，形成最终的线网规划方案。

三、城市轨道交通线网设计

城市轨道交通线网设计按照不同的设计阶段有不同的深度要求。在线网规划层面，主要考虑线路走向、站点设置和联网线设置。

（一）线路走向

城市轨道交通的基础性功能是为城市居民的出行服务，所以选择线路走向的基本原则是沿客流方向布置，同时考虑有效利用土地、节约建设投资、方便乘客使用等方面，市区线路绝大多数选择在城市主干道路下方。

（二）站点设置

1. 站点与周边地块紧密结合

站点与周边地块衔接紧密，体现在两个方面：一是体现在与周边地块的土地利用性质的衔接，例如，站点周边的土地使用性质如果有居住、绿化、工业等几种，宜将站点布设在居住用地旁边；二是体现在站点与周边其他交通设施的衔接上，包括与地面道路、公交站点、停车场等的紧密衔接。

2. 站间距设置恰当

一般来说，地铁的站间距为 1.2~1.8km；轻轨的站间距为 0.8~1.2km；市域快速轨道交通线郊区段的站间距为 3~5km。站间距的控制应灵活掌握，不能僵化地按照上述概念来设置城市轨道交通站点。

3. 站点工程实施难度的大小

城市轨道交通线路一般经过城市的中心城区。中心城区到处高楼林立，道路下方市政管线密布，有的地方还建有立交道路，因此中心城区的站点设置必须考虑工程实施难度的大小。当站点位置移动对其他方面影响不大时，可选择工程实施难度小的位置设站。

（三）联络线

在城市轨道交通线网中，要使同种制式的线路可以实现列车过轨运行。这种过渡一般通过线路与线路之间的联络线来实现。

联络线是把枢纽内的车站与车站、车站与线路、线路与线路衔接起来的线路，如图3-52所示。联络线设置要符合以下原则。

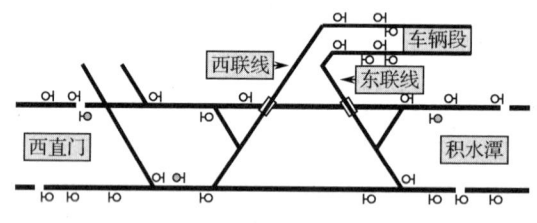

图 3-52 联络线示意图

（1）联络线由于使用频率不高，所以一般设置为单线。

（2）联络线的设置要考虑网络的建设顺序，使后建线路通过联络线能将车辆从既有线运送到新建线路上。

（3）联络线的布局应从网络的整体性、灵活性和运营需要等方面综合考虑，使之能兼顾多种功能，以发挥最大的经济效益。

四、城市轨道线路的类型

城市轨道交通线网中的线路按照不同的标准可以分成不同的类型。

（一）按照线路与地面位置的关系分类

按照线路与地面位置的关系，线路可以分为地下线路、地面线路和高架线路三种类型。

1. 地下线路

地下线路（如图3-53所示）常用于地铁系统，线路置于地下隧道中。其优点是与地面交通完全分离，且不占城市地面与空间，不受气候影响。其缺点是需要较大的一次性投资、较高的施工技术、较先进的管理，以及完善的环控、防灾措施与设备；建设过程会影响地面交通，运营成本较高，线路的改造、调整、维护均较困难。

城市轨道交通地下线路位于道路范围之外，可以缩短线路长度、减少拆迁、降低工程造价，但必须具备以下条件。

（1）沿线区域地质条件好，基岩埋深很浅，隧道可以用矿山法在建筑物下方施工。

（2）沿线区域为城市非建成区或广场、公园、绿地(耕地)等。

（3）沿线区域为老的街坊改造区，可以与城市轨道交通同步规划设计，并能按合理施工顺序进行施工。

2．地面线路

地面线路（如图3-54所示）的优点是造价低，施工简便，运营成本低，线路的调整、维护方便。其缺点是运营速度难以提高（有部分信号控制的平面交叉点），占地面积较多，破坏城市道路路面，使城市道路交叉口复杂化，容易受气候影响（如雨水、雾、台风等），乘车环境难以改善，有一定的污染等负效应（如噪声、景观等）。

地面线应尽量采用专用道的形式，两侧设置护栏，防止行人、车辆进入，以保证列车快速安全运行。地面线路通过市区繁忙路口时，要求采取立体交叉的形式；在次要路口、行车密度低的地方，可考虑设平交道口，交通信号灯给予优先通行。当道路范围之外为江、河、湖、海岸滩地，以及不能用于居住建筑的山坡地等时，可考虑将城市轨道交通线路布置于这些地带上，但要充分考虑路基的稳固与安全。

3．高架线路

高架是城市轨道交通中一种重要的线路敷设方式，既能保持专用道的形式，又能使线路占地较少，对城市交通干扰也较小。高架区段中的高架桥是永久性的城市建筑，结构寿命要求为100年。高架线路（如图3-55所示）在城市中穿越时一般沿道路设置，并应考虑将其横断面设于道路中心或快慢车行道分隔带上。

图3-53　地下线路　　　　图3-54　地面线路　　　　图3-55　高架线路

高架线路虽然造价适中，与地面交通无干扰，但有三方面缺点：一是对市区景观有影响，可能破坏市容；二是运营时产生的噪声等污染对周围环境有不良影响；三是对沿线居民的隐私权有所侵犯，易引起某些纠纷。

高架线路平面位置受城市建筑约束大，一般要与城市主路平行设置。高架线路设置于快慢行车道隔离带上，可充分利用道路隔离带，减少高架桥墩柱对道路宽度的占用和改建。高架桥墩柱的位置设置要与道路车行道配合。一般宜将高架桥墩柱置于隔离带上。如果高架线路在无中间隔离带的道路上敷设，则改建道路的工程量很大。

（二）按照线路在运营中的作用分类

城市轨道交通线路的整体布置基本模式如图3-56所示。按线路在运营中的作用，线路可分为正线、辅助线和车场线。

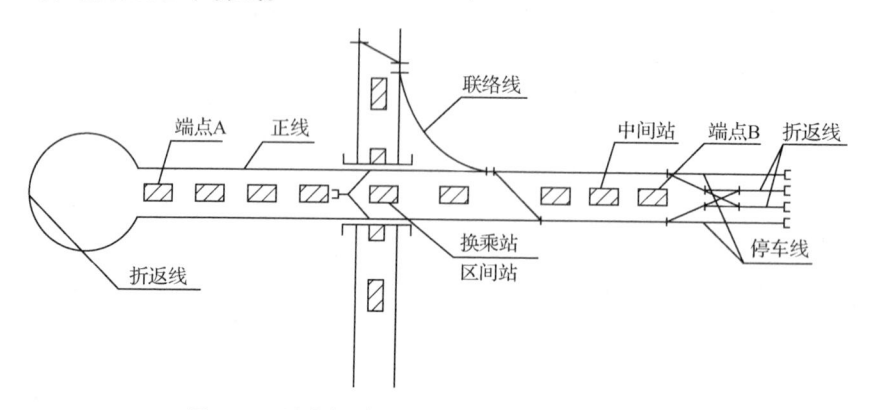

图 3-56 城市轨道交通线路的整体布置基本模式

1. 正线

正线是指连接所有车站，贯穿运营线路始、终点，供车辆载客运营的线路。正线是独立运行的，且大多数正线为全封闭的，一般按双线设计，采用上、下行分行，实行右侧行车制，以便与地面交通的行车规则吻合。

正线行车速度高、密度大，且要保证行车安全和乘坐舒适，因此其线路标准要求高。正线与其他交通线路相交处，一般采用立体交叉的形式。在特殊条件下（如运营初期），如果两条线路的运量均较小，经过计算其通过能力满足要求时，也可考虑采用平面交叉的形式。

2. 辅助线

辅助线是指为列车进行折返、停放、检查、转线及出入段作业所设置的线路。辅助线包括车辆段出入线、车场线、车站配线（临时停车车线、渡线、折返线）及两线路之间的联络线。辅助线是城市轨道交通系统的重要组成部分，直接关系到城市轨道交通系统运营组织的效率。例如，列车在正线上运行时，倘若突然出现故障，而上、下行线路没有岔道时，列车既不能改变方向，也不能超越，便有可能造成全线瘫痪。为了运营时段意外事故发生后能迅速进行抢修，每相隔2~3个车站应选择一处设置渡线和临时停车线等辅助线，用于在特殊情况下应急使用。

1）折返线

折返线是在线路两端终点站，或者准备开行折返列车的区间站，供运营列车往返运行时调头而设置的线路。

2）渡线

渡线（如图3-57所示）是在上、下行正线之间（或其他平行线路之间）设置的连接线。

项目三　城市轨道交通线路设备与线网规划

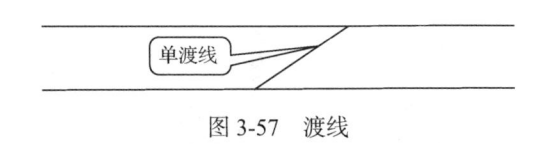

图 3-57　渡线

3）临时停车线

临时停车线一般设置在端点站，专门用于停车，进行少量检修作业的尽端线。城市轨道交通线路运输量大，列车运行间隔较密，在运营过程中，列车可能会发生故障，为不影响后续列车运行，一般在线路沿线每隔 3~5 个车站的站端加设临时停车线。临时停车线的作用则是临时停放事故列车。

4）车辆段出入线

为保证运行列车的停放和检修，在城市轨道交通沿线适当的位置应设置车辆段。车辆段与正线连接的线路为车辆段出入线，是车辆段与正线之间的联络通道。

5）联络线

联络线是指城市轨道交通线路之间为调动列车等作业而设置的连接线路。

3. 车场线

车场线是车辆段内厂区作业与停放列车的线路，如停车列检线、检修线等。

相关案例

上海轨道交通 1 号线

上海轨道交通 1 号线是上海的第一条地铁，也是上海轨道交通最为繁忙、最重要的大动脉。该线于 1993 年 1 月 10 日建成南段锦江乐园站至徐家汇站上行线，于 1993 年 5 月 28 日开始试运营；此后先后开通南段线路、南延伸段、北延伸段、北北延伸段。2014 年 8 月，该线途经宝山、闸北、黄浦、徐汇、闵行等区（静安区途径无车站），全长为 36.89km，共设 25 个车站，其中换乘车站有 8 座，如图 3-58 所示。

上海轨道交通 1 号线拥有两个车辆段，分别是梅陇车辆段和富锦路停车场。梅陇车辆段位于上海锦江乐园附近，在上海南站站和锦江乐园站之间，是上海最早建设的车辆段，主要用于上海轨道交通 1 号线列车的停放和养护，并承担上海轨道交通 2 号线列车的高级养护工作，并与沪杭铁路设有联络线。富锦路停车场位于上海富锦路蕴川路西侧、富锦路站西北，占地有 6300 多平方米，于 2007 年年底建成并投入使用，主要用于上海轨道交通 1 号线列车的停放和养护。

上海轨道交通 1 号线的线路标识色为红色。除 AC06 型列车外，列车车身均以白色为主色调，两边各有一条红色的饰带，如图 3-59 所示；AC06 型列车车身以红、黑、白三色为主色调，两边各有一条红色的饰带。

上海轨道交通 1 号线是上海首条地下快速有轨干道，是上海首次成功运用国际融资方式进行建设的重大市政项目，利用了外国政府提供的优惠贷款 4.6 亿马克和政府贷款 4450 万美元。

图 3-58 上海轨道交通 1 号线示意图

图 3-59 AC06 型列车

该线施工首次采用了"逆筑法"工艺,其中圆形隧道施工采用土压平衡式盾构推进;应用了工厂自动焊接长轨与洞内移动式气压焊接技术,使无缝钢轨长度达 6.3km。

该线实施科技项目有 54 项,其中通过市、国家鉴定的有 27 项,获市和住建部科技进步奖的有 14 项。"逆筑法"等 17 项科技成果为国家节约 5000 多万元人民币的投资。

该线有 6 座车站获上海市"白玉兰奖";人民广场站获上海市优质样板工程奖;人民

项目三 城市轨道交通线路设备与线网规划

广场至新闸路区间隧道获"上海市市政金奖";该线获国家住建部"市政工程金杯奖",并获"上海市十大景观"荣誉称号。

拓展知识

城市轨道交通线路的主要技术标准

城市轨道交通线路的技术标准主要决定于建设条件、客运量、采用的车辆类型和行车速度,如表3-2所示。

表3-2 城市轨道交通线路设计主要技术标准

线路要素		A 型 车	B 型 车	D 型 车
最小平曲线半径/m	正线	300~350	250~300	50~100
	辅助线	250	150~200	25~80
	车场线	150	80~110	25~80
最大坡度/‰	正线	30~35	30~35	50
	辅助线	40	40	60
	车场线	1.5	1.5	1.5
竖曲线半径/m	正线	3000~5000	2500~5000	1000
	辅助线	2000	2000	1000
单位长度钢轨质量/(kg/m)	正线	不小于60	60	60
	辅助线	不小于50	不小于50	不小于50
道岔号数与限速/(km/h)	正线	9/200	9/200 或 7/150	待定
	车场	7/150	6/110	待定

任务三 城市轨道交通线路设备与线网规划的操作运用案例

【操作运用案例1】城市轨道交通线路设备与施工的认知

1. 实训项目教师工作活页

实训项目教师工作活页　　　　　　　　　　　　　　　　NO:_____

实训项目		城市轨道交通线路设备与施工的认知		
学　时		2	班级	略
实训场所		多媒体教室或运输综合实训场。		
工具设备		城市轨道交通线路设备的相应挂图,多媒体设备课件、图片等。		
教学目标	专业能力	(1)能说出城市轨道交通线路的基本结构组成。 (2)能识别钢轨的基本结构。 (3)能说出轨枕的作用和分类,能识别轨枕的类型。 (4)能说出道床的作用。 (5)能说出道岔的结构组成,能识别不同类型的道岔。 (6)能识别城市轨道交通线路的常用标志。 (7)能说出城市轨道交通线路施工的基本方法。		

续表

教学目标	方法能力	（1）能综合运用专业知识，通过专业书籍、上网查询、多媒体课件和图片资料获得帮助信息。 （2）能根据实训项目学习任务确定实训方案，从中学会表达及展示活动过程和成果。
	社会能力	（1）能在实训活动中保持积极向上的学习态度。 （2）能与小组成员和教师进行交流和沟通。 （3）能与他人共享学习资源，具有较好的合作能力和团队协作精神。
教学活动	略（详见教学活动设计）	
教学评价	学生活动： （1）以 6~8 人小组为单位开展实训活动，根据本组成员在实训过程中的能力表现及结果进行自评、组内互评。 （2）根据其他小组成员在成果展示活动中的表现及结果进行互评。 教师活动： （1）教师组织学生开展评价活动和总结。 （2）对学生本单元项目单元成绩做出综合评价。	
教学资料	（1）城市轨道交通概论教材。 （2）城市轨道交通运输设备参考书。 （3）实训项目学生学习活页（附页）。	
指导教师		教学时间　　　　　　年　　月　　日

2. 实训项目学生学习活页

实训项目学生学习活页　　　　　　　　　　　　　　　　NO：_____

实训项目 2　城市轨道交通线路设备与施工的认知

班级：_____　姓名：_____　　学号：_____　时间：_____

一、实训目标

1. 专业能力目标

（1）能说出城市轨道交通线路的基本结构组成。

（2）能说出钢轨的结构和作用。

（3）能说出钢轨的配件类型。

（4）能说出轨枕的作用，能识别不同类型的轨枕及轨枕扣件。

（5）能说出道床的作用点。

（6）能说出道岔的结构组成，能识别道岔的类型。

（7）能识别城市轨道交通线路的常用标志。

（8）能说出城市轨道交通线路施工的基本方法。

2. 方法能力目标

（1）能综合运用专业知识，通过专业书籍、上网查询、多媒体课件和图片资料获得帮助信息。

（2）能根据实训项目学习任务确定实训方案，从中学会表达及展示活动过程和成果。

3. 社会能力目标

（1）能在实训活动中保持积极向上的学习态度。

（2）能与小组成员和教师进行交流和沟通。

（3）能与他人共享学习资源，具有较好的合作能力和团队协作精神。

续表

二、知识总结

1. 说出城市轨道交通线路的基本结构。

2. 说出钢轨的基本结构和作用。

3. 说出轨枕的作用及类型特点。

4. 说出道床的作用。

5. 简要说出道岔的结构组成及类型。

6. 说出城市轨道交通线路的附属设备。

7. 简要说出城市轨道交通线路施工的基本方法。

三、操作运用

1. 根据城市轨道交通线路的基本结构组成，填写下图中字母所指的线路各部分的名称。

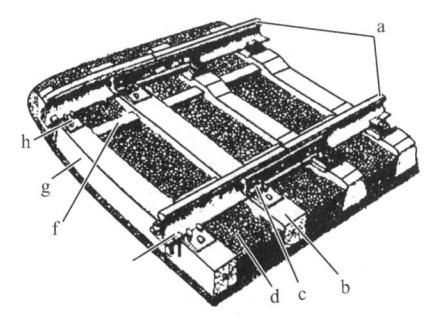

a		e	
b		f	
c		g	
d		h	

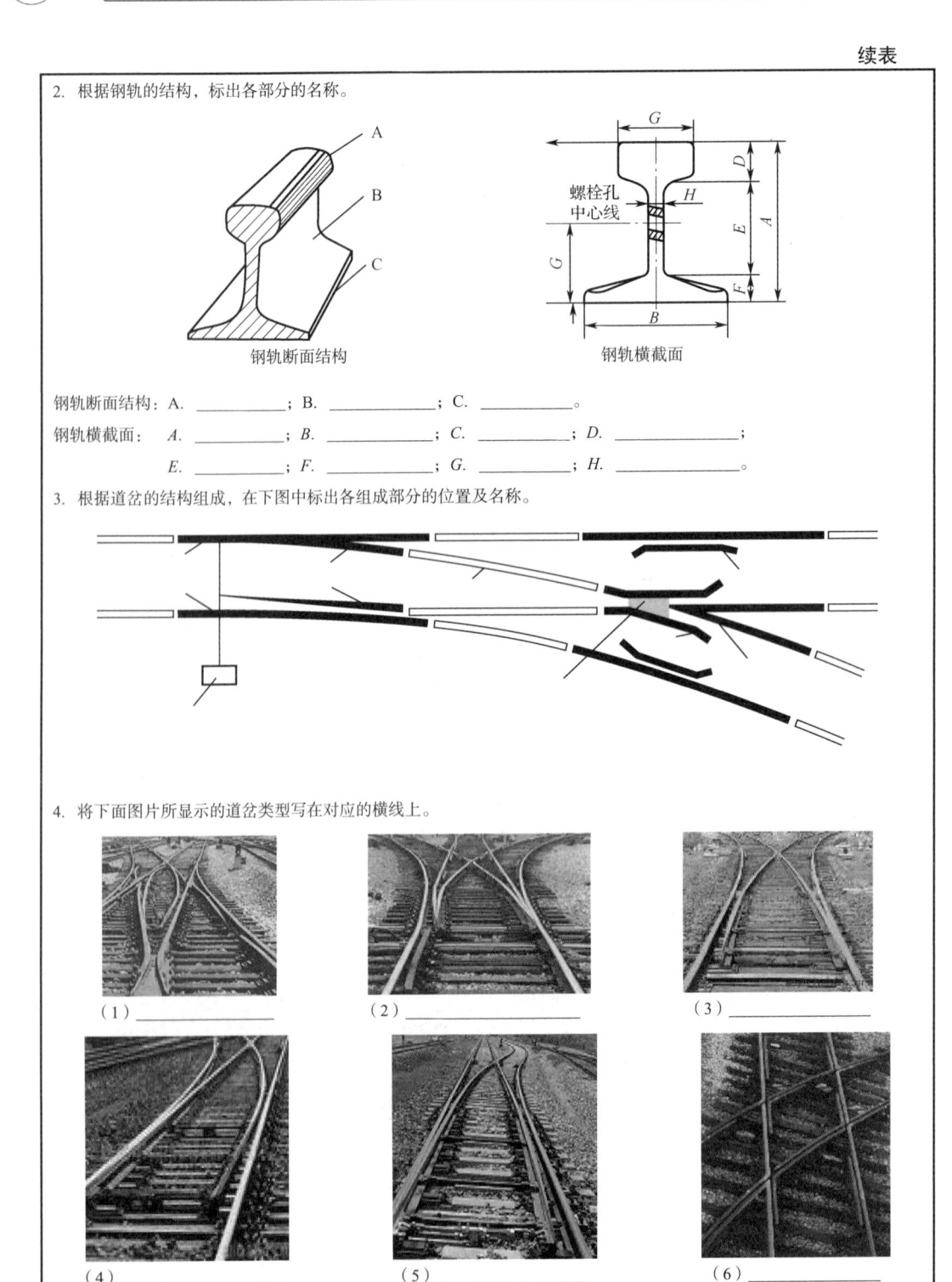

续表

2. 根据钢轨的结构，标出各部分的名称。

钢轨断面结构

钢轨横截面

钢轨断面结构：A. _____；B. _____；C. _____。

钢轨横截面：A. _____；B. _____；C. _____；D. _____；
E. _____；F. _____；G. _____；H. _____。

3. 根据道岔的结构组成，在下图中标出各组成部分的位置及名称。

4. 将下面图片所显示的道岔类型写在对应的横线上。

（1）_____　（2）_____　（3）_____

（4）_____　（5）_____　（6）_____

续表

5. 将下面图片所显示的渡线类型写在对应的横线上。

（1）_____　　（2）_____　　（3）_____

（4）_____　　（5）_____　　（6）_____

6. 将下面图片中城市轨道交通线路标志的名称写在对应的横线上。

（1）_____　　（2）_____　　（3）_____　　（4）_____

（5）_____　　（6）_____　　（7）_____　　（8）_____

四、实训小结

_____

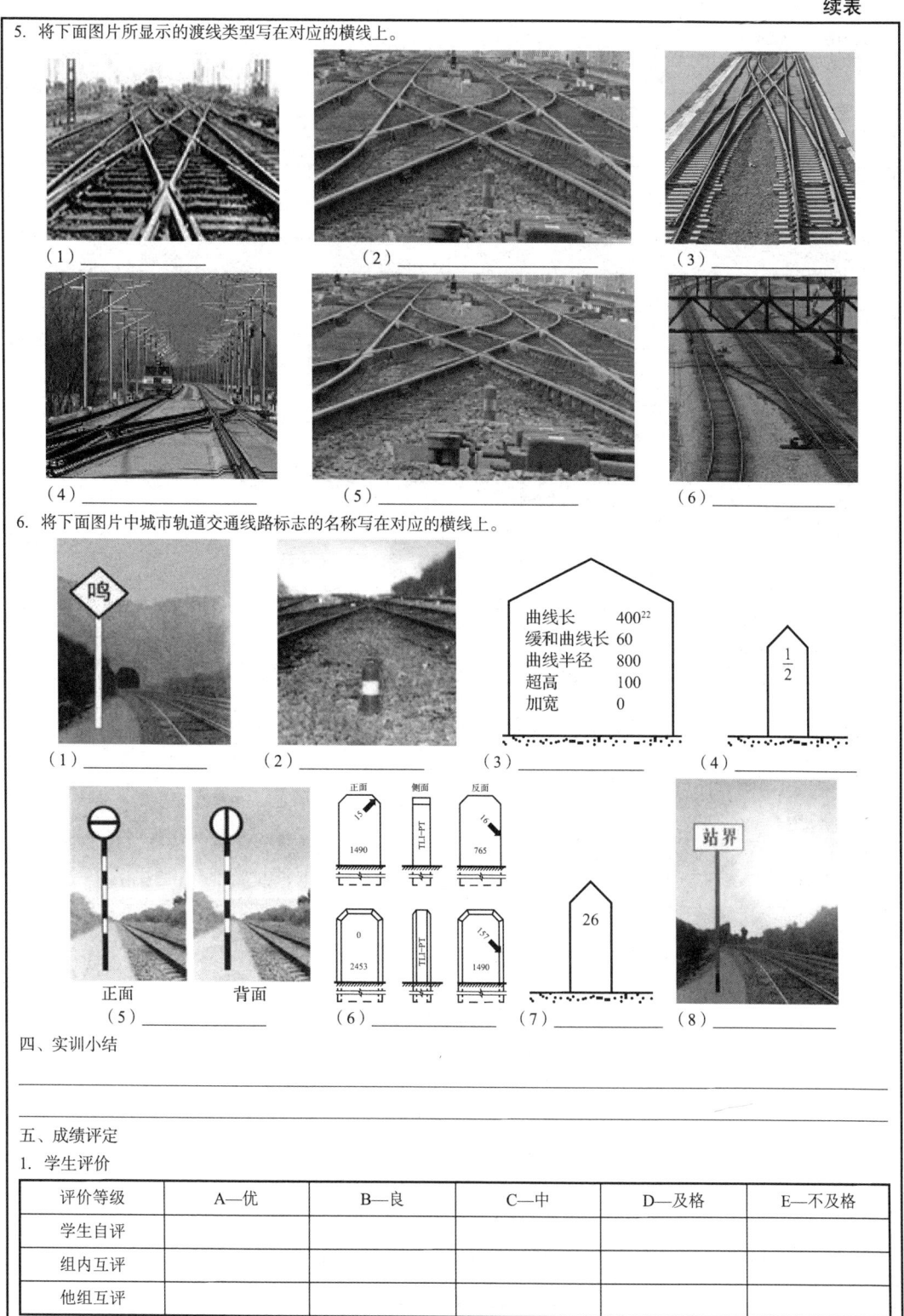

_____

五、成绩评定

1. 学生评价

评价等级	A—优	B—良	C—中	D—及格	E—不及格
学生自评					
组内互评					
他组互评					

续表

2. 教师评价

评价等级	A—优	B—良	C—中	D—及格	E—不及格
专业能力					
方法能力					
社会能力					
评价结果					

3. 综合评价

评价等级	A—优	B—良	C—中	D—及格	E—不及格
评价结果					

注：按照学生自评占10%、组内互评占10%、他组互评占20%、教师评价占60%的比例计分。其中，A—100分，B—85分，C—75分，D—60分，E—50分。

4. 评价量规

等级	行为表现描述
A	能圆满高效地完成实训任务的全部内容
B	能顺利完成实训任务的全部内容
C	能完成实训任务的全部内容，但需要一些帮助和指导
D	自己只能完成实训任务的部分内容，但在现场的指导下，已经能完成任务的全部内容
E	不能完成实训任务的全部内容

【操作运用案例2】城市轨道交通线网规划的认知

1. 实训项目教师工作活页

实训项目教师工作活页　　　　　　　　　　　　　　　　NO：_____

实训项目	城市轨道交通线网规划的认知			
学　时	2	班级		略
实训场所	多媒体教室。			
工具设备	城市轨道交通线网规划的相应挂图，多媒体设备课件、图片等。			
教学目标	专业能力	（1）能说出城市轨道交通规划的原则。 （2）能识别城市轨道交通线网的结构形式和特点。 （3）能说出全新的城市轨道交通线网如何规划。 （4）能说出城市轨道交通线路设计中影响站点设置的因素。 （5）能识别城市轨道交通线网中的线路类型。		
	方法能力	（1）能综合运用专业知识，通过专业书籍、上网查询、多媒体课件和图片资料获得帮助信息。 （2）能根据实训项目学习任务确定实训方案，从中学会表达及展示活动过程和成果。		
	社会能力	（1）能在实训活动中保持积极向上的学习态度。 （2）能与小组成员和教师进行交流和沟通。 （3）能与他人共享学习资源，具有较好的合作能力和团队协作精神。		

续表

教学活动	略（详见教学活动设计）
教学评价	学生活动： （1）以6~8人小组为单位开展实训活动，根据本组成员在实训过程中的能力表现及结果进行组内互评。 （2）根据其他小组成员在成果展示活动中的表现及结果进行互评。 教师活动： （1）教师组织学生开展评价活动和总结。 （2）对学生本单元项目单元成绩做出综合评价。
教学资料	（1）城市轨道交通概论教材。 （2）城市轨道交通运输设备参考书。 （3）实训项目学生学习活页（附页）。
指导教师		教学时间	年　　月　　日

2. 实训项目学生学习活页

实训项目学生学习活页　　　　　　　　　　　　　　　　　　　　　NO：_____

实训项目1　城市轨道交通线网规划的认知

班级：_____ 姓名：_____ 学号：_____ 时间：_____

一、实训目标

1. 专业能力目标

（1）能说出城市轨道交通规划的原则。
（2）能说出城市轨道交通线网的内容。
（3）能识别城市轨道交通线网规划的基本结构特征。
（4）能说出全新的城市轨道交通线网规划的内容和方法。
（5）能识别城市轨道交通线网规划中影响站点设置的因素。
（6）能识别城市轨道交通线网规划中线路的类型。
（7）能说出联络线的用途。

2. 方法能力目标

（1）能综合运用专业知识，通过专业书籍、上网查询、多媒体课件和图片资料获得帮助信息。
（2）能根据实训项目学习任务确定实训方案，从中学会表达及展示活动过程和成果。

3. 社会能力目标

（1）能在实训活动中保持积极向上的学习态度。
（2）能与小组成员和教师进行交流和沟通。
（3）能与他人共享学习资源，具有较好的合作能力和团队协作精神。

二、知识总结

1. 简要说出城市轨道交通规划的原则。

续表

2. 说出城市轨道交通规划中线网的基本结构形式和特点。

3. 简要说出城市轨道交通线网规划的方法。

4. 说出城市轨道交通线路的类型。

三、操作运用

1. 画出城市轨道交通线网的基本结构类型图。

2. 根据线网结构类型的特点,将线网结构类型名称填写在对应的表格中。

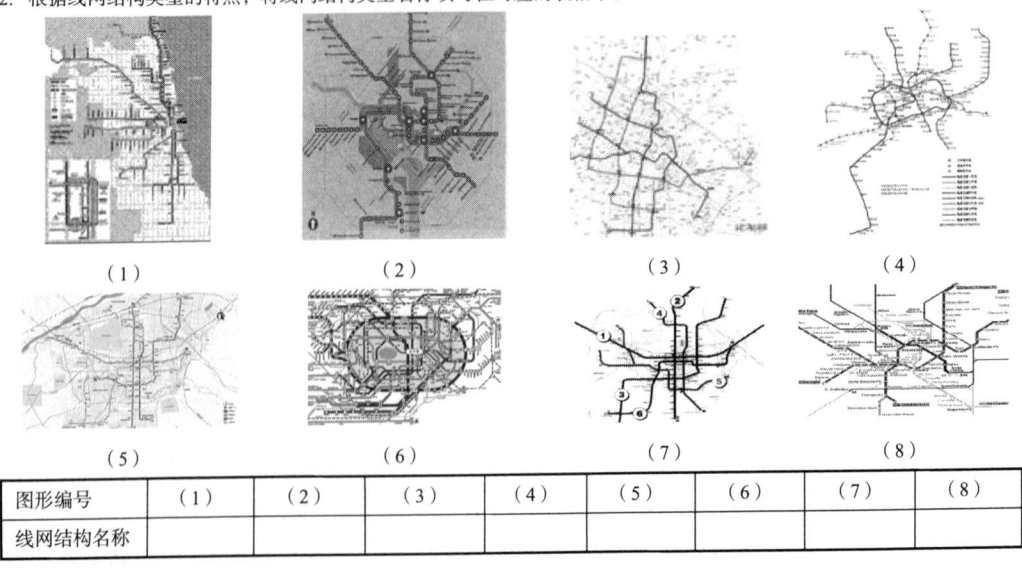

(1)   (2)   (3)   (4)

(5)   (6)   (7)   (8)

图形编号	(1)	(2)	(3)	(4)	(5)	(6)	(7)	(8)
线网结构名称								

续表

3. 在下图中标出正线、渡线、联络线、临时停车线的位置。

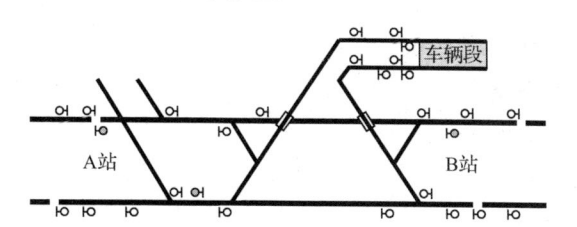

四、实训小结

_____
_____
_____

五、成绩评定

1. 学生评价

评价等级	A—优	B—良	C—中	D—及格	E—不及格
学生自评					
组内互评					
他组互评					

2. 教师评价

评价等级	A—优	B—良	C—中	D—及格	E—不及格
专业能力					
方法能力					
社会能力					
评价结果					

3. 综合评价

评价等级	A—优	B—良	C—中	D—及格	E—不及格
评价结果					

注：按照学生自评占10%、组内互评占10%、他组互评占20%、教师评价占60%的比例计分。其中，A—100分，B—85分，C—75分，D—60分，E—50分。

4. 评价量规

等级	行为表现描述
A	能圆满高效地完成实训任务的全部内容
B	能顺利完成实训任务的全部内容
C	能完成实训任务的全部内容，但需要一些帮助和知道
D	自己只能完成实训任务的部分内容，但在现场的指导下，已经能完成任务的全部内容
E	不能完成实训任务的全部内容

思考与练习

1. 轨道的基本结构组成有哪些?
2. 钢轨接头有哪几种类型?
3. 软枕的作用是什么?
4. 扣件有哪几种类型?
5. 道岔由哪几部分组成?
6. 城市轨道交通线路标志、信号标志是怎么设置的?
7. 城市轨道交通地下工程的施工方法有哪些?
8. 盾构法有什么优点?
9. 城市轨道交通规划的原则有哪些?
10. 城市轨道交通线网规则的内容有哪些?
11. 城市轨道交通线网的类型有哪些?并举例说明哪些城市具有这些类型。
12. 城市轨道交通的站点设置应符合哪些原则?
13. 城市轨道交通线路按不同的分类方式,分别有哪些类型?

项目四　城市轨道交通车辆及其设备

城市轨道交通是通常以电能为动力，采取轮轨运转方式的快速、大运量公共交通的总称。它具有运量大、速度快、安全、准点、保护环境、节约能源和用地等特点。

城市轨道交通车辆作为运送乘客的运输工具，有良好的牵引、制动性能，能快速启动或停车，以保证车辆运行的安全、准点和快捷；同时还要有良好的乘客服务设施，使乘客感到舒适和方便。因此，城市轨道交通车辆成为城市轨道交通系统中各专业技术成果的综合载体，并在城市轨道交通系统中有着至关重要的地位。

任务一　城市轨道交通车辆的类型

学习目标

（1）掌握不同类型城市轨道交通车辆的特点。
（2）掌握城市轨道交通车辆的类型。
（3）了解城市轨道交通车辆技术参数。
（4）熟悉城市轨道交通车辆编组的定义。
（5）了解城市轨道交通车辆编组要考虑的因素。
（6）城市轨道交通车辆编组方式。
（7）掌握常见的城市轨道交通车辆编号方法。

学习任务

熟识城市轨道交通车辆的类型；认知城市轨道交通车辆的标准；认知不同类型城市轨道交通车辆的特点；能识别常见城市轨道交通车辆编号。

工具设备

城市轨道交通车辆仿真模型、图片及多媒体课件。

教学环境

城市轨道交通车辆综合仿真实验室，城市轨道交通车辆维修基地或参观现场。

基础知识

一、城市轨道交通车辆的特点

城市轨道交通车辆是城市轨道交通最重要的设备，也是技术含量较高的机电设备。它包括有轨电车、地铁列车、轻轨列车、磁悬浮列车等。为满足容量大、安全、快速、舒适、美观和节能的要求，城市轨道交通车辆应具有以下特点。

1. 载客能力强

城市轨道交通车辆作为城市公共交通工具，主要在市内和市郊运行。它的运行条件与干线铁道车辆的运行条件的区别：要在地下隧道、高架和地面轨道运行，站距短，线路曲线半径小，坡度大；客流量大而集中，乘客上下车频繁，高峰时会超载。

2. 运行速度快

与常规公共交通相比，城市轨道交通车辆运行在专用行车道上，不受其他交通工具干扰，具有较高的运行速度，较高的启、制动加速度，多数采用高站台，停站时间短，上、下车迅速方便，而且换乘方便，从而可以使乘客较快地到达目的地，缩短了出行时间。

3. 能源消耗低

城市轨道交通车辆的设计应遵循减少能耗、减少发热设备的原则，以降低隧道内的温度。为此，城市轨道交通车辆尽量减轻自重，选择效率高的传动系统。

4. 适应性强

城市轨道交通车辆牵引方式有动力集中牵引、动力分散牵引等不同的牵引方式。城市轨道交通行车密度较高，为确保安全行车，地下铁道的通信信号比较复杂，所以车载通信信号设备及车辆的控制系统应有良好的适应能力。

5. 舒适性优良

由于城市轨道交通车辆运行在不受其他交通工具干扰的线路上，并装有空调、引导装置、自动售票等直接为乘客服务的设备，所以城市轨道交通具有较好的乘车条件，其舒适性优于公共电车、公共汽车等常规公共交通。

二、城市轨道交通车辆的类型

城市轨道交通车辆按运能范围、主要技术特征可分为有轨电车、地铁列车、轻轨列车、磁悬浮列车、单轨道列车等类型。

1. 现代有轨电车

现代有轨电车（Tram 或 Streetcar）是使用电车牵引、轻轨导向、1~3 节车辆编组运行在城市路面线路上的低运量轨道交通系统。有轨电车是最早发展的城市轨道交通之一，一般设在城市中心，穿街走巷运行，具有上、下车方便的特点，如图 4-1 所示。

有轨电车起源于城市公共马车。为了多载客，人们把公共马车放在铁轨上。随着电动机的发明和牵引电力网的出现，世界上第一条有轨电车线路于 1888 年 5 月在美国弗吉尼亚州里士满市开通。到 20 世纪 20 年代，美国的有轨电车总长达 25 000km。到 20 世纪 30 年代，欧洲、日本、印度和中国的有轨电车有了很大发展。1906 年，中国第一条有轨电车线路在天津北大关至老龙头火车站（今天津站）建成通车，随后在上海、北京、南京、重庆、抚顺、大连、长春、鞍山等城市相继修建了有轨电车或电铁客车，并在当时的城市公共交通中发挥了重要作用。

图 4-1 现代有轨电车

旧式的有轨电车单向运输能力一般在 1 万人次/小时以下，通常采用地面路线，与其他车辆混合运行，运行速度一般在 10～20km/h 之间。旧式有轨电车存在运输能力小、挤占道路、噪声大等问题。在 20 世纪 50 年代，世界上各大城市纷纷拆除有轨电车线路，改建运输能力大的地铁或轻轨交通线路。中国的有轨电车在 20 世纪 50 年代末已被拆得所剩无几，仅大连、长春两城市保留。大连市还对有轨电车进行了改造，使其成为城市的一张名片。

旧式的有轨电车已停止了发展，基本上完成了它的历史使命。经改造后的现代有轨电车与性能较差的轻轨已很接近，只是车辆尺寸稍小一些，运行速度接近 20km/h，单向运输能力可达 2 万人次/小时。

2. 地铁列车

我国应用地铁的城市包括北京、上海、重庆、广州、深圳、南京等。地铁是城市快速轨道交通的先驱。地铁是由电力牵引、轮轨导向、轴重相对较重、具有一定规模运量、按运行图行车、车辆编组运行在地下隧道内，或根据城市的具体条件运行在地面或高架线路上的快速轨道交通系统。

地铁的单向运输能力为 3 万人次/小时，最高可达 6 万～8 万人次/小时。地铁的运行速度可达 40km/h 以上，最高可达 120km/h，地铁列车可 4～10 节车辆编组，且运行最小时间间隔可低于 1.5min，并可由直流电机、交流电机、直线电机等驱动。地铁造价昂贵，每公里造价在 3 亿～6 亿元人民币。地铁有建设成本高、建设周期长的弊端，但同时又具有运量大、建设快、安全、准时、节省能源、不污染环境、节省城市用地的优点。地铁列车（如图 4-2 所示）适用于出行距离较长、客运量需求大的城市中心区域。一般认为，人口超过百万的大城市就应该考虑修建地铁。

地铁由于大部分线路在地下或高架线路上通行，因此技术水平要求较高，可靠性和安全性要求也高。地铁与国家干线铁路一样，主要由线网、轨道、车站、车辆、通信信号等设备构成。只有各部门有机结合、协同动作，地铁才能最大限度地完成输送任务。

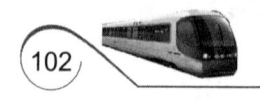

图 4-2　地铁列车

3. 轻轨列车

轻轨（Light Rail Transit，LRT）是在有轨电车的基础上改造发展起来的城市轨道交通系统。我国应用轻轨的城市包括上海、重庆等。轻轨是一种使用电力牵引，介于标准有轨电车和快运交通系统（包括地铁和城市铁路）之间的用于城市乘客运输的轨道交通系统。

轻轨一般采用地面线路和高架线路相结合的方法建设，其路线可以从市区通往近郊。轻轨列车采用 3～6 节车辆编组、铰接式车体，如图 4-3 所示。由于轻轨采用了线路隔离、自动化信号、调度指挥系统和高新技术车辆等措施，最高速度可达 60km/h，克服了有轨电车运输能力小、噪声大等问题。

图 4-3　轻轨列车

轻轨由于具有投资少（每公里造价在 0.6 亿～1.8 亿元人民币）、建设周期短、运输能加大、灵活等优点，因此发展很快。无论是发达国家，还是发展中国家，轻轨方兴未艾。各国纷纷根据自己的国情，制定相应的轻轨发展战略和模式。纵观世界各国情况，轻轨的发展大致有以下三类方式：一是改造旧式有轨电车为现代化的轻轨，这种方式以德国、苏联及东欧各国为典型代表；二是利用废弃铁路线路改建成轻轨路线，这种方式以美国圣迭戈轻轨为代表，欧洲也有类似的情况，如瑞典的哥德堡、德国的卡尔·马克思州也都采用这一方式，中国上海 5 号线、武汉轨道交通 1 号线一期工程也属于这种方式；三是建设轻轨新线路，这种方式对于有些城市而言，比修建地铁更经济实惠，如马尼拉、鹿特丹、中国香港等城市都相继采用了这种方式。

4. 磁悬浮列车

磁悬浮交通（Magnific Levitation for Transportation），是一种非轮轨黏着传动、悬浮于地面的交通运输系统。我国应用磁悬浮交通的城市包括上海等。磁悬浮列车利用常导磁铁或超导磁铁产生的吸力或斥力使车辆浮起，用以上的复合技术产生导向力，用直线电机产生牵引动力，从而使其成为高速、安全、舒适、节能、环保、维护简单、占地少的新一代交通运输工具，如图4-4所示。

图 4-4 磁悬浮列车

三、城市轨道交通车辆的技术参数

城市轨道交通车辆的技术参数包括主要尺寸和主要性能参数两部分。

1. 主要尺寸

（1）车辆长度、宽度、高度：车辆的基本外围尺寸。

（2）车辆定距：同一车辆的两转向架回转中心之间的距离。

（3）轴距：同一转向架的两车轴中心之间的距离。

（4）车钩中心线高度：车钩连接面中点至轨面的高度，取新造或修竣后空车的数值。列车中各车辆的车钩中心线高度基本一致，从而能够保证车辆正确连挂和平稳运行。各城市轨道交通车辆的车钩中心线高度不尽相同，广州、上海地铁车辆的车钩中心线高度为720mm，北京地铁车辆的车钩中心线高度为660mm。

（5）地板面高度：车辆地板面与钢轨顶面之间的距离，取新造或修竣后空车的数值。地板面高度受两方面的制约，一是车辆本身某些结构高度的限制，如车钩中心线高度及转向架下心盘面的高度；另一方面又与站台高度的标准有关，应与站台高度相协调，比如上海地铁车辆地板面高度为1130mm，北京地铁车辆地板面高度为1053mm。

2. 主要性能参数

（1）自重、载重及容积：自重为车辆本身的全部质量，以t为单位；载重为车辆允许的正常最大装载质量，也以t为单位；容积以m^3为单位。

（2）轴数：用数字或字母表示车辆的轴配置方式。对于4轴动车，车辆设两台动力转向架，轴配置记为B—B；对于6轴单铰轻轨车，车辆两端设动力转向架，中间设非动力铰接转向架，轴配置记为 B—2—B。

（3）轴重：车辆质量和轴数的比值。

（4）定员数：城市轨道交通车辆座位较少，一般为 55～65 座，可站立人数一般为 250 人，超载时乘客总数按 7～9 人/m² 计算。

（5）允许通过最小曲线半径：配用某种形式转向架的车辆在站场或厂、段内调车时所能安全通过的最小曲线半径。

（6）启动加速度：在平直线路、额定定员的载荷条件下，车辆在启动过程中单位时间内速度的增加量（m/s²）。

（7）制动加速度：在平直线路、额定定员的载荷条件下，车辆在制动过程中单位时间内速度的减小量（m/s²）。

（8）运行速度：在车辆设计时，按安全及结构强度等要求设计的允许车辆最高行驶速度。

（9）牵引电机功率：多为 180～300kW。

（10）牵引供电电压：一般采用 DC 1500V 或 DC 750V。

此外，车辆还有每延米轨道载重、冲击率、列车平稳性指标、转向架安全性指标等其他性能参数。

四、不同类型城市轨道交通车辆的主要技术标准

城市轨道交通的突出特点是客运量大。城市轨道交通车辆可以运行在城市地下隧道、地面或高架线路。根据城市轨道交通车辆的类型不同，城市轨道交通车辆的标准也不同。

1. 有轨电车

有轨电车适用于乘客较少的地区。有轨电车最大的客流量为每小时单方向 5000 人次，行车间隔为 5min，可与其他交通方式（如小汽车）混合运行，运行的一切责任由司机掌握。目前，我国的大连、长春及鞍山等城市有典型的有轨电车运行系统。

2. 地铁列车

所有地铁都是封闭运行的（完全专用车道），平均运行速度在 32～40km/h 之间。大多数地铁都采用自动控制模式，但并非无人驾驶，其典型的发车间隔时间为 2min。地铁是为运送大流量的乘客而设计的。地铁既可在隧道中运行，也可在地面或高架线路上运行。地铁列车的主要技术标准及特点如表 4-1 所示。

表 4-1 地铁列车的主要技术标准及特点

分　　类	车辆和线路条件	客运能力 N/（人次/h） 运行速度 v/（km/h）	备　　注
A 型列车	车长：24.4m 或 22.8m 车宽：3.0m 定员：310 人 线路半径≥300m 线路坡度≤35‰	N：4.0 万～7.5 万 $v≥35$	高运量 适用于地下、地面或高架线路 （上海轨道交通 1、2、3 号线）

续表

分　类	车辆和线路条件	客运能力 N/（人次/h） 运行速度 v/（km/h）	备　注
B型列车	车长：19.52m 车宽：2.8m 定员：230~245人 线路半径≥250m 线路坡度≤35‰	N：3.0万~5.0万 v≥35	大运量 适用于地下、地面或高架线路 （杭州地铁1号线）
直线电机B型列车	车长：（17.2）16.8m 车宽：2.8m 定员：215~240人 线路半径≥100m 线路坡度≤60‰	N：2.5万~4.0万 v≥35	大运量 适用于地面、高架或地下线路 （广州地铁4号线）

3. 轻轨列车

轻轨具有灵活性，可与任何类型的城市及郊区交通网络相连接。与有轨电车不同的是，轻轨的运行与其他交通方式是分开的，有自己的专用轨道，但当需要时也可与路面交通方式混合运行。在独立的轨道上，它能以 25~30km/h 的速度运行，因而能够保证按运行时刻表运行。一般来讲，轻轨列车可在地面运行，也可在高架线路上运行。

轻轨列车的主要技术标准及特点如表 4-2 所示。

表 4-2　轻轨列车的主要技术标准及特点

分　类	车辆和线路条件	客运能力 N/（人次/h） 运行速度 v/（km/h）	备　注
C型列车	车长：18.9m~30.4m 车宽：2.6m 定员：200~315人 线路半径≥50m 线路坡度≤60‰	N：1.0万~3.0万 v≥25~35	中运量 适用于地下、地面或高架线路（上海轨道交通5、6、8号线等）
直线电机C型列车	车长：16.5m 车宽：2.5 定员：150人 线路半径≥60m 线路坡度≤60‰	N：1.0万~3.0万 v≥25~35	中运量 适用于地面、高架或地下线路

4. 磁悬浮列车

磁悬浮列车适用于城市人口超过 200 万人的特大城市之间或区域城市群之间的客运交通。磁悬浮列车在运行时具有无轮轨接触摩擦阻力、无机械震动、爬坡能力强、运行速度高、舒适性强等优点，因此被誉为 21 世纪的新型交通工具。磁悬浮列车的主要技术标准及特点如 4-3 所示。

表 4-3　磁悬浮列车的主要技术标准及特点

分　类	车辆和线路条件	客运能力 N/（人次/h） 最高运行速度/（km/h）	备　注
低速 磁悬浮 列车	车长：12～15.5m 车宽：2.6～3.0m 定员：150人 线路半径≥70m 线路坡度≤70‰	N：1.5万～3.0万 最高运行速度：100	中运量 主要适用于高架线路
高速 磁悬浮 列车	车长：24～27m 车宽：3.7m 定员：100人 线路半径≥300m 线路坡度≤100‰	N：1.0万～2.5万 最高运行速度：430	中运量 主要适用于郊区高架线路（上海磁悬浮交通）

五、城市轨道交通车辆编组

城市轨道交通车辆要按照预期的目的，将各独立的车辆连接起来，成为一个运行体。

1. 车辆编组的基本概念

车辆编组应考虑线路坡度、运营密度、站间距离、舒适度、安全可靠性、工程投资、客流大小等因素。例如，通过客流预测分析可知，北京轨道交通1号线在平峰期A型列车6节车辆编组较为理想，在高峰期8节车辆编组较为理想，从平峰期转为高峰期时应该从6节车辆编组先变为7节车辆编组，然后再变为8节车辆编组。

带有牵引动力装置的车辆称为动车，无牵引动力装置的车辆则称为拖车。动车包括有受电弓的动车、有驾驶室的动车、有受电弓及驾驶室的动车和无受电弓的动车；拖车包括有驾驶室的动车和无驾驶室的动车。

2. 车辆编组的方式

车辆编组方式主要是指列车中动车与拖车的分布形式，以及车辆之间的连接方式。目前我国各个城市的车辆编组方式都不尽相同，但是具体车辆编组方式都采用动车、拖车混编方式。一般动车、拖车混编方式为"四动加两拖"或"三动加三拖"的连接方式。

在现有的车辆编组方式中，M 表示动车；T 表示拖车；c 表示带有司机室（驾驶室）；p 表示带有受电弓；"＋"代表全自动车钩；"－"代表半永久牵引杆；"＝"代表半自动车钩。

例如，北京地铁 4 号线列车的车辆编组由 3 个单元组成，定为 +Tc－Mp－M－T－Mp－Tc＋；深圳地铁3号线等列车的车辆编组由2个单元组成，每个单元为"二动一拖"的连接方式，定为 +Tc－Mp－M＝M－Mp－Tc＋；北京地铁八通线列车的 4 节车辆编组共有 2 个单元，每个单元为"一动一拖"的连接方式，定为 +Mc－Tp＝T－Mc＋。

常见的车辆编组方式示意图如图 4-5 所示。

不同城市电动列车的车辆编组方式有所不同。目前，国内列车的车辆编组中车型还采用 A、B、C 等字母来表示。其中，A 代表有司机室的拖车；B 代表有受电弓的动车；C 代表无受电弓的动车。

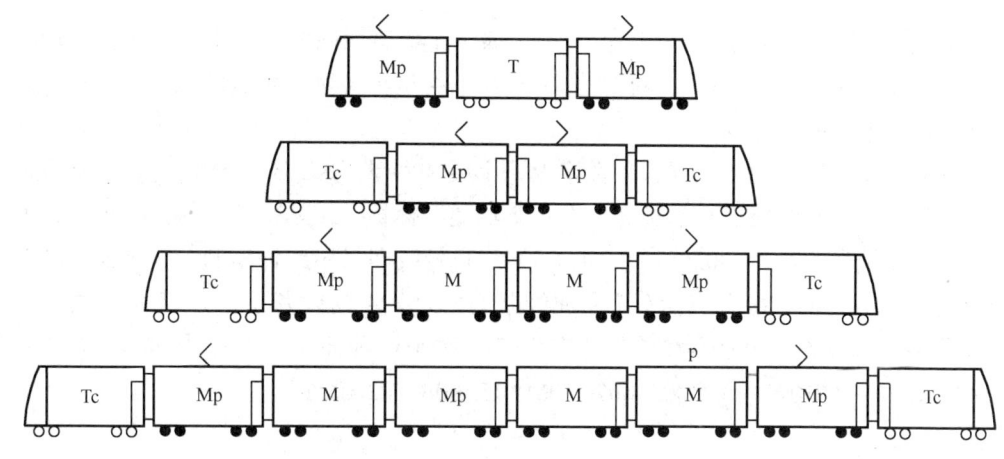

图 4-5　常见的车辆编组方式示意图

例如，北京地铁列车早期按全动车设计，2个车辆为一个单元，使用时按 2、4、6 节车辆进行编组。目前，北京地铁的列车有带驾驶室的拖车（Tc1 车、Tc2 车）、不带驾驶室的拖车（T 车）和不带驾驶室的动车（M 车）三种车型，均采用贯通式车厢，使乘客可任意走动。一个动车和一个拖车为一个制动单元，使用时按 2、4、6 节车辆进行编组。当采用 6 节车辆编组时，列车排列为 Tc1—M1—M3—T3—M2—Tc1。

又如，上海地铁列车采用 6 节车辆编组时，其排列为 A—B—C—C—B—A，也可以写为 Tc—Mp—M—M—Mp—Tc；采用 8 节车辆编组时，其排列为 A—B—C—B—C—B—C—A 或 A—B—C—B—C—C—B—A。

随着城市的发展，在既有线路不能满足客运能力的需要时，也存在扩编问题。例如，北京地铁八通线列车的"4 改 6"，上海地铁 1 号线列车的"6 改 8"等。上海地铁 1 号线 6 节车辆编组方式为 +A−B−C=C−B−A+，而扩编的 8 节车辆编组方式为 +A=B−C=B1−C1=C−B=A+，即在原来的基础上增加一个 B−C 单元，并将各单元之间以半自动车钩进行连接。

从目前既有的城市轨道交通系统来看，列车的车辆编组数量为 2~10 节。

3．车辆编号

车辆编号因意义不同而有不同的表示方法。

1）常见的车辆编号方法

国内一般对车辆采用 6 位阿拉伯数字进行编号。其中，前两位数表示车辆所属线路编号；第 3~5 位数表示车辆序列号；第 6 位数表示车辆类型标识（A=1，B=2，C=3）。车辆编号实例如图 4-6 所示。

第一列	011751	011762	011773	011783	011792	011801
第二列	011811	011822	011833	011843	011852	011861
第十列	012291	012302	012313	012323	012332	012341

图 4-6　车辆编号实例

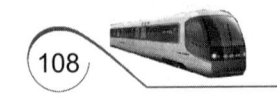

图 4-6 所示的车辆编号 011751 中,"01"表示车辆所属线路编号为 1 号线;"175"表示车辆序列号为 175;"1"表示车辆类型标识为 A 类型车(带司机室的拖车)。

2)其他车辆编号方法

车辆编号还可以采用 5 位阿拉伯数字及一个英文字母(A、B、C)混合编号方法,即前两位表示车辆所属线路编号;第 3 位表示车辆类型标识(A、B、C);第 4~6 位表示所在单元的连续编号(001,002,…),上海地铁 1 号线即采用此种车辆编号方法。例如,车辆编号 02A005 中,"01"表示车辆所属线路编号为 1 号线;字母"A"表示车辆类型标识为 A 类型车;"005"表示所在单元的连续编号为 005。此时,该列车中的编组方式可表示为 +02A005-02B005-02C005=02C006-02B006-02A006+。

相关案例

东京轨道交通系统和轨道车辆发展概况

东京大都市区根据行政区域与交通影响范围可分为四个层次,即中心城(东京都区部)、东京都(东京都区部及多摩地区)、大东京圈和首都圈。中心城即东京都区部,由 23 个区组成,面积约为 622km^2,2009 年 10 月 1 日人口约为 880 万并呈上升趋势,是东京城市化最为集中的区域。东京都是一个独立的首都行政单位,包括 23 个区,以及与东京都区部相邻的 26 个卫星城、5 个町和 8 个村,面积约为 2188km^2,2009 年 10 月 1 日人口约为 1299 万,占日本总人口的 10%。

大东京圈是指从中心城周围半径 50km 的区域,包括东京都、琦玉县、千叶县和神奈川县大部、茨城县南部,面积约为 10117km^2,人口约为 3200 万;首都圈包括"一都七县",离中心城中心半径约为 100~150km,行政区域面积约为 36879km^2,人口约为 4090 万,如图 4-7 所示。

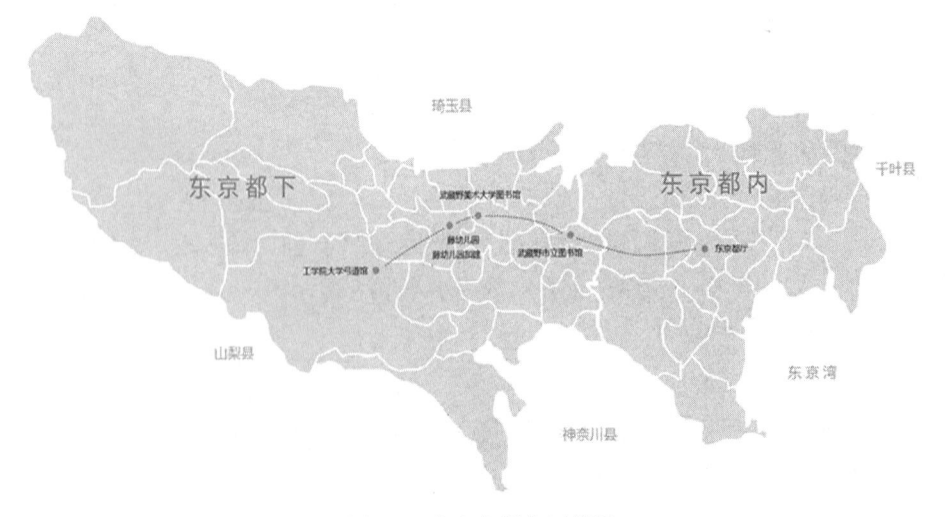

图 4-7 东京大都市区范围

在轨道交通建设方面，按功能可将东京轨道交通系统划分为三类：服务于中心城的东京地铁系统、服务于大东京圈的私营铁路系统及服务于首都圈的 JR 线系统。东京地铁系统由都营地铁和东京 Metro 两家公司运营，其中都营地铁有 4 条总长为 107km 线路，东京 Metro 有 9 条总长为 195.4km 线路，共计 13 条线路，主要服务于中心城；私营铁路系统以山手线为起点，向外围都市圈辐射，长度接近 1000km；JR 线系统主要承担首都圈内市际间及市内的交通功能，总长度接近 900km。从轨道密度来看，东京都平均轨道密度约为 300m/km^2，中心城的 23 区轨道密度更是高达 1010m/km^2。东京拥有世界上最发达的轨道交通网。日本东京首都圈内参与公共交通的城市快速轨道交通线路长为 2305km，其中地铁线路长为 292km、JR 线（不包括新干线）长为 887km、私营铁路（包括单轨铁路）线路长为 1126km。东京轨道交通网的覆盖面非常广，其轨道交通构成了城市公共交通的骨架体系，特别是在连接市区与郊区及远郊区的放射线方向上，更是占据主导地位。

东京都区部每天大约有 2825 万乘客。而为这些人移动提供条件的正是连接东京都区部和郊外的 JR 线、私营铁路和主要运行于中心城内的都营地铁（东京地铁），还有与乘客日常生活密不可分的都营电车、都营公交车等公共交通工具。其中，都营交通（东京都交通局）担负着支撑中心城内交通移动量的 9.7%（以上数字均为 2006 年的统计数据）。都营交通是东京都管辖经营的地方公营企业，每天大约有 301 万乘客乘坐都营地铁、都营公交车、都营电车等交通工具。

拓展知识

城市轨道交通车辆限界

限界是限定车辆运行及轨道周围构筑物超越的轮廓线。

限界分车辆限界、设备限界和建筑限界三种，是工程建设、管线和设备安装位置等必须遵守的依据。规定限界的目的，主要是防止车辆在直线或曲线上运行时与各种建筑物及设备发生接触，以保证车辆安全通行。

车辆限界就是一个限制车辆横断面最大允许尺寸的轮廓图形。无论空车或重车在直线地段运行时，所有突出和悬挂部分都应容纳在限界之内。因此，车辆限界是车辆在正常运行状态下形成的最大动态包络线。

车辆限界是根据车辆外轮廓尺寸和主要技术参数，并考虑车辆在平直线路上正常运行状态下静态运动包迹线、动态运动横向和竖向偏移量及偏转角度，并按可能产生最不利情况进行组合计算来确定。

车辆限界得出过程：

以车辆的设计横截面为基础，加上制造安装误差向外拓展得出车辆的静态限界；以车辆的静态限界为基础，考虑车辆的弹性部件的位移，允许范围内的磨损得出车辆的动态限界；在车辆的动态限界基础上加上轨道线路原因（建设公差、维护限度和磨损）造成的车辆偏移，得出车辆的动态包络线；以车辆的动态包络线为基础，加上适当的安全距离（车辆故障情况下未考虑的因素所需空间），从而可以确定车辆的设备限界；根据车辆的设备限界,加上设备安装所需要的空间得出车辆的建筑限界。

基准坐标系:

基准坐标系是一个与线路的纵向中心线相垂直的平面内的二维直角坐标系。该坐标系的第一坐标轴与两根钢轨在名义位置且无磨损时的顶面相切;第二坐标轴垂直于前者,并与左、右两根钢轨的名义位置等距离。

1. 地铁限界(如图4-8所示)

建筑限界:规定了地下隧道及其他建筑物的形状、位置均不得向内侵入此限界。

间隙2应能安排各种固定设备,如电缆、消防水管等。

设备限界:建筑物及地面固定设备的任意部分,且考虑了它们的刚性和柔性运动在内,均不得向内侵入此限界。

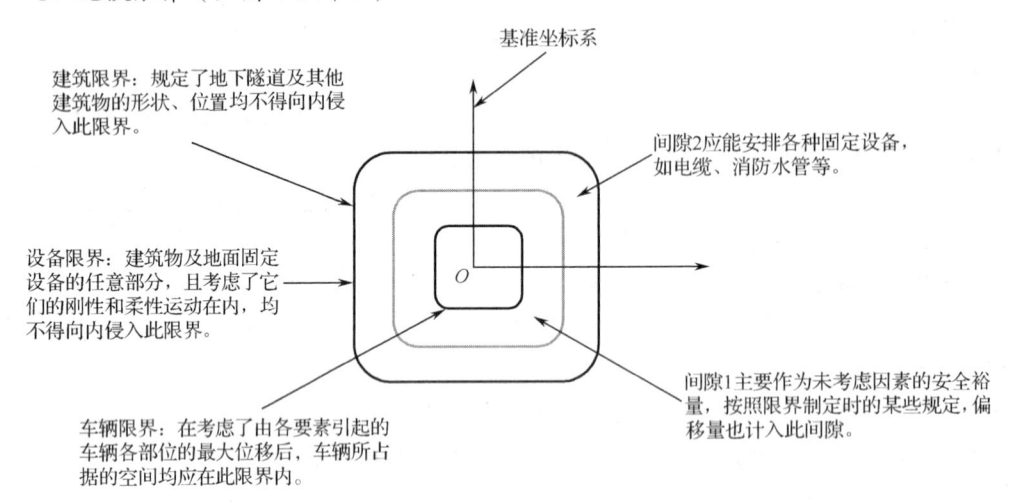

间隙1主要作为未考虑因素的安全裕量,按照限界制定时的某些规定,偏移量也计入此间隙。

车辆限界:在考虑了由各要素引起的车辆各部位的最大位移后,车辆所占据的空间均应在此限界内。

图4-8 地铁限界

2. 轻轨限界(如图4-9所示)

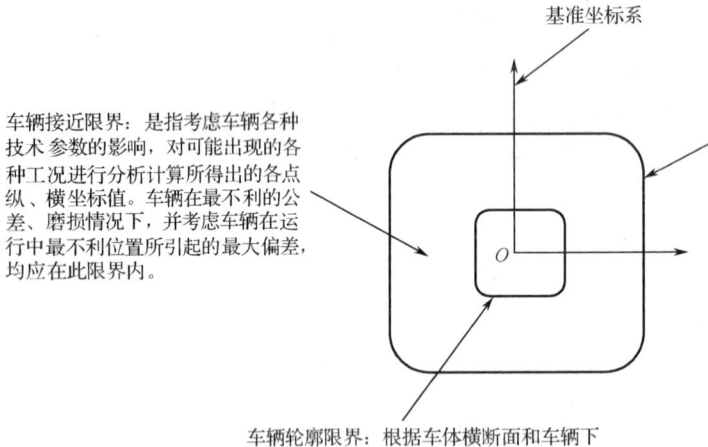

车辆接近限界:是指考虑车辆各种技术参数的影响,对可能出现的各种工况进行分析计算所得出的各点纵、横坐标值。车辆在最不利的公差、磨损情况下,并考虑车辆在运行中最不利位置所引起的最大偏差,均应在此限界内。

设备接近限界:考虑了轨道的轨距等出现最大允许误差时引起车辆的附加偏移量,以及在设计、施工、运营中尚未预计到的因素在内的安全裕量,建筑物及地面固定设备的任一部分均不得向内侵入此限界。

车辆轮廓限界:根据车体横断面和车辆下部设备外轮廓各点所规定的纵、横坐标值。

图4-9 轻轨限界

3. A型车隧道内直线地段车辆限界与设备限界（如图4-10所示）

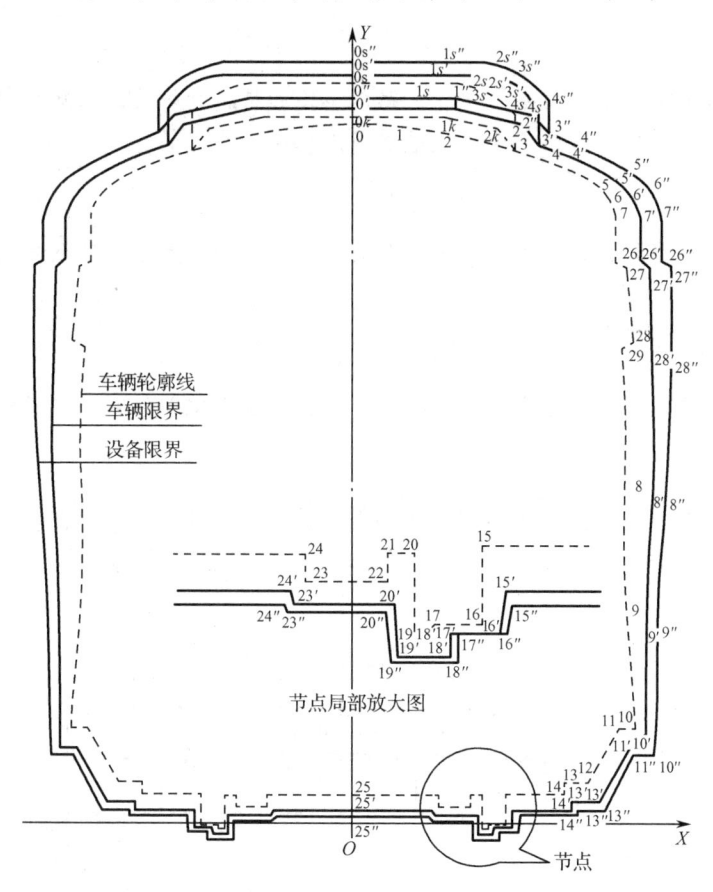

图4-10　A型车隧道内直线地段车辆限界与设备限界

任务二　城市轨道交通车辆设备的组成

学习目标

（1）了解城市轨道交通车辆设备的组成。
（2）了解车体的特征并掌握车体的结构。
（3）掌握车门的类型及各自特点。
（4）了解车门的结构及组成。
（5）了解贯通道的组成及各部分的作用。
（6）了解转向架的作用。
（7）掌握转向架的分类及组成。
（8）掌握车钩缓冲装置的类型及组成。
（9）了解制动装置的特点。
（10）掌握城市轨道交通车辆制动方式的种类。
（11）了解闸瓦制动、盘形制动装置的组成及各自制动特点。

（12）了解城市轨道交通车辆的制动操纵模式。

学习任务

认知城市轨道交通车辆设备的组成；熟识车体的特征和结构；认知转向架、车钩缓冲装置、制动装置的作用；能识别城市轨道交通车辆制动方式的种类。

工具设备

城市轨道交通车辆仿真模型、车辆转向架、车钩缓冲装置、制动系统实物或模型、图片及多媒体课件。

教学环境

城市轨道交通车辆综合仿真实验室，城市轨道交通车辆维修基地或参观现场。

基础知识

不同类型的城市轨道交通车辆，其结构不尽相同，但基本上都包括车体、转向架、车钩缓冲装置、制动装置、空调通风系统、车辆电气牵引系统、辅助供电系统、制动控制系统及诊断系统等部分，如图4-11所示。

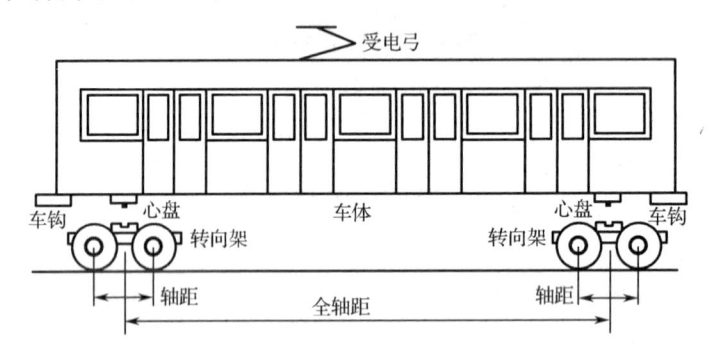

图4-11　城市轨道交通车辆的结构

一、车体

车体是车辆上供装载货物或乘客的部分，又是安装与连接车辆其他组成部分的基础。车体的主要功能是运载乘客，承受和传递载荷，安装传动机构、电气设备和内部设备等。

（一）车体的特点

（1）城市轨道交通对车辆质量限制较为严格，设计时要求车体具有质量小的特点。特别对于高架线路上的车辆，要求其轴重小。

（2）对城市轨道交通要求车体具有防火、隔音、减震、隔热的特点，以尽可能保证乘客的安全和舒适。

（3）城市轨道交通由于服务市内公共交通，为了增加载客量和利于乘客疏散，所以车体内座位较少，车门多且宽敞，一般设有残疾人轮椅停放区域等，且车体内部服务于乘客的设备较简单。

（4）车体的外观造型和色彩要美观，并与城市景观相协调。

（二）车体的种类

车体按用途分为客车车体、货车车体和机车车体。

城市轨道交通车辆主要采用的是客车车体。客车车体是供乘客乘坐的，安装有为旅途生活所需的各项设备。客车车体内有保护所载乘客、货物和设备等的设施。客车车体和司机室具有隔音、隔热性能，以保证乘客的良好休息和乘务人员的正常工作。客车车体外形同列车运行阻力有关，因此高速列车多采用流线型车体。乘客列车的车体内外部的色彩有美化的作用。

（三）车体的结构

根据功能的差别，车体基本上可分为车门、车窗、车辆壳体、贯通道、紧急疏散门等部分。

1. 车门

车门的结构和类型多种多样，但无论结构形式如何变化，车门都应满足城市轨道交通的特点。因此，车门要均匀分布，方便乘客上、下车；车门附近有足够的空间；具有较高的工作可靠性，以确保乘客的安全，如图 4-12 所示。

1）车门的类型

按照车门的运动轨迹，以及与车体的安装方式，车门可分为内藏门、外挂门、塞拉门和外摆门。

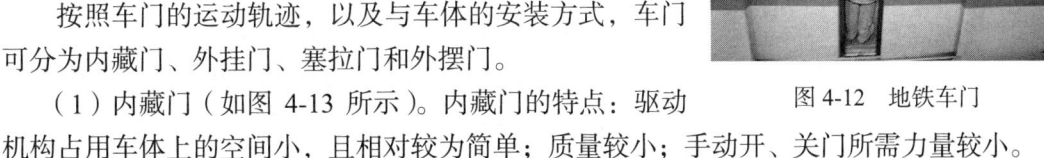

（1）内藏门（如图 4-13 所示）。内藏门的特点：驱动机构占用车体上的空间小，且相对较为简单；质量较小；手动开、关门所需力量较小。

图 4-12　地铁车门

（2）外挂门（如图 4-14 所示）。外挂门的特点：与其他形式的车门相比，采用外挂门的车辆车体内空间相对较大；门扇始终位于车体侧墙的外侧，因此车辆运行过程中会因门扇产生一定的运行阻力。

（3）塞拉门（如图 4-15 所示）。塞拉门的优点：保持车辆外形美观；减小空气阻力；使车厢具有良好密封性能，从而能降低噪声。

图 4-13　内藏门 　　　　图 4-14　外挂门 　　　　图 4-15　塞拉门

（4）外摆门。外摆门关闭后，车门外表面与车体成一平面。这种车门的特点是车门在开启的过程中，需要较大的摆动空间。

2）车门的结构

车门尽管类型多种多样，但基本上都是由驱动系统、机械传动机构、门扇、电气控制系统四部分组成的（如图 4-16 所示）。车门的工作原理：电气控制系统带动驱动系统动作，再通过机械传动结构，带动门扇在上、下导轨中同步反向移动，从而实现车门的开、关动作。

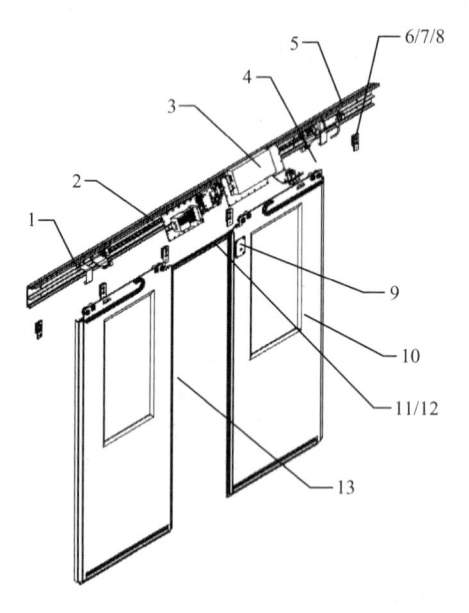

1—承载驱动机构；2—驱动部件；3—EDCU 部件；4—内操作装置；5—电机；6—安装螺母板；7—安装板；
8—垫片；9—隔离锁；10—右门扇；11—上密封毛刷；12—压板；13—左门扇

图 4-16　车门的结构

2. 车窗

城市轨道交通车辆一般在两个客室车门之间，设有 1 扇车窗，因此车辆两侧各均匀布置着 4 扇车窗。

客室车窗为全封闭式车窗。客室车窗玻璃为双层中空玻璃，具有良好的隔热、隔音效果。司机室前窗是电热式窗，采用高强度抽真空安全玻璃。

3. 车辆壳体

车辆壳体是保证乘客安全的主要部件，也是减轻车辆自重的关键部件，如图 4-17 所示。车辆壳体一般有碳素钢、不锈钢、铝合金三种材料。现有城市轨道交通车辆壳体采用铝合金的较多。另外，为减少车内噪声及隔热，在车辆壳体内壁涂了 3mm 厚的隔声阻尼浆，在车辆壳体外墙板与内装饰板之间充填了矿棉，起到隔音、隔热的作用。

4. 贯通道

贯通道采用宽体封闭式结构，是车与车之间的连接通道，也是车辆在曲线轨道通过时的关节部位。它使两个车辆之间的通道实现柔性连接，并使乘客可以在车厢之间流动，从而使乘客均匀分布。

贯通道由两个配对可分解的波纹形折篷、两块装在车辆端的渡板及承载在车钩上的滑动支撑组成。车辆之间采用手柄连杆机构以实现快速连接与拆分，如图 4-18 所示。

图 4-17　车辆壳体　　　　　　　图 4-18　贯通道

5. 紧急疏散门

列车在隧道内运行时，一旦发生火灾或其他危险性事故时，必须紧急疏散列车上的乘客。由于隧道宽度有限，因此在隧道内运行的列车，在车辆的两侧设有紧急疏散门，如图 4-19 所示。在紧急情况下，司机可打开紧急疏散门，将其放到路基上，作为通向地面的踏板，以紧急疏散乘客。运行于地面或高架线路的列车在发生险情时可以不用打开紧急疏散门，只要打开列车两侧的车门来疏散乘客即可。

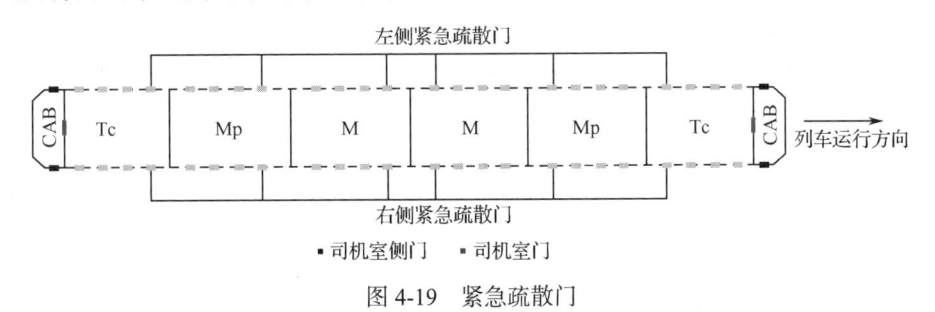

图 4-19　紧急疏散门

二、转向架

转向架是车辆的走行部，担负车辆沿轨道走行的支撑装置。转向架的结构及各部位的参数是否合理，直接影响车辆的运行品质、动力性能和行车安全。

（一）转向架的作用

转向架是轨道车辆结构中最为重要的部件之一。转向架的主要作用如下。

（1）车辆上采用转向架可以增加车辆的载重、长度与容积，提高车辆运行速度，以满足城市轨道交通运输发展的需要。

（2）在正常运行条件下，车体都能可靠地坐落在转向架上，并通过轴承装置使车轮沿钢轨的滚动转化为车体沿线路运行的平动。

（3）转向架能支撑车体，承受并传递从车体至车轮之间或从轮轨至车体之间的各种载荷及作用力，并使轴重均匀分配。

（4）转向架能保证车辆安全运行，使车辆灵活地沿直线线路运行及顺利地通过曲线线路。

（5）转向架的结构便于弹簧减震装置的安装，使之具有良好的减震特性，以缓和车辆和线路之间的相互作用，减小震动和冲击，减小动应力，提高车辆运行平稳性和安全性。

（6）转向架充分利用轮轨之间的黏着，传递牵引力和制动力，放大制动缸所产生的制动力，使车辆具有良好的制动效果，以保证在规定的距离之内停车。

（二）转向架的组成

由于车辆的用途、运行条件及要求不同，不同的转向架结构也有所差异。转向架的基本组成如图4-20所示。转向架是车辆的一个独立部件。在转向架与车体之间应尽可能减少连接。

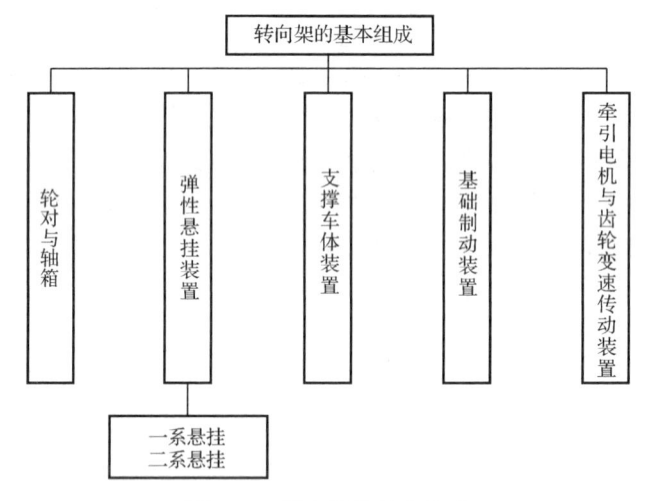

图 4-20　转向架的基本组成

转向架一般分为动车转向架、拖车转向架两种。二轴动车转向架一般由构架、轮对、轴箱、空气管路、空气弹簧、一系悬挂、单元制动装置、牵引电机、齿轮箱等组成，如图4-21所示。

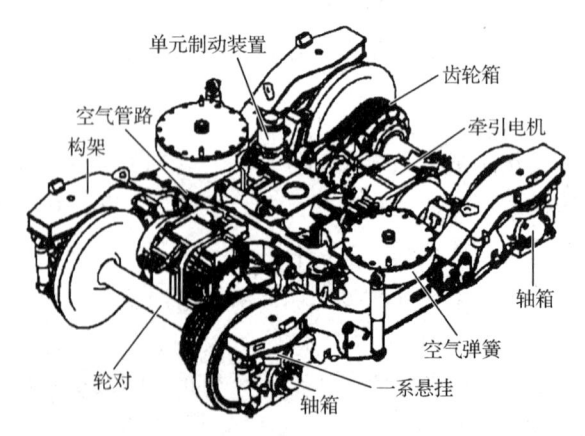

图 4-21　二轴动车转向架的组成

1. 轮对与轴箱

轮对由一根车轴和两个相同的车轮组成。轮对沿着钢轨滚动，除了传递车辆重量外，还传递轮轨之间的各种作用力，包括牵引力和制动力。轴箱与轴承装置是联系构架（或侧架）和轮对的活动关节，使轮对的滚动转化为车体沿钢轨的平动。

2. 构架

构架是转向架的基础，把转向架各零部件组成一个整体，如图 4-22 所示。

它不仅要承受、传递各种作用力及载荷，而且它的结构、形状和尺寸大小都应满足各零部件的结构、形状及组装的要求（如满足制动装置、弹簧减震装置、轴箱定位装置等安装的要求）。

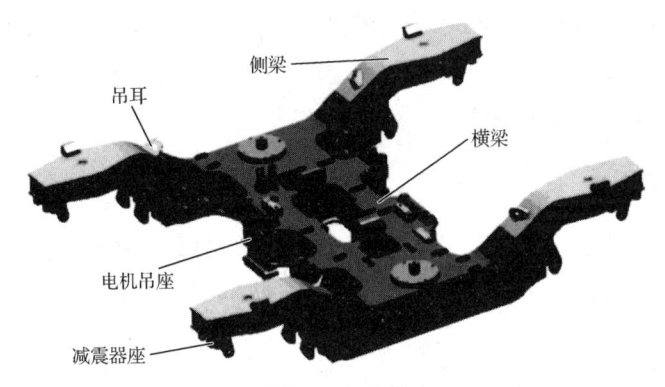

图 4-22 构架

3. 弹性悬挂装置

为减少线路不平顺和轮对运动对车体的各种动态影响（如垂向震动、横向震动等），转向架在轮对与构架之间或构架与车体之间，设有弹性悬挂装置。轮对与构架之间的弹性悬挂装置称为轴箱悬挂装置（又称一系悬挂）；构架与车体之间的弹性悬挂装置称为摇枕（中央）悬挂装置（又称二系悬挂）如图 4-23 所示。目前，我国大多数货车转向架只设有摇枕悬挂装置，客车转向架既设有摇枕悬挂装置，又设有轴箱悬挂装置。

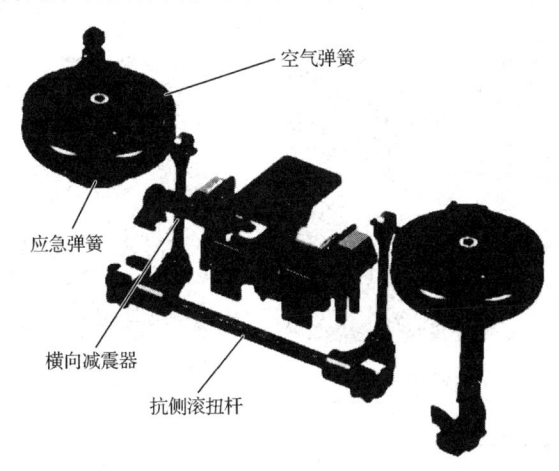

图 4-23 二系悬挂

4. 中央牵引连接装置

中央牵引连接装置是车体与转向架的连接部件。其结构应能安全可靠地支撑车体,并传递各种载荷和作用力,同时使车体与转向架之间能绕不变的旋转中心相对转动,以使车辆顺利通过曲线线路。

5. 基础制动装置

为了使运行中的车辆在规定的距离范围内停车,必须安装基础制动装置。其作用是传递和放大制动缸的制动力,使闸瓦与轮对之间产生的转向架的内摩擦力转换为轮轨之间的外摩擦力(即制动力),从而使车辆承受前进方向的阻力,产生制动效果。

6. 牵引电机与齿轮变速传动装置

牵引电机与齿轮变速传动装置仅安装在动车转向架上,包括牵引电机、它将减速齿轮箱和联轴器等。它将牵引电机的扭矩转化为对轮对或车轮上的转矩,利用轮轨之间的黏着作用,驱动车辆沿着钢轨运行。

三、车钩缓冲装置

车钩缓冲装置由车钩及缓冲器等部件组成,装在底架牵引梁上,是车辆一个安全部件。其作用是:将车辆互相连接,成为一组列车;传递纵向牵引力和冲击力;缓和车辆之间的动力作用;实现电路和气路的连接。

(一)车钩缓冲装置的类型

城市轨道交通车辆一般都采用密接式车钩。密接式车钩是依靠两个相邻车辆的车钩头上的凸锥和凹锥口互相插接起到紧密连接作用的。

车钩缓冲装置分为全自动车钩(如图 4-24 所示)、半自动车钩(如图 4-25 所示)、半永久牵引杆三种类型。这三种车钩缓冲装置均设有可复原能量吸收功能,采用橡胶缓冲器。在自动车钩和半永久牵引杆上还设有超载保护装置、不可复原的可压溃变形管。这三种车钩缓冲装置均采用先进的密接式车钩。密接式车钩的优点是节省人力、安全方便;其缺点是构造较复杂、强度较低。所以,密接式车钩适用于地铁、轻轨等轻型轨道车辆上。

图 4-24 全自动车钩　　　　图 4-25 半自动车钩

(二)车钩缓冲装置的组成

车钩缓冲装置主要由车钩、缓冲器、对中装置、钩尾冲击座四大部分组成。自动车钩结构总图如图4-26所示。

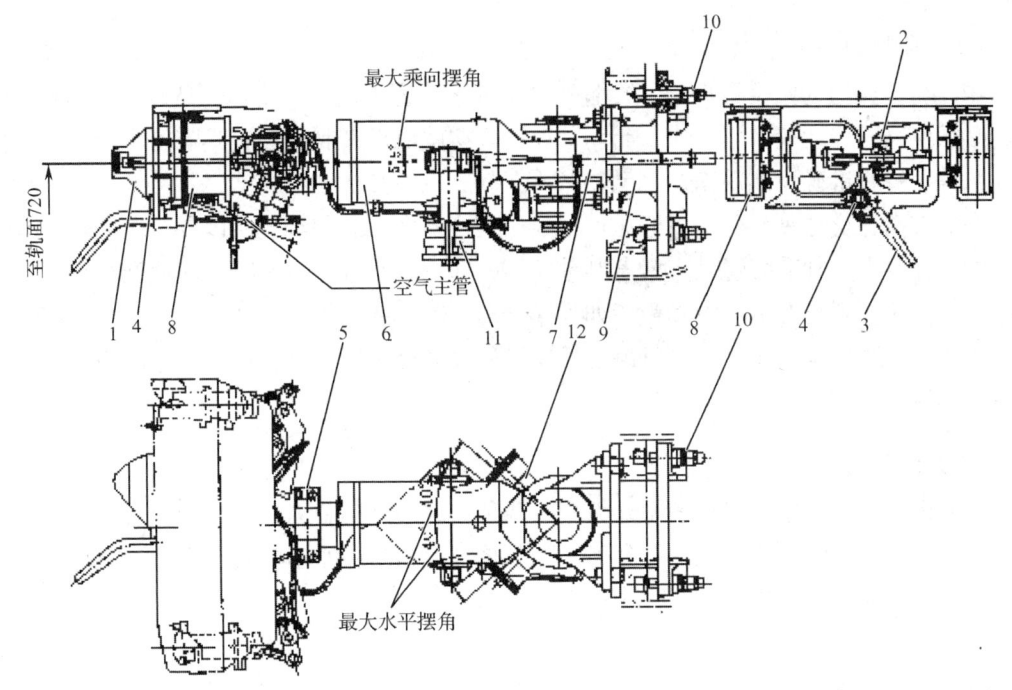

1—车钩上的头凸锥；2—钩锁连接杆；3—导向杆；4—主风管连接器；5—对开连接套筒；6—环弹簧缓冲器；7—支撑座；8—电气连接箱；9—钩尾冲击座；10—过载保护连接套筒；11—垂向支撑；12—对中装置

图4-26 自动车钩结构总图

1. 车钩

车钩由机械连接、电气连接、气路连接三部分组成。车钩上部为机械连挂部分，由壳体、钩舌、中心轴、钩锁及钩锁连接杆、钩锁弹簧、解钩风缸组成。

2. 缓冲器

缓冲器安装于车钩支撑座的上方，采用的是两个半圆形对接的环形橡胶缓冲件。它属于可复原的能量吸收部件，吸收第一级能量。这种缓冲器不仅可缓和冲击作用力，而且可以吸收冲击能量以削弱冲击力，提高车辆运行平稳性。

3. 对中装置

对中装置安装于车钩支撑座的下方。对中装置采用机械对中，并使用碟形弹簧片。对中装置的作用是保证车钩在连接时保持位于中心位置，即车钩和车辆中心线一致。

4. 钩尾冲击座

钩尾冲击座通过过载保护螺栓与车体牵引梁紧密结合，并用鼓形套筒来避免超过允许用的载荷加载到车体上。

四、制动装置

制动装置是保障列车安全可靠运行的必要手段。列车通过驾驶员的操纵减速或在规定的距离停车的过程，称为制动。为了施行制动，在机车（多在头车）车辆上装设的由一整套零部件组成的装置，称为制动装置。

（一）制动装置的特点

城市轨道交通的站距很短，一般都在 1km 左右。为了提高列车运行速度、增加列车密度，必须使列车启动快、制动快、制动距离短。这就要求其制动装置具有操纵灵活、动作迅速、停车平稳准确、制动率及制动功率相对较大的特点。

在城市轨道交通中，列车一般运行在人口稠密地区承载乘客，所以其行车安全是非常重要的，并要求其制动装置具有紧急制动功能，即在遇有紧急情况时，能使列车在规定距离内安全停车。列车在运行中发生诸如列车分离、制动装置故障等情况，应能自动产生紧急制动作用。紧急制动作用除可以由司机操纵外，必要时还可以由行车人员利用紧急按钮等进行操纵。

（二）制动方式

在城市轨道交通中，列车的制动方式有两种：一是电气制动，即把动能通过发电机转化为电能，然后将电能从列车上转移出去；二是摩擦制动，即动能通过摩擦副的摩擦转变为热能，然后使热能消散于大气之中。

1. 电气制动

电气制动根据其能量利用方式的不同，可分为再生制动和电阻制动。

（1）再生制动：将电能反馈回送触网，供给区段内其他列车使用。再生制动具有制动列车和产生电功率的双重效用，因此非常适用于行车密度大的地铁列车。

（2）电阻制动：将电能供给车辆上的制动电阻，从而将其变为热能散逸到大气中。电阻制动往往是在接触网不能接收牵引电机作为发电机产生的电功率时使用。

2. 摩擦制动

在城市轨道交通中，列车常采用的摩擦制动主要有闸瓦制动和盘形制动。高速列车还有采用磁轨制动等方式的。

1）闸瓦制动

在闸瓦制动中，制动装置要将巨大的动能转变为热能，再使热能消散于大气之中。闸瓦制动装置如图 4-27 所示。闸瓦制动效果的好坏主要取决于摩擦热能的消散能力。使用这种制动方式时，闸瓦摩擦面积小，大部分热负荷由车轮来承担。列车速度越高，制动时车轮的热负荷就越大。如果采用铸铁闸瓦，制动时制动装置的温度可使闸瓦熔化；即使采用较先进的合成闸瓦，制动时制动装置的温度也会高达 400~450℃。当车轮踏面温度增高到一定程度时，就会使车轮踏面磨损、裂纹或剥离，既影响车轮使用寿命也影响行车安全。可见，传统的车轮踏面闸瓦制动不适用于高速列车。

2）盘形制动

盘形制动又称摩擦式圆盘制动，是在车轴上或在车轮辐板侧面装设制动盘，再利用制动钳将合成材料制成的两个闸片紧压在制动盘侧面，从而通过摩擦产生制动力，把列车动能转变成热能，再使热能消散于大气之中。盘形制动装置如图 4-28 所示。

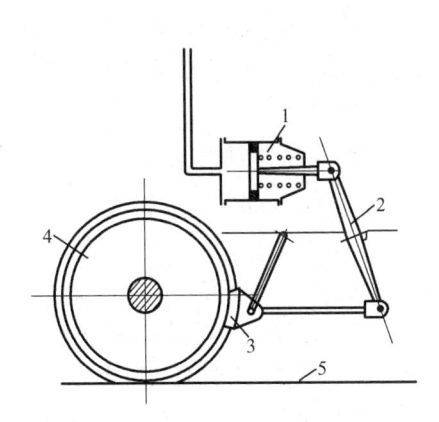

1—制动缸；2—基础制动装置；3—闸瓦；
4—车轮；5—钢轨

图 4-27　闸瓦制动装置

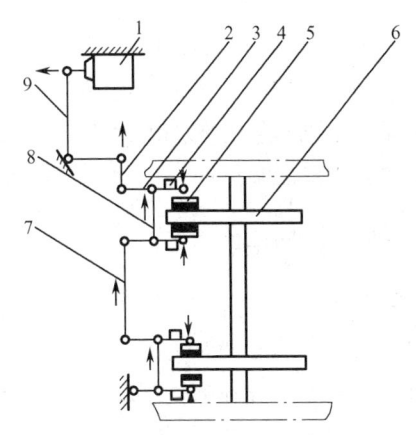

1—制动缸；2—拉环；3—水平杠杆；4—弹簧；5—制动块；
6—制动盘；7—中间拉杆；8—水平杠杆拉杆；9—转臂

图 4-28　盘形制动装置

3）磁轨制动

磁轨制动是将列车转向架上的磁铁吸附在轨道上而使列车制动的。其最大优点是产生的制动力不受轮轨间的黏着条件限制。

磁轨制动分为电磁型磁轨制动和永磁性磁轨制动，而两者主要区别在于选用磁铁的不同，前者采用的是电磁铁，后者采用的是永久性磁铁。

（三）制动操纵模式

城市轨道交通车辆的制动操纵模式主要有常用制动、紧急制动、快速制动、停放制动四种类型。

1. 常用制动

常用制动是指在正常情况下，为调节或控制列车速度而对列车所施加的制动。它的特点：制动作用比较缓和；制动力可以调节，通常只有用到列车制动能力的20%～80%，大多数情况下只用到列车制动能力的50%。

2. 紧急制动

紧急制动属于非常制动，是在紧急情况下，为使列车尽可能快地停车而对列车所施加的制动。它的特点：制动作用比较迅猛，而且要把列车最大的制动能力都用上，一般情况下制动力要比常规制动力大10%左右。目前，在城市轨道交通车辆上还采用一种快速制动。快速制动操纵模式下产生的制动力与紧急制动模式相当，但是紧急制动是不可自动恢复的，必须停车后人工恢复，而快速制动是可以自动恢复的。

3. 快速制动

快速制动的制动力与紧急制动的一样，但与紧急制动的区别：快速制动时电制动和气制动配合施加；制动过程中，驾驶员可以在任何时候撤销快速制动指令，恢复列车的运行。

4. 停放制动

当列车断电停放时，制动缸压力会在管路泄漏且无空气补充的情况下，逐步下降为零，

使列车失去制动力。车辆停放制动不同于车辆运行中的制动作用。停车制动是通过弹簧力来产生制动作用的。在正常情况下,该弹簧力的大小不随时间而变化。由弹簧力获得的制动力能满足列车较长时间的断电停放要求。当弹簧停放制动缸充气时,停放制动缓解;当弹簧停放制动缸排气时,停放制动施加,此外,要附加手动缓解停放制动功能。

五、制动控制系统

制动控制系统是空气制动系统的核心,接受司机或自动驾驶系统(ATO)的指令,采集列车上各种与制动有关的信号,并将指令与各种信号进行计算,得出列车所需的制动力,再向动力制动系统和空气制动系统发出制动信号。动力制动系统进行制动时将实际制动力的等值信号反馈给制动控制系统,然后制动控制系统通过运算协调动力制动系统和空气制动系统的制动量。空气制动系统将制动系统发来的制动力信号放大后使执行部件产生相应的制动力。

相关案例

广州地铁 1 号线列车技术简介

广州地铁 1 号线列车的技术达到 20 世纪 80 年代末 90 年代初的世界先进水平。其主要特点及先进之处简介如下。

1. 车体

车体采用国内尚没有、国际上也属先进的大断面挤压铝型材制造,并采用铝合金焊接车体、铝质蜂窝状地板等先进技术和材料,使整车质量小、能耗低,充分发挥了车体各个构件中的强度作用,从而大大提高了车体整体刚度,并具有良好的防火、防霉、防潮性能。

列车的各节车辆之间采用 1.5m 宽通道连接,使乘客在列车内容易流动,增加了有效载客量。每节车辆共有 10 扇开度为 1.4m 的门,从而使乘客上、下车方便快速。

2. 转向架

转向架的减震系统设计先进:一系悬挂采用人字金属橡胶弹簧,二系悬挂采用空气弹簧。在列车运行时,可根据乘客多少调节弹簧内空气压力,保持地板高度不变。因此,列车减震性能好,从而使乘客乘坐平稳舒适。

3. 主牵引传动

列车采用先进的调频调压交流感应电机驱动系统。该系统的基本原理是将来自接触网的 1500V 直流电通过逆变器转换成频率和电压均可调的三相交流电,以驱动交流感应电机。只有通过调频才能调节交流感应电机的转速,只有通过调频调压才能使交流感应电机具有恒力矩或恒功率的牵引特性。众所周知,交流感应电机具有坚固耐用、维修少、体积小、质量小等诸多优点,并通过大功率电力电子器件和微型计算机(简称微机)才具有良好牵引特性。

电压型主逆变器由 3000A、4500V 的大功率门极可关断晶闸管模块构成,并采用脉宽调制矢量控制法进行控制。该系统由 16 位微机,且司机指令通过光电转换转变为电信号并由光纤传送,从而减少了机械接触及电气干扰等故障。

牵引电机为三相交流感应电机,C 级绝缘,可使列车具有良好的制动性能。在列车制动时三相交流感应电机处于发电机状态运行,将列车动能变成电能,经逆变器整流成直流电反馈回接触网,以供其他列车牵引使用;当无其他列车使用该电能时,该电能可被全部转变为电阻制动功率;当列车低速运行或出现紧急情况时,还可投入空气制动,以确保列车可靠制动。

4. 辅助逆变器

辅助逆变器采用新型静态辅助逆变器 DC/AC、DC/DC。列车的空调压缩机、通风机、空气压缩机、照明、控制电源、蓄电池充电等都需要低压电流,而将电网的 1500V 直流变成 50Hz、380V、220V 交流和 110V 直流的任务就是由辅助电源系统来完成的。过去多采用电动发电机组变换来完成这个任务,其缺点是噪声大、震动大、维修量大,因此近年多采用静止逆变器。广州地铁 1 号线列车所采用的静止逆变器的先进之处是逆变主元器件选用当今世界具有竞争力的新型自关断半导体器件绝缘栅双极型晶体管(Insulated Gate Bipolar Transistor,IGBT)。使用 IGBT 可以简化主电路和控制电路。采用 IGBT 的逆变器应用三点式 12 脉冲线路,减少对元器件耐压的要求,输出波形状好,是当今新颖的控制方式。广州地铁 1 号线列车的每节车辆上都有一台 75kV·A 的辅助逆变器,并实现车辆交叉供电,从而使每节车辆不会因自身辅助逆变器故障而造成停电事故。

5. 故障诊断

列车采用带彩色显示屏的故障诊断系统。这种以 32 位微机为核心的故障诊断系统有多种功能,可以检测列车主要部件的状态和故障信息,并将这些信息存储、显示于司机台上的彩色显示屏上。彩色显示屏是触摸式屏幕,可掀动页面来查找所需的数据;可记忆故障发生前 400s 内列车主要电气参数和环境指标以供分析故障之用;可在运行时根据事先的定义给故障进行评级,以使司机可根据故障的轻重缓急来决定下一步的行车方式。彩色显示屏不断显示从列车自动控制系统发来的各种信息和指令。

6. 自动驾驶功能

广州地铁 1 号线列车车辆具有自动驾驶功能。车上装有列车自动控制系统,与地面信号系统相配合,可实现列车自动防护、列车自动驾驶、列车自动监控,确保列车运行高效安全。

7. 电子控制单元功能

广州地铁 1 号线列车的空气制动采用电子控制单元(Electronic Control Unit,ECU)控制,即将指令和变量输入微机,微机经逻辑运算控制电磁阀,再由电磁阀控制气阀来直接控制闸缸压力,从而达到制动无级控制的目的。采用 ECU 控制有利于和电制动互相配合,有利于各种信号的综合(如根据载客多少改变牵引力、制动力),且控制灵活方便、反应迅速,是当今空气制动控制的最佳方式。广州地铁 1 号线列车设有先进的空转和防滑保护,有效保护车轮和轨道免遭擦伤。

8. 大功率空调制冷系统

根据广州平均气温较高、湿度较大的环境特点,广州地铁 1 号线列车配置了大功率空

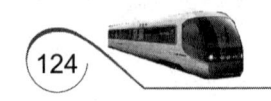

调制冷系统,在定额荷载下可保证车内温度在27℃以下,最大相对湿度为65%,每小时每人新风供给量不少于10m³;在紧急情况下,蓄电池供电维持通风45min,且风量不少于每小时4000m³;制冷剂采用无氯的134a制冷剂,无环境污染。

9. 新型螺杆式空气压缩机

广州地铁1号线列车采用三相交流电机驱动的螺杆式空气压缩机。车上的风动门、制动机等需要空气压缩机。一般是用电网的直流电驱动空气压缩机的,但空气压缩机转速随电网电压波动剧烈,使空气压缩机生产量不稳定、容易损坏。广州地铁1号线列车采用三相交流50Hz感应电机驱动空气压缩机,并由辅助逆变器供给电压频率稳定的交流电,从而使空气压缩机生产量稳定、不易损坏。螺杆式空气压缩机是新开发的产品。其主要特点是结构紧凑、质量小、噪声低,在4.6m外,噪声仅为64dB。

10. 节能

从上可知,广州地铁1号线列车具有很高的节能指标。其原因:采用了铝合金轻型结构的车体列车比使用钢车体列车的质量约减少2~3t;采用了交流传动和再生制动,可回馈尽可能多的电能到电网或供辅助系统使用。广州地铁1号线列车采用的是交流调速系统,与直流斩波系统相比,不会因高速区的电压限制和低速区的励磁电流限制而减少能量的再生范围,从理论上说,可以在最高运行速度到速度为零的全范围内进行大功率再生制动。

拓展知识

城市轨道交通车辆辅助设备

1. 通风与空调

城市轨道交通车辆均设有车顶一体式空调单元。在通风机作用下,新风从吸风口吸入,与从客室来的回风混合,再经过过滤,冷却后由风道均匀地送入客室。司机室是由单独的风道送风的。

新风是从带有挡水百叶窗的滤网吸入的。客室内空气的一部分作为回风与新风混合后通过蒸发器入口。进风口处设有调节挡板,以调节新风、回风的混合量。废气从客室长椅下方回风口进入车体侧墙的内外墙板的夹层中而导向车顶,并由车顶的自然式排风器将其排出车外。车辆还设有应急通风系统。在供电失效的情况下,应急通风系统立即自动投入工作,向客室和司机室内输送新风,可持续45min。

空调的控制是采用的微机控制。

2. 列车自动控制系统

列车自动控制系统的作用:确保列车运行的安全,防止追尾和冲突;提高运行效率(在保证安全的前提下,缩短行车间隔);实现列车运行的信息化和自动化。

列车自动控制系统包含3个子系统:微机自动驾驶系统、自动监控系统和自动防护系统。微机自动驾驶系统执行除"启动"外的列车自动运行(自动调速、自动停车、定点停车)。自动防护系统具有保证列车安全速度和列车安全运行间隔的功能。当潜在的不安全条件产生时,自动防护系统将施加紧急制动。自动防护系统车辆接口设备包括速度计、天线、司机室显示器、控制器、电源适配器和微机自动驾驶系统/自动监控系统车载控制设备。自动监控系统可以完成自动转换道岔、排列进路的功能。3个子系统通过信息交换网络连接成闭环系统,将地面控制与车上控制结合、现地控制与中央控制结合,构成一个以安全设备为基础,集行车指挥、运行调整及列车驾驶自动化等功能为一体的列车自动控制系统。

3. 列车故障自诊断系统

列车故障自诊断系统是通过便携式数据采集器采集各种有关数据的。另外,列车装有照明及通信广播系统,在轴箱上还装有速度传感器、接地装置。

任务三 城市轨道交通车辆及其设备的操作运用案例

【操作运用案例1】不同类型城市轨道交通车辆的认知

1. 实训项目教师工作活页

实训项目教师工作活页　　　　　　　　　　　　　　　　　　　　　NO:＿＿＿＿＿＿

实训项目	不同类型城市轨道交通车辆的认知		
学　时	2	班级	略
实训场所	城市轨道交通车辆综合仿真实验室或车辆维修基地现场。		
工具设备	城市轨道交通车辆仿真车体模型一套;多媒体设备课件、图片、示教板等。		
教学目标	专业能力	(1) 能说出不同类型城市轨道交通车辆的标准。 (2) 能分析比较不同类型城市轨道交通车辆的特点。 (3) 掌握城市轨道交通车辆的类型。 (4) 能解释城市轨道交通车辆的性能参数。 (5) 能解释不同类型城市轨道交通车辆的主要技术标准。 (6) 能识别常见的城市轨道交通车辆编号。	
	方法能力	(1) 能综合运用专业知识,通过专业书籍、上网查询、多媒体课件和图片资料获得帮助信息。 (2) 能根据实训项目学习任务确定实训方案,从中学会表达及展示活动过程和成果。	
	社会能力	(1) 能在实训活动中保持积极向上的学习态度。 (2) 能与小组成员和教师进行交流和沟通。 (3) 能与他人共享学习资源,具有较好的合作能力和团队协作精神。	
教学活动	略(详见教学活动设计)		
教学评价	学生活动: (1) 以6~8人小组为单位开展实训活动,根据本组成员在实训过程中的能力表现及结果进行自评、组内互评。 (2) 根据其他小组成员在成果展示活动中的表现及结果进行互评。 教师活动: (1) 教师组织学生开展评价活动和总结。 (2) 对学生本单元项目单元成绩做出综合评价。		
教学资料	(1) 城市轨道交通概论教材。 (2) 城市轨道交通运输设备参考书。 (3) 实训项目学生学习活页(附页)。		
指导教师		教学时间	年　月　日

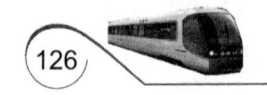

2. 实训项目学生学习活页

实训项目学生学习活页　　　　　　　　　　　　　　　　　　　　NO：_____

实训项目 1　不同类型城市轨道交通车辆的认知
班级：_____ 姓名：_____　　学号：_____ 时间：_____
一、实训目标 1. 专业能力目标 （1）能说出影响城市轨道交通车辆选型的因素。 （2）能说出不同类型城市轨道交通车辆的标准。 （3）能分析比较不同类型城市轨道交通车辆的特点。 （4）能说出城市轨道交通车辆的类型。 （5）能解释城市轨道交通车辆的性能参数。 （6）能解释不同类型城市轨道产通车辆的主要技术标准。 （7）能说出城市轨道交通车辆编组需考虑的因素。 （8）能辨认城市轨道交通车辆的各种编组方式。 （9）能识别常见的城市轨道交通车辆编号。 2. 方法能力目标 （1）能综合运用专业知识，通过专业书籍、上网查询、多媒体课件和图片资料获得帮助信息。 （2）能根据实训项目学习任务确定实训方案，从中学会表达及展示活动过程和成果。 3. 社会能力目标 （1）能在实训活动中保持积极向上的学习态度。 （2）能与小组成员和教师进行交流和沟通。 （3）能与他人共享学习资源，具有较好的合作能力和团队协作精神。 二、知识总结 1. 简要说出影响城市轨道交通车辆选型的因素。   2. 简要分析城市轨道交通车辆的特点及分类。   3. 解释城市轨道交通车辆自重、构造速度、轴重、最大启动加速度、最大制动减速度的概念。   4. 解释城市轨道交通车辆长度、车辆最大宽度、车辆最大高度、车辆定距、固定轴距、车钩高、地板面高度的概念。

续表

5. 解释城市轨道交通车辆的编组方式及编组方式中各符号代表的意义。

三、操作运用

1. 将地铁列车的主要技术标准及特点填写在下表中

分类	列车和线路条件	客运能力 N（人次/h） 运营速度 v（km/h）
A型列车	车长：_____ 车宽：_____	N：_____ $v \geqslant$ _____
A型列车	定员：_____ 线路半径≥_____ 线路坡度≤_____	
B型列车	车长：_____ 车宽：_____ 定员：_____ 线路半径≥_____ 线路坡度≤_____	N：_____ $v \geqslant$ _____
直线电机B型列车	车长：_____ 车宽：_____ 定员：_____ 线路半径≥_____ 线路坡度≤_____	N：_____ $v \geqslant$ _____

2. 北京地铁 4 号线的列车编组为 ＋Tc－Mp－M－T－Mp－Tc＋，解释式中各符号的意义，并画出其编组示意图。

3. 某城市轨道交通车辆编号为 011762，填写出编号所表示的意义。
（1）线路号：_____ （2）车辆序号：_____ （3）车辆类型标识：_____类型车。

四、实训小结
_____
_____

五、成绩评定
1. 学生评价

评价等级	A—优	B—良	C—中	D—及格	E—不及格
学生自评					
组内互评					
他组互评					

续表

2. 教师评价

评价等级	A—优	B—良	C—中	D—及格	E—不及格
专业能力					
方法能力					
社会能力					
评价结果					

3. 综合评价

评价等级	A—优	B—良	C—中	D—及格	E—不及格
评价结果					

注：按照学生自评占10%、组内互评占10%、他组互评占20%、教师评价占60%的比例计分。其中，A—100分，B—85分，C—75分，D—60分，E—50分。

4. 评价量规

等级	行为表现描述
A	能圆满高效地完成实训任务的全部内容
B	能顺利完成实训任务的全部内容
C	能完成实训任务的全部内容，但需要一些帮助和指导
D	自己只能完成实训任务的部分内容，但在教师的指导下，能够完成任务的全部内容
E	不能完成实训任务的全部内容

【操作运用案例2】城市轨道交通车辆设备的组成的认知

1. 实训项目教师工作活页

实训项目教师工作活页　　　　　　　　　　　　　　　　　　NO：_____

实训项目	城市轨道交通车辆设备的组成的认知			
学　时	2	班级		略
实训场所	城市轨道交通车辆综合仿真实验室或车辆维修基地现场。			
工具设备	城市轨道交通车辆、轮对装置、车辆转向架、车钩缓冲装置、制动系统实物或模型、图片及多媒体课件。			
教学目标	专业能力	（1）能说出城市轨道交通车辆设备的组成。 （2）简要说出车体的特征及车体的结构。 （3）能解释贯通道及各部分的作用。 （4）能识别车门的类型并解释各自特点。 （5）能说出车门的结构及组成。 （6）能说出转向架的分类及组成。 （7）能识别车钩缓冲装置的类型及组成。 （8）能说出制动装置的特点。 （9）能说出车辆制动方式的种类。 （10）能识别闸瓦制动、盘形制动装置的组成及各自制动特点。 （11）能说出城市轨道交通车辆的制动操纵模式。 （12）能解释空气制动机、电空制动机、真空制动机的特点及组成。		

续表

教学目标	方法能力	（1）能综合运用专业知识，通过专业书籍、上网查询、多媒体课件和图片资料获得帮助信息。 （2）能根据实训项目学习任务确定实训方案，从中学会表达及展示活动过程和成果。
	社会能力	（1）能在实训活动中保持积极向上的学习态度。 （2）能与小组成员和教师进行交流和沟通。 （3）能与他人共享学习资源，具有较好的合作能力和团队协作精神。
教学活动	略（详见教学活动设计）	
教学评价	学生活动： （1）以6~8人小组为单位开展实训活动，根据本组成员在实训过程中的能力表现及结果进行组内互评。 （2）根据其他小组成员在成果展示活动中的表现及结果进行互评。 教师活动： （1）教师组织学生开展评价活动和总结。 （2）对学生本单元项目单元成绩做出综合评价。	
教学资料	（1）城市轨道交通概论教材。 （2）城市轨道交通运输设备参考书。 （3）实训项目学生学习活页（附页）。	
指导教师		教学时间　　　年　月　日

2. 实训项目学生学习活页

实训项目学生学习活页　　　　　　　　　　　　　　　　　　　　NO：_____

实训项目2　城市轨道交通车辆设备的组成的认知
班级：_____　姓名：_____　　学号：_____时间：_____
一、实训目标 1. 专业能力目标 （1）能说出城市轨道交通车辆设备的组成。 （2）能简要说出车体的特征及车体的结构。 （3）能解释贯通道及各部分的作用。 （4）能识别车门的类型并解释各自特点。 （5）能说出车门的结构及组成。 （6）能说出转向架的分类及组成。 （7）能识别车钩缓冲装置的类型及组成。 （8）能说出城市轨道交通制动装置的特点。 （9）能说出城市轨道交通车辆制动方式的种类。 （10）能识别闸瓦制动、盘形制动装置的组成及各自制动特点。 （11）能说出城市轨道交通车辆的制动操纵模式。 （12）能解释空气制动机、电空制动机、真空制动机的特点及组成。 2. 方法能力目标 （1）能综合运用专业知识，通过专业书籍、上网查询、多媒体课件和图片资料获得帮助信息。 （2）能根据实训项目学习任务确定实训方案，从中学会表达及展示活动过程和成果。 3. 社会能力目标 （1）能在实训活动中保持积极向上的学习态度。 （2）能与小组成员和教师进行交流和沟通。

续表

（3）能与他人共享学习资源，具有较好的合作能力和团队协作精神。

二、知识总结

1. 简要说出车体的特征及车体的结构。

2. 说出车门的类型。

3. 简要说出转向架的分类及组成。

4. 简要说出车钩缓冲装置的类型及组成。

5. 简要说出制动装置的特点及制动方式的种类。

三、操作运用

1. 将转向架的基本组成填写在下图中。

```
              转向架的基本组成
    ┌─────┬─────┬─────┬─────┬─────┐
    │     │     │     │     │     │
    └─────┴──┬──┴─────┴─────┴─────┘
             │
           ┌─────┐
           │     │
           └─────┘
```

续表

2. 根据6节车辆编组的城市轨道车辆示意图，填写其车辆编组形式，并说明其车钩缓冲装置的配置。

A(Tc)车　　B(Mp)车　　C(M)车　　C(M)车　　B(Mp)车　　A(Tc)车

（1）车辆编组形式：_____
（2）车钩缓冲装置的情况：_____
_____。

3. 根据闸瓦制动装置示意图，填写各部位的名称。

1_____；2_____；3_____；4_____；5_____。

4. 根据盘形制动装置示意图，填写各部位的名称。

1_____；2_____；3_____；4_____；5_____；
6_____；7_____；8_____。

四、实训小结

_____

五、成绩评定

1. 学生评价

评价等级	A—优	B—良	C—中	D—及格	E—不及格
学生自评					
组内互评					
他组互评					

续表

2. 教师评价

评价等级	A—优	B—良	C—中	D—及格	E—不及格
专业能力					
方法能力					
社会能力					
评价结果					

3. 综合评价

评价等级	A—优	B—良	C—中	D—及格	E—不及格
评价结果					

注：按照学生自评占10%、组内互评占10%、他组互评占20%、教师评价占60%的比例计分。其中，A—100分，B—85分，C—75分，D—60分，E—50分。

4. 评价量规

等级	行为表现描述
A	能圆满高效地完成实训任务的全部内容
B	能顺利完成实训任务的全部内容
C	能完成实训任务的全部内容，但需要一些帮助和指导
D	自己只能完成实训任务的部分内容，但在教师的指导下，能够完成任务的全部内容
E	不能完成实训任务的全部内容

思考与练习

1. 影响城市轨道交通车辆选型的因素有哪些？
2. 城市轨道交通车辆有哪些类型？
3. 城市轨道交通车辆的性能参数及主要尺寸包括哪些内容？
4. 何为城市轨道交通车辆编组？城市轨道交通车辆编组时要考虑哪些因素？
5. 常见城市轨道交通车辆编组方式有哪几种？
6. 常见的城市轨道交通车辆编号方法是什么？
7. 城市轨道交通车辆设备由什么组成的？
8. 车体的主要特征是什么？
9. 车体的结构有哪几部分？
10. 车门有几种类型？各自的特点是什么？
11. 转向架的作用是什么？
12. 转向架由哪几部分组成？
13. 车钩缓冲装置有哪几种类型？
14. 车钩缓冲装置是如何配置的？
15. 制动装置有何特点？
16. 城市轨道交通车辆制动方式有哪几种？
17. 闸瓦制动、盘形制动装置由什么组成的？

项目五　城市轨道交通车辆牵引系统与供电系统

城市轨道交通车辆牵引系统与供电系统是城市轨道交通的重要组成部分。城市轨道交通车辆牵引系统以城市电网的电力为动力源，将电能转变为机械能，以牵引城市轨道交通车辆运行。城市轨道交通供电系统是由电力系统经高压输电网、主变电所降压、配电网络和牵引变电所降压等环节，向城市轨道交通的用电负荷输送电力的系统。

任务一　城市轨道交通车辆牵引系统

学习目标

（1）掌握城市轨道交通车辆牵引系统构成。
（2）了解受电弓的结构。
（3）掌握直流牵引电动机调速的基本形式。
（4）掌握列车控制系统的组成及作用。

学习任务

认知城市轨道交通车辆牵引系统，主要包括城市轨道交通车辆牵引系统的构成、城市轨道交通车辆电气传动控制方式、受流设备、牵引电动机及列车控制系统。

工具设备

城市轨道交通车辆牵引交流、直流、线性电动机实物模型、仿真列车控制系统装置、受电弓、集电靴模型，以及课件、图片、示教板、计算机多媒体设备等。

教学环境

理实一体化教室或列车运行控制仿真实验室。

基础知识

城市轨道交通车辆通常是由电力驱动的。牵引电动机装在列车下面的转向架上。列车的各车辆之间一般有门直接贯通，最前面的车辆（首车）前端多数也有门，危急时可以打开。司机通过首车中的司机室控制设备，对整个列车进行多机重联驾驶。在行车调度部门的指挥下，列车在全封闭或部分封闭的专用轨道上有序运行。

一、城市轨道交通车辆牵引系统概述

1. 构成

城市轨道交通车辆牵引系统主要包括受流设备、各种电气牵引设备及其控制电路。牵引电动机是城市轨道交通车辆得以实现牵引及电气制动的动力机械设备。牵引系统可分为直流电力牵引系统和交流电力牵引系统。直流电力牵引系统采用直流牵引电动机；牵引控制方式从凸轮变阻调速发展到斩波调阻变速；控制简单方便，但也存在着质量大、体积大、维修量大和能耗大等缺点。交流电力牵引系统采用异步电动机和直线电动机两种。在牵引系统中，交流电动机相对于直流电动机有许多优点：结构简单可靠、无电刷和换向器、体积小、质量小、维修方便、转速高、功率大、能自动防滑等，因此在城市轨道交通中被广泛应用。城市轨道交通车辆牵引系统一般采用交流三相异步电动机作为牵引动力。

2. 工作原理

驱动城市轨道交通车辆的电能来自牵引变电所，由受流设备经接触网或路轨侧面的第三轨，将电源引入牵引系统，再通过逆变电路进行调频调压变换，以启动、加速牵引电动机；滤波电路平抑逆变和斩波造成的电网电压电流的波动，以减少谐波的影响。在列车电气制动时，还可以采用再生制动，即牵引电动机改接为发电机，把列车的动能转变为电能反馈回电网，供给其他列车使用；当列车不能进行再生制动时，通过制动斩波器，将电能消耗在制动电阻上，以转化为热能散发到空气中。

二、城市轨道交通车辆电气传动控制方式

城市轨道交通车辆的牵引动力来自牵引电动机。牵引电动机悬挂在列车转向架或车轴上，并借传动装置驱动列车前进。对于列车的启动、牵引及制动等各种工况，都是通过电气传动控制系统改变牵引电动机的转速来实现的。列车中的牵引电动机将电能转变为机械能，驱动列车运行并控制列车运行速度。

传统的列车是依靠轮轨间黏着作用来发挥牵引及制动力，但由于物理黏着的限制，其加、减速度性能和爬坡能力都受到了制约。传统的列车存在着全天候运行特性较差、运行时机械震动和噪声较大、车辆结构轻量化和小型化相对困难等缺点。随着城市轨道交通技术的发展，直线电动机列车应运而生，与传统的轮轨列车的最大区别在于牵引传动系统。直线电动机列车是利用单边式直线感应电动机作为驱动设备。在这种驱动方式中，车轮仅起支撑、承载作用，而列车推进力是由直线电动机产生的。直线电动机列车由于是非黏着驱动的，所以具有动力性能优良、径向转向架、横断面结构小型化、降低震动和噪声、安全性和可靠性良好等优点。

目前，城市轨道交通车辆采用的牵引电动机有旋转电动机和线性电动机两大类。城市轨道交通车辆电气传动控制方式如图 5-1 所示。

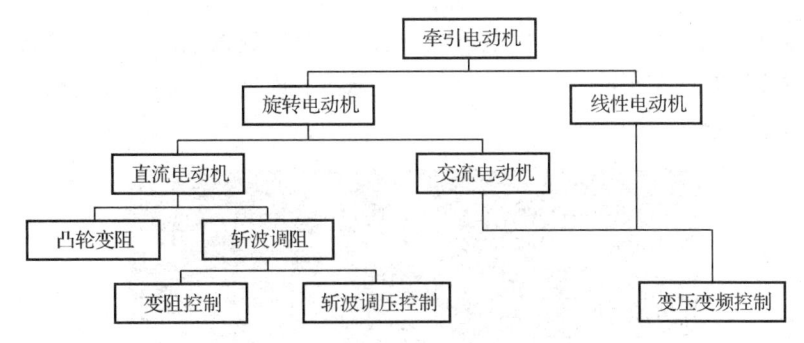

图 5-1 城市轨道车辆电气传动控制方式

三、受流设备

列车通过受流器与导线滑动接触，从供电电网吸收电能。受流设备将外部电源引入列车电源系统，是列车接受供电的重要设备。

（一）受流器的形式

将电流从接触网或接触轨（第三轨）引入列车的装置称为受流器。受流器按其受流方式可分为杆形受流器、弓形受流器、侧面受流器、轨道式受流器、受电弓受流器等形式。我国常用的馈电方式有接触网和接触轨两种方式。城市轨道交通车辆基本采用直流 1500V 和直流 750V 两种供电方式。北京地铁为直流 750V 供电方式，上海、广州、深圳地铁均采用直流 1500V 供电方式。

根据线路供电方式的不同，列车通常有受电弓和集电靴两种受流方式。

1. 受电弓受流方式

直流 1500V 供电方式一般采用架空线接触网馈电，而列车则采用受电弓受流方式，如图 5-2 所示。

图 5-2 受电弓受流方式

由于 1500V 供电方式的电流小而线路降压低，接触网馈电可以实现长距离供电，受线路变化影响较小，并且能适应列车高速行驶的需要，所以较多的城市轨道交通线路采用接触网馈电。

2. 集电靴受流方式

集电靴是安装在列车转向架上，为列车从供电电网进行动态取流，满足列车电力需求

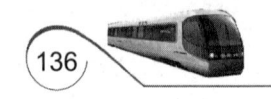

的一套动态受流设备。直流 750V 供电方式一般采用接触轨馈电。在列车的转向架上装有集电靴,通过安装在列车上的一个或多个集电靴从承载电能的刚性接触轨获取电流而实现受流,如图 5-3 所示。

图 5-3　集电靴受流方式

(二) 受电弓

受电弓是列车从接触网接触导线上受取电流的一种受流装置。它通过绝缘子安装在列车的车顶上,是一种铰接式的机械构件。当受电弓升起时,其滑板与接触网导线直接接触,从接触网导线上受取电流,并将其通过车顶母线传送至列车内部,供列车使用。

1. 受电弓的结构

受电弓从结构上可分为单臂型和双臂型;从驱动上可分为气动型和电动型。各种受电弓均由滑板、上臂、下臂、底架、升弓装置、阻尼器、绝缘子等部件构成如图 5-4 所示。

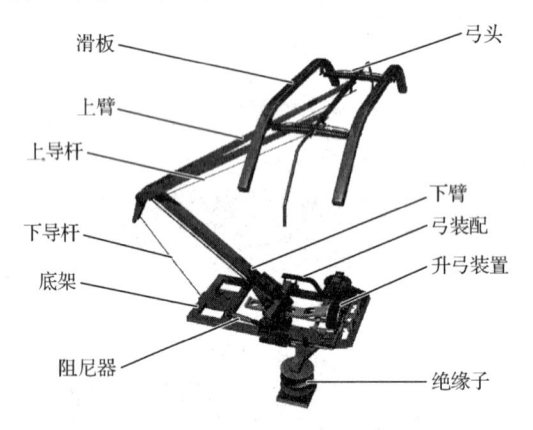

图 5-4　受电弓的构成

2. 受电弓主要部件的作用

(1) 底架:通过绝缘子和 3 个安装座,将受电弓安装到车顶上。

(2) 阻尼器:安装在底架和下臂之间。它使得列车运行速度变化大时受电弓与接触网之间压力变化不大。

(3) 升弓装置:是受电弓的动力装置,由气囊式汽缸和导盘组成。

(4) 下臂:为钢管,用于支撑受电弓的重量、传递升弓力矩。其内的空气管路通过管接头与软管连接,作为自动降弓装置空气的通路。

(5)弓装配:在受电弓落弓时起防护弓头的作用。

(6)下导杆:分别接在上臂一端和底架上,用于调整最大升弓高度和滑板运动轨迹。

(7)上臂:为铝合金框架,用于支撑弓头的重量、传递向上压力,以保证受电弓工作高度。

(8)上导杆:一端接在下臂,另一端接在弓头支架的幅板下方。其作用是调整滑板在各运动高度均处于水平位置。

(9)弓头:安装在受电弓框架的顶端,直接与接触网接触,用于汇集电流。

(10)滑板:滑板中有气腔,而气腔内有压缩空气。当滑板出现磨损到限或断裂时,自动降弓装置发生作用,受电弓会迅速自动降下。

(11)绝缘子:安装在底部框架上,用于支撑底部框架,并将车体与受电弓隔离。

3. 受电弓的作用原理

升弓时,司机按下受电弓按键开关,升弓电控阀得电,气路打开,压缩空气经缓冲阀的节流阀进入传动汽缸,推动活塞克服降弓弹簧的作用力,带动连杆绝缘子和U形连杆右(外)移,解除了对下臂的约束力,升弓弹簧拉动下臂和推杆顺时针转动,推杆推动铰链座和上部框架逆时针旋转,带动受电弓弓头升起。

降弓时,司机恢复受电弓按键开关,受电弓电控阀失电,供风口通入大气,传动汽缸内的压缩空气经快排阀、电控阀排向大气,在降弓弹簧的作用下,活塞带动U形连杆左(内)移,当U形连杆与下臂转轴接触后,迫使转轴向下移动,强制下臂做逆时针转动,最终使弓头下降到落弓位。

(三)集电靴

集电靴安装在列车转向架两侧(或底部)。集电靴的受流方式可分为上部受流、下部受流、侧向受流三种。上部受流即车载受流器的滑块与接触轨上部接触滑行,如北京地铁13号线;下部受流即车载受流器的滑块与接触轨下部接触滑行,如武汉轻轨;侧向受流即车载受流器的滑块与接触轨侧面接触滑行。

1. 集电靴的结构

集电靴由绝缘底座、调整支架、调整丝槽、手动回退工具插入位置、气动回退装置、拉簧压力系统、集电靴止挡、调整螺栓等部件构成,如图5-5所示。

2. 集电靴主要部件的作用

(1)调整支架:通过调整螺栓可以整体调整集电靴高度,主要是调整臂轴的高度。

(2)调整丝槽:调整丝槽共有20个槽,每个丝槽距离为4mm,调整范围为80mm。这主要是针对列车轮对磨损设计的,因为轮对磨损范围一般是80mm。当列车轮对有磨损时,可以通过调整集电靴在丝槽上的位置来调整集电靴臂轴的高度,以保证臂轴高度为(183±4)mm。

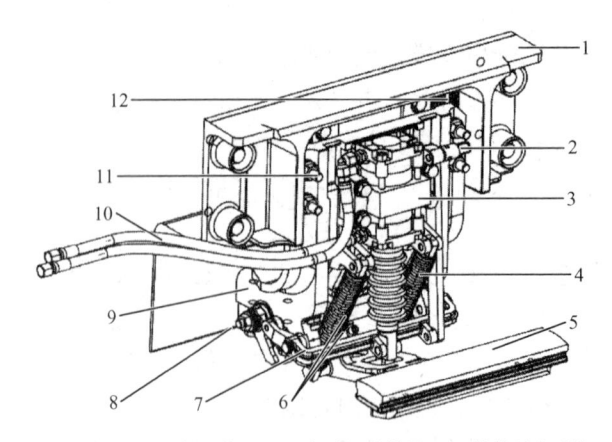

1—绝缘底座；2—手动回退工具插入位置；3—气动回退装置；4—拉簧压力系统；5—碳滑板；
6—集电靴止挡；7—回退柄；8—曲轴；9—调整支架；10—气管；11—调整螺栓；12—调整丝槽

图 5-5　集电靴的构成

（3）手动回退工具插入位置：通过在手动回退工具插入位置插入绝缘棒可以实现集电靴手动升降。

（4）拉簧压力系统：用于保持集电靴升靴所需的力。

（5）集电靴止挡：有升靴止挡和降靴止挡两种。集电靴止挡主要用于调整集电靴升降的极限高度。

（6）气动回退装置：主要由集电靴汽缸和回退柄组成，用于气动控制集电靴升降。

（7）集电靴供风单元箱：主要由 2 个二位五通的脉冲电磁阀、1 个过滤减压阀及 5 个截断塞门集成在一个阀板上组成。

3. 集电靴的设置要求

（1）集电靴的设置要使列车在通过接触轨断电区时不发生瞬时断电现象，即两电气连通的集电靴间的最小距离要大于接触轨断电区的长度。

（2）由于接触轨在道岔和车站站台处换边布置，因此要求列车两侧都要设置集电靴。

四、牵引电动机

牵引电动机是城市轨道交通车辆得以实现牵引及电制动的动力机械。牵引电动机悬挂在列车转向架或车轴上，并借传动装置驱列车前进。

牵引电动机分旋转电动机和直线电动机两大类。旋转电动机有直流电动机和交流电动机两种。

（一）直流电动机

1. 直流电动机的构成

直流电动机主要由静止的定子和旋转的转子两大部分组成，如图 5-6 所示。

定子的作用是产生磁路和作为电动机的机械支撑。定子由主磁极、换向极、电刷装置、机座、端盖和轴承等部件组成。

转子是实现能量转换的主要部件。转子由电枢铁芯、电枢绕组、换向器和转轴等部件组成，用于产生感应电势和电磁力矩。

图 5-6　直流电动机

2. 直流电动机的调速形式

直流电动机的调速有两种基本形式：变阻控制调速和斩波调压控制调速。

（1）变阻控制调速：通过调节串入电动机回路的电阻大小以改变直流电动机的端电压，从而实现调速。

（2）斩波调压控制调速：通过接在电网与直流电动机之间斩波器的导通与关断来改变直流电动机的端电压，从而实现调速。

（二）交流电动机

1. 交流电动机的构成

城市轨道交通车辆交流牵引通常采用异步电动机，如图 5-7 所示。

图 5-7　异步电动机

异步电动机主要由固定部分的定子和旋转部分的转子组成。定子和转子之间有一个很小的间隙，称为气隙。定子的两端还有端盖。

1）定子

异步电动机的定子由定子铁芯、定子绕组和机座三部分构成。

2）转子

异步电动机的转子由转子铁芯、转子绕组和轴承等部分构成。

3）气隙

与其他电动机一样，异步电动机的定子和转子之间必须有一个气隙。

异步电动机的气隙很小。气隙的大小对异步电动机性能有较大影响。一方面，为了降低异步电动机的空载电流和提高异步电动机功率因数，气隙应尽可能小；另一方面，为装配方便和运行可靠,以及削弱脉振磁场所引起的附加损耗等,气隙又应稍大点才更有利。

2. 交流电动机的特点

交流电动机没有换向器,构造简单,体积小运行可靠,效率较高,维护很少,价格低廉;转子坚固,定子绕组沿圆周均匀分布,能获得较大的单位质量功率;机械特性较硬,具有较好的防空转性能,使黏着特性提高。随着微电子技术的发展,异步电动机的调压变频调速得以顺利实现。

(三)直线电动机

城市轨道交通所用的直线电动机一般分为直线同步电动机和直线感应电动机两种类型。城市轨道交通中一般使用直线感应电动机,简称直线电动机。直线电动机是从旋转电动机演变而来的。它的基本构成和作用原理与普通旋转电动机类似。

1. 直线电动机的构成

直线电动机可以视为一台旋转电动机沿半径方向切开而展平的感应电动机,即将旋转电动机静止的定子(铁芯和绕组)安装在列车的转向架上,将旋转的转子(感应板)安装在轨道中间的感应轨上,当直线电动机的定子绕组通过交流电时,两部分产生的磁场相互作用,直接推动列车前进;反之则产生斥力,可使列车制动。改变交流电的电压及频率,就可以控制磁场的变化,从而完成列车的启动和制动。

2. 直线电动机的特点

当以直线电动机作为列车的牵引电动机时,直线电动机是以直线运动代替旋转运动进行牵引与制动的。在城市轨道交通中,非黏着驱动方式的直线电动机的运用越来越受到各国的重视。

直线电动机传动方式由旋转运动变为直线运动。直线电动机的原理如图 5-8 所示。

直线电动机牵引控制系统的结构如图 5-9 所示。

图 5-8 直线电动机的原理

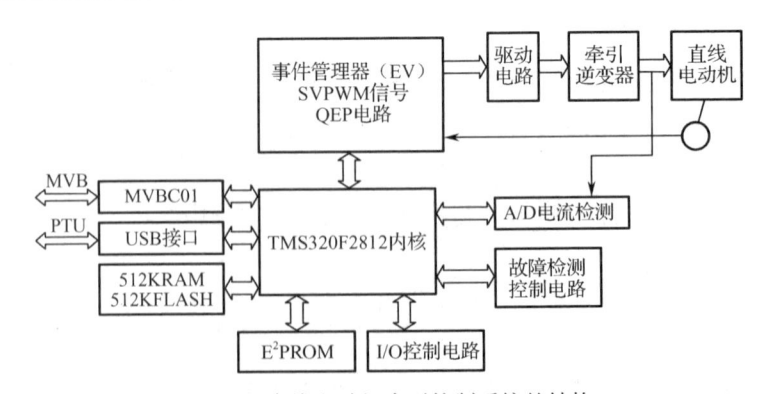

图 5-9 直线电动机牵引控制系统的结构

五、列车控制系统

在城市轨道交通中，列车是采用微机进行自动控制、监测及诊断的。在司机室中，司机可对列车中的空调、照明、车门进行集中控制，能对列车主要设备的运行和故障状态自动进行信息采集、记录和显示，以满足维修和故障分析的需要。

1. 列车的控制电路

在城市轨道交通中，列车的控制电路是低电压小功率电路，分为有触点的直流电路和无触点的电子电路。直流控制电路由主控制器、继电器、电气控制的低压部分及连锁触点组成；无触点的电子电路由微机及各种电子单元组成，如列车牵引控制单元、制动控制单元、空调控制单元等。

2. 列车控制系统的组成及作用

列车控制系统的作用是控制牵引系统与辅助系统各电器的动作，通过司机或检修人员控制列车的运行。主电路、辅助电路、控制电路在电气设备方面互相隔离，分别装置在操纵台和各种设备箱、电气柜中，但又通过电磁或机械传动等方式互相联系、互相配合动作，形成完整统一的列车控制系统，以控制整个列车的正常运行。

1）主控制器

主控制器用于控制主电路，如图 5-10 所示。通过司机控制主控制器的手柄和操纵按钮，控制线路中相关的继电器得电或失电，使相对应的主电路接触器动作，从而控制牵引电动机的运转，实现列车牵引、制动等工况。

图 5-10 主控制器

2）辅助电路控制系统

辅助电路控制系统主要围绕逆变器从启动到输出的过程来工作的。在逆变器出现故障或欠电压等情况下，采用连锁的方式，将逆变器、蓄电池组或备用电源进行切换，使整个系统在可靠的工况下工作。

3）列车照明系统

列车照明系统包括客室和司机室照明，设备柜照明，头尾灯、目的地灯照明等。

4）车钩控制系统

车钩控制系统用于完成列车各车辆的连接和分解。司机通过操作驾驶台上的解钩和连挂旋钮，控制解钩电磁阀的通电和断电，从而实现列车各车辆的连接和分解。

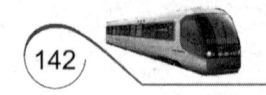

5）空调控制系统

空调控制系统通过空调控制单元对空调压缩机、空调冷凝风扇和通风风扇等进行控制，从而监控和调节列车内的温度及通风量。

6）列车门控系统

客室车门的开、关动作，通过司机按压驾驶室左、右侧壁上的开关门按钮完成。该按钮带车门状态指示，让司机了解客室车门当前所处的开关状态。列车门控系统还具备与列车控制系统的监控保护连锁功能，即在列车行驶过程中，不能打开车门；在车门打开状态或门控出现故障时，列车将不能启动行驶；在列车行驶途中若有紧急状况，有人拉下客室内的紧急拉手时，列车会施加紧急制动。

7）列车自动控制系统

列车自动控制系统的车载信号系统将收到的列车运行目标速度或目标距离数据信息送至列车控制的系统处理CPU，以实现列车自动运行控制。另外，列车超速控制器的CPU会接收来自系统处理CPU的限制速度信息和来自速度传感器的列车实际信息。当列车实际速度超出自动防护系统的限速，即出现超速状态时，在自动运行模式下，列车将自动调整速度；在人工模式下，由司机采取措施减速，以确保列车在目标速度下安全运行。

相关案例

1. YJ26异步电动机

YJ26异步电动机（如图5-11所示）由VVVF逆变器供电，可作为窄轨矿用机车，城市有轨、无轨电车的牵引电动机和交流调速系统的拖动电机。YJ26异步电动机为4极，全封闭铜排鼠笼式结构。YJ26异步电动机主要技术参数如表5-1所示。

图5-11 YJ26异步电动机

表5-1 YJ26异步电动机主要技术参数

额定功率	37kW	额定转速	772r/min
额定转矩	458N·m	额定电流	68A
额定电压	400V	功率因数	0.84
额定频率	26Hz	最高转速	2573r/min
最大转矩	631N·m	绝缘等级	H
防护等级	IP55	效率	91%
质量	505kg		

2. YVF系列变频调速三相异步电动机

YVF系列变频调速三相异步电动机（如图5-12所示）是在全国统一设计的Y2系列（IP54）电动机基础上派生的系列电动机，外形结构新颖美观，噪声低，震动小。它的特点：具有较宽的调速范围，并且调速平稳无极；具有独立通风散热系统，可低速长期运行，与各类变频器具有良好的参数匹配，配合矢量控制具有快速动态响应；低速无转矩脉动，无共振现象。YVF系列变频调速三相异步电动机是按JB/T 7118—2004《YVF系列（IP54）变频调速三相异步电动机技术条件》有关规定设计制造的。

图5-12 YVF系列变频调速三相异步电动机

YVF系列变频调速三相异步电动机工作条件如下。
（1）海拔不超过1000m。
（2）环境空气温度不超过40℃，不低于15℃。
（3）月平均最高湿度不超过90%，同时该月月平均最低温度不高于25℃。
（4）采用连续工作制（S1）。
（5）采用F级绝缘。
（6）额定电压为380V。
（7）额定基频为50Hz，一般为4极。
（8）通风冷却方式为IC416（独立风机冷却）。

3. 节能型直线电动机地铁列车

节能型直线电动机地铁列车比同类型地铁列车的质量减少4t，能耗降低约9%。广州地铁6号线列车是首列节能型直线电动机地铁列车，如图5-13所示。

图5-13 节能型直线电动机地铁列车

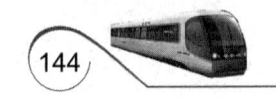

直线电动机地铁列车是当今世界先进的城市轨道交通移动装备，因其采用直线电动机牵引技术而得名。它是应用于城市轨道交通中典型非黏着驱动方式的地铁列车。与传统的旋转电动机地铁列车相比，直线电动机地铁列车有着工程造价低、爬坡性能好、噪声低、运营成本低、曲线通过能力强等诸多技术和性能优势。目前，全球有十余条地铁线路采用这一类型列车，有着近 30 年安全可靠的运用实践。从 2005 年年底开始，我国的广州、北京等城市轨道交通中开始应用这一类型的地铁列车。

拓展知识

我国轨道交通电气化的发展和现状

我国的电气化铁路建设是从新中国成立以后开始的，比世界上其他几个电气化铁路大国要晚半个多世纪。1961 年 8 月 15 日，在新建的宝成线宝鸡至凤州段建成了我国第一条电气化铁路，全长 93km。在这之后，由于各种各样的原因，我国的电气化铁路建设处于一个缓慢发展的时期。改革开放以后，特别是 20 世纪 80 年代以后，我国电气化铁路建设有了飞速发展。"六五"期间修建了电气化铁路 2507.53km；"七五"期间修建了电气化铁路 2787.10km；"八五"期间修建了电气化铁路 3012.21km；"九五"期间修建了电气化铁路 4783.44km，而且还顺利建成了我国第一条时速 200km 的广深准高速电气化铁路。我国电气化铁路建设速度一年比一年快，建设规模也一年比一年大。进入 21 世纪，我国电气化铁路建设进一步加快。截至 2002 年年底，我国已建成了 41 条电气化铁路干（支）线，电气化铁路建设里程达到了 18 615.73km（营业里程为 18 115.1km），已经超过日本、印度，跃居亚洲第一位、世界第三位，成为世界电气化铁路大网中的一员。到 2010 年，我国电气化铁路里程达到 26 000km。到 2010 年，我国的 5 条主要繁忙干线——京哈线、京广线、京沪线、陇海线和沪杭浙赣线都全线实现电气化，八纵八横 16 条主通道有 12 条基本建成电气化铁路；还建成了京沈、京津、沪杭、长衡 4 条电气化客运专线；我国 6 个大区——西南、西北、华北、中南、东北和华东的电气化铁路基本连接成网；我国第一条高速电气化铁路——京沪高速铁路也全面动工兴建；我国铁路电气化率达到 34.6%（约占国家铁路营业里程的 40%以上），电气化铁路复线率增加到 68.9%，电气化铁路承担的客货运量占铁路总客/货运量的 65%以上。

基本上与铁路的电气化进程同步，我国的电力机车也经历了"从无到有""从少到多""从低到高"的发展过程。1958 年，我国第一台干线电力机车诞生，实现了我国电力机车"零"的突破、电力机车产品"从无到有"；1985 年，我国第一台相控电力机车——8 轴 SS4 电力机车诞生，其后 1990 年 SS5 相控 4 轴客运电力机车、1991 年 SS6 相控 6 轴客货两用电力机车、1992 年 SS7 相控 6 轴电力机车、1994 年 SS8 相控 4 轴准高速客运电力机车等的研制成功，形成我国第三代电力机车的多机型系列化，实现我国电力机车品种"从少到多"；1996 年，我国第一台微机控制、架承式全悬挂轮对空心轴六连杆弹性传动的准高速客运电力机车（1998 年 6 月试验最高运行速度达到 240km/h）与交流传动电力机车研制成功，标志着我国电力机车的研制进入了高科技领域，实现了从常速到高速、从交—直传动到交—直—交传动的两个里程碑式的跨越，实现了我国电力机车在新技术领域的"从低到高"。另外，在内燃机车方面，交流传动也在逐渐地取代直流传动。1999年9月8日，我国首台交流传动内燃机车在青岛四方机车车辆厂诞生。这台被命名为"捷力号"机车的诞生，是我国内燃机车发展史上又一个新的里程碑，标志着我国交流传动内燃机车实现了"零"的突破。

此外，我国也加紧了高速列车的建设工作，京沪高速铁路的长度约为1300km，全线为复线、交流电气化，全部立体交叉；其最高速度达到350km/h。京沪高速铁路的建设，推动了我国高速铁路的建设，拉动相关产业的发展，而且也会带动周边地区经济的发展。

随着国民经济的发展，我国的城市轨道交通建设也在不断发展。进入21世纪，我国的城市轨道交通建设步入了快速发展的轨道，尤其是北京、上海分别以2008年奥运会和2010年世博会召开为契机，广州、深圳、南京、苏州、杭州等城市以珠江三角洲、长江三角洲地区的经济腾飞为时机，其地铁、轻轨等城市轨道交通的建设更趋活跃。截至2019年年底，已建成通车的地铁、城铁、轻轨、高速磁悬浮线、高架轨道交通线共211条线路，总长度约为6730.3km。这些线路覆盖北京、上海、广州、天津、大连、长春等40座大城市。除此以外，还有大量在建和待建项目。2019年，我国城市轨道交通线路总长新增1024km，新增地铁城市6座，还有12个城市有轨道交通项目开工。据报道，2020年全国预计将开通88条城市轨道交通线路。

在地铁、轻轨车辆牵引方面，我国大部分设备还是依靠进口或者是和国外的大公司合作生产。由于地铁、轻轨的发展前景好，我国多个厂家也加入地铁、轻轨车辆的研究和生产中，从而促进了这个行业的发展。天津滨海线不锈钢交流传动列车就是由长春客车厂与日本东芝公司合作生产的，并采用1500V架空网受电。浦镇车辆厂与法国阿尔斯通公司合作，为南京地铁生产铝合金车体的交流传动列车。上海电气（集团）总公司与阿尔斯通公司组建的合资企业，已生产出第一列轨道交通列车，用于莘闵线，从10%的国产化为起点，逐步实现70%的国产化。中国南车集团株洲电力机车厂与德国西门子公司合作，为上海明珠线二期工程生产铝合金地铁列车。交流传动全面取代直流传动已经成为不可逆转的趋势。

伴随着电力半导体器件的发展和微电子、计算机技术的突飞猛进，交流电动机调速控制理论也有较大发展。最开始的转差—频率控制基于异步电动机的稳态数学模型，动态性能差，调速不理想。20世纪70年代初，提出了矢量控制（又称转子磁场定向控制）概念。它基于直流调速系统的控制思想对异步电动机进行矢量解耦，实现了磁链、转矩的独立调节，且动态响应性能好，但同时也带来了新的难题，即转子参数及变化规律难以测定。20世纪80年代中期，提出了直接转矩控制。它基于定子磁场，数学模型简单，定子参数及变化规律易于测定，动态响应性能好，但谐波不受控制。20世纪90年代，智能控制（如模糊控制、人工神经网络及非线性控制）理论的发展也给电动机调速注入了新的活力，目前这方面的研究很活跃。矢量控制和直接转矩控制作为比较精确的交流调速方案，都已经应用到实际的商业化产品中，在机车牵引传动领域也有其重要应用，使机车在电气牵引领域上了一个台阶，发挥了重要的作用。特别是直接转矩控制，由于其与矢量控制相比较，具有控制结构简单、动态响应快、对电动机本身参数变化不敏感等优点，是一种特别适合对速度的精度要求不高、但对转矩控制要求快速准确的电气牵引控制方案。所以，直接转矩控制自20世纪80年代提出以来，就得到了广泛重视，并在电气牵引、机车传动领域得到了很好的应用。

电气化铁路和城市轨道交通从直流到交流传动的迅猛发展，是和新兴的电力电子器件的发展密不可分的。因为任何一种新器件的出现，都会为电力变换技术和控制技术的发展创造突破口，从而大幅度提高变频器的性能和扩大其应用范围。

在电力机车高压大容量的电气传动领域，自20世纪80年代初门极可关断晶闸管研制成功以来，就成为该领域的主力器件。例如，日本日立公司在1981年成功研制出用2500V/1000A的大功率门极可关断晶闸管器件组成600kV·A门极可关断晶闸管变频器，率先用于电力机车上。1989年，国外利用4500V/2000A门极可关断晶闸管，研制成5600kW PWM控制的时速为200km的电力机车。近几年来，电力半导体器件的发展重点是MOS双极型器件（IGBT）和场控器件。其中，IGBT已日趋成熟，并在中小功率应用领域中成为主要器件。IGBT是20世纪80年代中期问世的一种新型电力半导体器件，兼有MOSFET的快速响应、高输入阻抗、电力晶体管的低通态压降、高电流密度的特性。目前，IGBT已发展到第三代，例如，日本三菱公司1995年推出专门用于电力机车和其辅助电源的1700V/400A IGBT模块；EUPEC公司可生产耐压达3300～4500V、电流达2400A的IGBT模块，并逐渐向更高电压、更大功率应用领域进军，有取代门极可判断晶闸管的趋势。法国也在研究采用IGBT器件构成的新一代高速电力机车。与门极可关断晶闸管相比，电力机车采用IGBT器件有以下优点。

（1）可以进行高频开关控制。IGBT开关频率达20～50kHz，而门极可关断晶闸管一般不超过几百赫兹。开关频率提高可使系统实现低噪声和小型化。

（2）可实现电压驱动，从而使控制简单、驱动功率小。由于IGBT是MOS双极型复合器件，具有MOSFET高输入阻抗特性，所以可以通过电压驱动IGBT。而门极可关断晶闸管的关断门极电流可达导通电流的20%～50%，且其驱动电路需要专门设计。

（3）IGBT易于并联，可做成智能功率模块，以简化装置结构。这方面三菱公司已有产品推出。

可以预计，下一代的电力机车等高压大容量电气传动领域，也将普遍应用IGBT，以取代门极可判断晶闸管，这已成为一种趋势。

任务二　城市轨道交通供电系统

学习目标

（1）了解城市轨道交通供电系统的构成。
（2）认知城市轨道交通供电制式。
（3）认知变电所的构成及作用。
（4）了解城市轨道交通接触网设备。

项目五　城市轨道交通车辆牵引系统与供电系统

学习任务

认知城市轨道交通供电系统设备，主要包括供电系统的功能、组成及要求，城市轨道交通外部供电方式，变电所的构成及作用，接触网设备。

工具设备

城市轨道交通供电系统仿真软件、接触网设备仿真模型、集电靴实物模型、电气设备实物零部件、图片、多媒体设备等。

教学环境

理实一体化教室或城市轨道交通综合实验室。

基础知识

城市轨道交通供电系统是城市轨道交通的重要组成部分。它不但为列车提供牵引动力，还为地铁运营服务的辅助设施，如照明、通风、空调、排水、通信、信号、防灾报警、自动扶梯等提供电力。如果在地铁运营期间一旦中断供电，不仅列车运行瘫痪，还会引起现场及附近地区极大的混乱。所以，城市轨道交通供电系统是确保城市轨道交通正常运营的重要设施。

一、城市轨道交通供电系统概述

（一）城市轨道交通的用电负荷分类

城市轨道交通的用电负荷按其功能不同可分为两大类：一是列车运行所需要的牵引用电负荷；二是车站、区间、车辆段、控制中心等其他建筑物所需要的用电负荷，如通风机、空调、自动扶梯、电梯、水泵、照明、AFC系统、FAS、BAS、通信系统、信号系统等用电负荷。在上述用电负荷中，有不同电压等级的直流负荷和交流负荷；有固定负荷、有时刻在变化的运动负荷。每种用电设备都有自己的用电要求和技术标准，而且这种要求和标准又相差甚远。城市轨道交通供电系统要满足这些不同用电设备对电能的不同要求，以使其发挥各自的功能与作用。

（二）城市轨道交通供电系统的组成

城市轨道交通供电系统主要由外部电源、主变电所或电源开闭所、牵引供电系统、动力照明供电系统、电力监控系统等几个部分构成，如图5-14所示。

城市轨道交通供电电源一般取自城市电网。通过城市电网电力系统和城市轨道交通供电系统实现对电能的输送或变换，然后将该电能以适当的电压等级供给城市轨道交通各类用电设备。其中，牵引供电系统和动力照明系统是城市轨道交通供电系统最主要的组成部分。牵引供电系统包括牵引变电所和牵引网；动力照明供电系统包括降压变电所和动力照明配电系统。城市轨道交通牵引供电系统的组成如图5-15所示。

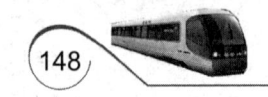

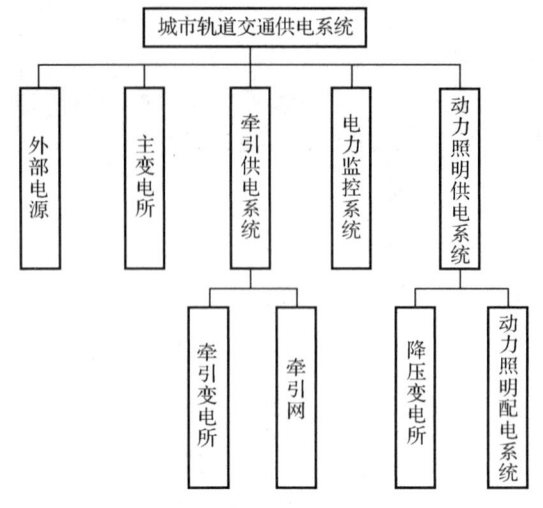

图 5-14　城市轨道交通供电系统的构成

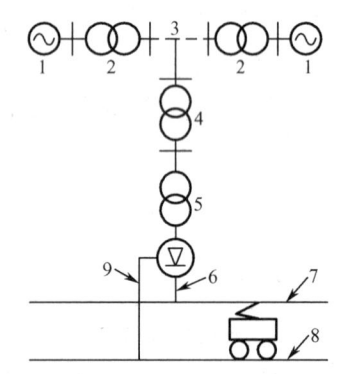

1—发电厂（站）；2—升压变压器；3—电力网；4—主变电所；5—直流牵引变电所；
6—馈电线；7—接触网；8—走形轨道；9—回流线

图 5-15　城市轨道交通牵引供电系统的组成

（三）城市轨道交通供电系统的功能

（1）满足列车运行所需的电能供应。
（2）满足机电设备运转所需的电能供应
（3）满足城市轨道交通通信信号设备运行所需的电能供应。
（4）满足照明及其他用电供应。

（四）城市轨道交通供电系统的基本要求

1. 城市轨道交通供电系统必须可靠

在城市轨道交通中，列车和车站设备都是为乘客提供服务的。在城市轨道交通运营过程中，一旦供电中断，受影响最大的是行车和客运两个部门。所以，城市轨道交通供电系统必须具有很高的可靠性。为此，各变电站采用两路进线，并互为备用；所设计的电源容量应为发展留有余地；应选用先进、可靠的电气设备；采用模块化的计算机控制系统，以实现实时监控、调度自动化的运行模式；以专人定时巡视检查城市轨道交通供电系统为辅助手段。

2. 城市轨道交通供电系统必须满足不同的需求

在城市轨道交通系统内，各用电单位（用户）或用电设备对供电有不同的需求。

1）用电设备按重要性分类

（1）一级用电设备。

对城市轨道交通的列车、通信、信号设备、消防设备等一级用电设备，必须确保不间断供电。为此，必须对这类设备采取两路电源供电，即当任何一路电源失电后，应自动、迅速切换使用另一路电源。

（2）二级用电设备。

对城市轨道交通车站照明设备、自动扶梯等二级用电设备，应确保连续供电。对这类设备中断供电，会影响客运服务质量，但并不影响列车运行安全。因此，一般对这类设备采用二路进线电源，再分片分区供电给这类设备。

（3）三级用电设备。

对城市轨道交通的商业用电设备、广告照明设备等三级用电设备，应确保其正常供电。对这类设备中断供电，并不直接影响客运服务质量，所以其用电可根据电网负荷情况进行调整。

2）用电负荷按变化及用途分类

（1）用电变化不大的低压交直流负荷。

此类用电负荷对供电可靠性和供电质量要求高，如变电站控制设备的低压交直流负荷。

（2）用电变化大的直流负荷。

此类用电负荷对供电的可靠性要求高，并会随客运量的高峰低谷变化而变化。例如，客运列车的用电负荷是城市轨道交通供电系统最主要的用电负荷，而且是直流负荷，且在夜间客运列车停运时，其用电负荷为零。

（3）变化大的交流负荷。

车站用电负荷多是变化大的交流负荷，如车站电梯和自动扶梯、环控、照明、售检票系统、消防报警系统、给排水系统、通信、信号等设备的用电负荷。这些用电负荷，在客运时段处于高峰，在列车停运时段处于低谷，而且必须向通信、信号专业设备提供24h不间断连续供电。

（4）夜间用电负荷。

停车场的车辆维修作业区的用电负荷是夜间用电负荷。白天列车运行时段，由于绝大部分的列车都在正线运行，因此列车检修用电负荷处于低谷，反之在夜间客运停止时段，回库列车的检修作业用电负荷处于高峰。

（5）非重要用电负荷。

车站商业等用电负荷尽管较大，但对列车运营质量没有直接影响，所以将这些用电负荷归类为非重要用电负荷。

二、城市轨道交通外部供电方式

城市轨道交通作为城市电网的特殊用户，一般用电范围多在 0～30km 之间。城市轨道交通外部供电方式主要有集中式供电、分散式供电、混合式供电等。

1. 集中式供电

在城市轨道交通沿线，根据用电容量和线路长短，会建设专用的主变电所。这种由主变电所构成的供电方式，称为集中式供电。主变电所进线电压一般为 110kV，经降压后变成 35kV 或 10kV，以供牵引变电所与降压变电所使用。

2. 分散式供电

根据城市轨道交通供电的需要，在地铁沿线直接由城市电网引入多路电源的供电方式，称为分散式供电。这种供电方式一般为 10kV 电压等级。

3. 混合式供电

将集中式供电和分散式供电结合起来，一般以集中式供电为主，个别地段引入城市电网电源作为集中式供电的补充，使供电系统更加完善和可靠，这种供电方式称为混合式供电。

三、变电所

变电所是电力系统中变换电压、接受和分配电能、控制电流的流向和调整电压的电力设施。它通过降压变压器将电网和用户联系起来。变电所可以通、断用户电能的供路并可改变或调整电压。变电所也是输电和配电的集结点。

（一）变电所的主要电气设备

变电所的主要电气设备包括变压器、断路器、隔离开关、母线、熔断器、电压互感器、电流互感器、避雷器、整流器等。

1. 主要电气设备的功能

变压器：一种变换器，用于传递和变换交流电能。

断路器：一种对电路进行控制（开断、关合）和保护的高压电器开关，用于自动切断负载电流和短路电流。

隔离开关：一种高压电器开关，可在无负荷电流时接通和断开电路。

母线：一种导线，用于汇合和分配电能。

熔断器：一种根据过负荷或短路电流使熔体发热熔断的原理而设计的保护电器设备。

电压互感器：一种用于测量、控制和保护回路用的变压器。

电流互感器：一种用于测量、控制和保护回路用的变流器。

避雷器：一种防止雷电波损坏电器设备绝缘的保护电器。

整流器：一种用于与牵引变压器组合为变压整流的变换装置。

2. 电气设备的图形与符号

在变电所中，主要电气设备的图形和符号如表 5-2 所示。

项目五 城市轨道交通车辆牵引系统与供电系统

表 5-2 主要电气设备的图形和符号

名 称	图 形	符 号	名 称	图 形	符 号
三相变压器		B	电压互感器		YH
断路器		DL	电流互感器		LH
带隔离触点断路器		DS	带隔离触点直流高速开关		SK
隔离开关		G	低压交流开关		DK
母线		M	阀型避雷器		BL
熔断器		RD	整流器		ZL

（二）变电所的类型

用于城市轨道交通的变电所有主变电所、牵引变电所、中心降压变电所、降压变电所和混合变电所五种类型。

1. 主变电所

主变电所（简称主变），将城市电网提供的 110kV 三相交流电降至 35kV 三相交流电；然后配送到城市轨道交通沿线的各个牵引变电所和中心降压变电所。

1) 主变电所的组成

主变电所至少设置两台变压器，有开路电路的开关、汇集电流的母线、计算和控制互感器、仪表、继电保护装置和防雷保护装置、调度通信装置等。

2) 主变电所系统的主要设备及功能

（1）110kV 开关：是通、断电路的重要设备。两路 110kV 进线，每路设有三台 110kV 开关。

（2）主变压器：将 110kV 的交流电降至 35kV 的交流电。

（3）35kV 开关：经主变压器输出的 35kV 交流电，要通过母线和 35kV 开关配送至各个牵引变电所和降压变电所。其中，35kV 开关负责通、断电路。

（4）隔离开关：又称闸刀，负责接通或切断所接入的电路。

（5）自动监控设备：能对变电所的电气设备进行监测和控制，并能对其进行远程控制和数据采集。

3) 主变电所的作用

主变电所的作用是将城市电网提供的两路相互独立的、可靠的 110kV 交流电降至中压 35kV 交流电，再配送到城市轨道交通系统的所有用户。

2. 牵引变电所

牵引变电所是将城市电网区域变电所或城市轨道交通的主变电所送来的交流电降压和整流，变成轨道交通电动列车使用的直流电，再通过沿线架空接触网及回流网等不间断地给城市轨道交通列车供电。

1)牵引变电所的组成

牵引变电所由 35kV 交流开关柜、整流变压器、整流器、直流开关柜、所用交直流屏和钢轨电位限制器等设备构成。

2)牵引变电所的作用

牵引变电所的作用是将来自主变电所或相邻变电所的 35kV 交流电,通过整流变压器降压和整流器整流变成等效 24 脉波直流,再经过直流快速开关设备向接触网供电,不间断地供给城市轨道交通列车优质的电能。

3. 中心降压变电所

除城市轨道交通列车的牵引电源外,其他设备和设施所需的电源,均由中心降压变电所提供。中心降压变电所从主变电所引入两路电源,经动力变压器将电压降至 10kV 后,再以两路电源送到各个降压变电所。

4. 降压变电所

城市轨道交通除了正常的牵引用电外,在环控和系统中服务的其他诸多设备都要用电。这些设备一般需要三相 380V 或单相 220V 低压电源供电。380V/220V 电源是通过降压变电所获得的。

降压变电所将来自主变电所或相邻变电所的 35kV 电源,通过中压网络分配给降压变电所,并通过降压变成车站、区间动力照明等设备使用的 380V/220V 电源,再通过低压配电系统不间断地供给动力照明等设备使用。

5. 混合变电所

将牵引变电所和降压变电所合建在一起的变电所就称为混合变电所。

四、接触网

城市轨道交通列车是从牵引供电系统获取电能的。牵引供电系统主要由牵引变电所、馈线、接触网、电动列车、轨道、回流线等构成。在这个闭合回路中,通常将馈线、接触网、轨道、回流线统称为牵引网。

接触网是牵引网的重要组成部分,是一个庞大的机械系统。它通过零部件实现有序的连接,从而形成一个能传递电能、有支持功能、具备相应机械强度的整体系统。接触网沿列车开行线路架设,通过列车受电弓(受流器)和接触网的滑动接触,向行进中或停站的列车供电。

架设在车顶上方的接触网称为架空式接触网,如图 5-16 所示;铺设在车厢地板以下部位的接触网称为接触轨式接触网,又称第三轨供电网,如图 5-17 所示。馈线是连接牵引变电所和接触网的导线。它把经牵引变电所整流后符合城市轨道牵引电压要求的电能馈送给接触网。

轨道在非电力牵引情形下只作为列车的导轨。在电力牵引时,轨道除具有导轨功能外,还具有导通回流的作用。回流线是连接轨道和牵引变电所的导线。通过回流线把轨道中的回路电流导入牵引变电所。

图 5-16 架空式接触网　　　　　图 5-17 接触轨式接触网

（一）接触网的基本要求

接触网是一种既无备用又易损耗的供电装置，并会受到环境和气候条件的影响。一旦接触网发生故障，整个供电区间即中断供电，在其间运行的列车就会失去供电而停运。因此，接触网应满足以下基本要求。

（1）在恶劣的气候条件下机械结构具有稳定性。
（2）设备及零件具有足够的耐磨性和抗腐蚀能力。
（3）设备结构简单，零部件互换性强，便于维护、抢修。
（4）电动列车受流器与接触网直接接触滑行面，保持平滑过渡无突变。

（二）接触网的结构形式及悬挂方式

接触网按结构形式可分为架空式接触网和接触轨式接触网两大类型。

1. 架空式接触网

架空式接触网将线索或导电排及零部件可靠地连接起来，把导电体、支持装置、绝缘元件、电气设备等连接成一个能传递电能且有支持功能，同时具备相应强度的整体系统，以确保牵引电流的不间断供给。

架空式接触网在地面与地下隧道内的架设方法是不同的。架空式接触网分为柔性悬挂接触网与刚性悬挂接触网。

1）柔性悬挂接触网

柔性悬挂接触网又分为地面架空式柔性悬挂接触网和隧道架空式柔性悬挂接触网。

（1）地面架空式柔性悬挂接触网。

地面架空式柔性悬挂接触网主要由接触线、支持装置、定位装置、支柱和基础等组成，如图 5-18 所示。

① 接触线：其作用是直接供给列车电流，使其正常运行。
② 支持装置：用于支持接触线并将接触线的重量传给支持装置或其他建筑物的机构。
③ 定位装置：用于固定接触线的平面位置，保证接触线与受电弓的相对位置在受电弓滑板运行轨迹范围内，并将接触线重量传给支持装置。定位装置包括定位管和定位器。
④ 支柱和基础：支柱是接触网中最基本、应用最广泛的支撑设备，承受接触线、支持装置、定位装置的重量，并将接触线固定在规定高度。

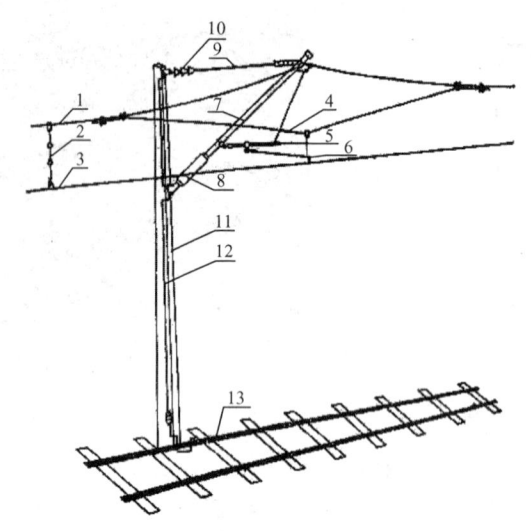

1—承力索；2—吊弦；3—接触线；4—弹性吊弦；5—定位管；6—定位器；7—腕臂；8—悬式绝缘子；
9—水平拉杆；10—悬式绝缘子串；11—支柱；12—接地线；13—轨道

图 5-18　地面架空式柔性悬挂接触网

在柔性悬挂接触网中，接触线的悬挂主要分为简单悬挂和链形悬挂两种方式。

简单悬挂如图 5-19 所示，是一种直接将接触线固定在支持装置上的悬挂方式。它设有承力索和吊弦。

链形悬挂如图 5-20 所示，是一种将接触线通过吊弦悬挂到承力索，承力索固定在支持装置上的悬挂方式，并有简单链形悬挂和弹性链形悬挂等多种形式。链形悬挂有承力索和吊弦，使接触线增加了悬挂点，减小了弛度，提高了弹性和稳定性，从而使列车运行速度得到较大的提高。链形悬挂的吊弦可分为弹性吊弦、整体吊弦、可调吊弦和载流整体吊弦，如图 5-21 所示。

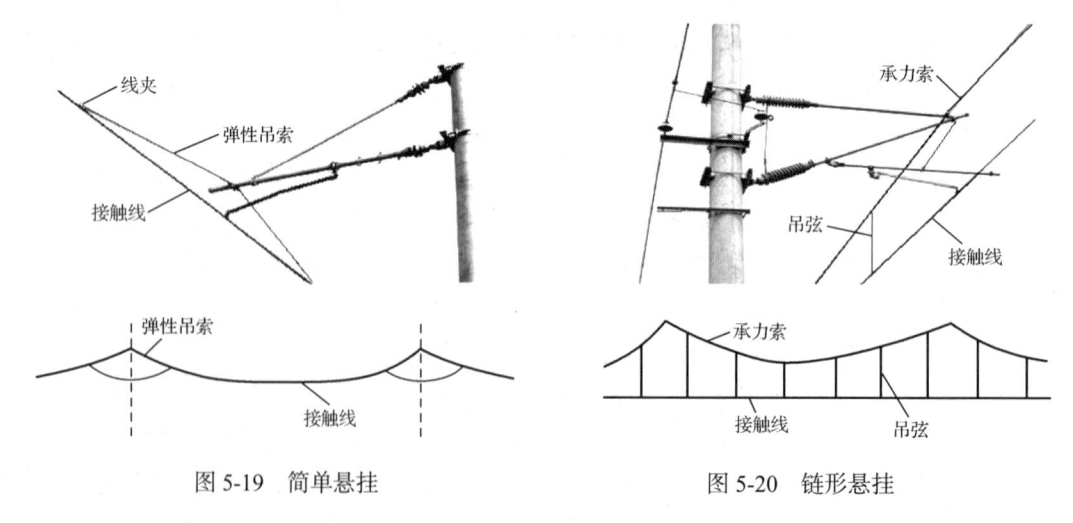

图 5-19　简单悬挂　　　　　　　　图 5-20　链形悬挂

补偿装置又称补偿器，它设在锚段两端，能自动补偿接触线或承力索内的张力。它是自动调整接触线或承力索张力的补偿器及其制动装置的总称，有重力补偿、弹簧补偿、液气补偿等多种形式。如图 5-22 所示，重力自动补偿器由坠砣、补偿滑轮和补偿绳所组成，坠砣能使承力索和接触线在气温变化时保持其张力不变，接触线的弛度也不变。

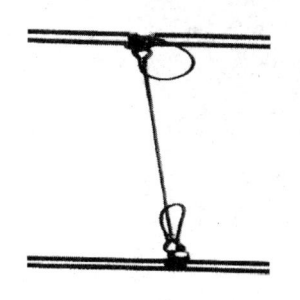

图 5-21　载流整体吊弦

图 5-22　重力自动补偿器

链形悬挂比简单悬挂的性能好，但也带来了结构复杂、投资大、施工和维修较为困难等问题。在链形悬挂中，承力索和接触线同时补偿全补偿的性能最好。

（2）隧道架空式柔性悬挂接触网。

隧道架空式柔性悬挂接触网的悬挂方式与地面架空式柔性悬挂接触网有所不同。一方面隧道内不能立支柱，支持装置是直接设置在洞顶或洞壁；另一方面又必须考虑隧道断面、净空高度、带电体对接地体的绝缘距离、导线的弛度等因素的限制。根据隧道断面和净空高度的不同，接触线的悬挂有多种不同的方式。合理选择和确定接触线的悬挂方式，才能充分利用有限的净空高度改善接触网的工作性能。

弹性支架悬挂如图 5-23 所示，是指将一根（或几根）相互平行的接触线直接固定在采用弹性元件的支持装置上的悬挂方式。

2）刚性悬挂接触网

刚性悬挂接触网如图 5-24 所示。在固定的导电体受流过程中，刚性悬挂接触网在受电弓或集电靴的作用下基本不变形。汇流排是刚性悬挂接触网的关键部件，一般用铝合金材料制成。刚性悬挂接触网将传统的接触线夹装在汇流排中，用汇流排取代了承力索和馈线，并靠它自身的刚性保持接触线的固定位置，使接触线不因重力而产生较大弛度。刚柔过渡元件如图 5-25 所示。它用于刚性悬挂接触网与柔性悬挂接触网过渡处，其作用是保证这两种接触网的平滑、顺畅过渡。

图 5-23　弹性支架悬挂

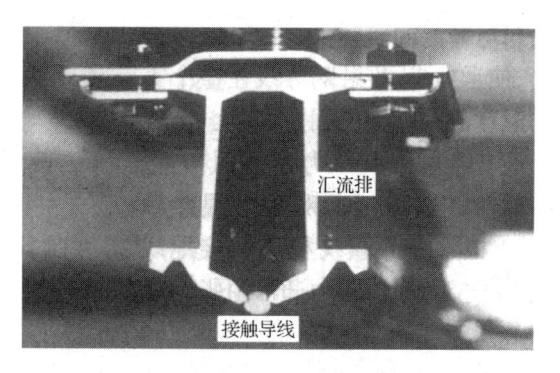

图 5-24　刚性悬挂接触网

图 5-25　刚柔过渡元件

刚性悬挂接触网的导线一般采用铜银导线，与柔性悬挂接触网所采用的导线相同。刚性悬挂接触网最大优点在于可以取消柔性悬挂接触网中的承力索和辅助馈线，使接触网的结构变得简单紧凑，极大地方便运营管理和维修。

2. 接触轨式接触网

在城市轨道交通牵引供电系统中，直流 750V 供电源一般采用接触轨式接触网，如图 5-26 和图 5-27 所示。它的优点是隧道净空高度低、结构简单、造价低。它的缺点是人身和防火方面安全性差，与架空式接触网难以衔接。

图 5-26　接触轨式接触网　　　　　图 5-27　接触轨

接触轨式接触网主要由接触轨、接触轨支架或绝缘子、绝缘防护罩、弯头、连接板、膨胀接头、锚结、隔离开关、电缆等主要零部件构成。其中，接触轨、弯头、连接板、膨胀接头、锚结一般由接触轨厂家配套提供。

接触轨按与接触受流靴的摩擦方式可分为上磨式接触轨、下磨式接触轨和侧磨式接触轨。

（1）上磨式接触轨：安装在专用绝缘子上，工字形轨底朝下，接触靴自上与之接触受电。它的优点是固定方便。它的缺点是接触靴在其上面滑行，导致无法加防护罩。

（2）下磨式接触轨：如图 5-28 所示，底朝上，由绝缘体紧固在弓形肩架上，而肩架固定装在轨枕一侧。它的优点是可以加装防护罩，对工作人员较为安全。

（3）侧磨式接触轨：一般布置在列车运行方向的左侧，在道岔区等个别地段布置在列车运行方向的右侧。在道岔区，为避免列车通过时受流器与接触轨相撞，接触轨要断轨。

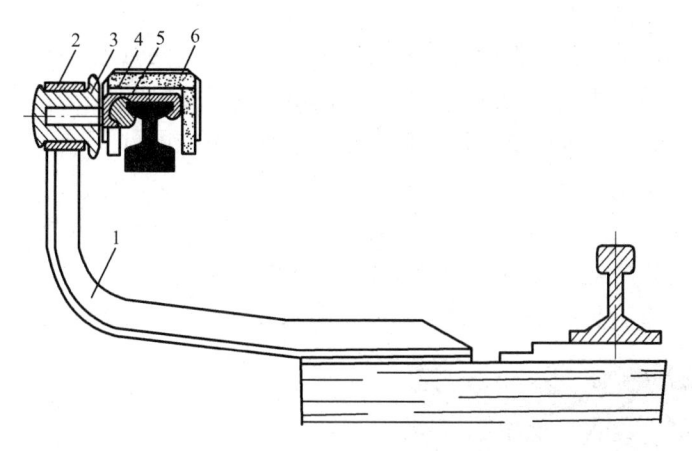

1—接触轨支持装置;2—夹子;3—瓷绝缘子;4—接触轨固定装置;5—楔;6—浸渍木绝缘罩

图 5-28　下磨式接触轨

(三) 接触网供电方式与分段

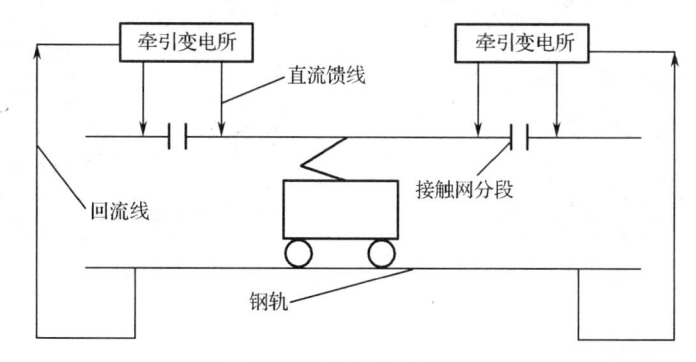

1. 接触网供电方式

接触网供电方式是指牵引变电所通过接触网向列车供电的方式。在接触网供电方式中,接触网在每个牵引变电所附近断开,以分成两个区段,而每个牵引变电所仅对其两侧的区段供电,如图 5-29 所示。牵引变电所向接触网供电有单边供电和双边供电两种方式。每个区段又称一个供电臂。如果列车只从所在供电臂上的一个牵引变电所获得电能,则这种供电方式称为单边供电。单边供电时,若有故障,其范围小,牵引变电所内的保护也较简单,但列车所需牵引电流全部由一边流过牵引网,牵引网电压降和电能损耗也就大。如果列车能从所在供电臂上的两个相邻牵引变电所获得电能,则这种供电方式称为双边供电。双边供电时,牵引电流按比例由两边流过牵引网,牵引网电压降和电能损耗相对就小,若有故障,其范围也较大,维护较复杂。单边供电和双边供电都是正常供电方式。

图 5-29　接触网供电方式

2. 电分段

电分段是在纵向或横向将接触网从电气连接上相互分开的装置。其中,在分开处设隔离开关。电分段是保证供电可靠性和灵活性的另一种措施。被分段的接触网可以通过隔离开关根据需要进行分段和联络,如图 5-30 所示。当某段接触网发生故障或检修时,只要打开相应区段的隔离开关,就可使故障或检修停电范围缩小,同时不影响其他各区段接触网的正常供电。接触网沿线路方向的分段称为纵向电分段。接触网在线路与线路之间的分段称为横向电分段,如折返线、交叉渡线处的电分段等。纵向电分段一般采用电动控制;横向电分段一般采用手动控制。

电分段通常用分段绝缘器来实现。分段绝缘器(如图 5-31 所示)是用以实现电分段的专用绝缘装置。分段绝缘器设在车站、渡线、存车线、车辆厂等地。为了保证工作人员的作业方便及人身安全,分段绝缘器将接触网在电的方面分成独立的区段。

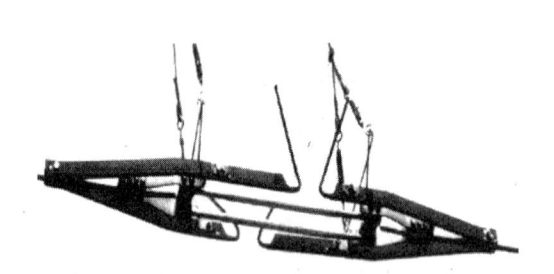

图 5-30 隔离开关　　　　图 5-31 分段绝缘器

3. 机械分段

为满足供电和机械方面的需求,将接触网分成许多区段,这种独立的区段称为锚段。锚段主要作用是缩小事故范围,便于架设张力补偿装置,缩小因检修而停电的范围。相邻两个锚段的衔接部分称为锚段关节,如图 5-32 所示。

为了缩小事故范围和防止锚段两端失去平衡,在锚段中心对接触线进行固定,这种悬挂结构称为中心锚结,如图 5-33 所示。

图 5-32 锚段关节　　　　图 5-33 中心锚节

(四)迷流及其防护

城市轨道交通列车通常采用直流驱动,也就是牵引变电站输出的直流电经接触网或接触轨输入列车的直流电机,再由列车车轮经钢轨流回到牵引变电所,构成完整的直流电路。

然而,流回牵引变电所的电流除了流经钢轨以外,还有一部分电流会从钢轨向周围的地面流散出去,这是由于钢轨对地并不完全绝缘,这部分电流在流经其他金属物体时,如整体道床的钢筋,就会使其发生电腐蚀。

牵引直流电由高电位向低电位单向流动的特性，必然会造成电流向电阻小的方向"失散"，并使"失散区域"内的金属物体产生电腐蚀。这种"失散的电流"就是迷流。迷流不是迷失方向的电流，只是不完全依照规定的回路流动的电流。当然，这些"失散的电流"最终还是要回到电源的。因此，迷流即杂散电流。

既然流动的直流电会产生迷流，而从牵引变电所输出的正是直流电。因此，牵引变电所在对外供电的同时，自身也在不断地产生着迷流。迷流会不断地、缓慢地腐蚀建筑物结构中的钢筋、预埋件等金属物体，因此对迷流流经范围内的城市建筑物、地下隧道，尤其是城市轨道交通车站等建筑物构成了巨大危害。因此，对迷流必须予以足够重视，采取各种措施预防电腐蚀。

1. 地下迷流的产生与危害

在直流牵引供电系统中，设计电路以架空式接触网或接触轨式接触网为馈电线，并以走行轨（钢轨）为回流线。列车在实际运行时，牵引电流并非全部由走行轨流回牵引变电所，总有一部分电流在通过走行轨时，杂散流入大地，再由大地流回走行轨或牵引变电所。这种杂散电流由于分布在地面以下，也常称为地下迷流。走行轨中的牵引电流越大或走行轨对地绝缘度越差，地下迷流就越大。

为防止迷流，在走行轨与轨枕间铺设了绝缘垫。但是，尘土、雨水、绝缘材料自身性能和大地导电性的"因地而异"等因素，都使地下迷流的产生不可避免。如图5-34所示，迷流杂散流入大地并在某地方重新流回走行轨和牵引变电所。

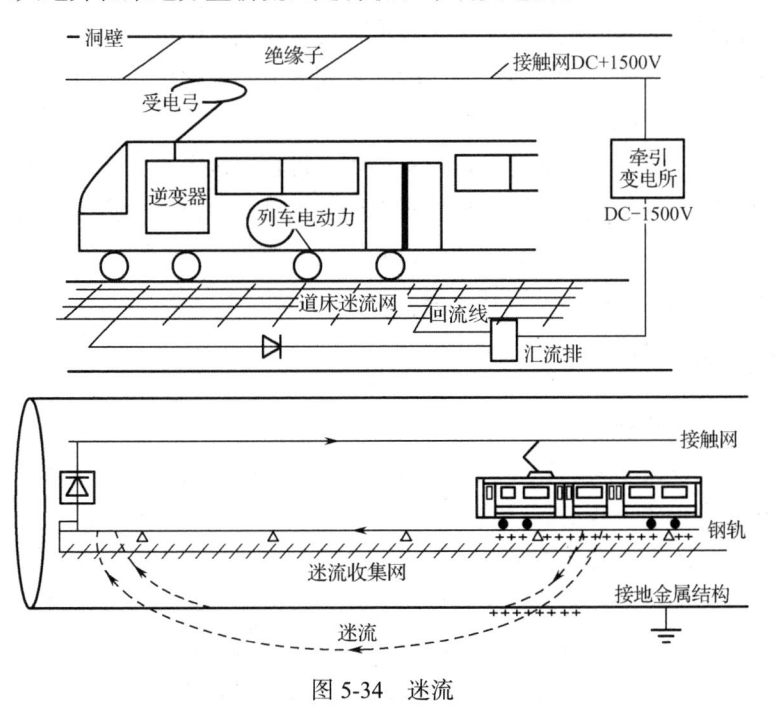

图 5-34 迷流

如果在走行轨附近埋有地下金属管道、电缆和其他任何金属结构件时，地下迷流中的相当一部分就从这些金属件上流过，造成电腐蚀。

图 5-34 中，在列车附近，迷流从走行轨流向金属体，使金属体对地电位形成阴极区。在牵引变电所附近。迷流从金属体流回走行轨和牵引变电所，金属体对地电位形成阳极区。在阳极区，迷流从金属体流出的地方将出现电解现象，这种电解现象导致金属体被腐蚀。这是一种缓慢的电化学腐蚀反应，又称电腐蚀。城市轨道交通本身和附近的金属管道、各种地下电缆或金属结构件在长期的电腐蚀作用下，将受到严重的损坏。

2. 减少迷流的方法

从杂散电流产生的原因可以得到治理的方向，即按照"堵—排—限"的思路。

1) "堵"——减少杂散电流量

适当限制供电区段长度就可减少区段内的开行列车数，降低供电区段内的用电负荷和走行轨电位；设置走行轨均流线和走行轨电位限制器可降低走行轨电位；回流走行轨采用绝缘安装等措施也可以有效减少杂散电流。

2) "排"——设置杂散电流收集网，逐层屏蔽

利用杂散电流的首经通路——道床内结构钢筋的良好连通，形成第一道屏蔽网，防止杂散电流向道床外部泄漏；将隧道结构钢筋连通形成第二道屏蔽网，既可保护自身免受腐蚀，又可防止杂散电流向隧道外部泄漏，危及市政公共设施。

此外，在牵引变电所内设置排流装置，构成排流通路，既可保护自身免受腐蚀，又可防止杂散电流向隧道外部泄漏。

3) "限"——限制迷流

提高走行轨道与大地的绝缘度，减小迷流强度。在走行轨道与混凝土轨枕之间、紧固用螺栓与混凝土轨枕之间、扣件与混凝土轨枕之间采取绝缘措施，使每公里轨道对迷流收集网的泄漏电阻大于 10Ω。

在停车场，由于列车集中度高，客观上形成走行轨回流电流大，使得道床的泄漏电阻较低和杂散电流分布区段较大，因此要设置单向导通装置以限制杂散电流的扩散。

为防止隧道内的金属管线和其他金属设施免受电腐蚀，可在材质选择和增强对地绝缘等方面采取措施，限制杂散电流向其泄漏。

相关案例

1. 上海明珠线地铁列车

上海明珠线地铁列车采用世界最先进的"Metropolis"技术。这种宽体（A 型）列车采用铝合金车体，车厢宽为 3m，其中动车长为 22.8m，拖车长为 24.4m，6 节车辆编组。列车采用交流传动，装有车载计算机系统、ATC 自动控制系统和自动故障报警系统，既可以由司机驾驶，也可实现无人驾驶。列车装有自动塞拉门，在运行中自动报站。驾驶员通过操纵屏幕按钮，可以了解全列车的运行速度及到站的距离。列车还采用了目前先进的模拟制动机技术，使列车的停靠精度达到±250mm。列车采用流线造型，外表面采用红、蓝、白三色相间图案，内部全部采用不锈钢扶手和玻璃钢结构座椅。扶手和座椅采用人性化设计，造型优美，以使乘客乘坐更为舒适。列车从启动加速到最高运行时速 80km/h 不到

0.5min，从高速运行状态到完全制动只需 23.4s。该列车单车载客 318 人，整列载客 1886 人，比国内一般地铁列车载客增加 38%。其技术性能、环保性能和乘坐舒适度都达到国际领先、国内一流的水平。

2. 第三轨绝缘支架

第三轨绝缘支架及受流方式有三种：上接触式、下接触式和侧接触式。美国地铁大都采用上接触式，集电靴从上压向第三轨轨头，第三轨顶面受流。集电靴的接触力是由下作用的弹簧压力进行调节的，受流平稳。上接触式的施工作业简便，可以在轨头上部通过支架安装不同类型的防护板，北京地铁也采用此受流方式。侧接触式就是第三轨轨头端面朝向走行轨，集电靴从侧面受流。跨座式独轨车辆就采用侧面接触式取流，其集电靴装在转向架下部，如重庆轻轨就采用此受流方式。下接触式的第三轨轨头朝下，通过绝缘肩架、橡胶垫、扣板收紧螺栓、支架等安装在底座上。欧洲国家比较青睐此受流方式。下接触式的优点是防护罩从上部通过橡胶垫直接固定在第三轨周围，人员安全性好，有利于防止下雪和冰冻造成的取流困难，但这种方式安装结构复杂、费用较高，如广州地铁4号线采用此受流方式。第三轨绝缘支架由玻璃纤维增强树脂采用 SMC 复合材料模压工艺制造而成。SMC 复合材料是 Sheet Molding Compound 的缩写，翻译成中文是片状模塑料。SMC 复合材料主要原料由 SMC 专用纱、不饱和树脂、低收缩添加剂、填料及各种助剂组成。SMC 复合材料是树脂基复合材料的一种，在 20 世纪 60 年代初首先出现在欧洲。在 1965 年左右，美国、日本相继发展了 SMC 复合材料生产工艺。我国于 20 世纪 80 年代末，引进了国外先进的 SMC 复合材料生产线和生产工艺。SMC 复合材料制品具有表面光泽度好、机械性能高、尺寸精确、电气性能好、耐腐蚀、质量小等特点。SMC 复合材料制品的主要性能指标如表 5-3 所示。

表 5-3　SMC 复合材料制品的主要性能指标

1	弯曲强度	ASTMD790	120MPa
2	开口冲击	ASTMD256	400J/m
3	击穿强度	IEC243	6kV/mm
4	耐泄漏性	IEC112	PTI600
5	吸水率	ASTMD570	0.2%
6	阻燃性能	ASTND229	V-0 级
7	绝缘电阻	IEC93	不小于 1011Ω

拓展知识

高速铁路接触网

高铁列车运行所依赖的电流就是通过其上端的接触网来输送的。接触网一旦停电，或列车电弓与接触网接触不良，对列车的供电便产生影响。

如图 5-35、5-36 所示，高速铁路接触网是沿铁路线上空架设的向电力机车供电的特殊形式的输电线路。高速铁路接触网由接触悬挂、支持装置、定位装置、支柱与基础几部分

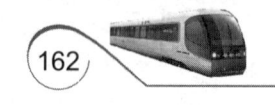

组成。接触线的悬挂涉及接触线、吊弦、承力索及连接零件。接触线通过支持装置架设在支柱上。接触线的功用是将从牵引变电所获得的电能输送给电力机车。支持装置用以支撑接触线,并将其重量传给支柱或其他建筑物。

图 5-35　铺架高速铁路接触网　　　　图 5-36　高速铁路接触网

1. 电压等级

接触网的电压等级:工频单相交流 25kV。

因电阻因素,实际电压为 27.5kV。

2. 供电方式

接触网供电方式有单边供电、双边供电和越区供电。单边供电和双边供电为正常的供电方式。

越区供电是当某个牵引变电所因故障不能正常供电时,故障牵引变电所担负的供电臂经开关设备同相邻的供电臂接通,由相邻牵引变电所进行临时供电。

3. 悬挂类型

接触网的分类大多以接触线的悬挂方式来区分。人们所讲的接触线的悬挂方式是针对接触网的每个锚段而言的。接触线的悬挂方式较多,一般根据其结构的不同分成简单悬挂和链形悬挂两大类。

简单悬挂是由一根接触线直接固定在支柱的支持装置上的悬挂方式。国内外对简单悬挂做了不少研究和改进。我国现采用的带补偿装置的弹性简单悬挂是在接触线下锚处装设了张力补偿装置,以调节张力和弛度的变化。

链形悬挂的接触线是通过吊弦悬挂在承力索上。承力索悬挂于支柱的支持装置上,使接触线在不增加支柱的情况下增加了悬挂点,并利用调整吊弦长度,使接触线在整个跨距内对轨面的距离保持一致。链形悬挂减小了接触线在跨距中间的弛度,改善了弹性,增加了悬挂质量,提高了稳定性,可以满足电力机车高速运行取流的要求。

4. 特点及要求

接触网担负着把从牵引变电所获得的电能直接输送给电力机车使用的重要任务。因此接触网的质量和工作状态将直接影响着电气化铁道的运输能力。由于接触网是露天设置的且没有备用的,因此对接触网提出以下要求。

(1)在高速运行和恶劣的气候条件下,能保证电力机车正常取流,要求接触网在机械结构上具有稳定性和足够的弹性。

（2）接触网设备及零件要有互换性，应具有足够的耐磨性和抗腐蚀能力，并尽量延长设备的使用年限。

（3）要求接触网对地绝缘好，安全可靠。

（4）接触网的设备结构尽量简单，便于施工，有利于交通运营及维修。这样，在事故发生的情况下，接触网就便于抢修和迅速恢复送电。

（5）尽可能地降低成本，特别要注意节约有色金属及钢材。

总的来说，要求接触网无论在任何条件下，都能保证供给电力机车电能，并保证电力机车在线路上能安全、高速运行，并在符合上述要求的情况下，尽可能地节省投资、结构合理、维修简便、便于新技术的应用。

任务三　城市轨道交通车辆牵引系统与供电系统的操作运用案例

【操作运用案例1】城市轨道交通车辆牵引系统的认知

1. 实训项目教师工作活页

实训项目教师工作活页　　　　　　　　　　　　　　　　　　NO：_____

实训项目	城市轨道交通车辆牵引系统的认知		
学　　时	2	班级	略
实训场所	列车控制仿真实验室		
工具设备	城市轨道交通车辆牵引直流、交流、线性电机实物模型各1套；仿真列车控制系统装置1套；受电弓、集电靴模型1套；多媒体设备课件、图片、示教板等。		
教学目标	专业能力	（1）能说出城市轨道交通车辆牵引系统的构成及作用。 （2）能指认牵引系统主要部件并说出各部件的名称。 （3）能说出牵引电动机的组成和主要特点。 （4）能区分城市轨道交通受流设备的主要部件。 （5）能根据电气元件设备的图形和符号说出电气元件的名称。 （6）能说出受电弓、集电靴各主要部件的名称及作用。	
	方法能力	（1）能综合运用专业知识，通过专业书籍、上网查询、多媒体课件和图片资料获得帮助信息。 （2）能根据实训项目学习任务确定实训方案，从中学会表达及展示活动过程和成果。	
	社会能力	（1）能在实训活动中保持积极向上的学习态度。 （2）能与小组成员和教师进行交流和沟通。 （3）能与他人共享学习资源，具有较好的合作能力和团队协作精神。	
教学活动	略（详见教学活动设计）		
教学评价	学生活动： （1）以5~7人小组为单位开展实训活动，根据本组成员在实训过程中的能力表现及结果进行自评、组内互评。 （2）根据其他小组成员在成果展示活动中的表现及结果进行互评。 教师活动： （1）教师组织学生开展评价活动和总结。 （2）对学生本单元项目单元成绩做出综合评价。		

续表

教学资料	（1）城市轨道交通概论教材。 （2）城市轨道交通运输设备参考书。 （3）实训项目学生学习活页（附页）。		
指导教师		教学时间	年　月　日

2. 实训项目学生学习活页

实训项目学生学习活页　　　　　　　　　　　　　　　　　　NO:_____

实训项目 1　城市轨道交通车辆牵引系统的认知

班级：_____　姓名：_____　　学号：_____　时间：_____

一、实训目标

1. 专业能力目标

（1）能说出城市轨道交通车辆牵引系统的构成及作用。

（2）能指认牵引系统主要部件并说出各部件的名称。

（3）能说出牵引电动机的组成和主要特点。

（4）能区分城市轨道交通受流设备的主要部件。

（5）能根据电气元件设备的图形和符号说出电气元件的名称。

（6）能说出受电弓、集电靴各主要部件的名称及作用。

2. 方法能力目标

（1）能综合运用专业知识，通过专业书籍、上网查询、多媒体课件和图片资料获得帮助信息。

（2）能根据实训项目学习任务确定实训方案，从中学会表达及展示活动过程和成果。

3. 社会能力目标

（1）能在实训活动中保持积极向上的学习态度。

（2）能与小组成员和教师进行交流和沟通。

（3）能与他人共享学习资源，具有较好的合作能力和团队协作精神。

二、知识总结

1. 说出城市轨道交通车辆牵引系统的构成。

2. 画出城市轨道车辆电气传动控制方式框架图。

3. 说出三相异步电动机的组成及各部件的主要作用。

续表

4. 简要说出列车控制系统的组成及作用。

三、操作运用

1. 填写受电弓（1）~（11）号部件名称。

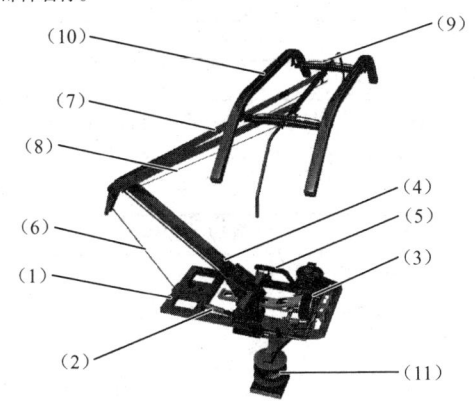

(1) _____； (2) _____； (3) _____； (4) _____；
(5) _____； (6) _____； (7) _____； (8) _____；
(9) _____； (10) _____； (11) _____。

2. 说出下图（A）、（B）接触网的种类，并说出各自的定义。

（A）

（B）

（A） _____；
（B） _____。

四、实训小结

_____
_____

五、成绩评定

1. 学生评价

评价等级	A—优	B—良	C—中	D—及格	E—不及格
学生自评					
组内互评					
他组互评					

续表

2. 教师评价

评价等级	A—优	B—良	C—中	D—及格	E—不及格
专业能力					
方法能力					
社会能力					
评价结果					

3. 综合评价

评价等级	A—优	B—良	C—中	D—及格	E—不及格
评价结果					

注：按照学生自评占10%、组内互评占10%、他组互评占20%、教师评价占60%的比例计分。其中，A—100分，B—85分，C—75分，D—60分，E—50分。

4. 评价量规

等级	行为表现描述
A	能圆满高效地完成实训任务的全部内容
B	能顺利完成实训任务的全部内容
C	能完成实训任务的全部内容，但需要一些帮助和指导
D	自己只能完成实训任务的部分内容，但在教师的指导下，能够完成任务的全部内容
E	不能完成实训任务的全部内容

【操作运用案例2】城市轨道交通供电系统的认知

1. 实训项目教师工作活页

实训项目教师工作活页　　　　　　　　　　　　　　　　NO：_____

实训项目	城市轨道交通供电系统的认知		
学　时	2	班级	略
实训场所	列车控制仿真实验室		
工具设备	城市轨道交通接触网设备仿真模型、供电系统仿真软件1套、城市轨道交通电力监控系统示教板、电气设备实物零部件、多媒体设备课件、图片等。		
教学目标	专业能力	（1）能说出城市轨道交通供电系统组成及作用。 （2）能介绍城市轨道交通采用的供电方式，画出示意图。 （3）能解释主变电所、牵引变电所、降压变电所的不同功能。 （4）能识别城市轨道交通接触网设备。 （5）能介绍接触网的结构形式和悬挂类型。 （6）能说出接触轨系统的主要构成。 （7）能指出下磨式接触轨的主要部件名称。	
	方法能力	（1）能综合运用专业知识，通过专业书籍、上网查询、多媒体课件和图片资料获得帮助信息。 （2）能根据实训项目学习任务确定实训方案，从中学会表达及展示活动过程和成果。	
	社会能力	（1）能在实训活动中保持积极向上的学习态度。 （2）能与小组成员和教师进行交流和沟通。 （3）能与他人共享学习资源，具有较好的合作能力和团队协作精神。	

续表

教学活动	略（详见教学活动设计）
教学评价	学生活动： （1）以5~7人小组为单位开展实训活动，根据本组成员在实训过程中的能力表现及结果进行组内互评。 （2）根据其他小组成员在成果展示活动中的表现及结果进行互评。 教师活动： （1）教师组织学生开展评价活动和总结。 （2）对学生本单元项目单元成绩做出综合评价。
教学资料	（1）城市轨道交通概论教材。 （2）城市轨道交通运输设备参考书。 （3）实训项目学生学习活页（附页）。
指导教师	教学时间　　　　　　　年　　月　　日

2. 实训项目学生学习活页

实训项目学生学习活页　　　　　　　　　　　　　　　　NO：_____

实训项目2　城市轨道交通供电系统的认知

班级：_____　姓名：_____　学号：_____　时间：_____

一、实训目标
1. 专业能力目标
（1）能说出城市轨道交通供电系统组成及作用。
（2）能介绍城市轨道交通采用的供电方式，画出示意图。
（3）能解释主变电所、牵引变电所、降压变电所的不同功能。
（4）能识别城市轨道交通接触网设备。
（5）能介绍接触网的结构形式和悬挂类型。
（6）能说出接触轨系统的主要构成。
（7）能指出下磨式接触轨的主要部件名称。
2. 方法能力目标
（1）能综合运用专业知识，通过专业书籍、上网查询、多媒体课件和图片资料获得帮助信息。
（2）能根据实训项目学习任务确定实训方案，从中学会表达及展示活动过程和成果。
3. 社会能力目标
（1）在实训中保持积极向上的学习态度。
（2）能与小组成员和教师进行交流和沟通。
（3）能与他人共享学习资源，具有较好的合作能力和团队协作精神。

二、知识总结
1. 说出城市轨道交通供电系统的组成及功能。

2. 说出城市轨道交通外部供电方式。

续表

3. 说出城市轨道交通变电所主要电气设备的名称及功能。

4. 简要说出城市轨道交通变电所的种类。

5. 简要说明接触网的供电方式及电分段。

三、操作运用

1. 填写下表中各电气设备的名称。

名　称	图　形	符　号	名　称	图　形	符　号
		B			YH
		DL			LH
		DS			SK
		G			DK
		M			BL
		RD			ZL

2. 填写下图中（1）～（9）所表示的系统部分名称。

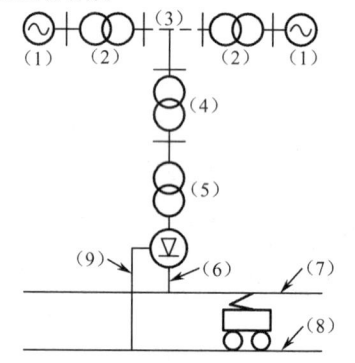

（1）_____；（2）_____；（3）_____；（4）_____；（5）_____；
（6）_____；（7）_____；（8）_____；（9）_____。

3. 指出下图中相应部位的名称。

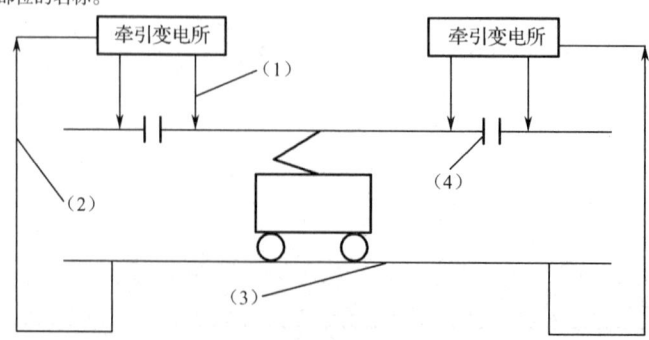

续表

(1)_____；(2)_____；
(3)_____；(4)_____。

4. 在下磨式接触轨示意图中，标出各部件（1）~（6）的名称。

(1)_____；(2)_____；(3)_____；(4)_____；(5)_____；(6)_____。

5. 解释架空式接触网的柔性悬挂和刚性悬挂，并画出简单悬挂和链形悬挂示意图。

四、实训小结

五、成绩评定

1. 学生评价

评价等级	A—优	B—良	C—中	D—及格	E—不及格
学生自评					
组内互评					
他组互评					

2. 教师评价

评价等级	A—优	B—良	C—中	D—及格	E—不及格
专业能力					
方法能力					
社会能力					
评价结果					

3. 综合评价

评价等级	A—优	B—良	C—中	D—及格	E—不及格
评价结果					

注：按照学生自评占10%、组内互评占10%、他组互评占20%、教师评价占60%的比例计分。其中，A—100分，B—85分，C—75分，D—60分，E—50分。

4. 评价量规

等级	行为表现描述
A	能圆满高效地完成实训任务的全部内容
B	能顺利完成实训任务的全部内容
C	能完成实训任务的全部内容，但需要一些帮助和指导
D	自己只能完成实训任务的部分内容，但在教师的指导下，能够完成任务的全部内容
E	不能完成实训任务的全部内容

思考与练习

1. 城市轨道交通牵引供电制式由哪几种？它们各有何特点？
2. 简述城市轨道交通车辆电气传动及控制方式。
3. 单臂受电弓主要由哪几部分组成？
4. 简述受电弓的作用原理。
5. 简述集电靴主要部件的作用。
6. 简述列车控制系统的组成及作用。
7. 简述城市轨道交通供电系统的组成和主要功能，以及对供电系统的基本要求。
8. 城市轨道交通外部供电方式有哪几种？它们各有何特点？
9. 变电所的主要设备有哪些？它们各主要功能是什么？
10. 简述用于城市轨道交通的变电所的五种类型及各类型变电所的主要作用。
11. 简述接触网的主要类型及对接触网的基本要求。
12. 地面架空式接触网由哪几部分组成？它们各部分的主要作用是什么？
13. 接触轨（第三轨）系统主要由哪几部分组成？
14. 何为"迷流"？"迷流"有哪些危害？减少"迷流"主要有哪些方法？

项目六　城市轨道交通信号系统与通信系统

城市轨道交通信号系统与通信系统是城市轨道交通的主要技术装备。城市轨道交通信号系统是城市轨道交通行车组织的中枢控制系统，担负着指挥、控制列车运行，提供设备状态信息、列车位置信息，实现列车运行过程管理，保证列车运营安全和提高运营效率的重任，是城市轨道交通得以正常运营的重要技术保证。城市轨道交通通信系统为城市轨道交通运营提供重要的信息传输手段，并负责轨道交通畅通的通信联系、控制信息的实时传送，是城市轨道交通得以顺畅运营的重要技术支持。

任务一　城市轨道交通信号系统

学习目标
（1）了解城市轨道交通信号系统的组成。
（2）了解城市轨道交通信号基础设备的组成及作用。
（3）掌握信号的分类。
（4）了解地面信号机的设置和显示意义。
（5）了解城市轨道交通道岔及转辙机的结构和作用。
（6）了解城市轨道交通轨道电路的构成及作用。
（7）了解城市轨道交通连锁的概念及种类。
（8）了解列车自动控制系统的基本作用。
（9）熟悉列车自动控制系统各子系统的作用及实现过程。

学习任务
认知城市轨道交通信号基础设备：信号机、轨道电路、道岔及转辙机等；认知城市轨道交通信号连锁设备；认知城市轨道交通列车控制系统及其设备的基本组成，熟悉列车控制系统及其子系统的工作过程。

工具设备
继电器、信号机、轨道电路、道岔及电动转辙机等仿真模型；信号控制台、电源屏、列车自动控制系统仿真软件；图片、示教板及多媒体课件等。

🏰 **教学环境**

城市轨道交通系统仿真实验室；信号设备实验实训室；含多媒体设备的城市轨道交通综合实验室。

👦 **基础知识**

城市轨道交通的基本任务是安全、准时、高效率、高密度地运送乘客。因此，必须采用可靠的列车运行控制设备来指挥列车的运行，以确保列车的安全运行。从传统的"闭塞、连锁信号设备"到现代化的列车自动控制系统，是长期实践、经验的积累、技术不断改进和发展的结果。

城市轨道交通信号系统是指挥列车安全运行的关键设备，只有在列车运行前方的轨道区段满足没有列车占用、道岔位置正确、没有敌对或相抵触的信号等条件，才允许向列车发出允许前行的信号，所以列车只要严格遵循信号的指示运行，就能够安全运行；反之，如果列车不遵循信号的指示运行，将导致事故。所以城市轨道交通信号系统担负着确保城市轨道交通运输安全的重要使命。有了城市轨道交通信号系统的保障，可以杜绝和减少城市轨道交通列车运行事故。

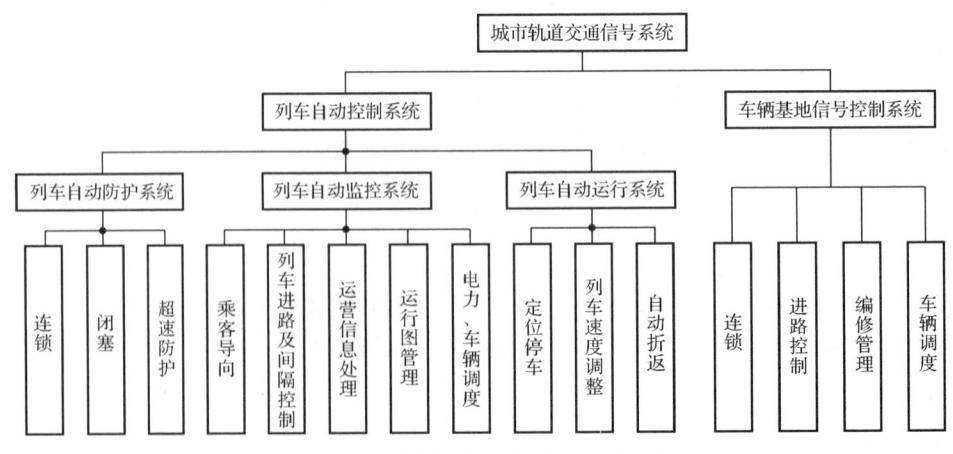

一、城市轨道交通信号系统的组成

城市轨道交通信号系统是城市轨道交通系统中重要的设备，其作用是指挥列车运行，并保证列车安全运行。城市轨道交通具有密度高、间隔短、站距短和速度高等特点，因而对城市轨道交通保障系统有着安全要求高、通过能力大、抗干扰能力强、可靠性高、自动化程度高等要求。

（一）城市轨道交通信号系统组成

城市轨道交通信号系统通常由列车自动控制系统和车辆基地信号控制系统两大部分组成，用于列车进路控制、列车间隔控制、调度指挥、信息管理、设备工况监测及维护管理等，是一个高效的综合自动化系统，如图6-1所示。

图6-1 城市轨道交通信号系统的组成

（二）城市轨道交通信号基础设备

城市轨道交通信号基础设备包括继电器、信号机、转辙机、轨道电路等。

1. 继电器

继电器是利用不同触点的组合，完成不同电路连通与断开的电器开关。它由线圈、铁芯、衔铁、推杆、中簧片、前触点、后触点等组成。

继电器如图 6-2 所示。当继电器励磁线圈通电时，衔铁被吸住，推杆升起，中簧片连接前触点，前触点电路接通。当继电器励磁线圈断电时，衔铁在重力作用下推杆下落，中簧片连接后触点，后触点电路接通，同时断开前触点电路。

可见，继电器具有开关特性，可通断电路以实现各种控制。

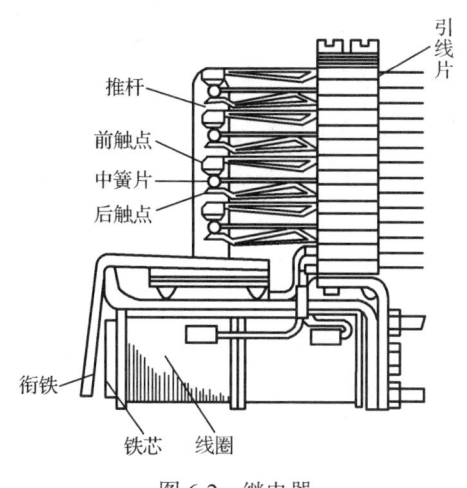

图 6-2 继电器

2. 信号机

城市轨道交通采用色灯信号机，一般设在车辆段和有道岔的车站。

色灯信号机以其灯光的颜色、数目和亮灯状态来表示信号。色灯信号机有高柱信号机和矮柱信号机两种，如图 6-3、图 6-4 所示。

高柱信号机安装在钢筋混凝土机柱上，多用于显示距离远、观察位置明显的地方，如车辆段的进段、出段信号机；矮柱信号机安装在信号机水泥地基上，多用于显示距离不远、隧道等安装空间受限制的地方。

图 6-3 高柱信号机　　　　图 6-4 矮柱信号机

3. 转辙机

在连锁区内的每个道岔处都要设置一台转辙机，用以转换道岔和锁闭道岔。

4. 轨道电路

轨道电路是以铁路线路的两根钢轨作为导体，两端加以机械绝缘（或电气绝缘），再接上送电和受电设备而构成的电路。

1）轨道电路的组成与工作原理

轨道电路由送电端、接受（受电）端、传输线、电源、轨道继电器等组成。轨道电路工作原理如图 6-5 所示。

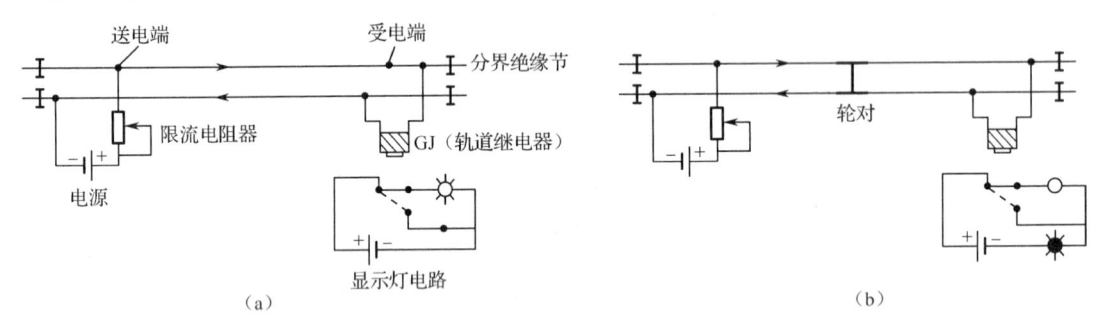

图 6-5 轨道电路工作原理

如图 6-5（a）所示，当轨道上无列车占用且钢轨完好无损时，电路处于通路状态。这时轨道继电器励磁线圈有电流通过，衔铁吸起，中簧片连接前触点，绿灯或黄灯亮，表示该段轨道上无列车占用，列车可进入该区段运行。

如图 6-5（b）所示，当轨道上有列车占用时，由车轮形成了回路，使得轨道继电器励磁线圈失去电流从而使衔铁落下，中簧片断开前触点，连接后触点，绿灯灭、红灯亮，表示该轨道段上有列车占用，列车不准进入该区段（停在该区段防护信号外）。

当轨道发生钢轨断裂时，轨道电路处于断路状态，轨道继电器同样失去电流导致红灯亮，从而形成了保护作用。

2）轨道电路的作用

从上述轨道电路的工作原理可以看出，轨道电路可以检查轨道是否空闲、钢轨是否完整。除此之外，轨道电路还可以传递行车信息。

二、信号的分类

1. 视觉信号和听觉信号

视觉信号是以信号灯的颜色或信号装置的位置变化来显示信号意义，如色灯信号机、信号旗、信号牌等；听觉信号是以声音的多少、长短等方式来显示信号意义，如口哨、响墩等。一般以视觉信号为主要信号，听觉信号为辅助信号。

2. 固定信号和移动信号

固定信号是固定设置在规定位置的信号装置所显示的信号，如地面信号机等；移动信号是根据需要可以临时设置的信号装置所显示的信号，如信号牌、手提信号灯（如图6-6所示）、信号旗、徒手信号等。一般以固定信号为主要信号，移动信号为辅助信号。

3. 地面信号和车载信号

地面信号是设置在线路附近供司机辨识的信号；车载信号是通过传输设备将地面信号或其他方式传输的信号直接引入列车，并能显示的信号。

图6-6 手提信号灯

三、地面信号机的设置和显示意义

（一）地面信号机的位置

城市轨道交通的地面信号机设于列车运行方向右侧，其地下部分一般安装在隧道壁上，特殊情况可设于列车运行方向的左侧或其他位置。

（二）信号的颜色和显示意义

城市轨道交通信号的基本色为红色、黄色、绿色三种，再辅以蓝色、月白色构成城市轨道交通信号的基本显示颜色。

红色信号表示停车，禁止越过地面信号机，即停车信号（红色信号熄灭或显示不明的情况也视为停车信号）。

绿色信号表示列车可按规定速度通过，即通车信号。

黄色信号表示注意减速运行，即有条件的通车信号。

月白色信号若作为调车信号，则表示允许越过调车信号机调车；若作为引导信号，则应加上红色信号，表示准许列车越过红灯，以不超过20km/h的速度进站，并随时做好停车准备。

蓝色信号为调车信号，表示禁止越过调车信号机调车。

（三）地面信号机的设置

城市轨道交通规定，在列车自动控制系统控制区域，线路的道岔区应设防护信号机或道岔状态表示器，其他类型的地面信号机可根据需要设置。道岔表示器表示道岔的位置及开通的方向，如图6-7所示。

1. 正线上的地面信号机设置

1）防护信号机

正线上的道岔区应设防护信号机。防护信号机设于道岔岔前和岔后的适当地点，对通过道岔的列车显示信号，防护道岔开通的线路或进路的安全。具有出站性质的道岔防护信号机应设引导信号。具有两个以上运行方向的信号机可设进路表示器，进路表示器表示股道上进路开通的方向。

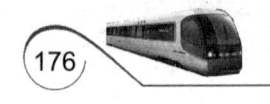

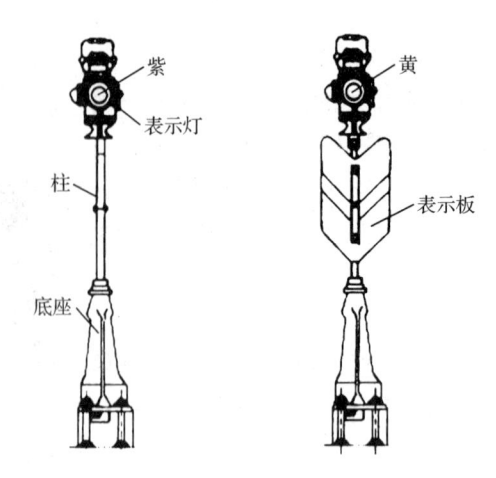

图 6-7 道岔表示器

防护信号机有以下四种显示信号。

（1）绿色灯光——表示该防护信号机所防护进路的道岔区间开通，准许列车按规定速度越过该防护信号机，进入该区间。

（2）白色灯光——表示该防护信号机所防护的道岔折返线开通，准许列车按规定速度越过该防护信号机，运行至折返点。

（3）红色灯光——不准越过该防护信号机（该防护信号机所防护进路的道岔区间不空闲）。

（4）白色灯光加红色闪烁灯光——表示防护信号机所防护进路的道岔区间要求列车以不超过 20km/h 的速度越过该防护信号机，有条件进入该区间。

2）通过信号机

采用列车自动控制系统的城市轨道交通，区间分界点不设置地面信号机，而设置反光材料制成的分界标。只有在行车间隔较大、采用自动闭塞作为过渡方式时，才设置区间通过信号机。

3）进站信号机

进站信号机是设置在车站入口（站界）外方适当距离处，用来防护车站内作业的安全，指示列车能否由区间进入车站的信号机。

进站信号机有以下两种显示信号。

（1）红色灯光——不准列车越过进站信号机（不准进站）。

（2）绿色灯光——允许列车按规定速度越过该进站信号机（允许进站）。

4）出站信号机

出站信号机设置在车站的出口，即列车由车站向区间发车处的前方，用来防护区间列车运行安全，指示列车能否由车站进入区间。

出站信号机有以下两种显示信号。

（1）红色灯光——不准列车越过该出站信号机（不准出站）。

（2）绿色灯光——允许列车越过该出站信号机，进入区间（允许出站）。

地铁车站一般不设置进、出站信号机,而是在出站方向的站台侧、列车停车位置前方适当地点设置发车指示器。发车指示器设置在站台上列车发车始端位置,向司机指示能否关门及发车的时间。发车指示器的灯光平时不亮,而在列车停靠后其灯光显示如下:白色闪烁灯光表示离发车还有 5s,提示司机关车门;白色灯光表示可以发车;无灯光表示不能关门、发车。地铁车站也可以根据需要设置进站、出站信号机及进站信号机的预告信号机,或者只设置出站信号机。

5)出站信号机的复示信号机

当出站信号机因地形、地物影响而观察不清时,要在出站信号机的内方设置复示信号机,以重复显示出站信号机的显示信号。

6)阻挡信号机

阻挡信号机一般设置在尽头线的终端,表示列车停车位置。阻挡信号机的显示信号为红色灯光,表示列车不准越过该阻挡信号机。

7)引导信号机

当主体信号机因故障等原因不能正确显示信号时,通过引导信号机显示一个白色灯光加一个红色灯光(闪烁),以表示准许列车以低速(不超过 20km/h)越过该引导信号机进站,并随时做好停车准备。

2. 车辆段(停车场)的地面信号机设置

在车辆段(停车场)入口处设置进段(进场)信号机;在车辆段(停车场)出口处设置出段(出场)信号机;在同时能存放两列及以上列车的停车线中间设置列车阻挡信号机(可兼作调车信号机);车辆段(停车场)内其他地点根据需要设置调车信号机。进/出段信号机的设置同防护信号机。

3. 调车信号机

调车信号机设置在有连锁设备的车站调车作业的进路始端,用来防护调车进路的安全可靠,并指示列车能否进入调车进路以进行调车作业。

调车信号机有以下两种显示信号。

(1)白色灯光——允许越过该调车信号机(调车进路空闲)。

(2)蓝色(或红色)灯光——不准越过该调车信号机(调车进路不空闲)。

地面信号机的图形符号如表 6-1 所示。

表 6-1　地面信号机的图形符号

地面信号机显示	图形符号	复示信号机显示	图形符号	地面信号机类型	图形符号
红色灯光	●	稳定绿色灯光	⌀	左向高柱信号机	⊙⊢
黄色灯光	⊘	稳定红色灯光	⬤	右向高柱信号机	⊣⊙
绿色灯光	○	黄色闪烁灯光	⌀	左向矮柱信号机	○⊢
蓝色灯光	⊙	无灯光(空灯位)	⊗	右向矮柱信号机	⊣○
月白灯光	◎				

四、道岔及转辙机

(一)道岔及转辙机的构成

道岔是城市轨道线路分歧的线路连接,是城市轨道线路的分岔部分。转辙机是转换道岔的装置,通过道岔的不同开向引领列车轮对进入不同的线路。转辙机控制道岔尖轨的开通方向,保证轮对安全顺畅地通过道岔。道岔及转辙机如图 6-8 所示。

图 6-8 道岔及转辙机

1. 道岔的结构

道岔包括两条基本轨、两条尖轨、两条导曲轨、一组岔心和两根护轮轨等。其中,基本轨是道岔的基本组成部分;两条尖轨只能一边与基本轨密贴(不大于 4mm 间隙),另一边处于分开位置(满足规定的动程)。轮对一边由基本轨过渡到尖轨,而另一边沿基本轨运行,通过导曲轨到岔心,由护轮轨牵引保证轮对安全、顺利地通过岔心。

2. 转辙机的组成

S700K-C 系列转辙机的组成如图 6-9 所示。

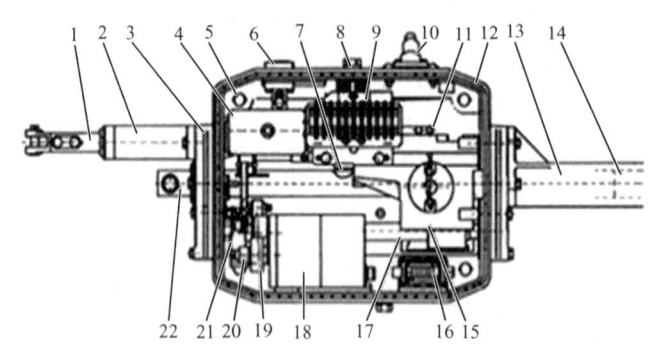

1—检测杆;2—导向套筒;3—导向法兰;4—遮断开关;5—地脚孔;6—开关锁;7—锁闭块;8—接地螺栓;9—速动开关组;10—电缆密封装置;11—指示标;12—底壳;13—动作杆套筒;14—止挡片;15—保持连接器;16—接插件插座;17—滚珠丝杠;18—电动机;19—摩擦连接器;20—齿轮组;21—连杆;22—动作杆

图 6-9 S700K-C 系列转辙机的组成

转辙机种类很多,一般包括电动机、液压抽油泵、减速/调整装置、主轴、锁闭块、齿轮组、动作杆、指示标、自动开闭器、移位接触器、安全触点等。

（二）转辙机的类型

转辙机按动作能源和传动方式可以分为电动转辙机、电动液压转辙机和电控转辙机。转辙机按供电电源可以分为直流转辙机和交流转辙机。转辙机按动作速度可以分为普通动作转辙机和快动转辙机。转辙机按锁闭道岔的方式可以分为内锁闭转辙机和外锁闭转辙机。转辙机按是否可挤可以分为可挤型转辙机和不可挤型转辙机。

（三）道岔及转辙机的作用

道岔是轨道分岔的地方。转辙机控制着道岔的转换并实现道岔的锁闭。道岔的开通位置和转辙机的工作状态与列车运行安全直接相关。只有进路上道岔必须转换到规定的位置，且连续检查的道岔位置正确，才能保证进路的开放。当进路锁闭、道岔区间有车占用或轨道电路故障时，道岔不能转换。调度中心或车站控制室能够实现道岔的自动控制，发布道岔控制命令或进路控制命令使进路中的道岔自动转换至安全位置。调度中心或车站控制室可以实现道岔的自动排列进路命令驱动和人工操作控制，并在道岔设备故障情况下可以人工摇动和锁闭道岔。

五、连锁的概念

（一）连锁

列车在车站内运行的经路称为进路。进路由道岔的开通方向决定，如果道岔开通方向不对，就有可能使两列列车由不同方向开到同一股道上去，或者开到事先已停留列车的股道上去，从而引起撞车事故。

为了保障行车安全，进路要设有信号机来防护。道岔位置不对或者进路上有列车，这条进路就不能开放，信号机的信号要禁止列车开到进路上，以保证列车运行的安全。因此，在有关信号机和道岔之间、信号机和信号机之间应建立一种相互制约的关系，这样才能保证车站的安全，而这种制约关系称为连锁，为实现这种连锁关系的设备称为连锁设备。

（二）连锁的基本内容

连锁的基本内容：防止建立导致列车相冲突的进路；必须使列车或调车列车经过的所有道岔均锁闭在与进路开通方向相符合的位置；必须使信号机的显示信号与所建立的进路相符。

连锁必须满足的最基本的技术条件如下。

（1）进路在各区间空闲时才能使信号机显示开放信号。

（2）进路在有关道岔在规定位置时才能使信号机显示开放信号。

（3）当敌对信号未关闭时，防护该进路的信号机不能显示开放信号，否则列车或调车列车可能造成正面冲突。

（三）连锁的种类

如上所述，在控制车站的道岔、进路和信号时，将实现它们之间连锁的设备称为连锁设备。连锁设备主要分类如下。

1. 电锁器

电锁器连锁就是道岔靠人力通过机械转换，信号机由有关人员通过电气或机械操纵，用电锁器实现道岔与信号控制的连锁。

2. 电气集中连锁设备

用电气的方法集中控制和监督全站的道岔、进路和信号机，并将实现它们之间连锁的设备称为电气集中连锁设备。城市轨道交通多采用电气集中连锁设备。在电气集中连锁中，实现连锁的主要元件是继电器。电气集中连锁采用色灯信号机，道岔由转辙机转换，进路上所有区间均设有轨道电路，在信号楼进行集中控制和监督。6502电气集中器就是电气集中设备连锁的一种，是我国自己设计的较先进的铁路信号设备之一，已被全国铁路广泛采用。

3. 微机连锁系统

微机连锁系统是以微型计算机取代了传统的电气集中电路而构成的车站信号自动控制系统。在微机连锁系统中，计算机对车站值班员的操作命令和现场状态信息按规定的连锁逻辑进行分析与处理，实现对铁路车站信号设备的控制。

城市轨道交通正线上的集中控制站和车辆段设有连锁设备基本上都采用微机连锁系统。

六、闭塞

在城市轨道交通中，线路以车站（线路所）为分界点划分为若干区间。列车在区间（分区）内运行的特点：在一条特定的轨道上运行，速度高，质量大，制动距离长，不能避让。城市轨道交通的轨道起了承载和导向作用。列车依次在线路上排队运行，不能超车，不能追尾相撞。为了提高线路的运载能力，必须尽可能地缩短两列车之间的间距。

1. 定义

为了确保列车在区间内的运行安全，列车由车站向区间发车时，必须确认区间内没有列车，并遵循一定的规律组织行车，以免发生列车正面冲突或追尾等事故。这种按照一定规律组织列车在区间内运行的方法，称为行车闭塞法（简称闭塞）。办理闭塞所用的设备称为闭塞设备。

2. 方式

1）空间闭塞法

把线路划分为若干个区间（或闭塞分区），在每个区间内同时只准许一列列车运行，这样使前后列车之间保持一定的距离，把同方向列车分隔在两个空间，可以有效地防止列车追尾的发生，确保列车运行安全。这种行车方法是我国目前所采用的行车闭塞法，而这种行车闭塞法就是空间闭塞法。

2）时间闭塞法

时间闭塞法是指列车按照事先规定好的时间由车站发车，使前后列车之间保持一定的时间间隔的行车方法。这种行车方法因追踪列车不能确切地得到前行列车的运行状况，所以不能确保列车在区间内的运行安全，因此我国已不再使用此种行车方法。

3. 闭塞的制式

1）人工闭塞

人工闭塞采用电气路签或路牌作为列车占用区间的凭证，由接车站值班员检查区间是否空闲。因为这种方法在交接凭证和检查区间状态都要依靠人来完成，所以称为人工闭塞。人工闭塞在我国已经很少采用。

2）半自动闭塞

半自动闭塞采用人工办理闭塞手续，列车凭信号显示发车后，出站信号机自动关闭。发车站值班员必须在办理好闭塞手续后才能使出站信号机显示出站信号，列车出发后出站信号机自动关闭。在没有检测区间是否停留有车辆的设备时，还必须由接车站值班员确认列车的完全到达，办理解除闭塞手续。这种方法，因为既要人的操纵，又要依靠列车自动动作，所以称为半自动闭塞。

3）自动闭塞

自动闭塞是指根据列车运行及有关闭塞分区状态，自动变换通过信号机的显示，而司机凭该信号行车的方法。这种方法因为不需要人的操纵，所以称为自动闭塞。

4）移动闭塞

自动调整列车运行间隔的行车方法称为移动闭塞。移动闭塞的前后两列车之间的安全间隔距离不是固定的，而是根据列车运行条件自动调整的，且闭塞分区划分是虚拟的。移动闭塞在城市轨道交通中已得到了越来越广泛的应用。

七、应答器

应答器又称信标，是信号系统的基础设备，随着列车自动控制系统的普及，应答器在城市轨道交通得到了广泛的应用。不同的应答器应用于不同的信号制式，有"有源应答器"和"无源应答器"之分，又称"有源信标"和"无源信标"。

应答器由地面应答器、车载应答器两部分构成，如图6-10所示。其中，地面电子单元是一种数据采集与处理单元，当有数据变化时（如信号显示改变等），将改变后的数据，形成报文传送给地面应答器进行发送。

（一）地面应答器

地面应答器是一种可以发送数据报文的高速数据传输设备。城市轨道交通信号系统为每一个地面应答器分配一个固定的坐标。

地面应答器的主要功能：接收车载天线传递的载频能量并向车载天线发送数据信息。

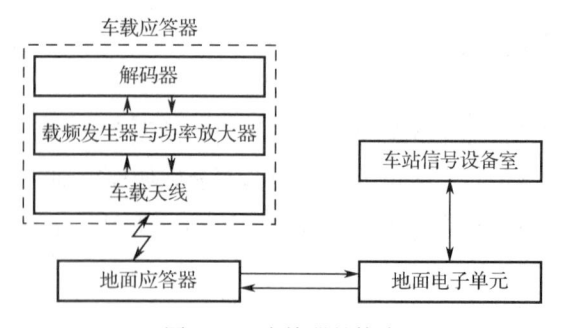

图 6-10 应答器的构成

地面应答器有无源应答器和有源应答器两种。无源应答器向列车传送固定的信息；而有源应答器一般都与地面电子单元连接，通过连接的地面电子单元，可实时更新有源应答器中存储的数据。无源应答器通过接受车载天线传递的载频能量，获得电能量，从而使其信号发生器工作，然后将事先存储于的数据发送车载天线。地面应答器如图 6-11 所示。

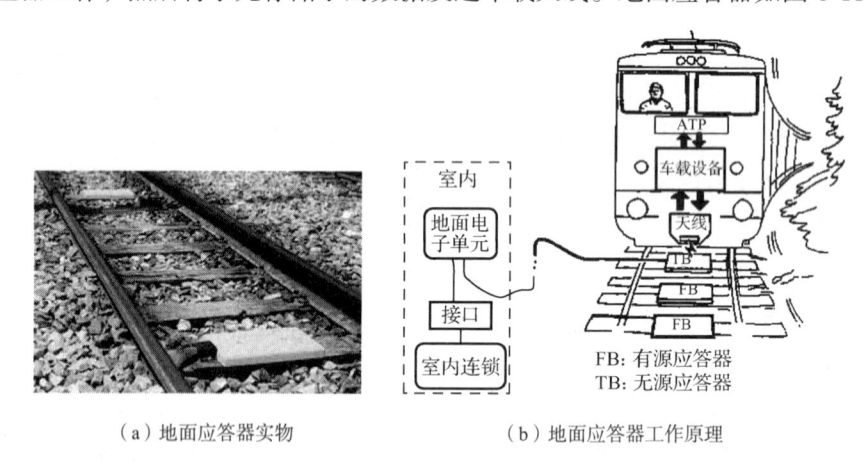

（a）地面应答器实物　　　　（b）地面应答器工作原理

图 6-11 地面应答器

（二）车载应答器

车载应答器包括车载天线、载频发生器与功率放大器、解码器等。

车载天线的主要功能：发送地面应答器需要的能量；接收来自地面应答器的信息；分析接收到的数据流，找出完整的报文，形成处理好的无错码报文，确定定位参考点，从列车上向地面发送包括检查码在内的各种信息。

车载天线是一个双工的收发天线，既要向地面发送激活地面应答器的功率载波，还要接受地面应答器发送的数据报文。

载频发生器与功率放大器，用于产生激活地面应答器所需的载频能量，并通过车载天线传递给地面应答器。

解码器是用于对地面应答器的信息进行处理的模块，由微处理器、滤波器和其他相关单元组成。解码器可以对地面应答器的信息进行接收、滤波、数字解调与处理，而经处理后的信息通过相应的接口，传送至相关的设备，如车载列车自动防护子系统设备、司机显示单元或无线设备。

八、列车自动控制系统

针对城市轨道交通的特点,其信号系统与大铁路的传统信号系统在控制原理上基本相同,但也有自身诸多特点,如表 6-2 所示。

表 6-2　传统信号系统和城市轨道交通信号系统的比较

传统信号系统	城市轨道交通信号系统
列车运行速度高,可采用较高速率的数据传输系统	列车运行速度低,可采用较低速率的数据传输系统
连锁设备对象多	车站一般不设置道岔,连锁设备监控对象少
通过设置在地面的色灯信号机指挥列车运行,车载信号作为辅助信号	减少或取消了传统的地面信号,车载信号作为主体信号
传递不同的行车命令	传递给列车的是具体的速度或距离信息
主要由司机控制列车运行速度	依靠列车自动运行子系统驾驶或无人驾驶,司机劳动强度大大减少
行车组织复杂,列车种类多	行车组织简单,列车种类单一

城市轨道交通信号系统是保证列车运行安全和提高线路通过能力的重要设施。传统信号系统已不能适应城市轨道交通的发展,必须用一种能实现列车速度自动控制和列车运行间隔自动调整的新系统来替代,这就是列车自动控制系统。

在列车自动控制系统中,后续列车根据与先行列车之间的距离和进路条件,在车内连续地显示出容许的速度信息,或按设定的运行条件达到该容许速度的距离信息。根据上述信息,列车自动地控制运行速度,以达到自动调整行车间隔的目的,提高运输效率,并由列车自动控制系统实现在车站的程序定位停车。

列车自动控制系统取消了传统的地面信号,将车载信号作为主体信号,使信号的含义发生了质的变化,即传递给列车的是具体的速度和距离信息,从而能可靠地防止由于司机失误而超速或追尾等事故,确保列车运行安全。

列车自动控制(Automatic Train Control,ATC)系统包括列车自动监控(Automatic Train Supervision,ATS)、列车自动防护(Automatic Train Protection,ATP)、列车自动运行(Automatic Train Operation,ATO)3 个子系统,简称"3A"系统。列车自动控制系统是在保证行车安全、提高运营效率的情况下,实现列车的自动控制。

这 3 个子系统通过信息交换网络构成闭环系统,可以充分发挥保证行车安全、提高运行效率、缩短行车间隔、促进管理现代化、提高综合运营能力和服务质量的作用。

(一)列车自动控制系统

列车自动控制系统的组成如图 6-12 所示。

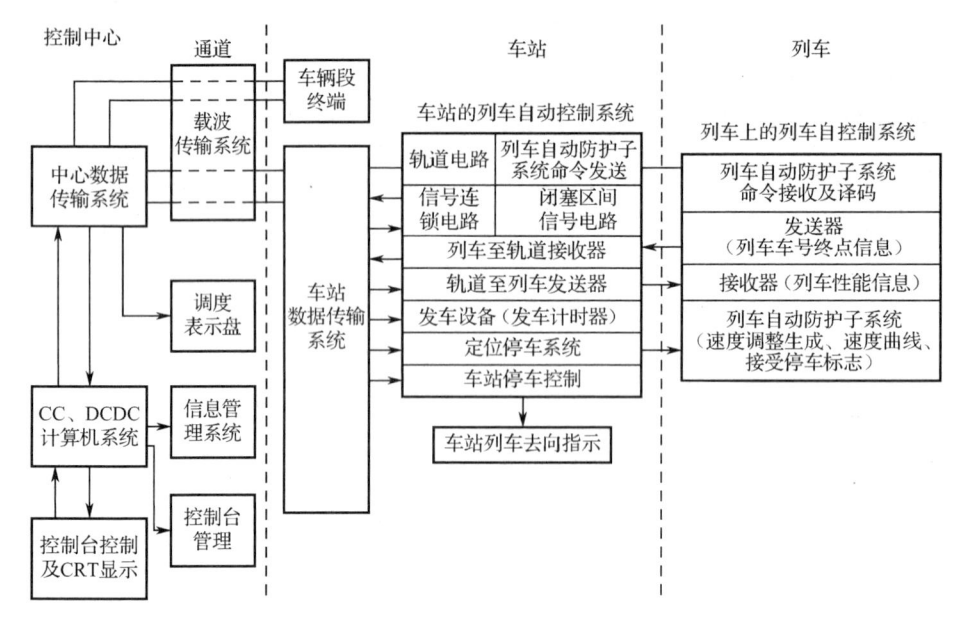

图 6-12 列车自动控制系统的组成

（1）控制中心：由列车运行监视（调度监督）或列车运行监控（调度集中）或列车自动监控等子系统构成。

（2）车站及轨旁子系统：由行车指挥系统车站设备、连锁设备、行车运行控制系统的地面设备及其与连锁设备的接口、列车识别等其他设备组成。

（3）车载子系统：由车载信号和自动停车设备、车载列车自动防护子系统/列车自动运行子系统及列车识别等设备组成。

（4）车辆段（场）子系统：由连锁设备、行车指挥系统等设备组成。

（二）列车自动防护子系统

列车自动防护子系统是保证行车安全的基本系统，可实现列车的间隔控制、超速防护和进路的安全监控、安全开关门的监督等功能，确保列车和乘客的安全。

列车自动防护子系统主要包括车载设备和地面设备。

1. 轨旁列车自动防护子系统的功能

（1）轨道区间空闲的检测。

（2）自动检测车辆的位置。

（3）控制列车运行安全间隔，满足规定通过能力。

（4）连续监督列车速度，实现超速防护。

（5）列车车门开闭安全控制，为列车车门的关闭提供安全可靠的信息。

（6）标志器及环线信息控制。

（7）目的地选择。

（8）停站时间控制及自动启动等。

（9）向列车自动运行子系统传送控制信息。

2. 车载列车自动防护子系统的功能

（1）接收和解译限速指令。

（2）根据限速进行超速防护。

（3）测速、测距。

（4）停站校核。

（5）控制列车车门开闭，发送站台屏蔽门开闭信息等。

（6）具有故障自检、报警和记录功能。

（三）列车自动监控子系统

列车自动监控子系统是指挥列车运行的控制、监督设备，主要由中央计算机网络系统和车站计算机或中断模块设备组成。其控制方式可由控制中心集中控制，也可由车站分散控制。列车自动监控子系统主要作用是编制、管理行车计划，实现对全线列车的调度监控和列车运行的自动调整。

1. 控制中心列车自动监控子系统的主要功能

（1）列车的运行控制等正常操纵。

（2）时刻表的编辑、修改和存储，时刻表延时修正的调整控制。

（3）列车位置的实时监视和列车运行轨迹记录。

（4）运行图管理（计划和实际运行图）。

（5）列车运行进路的自动设置，车站连锁状态的监督。

（6）故障记录等。

2. 轨旁列车自动监控子系统的主要功能

（1）列车的进路控制及其表示。

（2）遥控指令的解译及表示数据的编辑。

（3）折返模式控制。

（4）车—地交换信息的编译。

（5）乘客向导信息、目的地信息的显示。

（6）停止控制逻辑及接口等。

（7）运行等级设定。

（8）列车识别。

3. 车载列车自动监控子系统的主要功能

（1）接收非安全控制信息。

（2）接收运行等级及其目的地等数据。

（3）发送列车状态的自诊断信息。

（4）乘客向导信息的提供等。

（四）列车自动运行子系统

列车自动运行子系统以列车自动保护系统为基础，配置车载计算机系统及必要的辅助设备，主要执行站间自动运行、列车在车站的定点停车、在终点的自动折返等功能。它对于列车运行规范化、减少人为影响，在高密度、高速度运行条件下保证运行秩序有很大好处，在节约列车能耗方面也有一定作用，同时还可以减轻司乘人员的劳动强度。列车自动运行子系统主要由车载设备和地面设备组成。

1. 轨旁列车自动运行子系统的主要功能

（1）车站程序定位停车的车—地信息交换。

（2）定位停车校核，车门和站台屏蔽门开闭控制。

2. 车载列车自动运行子系统的主要功能

（1）列车运行速度的自动调整。

（2）惰行、加速、减速控制。

（3）定位停车程序控制。

（4）出发控制。

（5）自动折返。

（6）发送停站及列车长度信息等。

相关案例

ZD6—A型电动转辙机

ZD6系列转辙机采用内锁闭方式，是我国城市轨道交通中使用最为广泛的转辙机，ZD6—A型转辙机是基本型，如图6-14所示，其他型号，如D、E、J等，属于派生型号。ZD6—A型转辙机的结构如图6-15所示。

图6-13　ZD6—A型转辙机

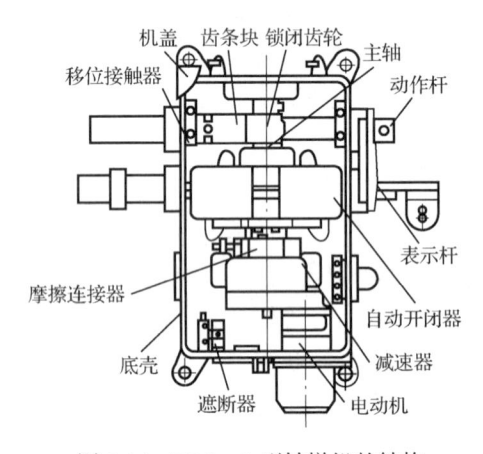

图6-14　ZD6—A型转辙机的结构

为转辙机提供动力的电动机采用直流串励电动机。

减速器用于降低转速以获得足够的转矩，并完成传动功能。

摩擦连接器由弹簧和摩擦制动板组成，构成输出轴与主轴之间的摩擦连接，当道岔转换过程中尖轨遇阻时，能够保护电动机。

转换锁闭装置由锁闭齿轮和齿条块组成，能将转动变为平动，通过动作杆带动尖轨运动，转换到位后实现锁闭功能。

自动开闭器通过表示杆与尖轨连接，表示杆随尖轨移动。只有当尖轨密贴并锁闭后，才能接通道岔表示电路，并断开道岔的转换电路。

挤岔保护及报警装置包括挤切销和移位接触器等。挤切销用于连接动作杆和齿条块。挤岔时挤切销被切断，使动作杆和齿条块分离，避免机件损坏。移位接触器用于监督挤切销受损状态，道岔被挤或挤切销折断时，断开道岔表示电路，并接通挤岔报警电路。

遮断器又称安全触点，位于电动机一侧，用于断开电动机的电路。只有打开遮断器，才能插入手摇把进行人工转换道岔，或者打开机盖进行检修。

拓展知识

基于通信的移动闭塞列车自动控制系统

与基于轨道电路的闭塞制式相比，基于通信的移动闭塞制式具有以下优点。

（1）实现列车与地面双向、实时、高速度、大容量的信息传输。

（2）易于实现无人驾驶。

（3）列车定位精度高。

（4）列车移动授权更新快。

（5）不受牵引回流干扰。

（6）轨旁设备简单、可靠性高。

（7）缩短列车追踪间隔、提高区间通过能力。

（8）能适应不同性能列车的运行。

无线移动闭塞系统主要包括无线数据通信网、车载设备、区域控制器和控制中心等。实现这种闭塞制式的最主要技术手段是基于无线通信的列车控制（Communication Based Trail Control，CBTC），采用交叉感应电缆环线、漏缆、裂缝波导管及无线电台等方式实现了列车与地面间双向、大容量的信息传输，达到连续通信的目的，从而在真正意义上实现了列车运行的闭环控制。

通过可靠的无线数据移动通信网，列车不间断地将其标识、位置、车次、列车长度、实际速度、制动潜能和运行状况等信息以无线方式发送给地面信号设备。地面信号设备可以得到列车的连续位置信息和列车运行的其他信息，并据此计算出列车的移动授权，根据来自列车的信息计算、确定列车的安全行车间隔，并将相关信息（如现行列车位置、移动授权等）动态更新发送给列车。

车载设备包括无线电台、车载计算机和其他设备（如传感器、查询器等）。列车根据接收到的移动授权和自身的运行状态计算出列车运行的速度曲线。车载设备保证列车在该

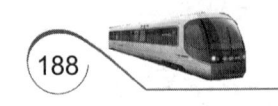

速度曲线下运行。列车自动运行子系统在列车自动防护子系统的保护下,控制列车的牵引、惰行、制动。

移动闭塞技术在对列车的安全间隔控制上更进了一步。通过车载设备和轨旁设备连续双向通信,控制中心可以根据列车实时的速度和位置动态地计算列车的最大制动距离。追踪列车之间的安全间隔距离是根据最大允许车速、当前停车点位置、线路等信息计算出来的。信息被循环更新,以保证列车不断收到实时信息,便组成了一个与列车同步移动的虚拟闭塞分区。因此在保证安全的前提下,两个相邻的移动闭塞分区就能以很小的间隔同时前进,这使列车以较高的速度和较小的间隔运行,最大限度地提高区间通过能力,从而提高运营效率。

任务二　城市轨道交通通信系统

学习目标

(1) 熟悉城市轨道交通通信系统的分类。
(2) 了解城市轨道交通通信网的基本结构及分类。
(3) 了解城市轨道交通通信系统的组成及功能。
(4) 掌握城市轨道交通通信设备的基本操作方法。

学习任务

认知城市轨道交通通信系统及设备的组成;熟悉城市轨道交通通信系统的工作过程;认知城市轨道交通通信系统的功能;掌握城市轨道交通通信设备的基本操作方法。

工具设备

利用多媒体课件、图片等组织教学,利用城市轨道交通通信设备及模拟系统,结合现场教学进行学习。

教学环境

含有多媒体设备的城市轨道交通综合实验室。

基础知识

城市轨道交通通信系统是专用于组织、指挥城市轨道交通运营行车的通信系统。它能接收/发送语音、数据、图像、多媒体等信息,并为指定的用户提供服务。

通信系统是城市轨道交通运营生产的基础,是保证行车安全、提高运营效率、提升运营服务质量的重要设施。在科学技术迅速发展的时代,具有现代化特征的专业通信系统,是城市轨道交通的重要标志之一。

一、城市轨道交通通信系统概述

城市轨道交通通信系统是进行轨道交通对外联络、内部工作联系、设备运用状态监控、故障检测与维修、事故抢险与救援、行车组织信息传递、客运组织管理的数据输入、站区视频监督、运营信息播报等的重要通信工具,是城市轨道交通的耳目,是城市轨道交通得以运行的重要保障。

(一)城市轨道交通对通信系统的要求

城市轨道交通通信系统要能迅速、准确、可靠地传递和交换各种信息,将各车站的客流量、沿线列车的运行状况等信息及时地传送到调度所,并将调度所发布的各项调度命令及各种控制信号传送至各个车站的执行部门和机构,从而使城市轨道交通系统的运行始终处于有条不紊的状态。

(二)城市轨道交通通信系统的分类

城市轨道交通通信系统按功能、传输信号的特征、传输媒介、信号特征等有不同的分类。

1. 按功能分类

(1)自动电话通信子系统:供一般公务联系用。

(2)专用通信子系统:直接指挥列车运行。

(3)广播子系统:向乘客报告列车运行信息。

(4)闭路电视子系统:用以监视车站各部位、客流情况及列车停靠、车门开闭和启动状况。

(5)传真及数据通信子系统:用以传送文件和数据。

2. 按传送信息的物理特征分类

城市轨道交通通信系统按传送信息的物理特征不同可分为电话、电报、数据和图像等通信系统。其中,电话通信系统目前最发达,其他通信系统常借助于电话通信系统传递信息,如电报通信系统一般通过电话通信系统中的一个话路或从话路中一部分频带传送信息;图像信息可使用多个话路合并为一个信道来传送。

3. 按传输介质分类

通信系统模型中的信道是指传输信息的介质或信号的通道。按传输介质分类,城市轨道交通通信系统可分为有线通信系统和无线通信系统两大类。有线通信系统包括双绞线、同轴电缆、光缆等;无线通信系统包括微波、卫星、红外线、激光等。

4. 按传输信号的性质分类

根据传输信号的特征,城市轨道交通通信系统可分为模拟通信系统和数字通信系统两大类。

上述系统通过电缆、光缆、漏泄电缆、天线、电磁波等传输介质,构成一个互相关联、互相补充的通信系统整体。

二、城市轨道交通通信网的基本结构及分类

构成城市轨道交通通信网的基本要素是终端设备、传输设备和交换控制设备。将终端设备、传输设备和交换控制设备按照适当的方式连接起来,就可构成各种形式的城市轨道

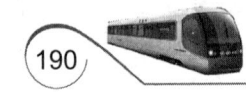

交通通信网。

城市轨道交通通信网的构成方式必须与城市轨道交通系统本身的构成方式相适应。根据城市轨道交通系统控制中心和各车站的地理位置分布及线路的构成情况,城市轨道交通通信网有不同的分类。

1. 按拓扑结构分类

城市轨道交通通信网的拓扑结构如图 6-16 所示。按拓扑结构,城市轨道交通通信网分为以下几种类型。

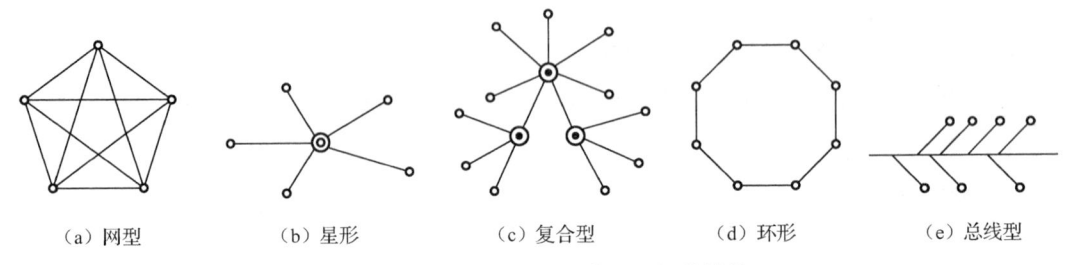

（a）网型　　（b）星形　　（c）复合型　　（d）环形　　（e）总线型

图 6-15　城市轨道交通通信网的拓扑结构

（1）网型网。这种拓扑结构网络比较有代表性的是完全互联网。具有 N 个节点的完全互联网有 $N(N-1)/2$ 条传输线路。N 值越大,传输线路就越多,传输线路的利用率也越低。因此,完全互联网是一种不经济的拓扑结构网络。但这种网络的冗余度较大,其接续质量和稳定性较好。

（2）星形网。具有 N 个节点的星形网络共有 $(N-1)$ 条传输线路。当 N 值较大时,相对网型网络来说,可节省大量的传输线路,但要花一定费用设置转接中心。在这种拓扑结构网络中,当转接中心的交换设备的转接能力不足或发生故障时,将会对网络的接续质量和稳定性产生影响。

（3）复合型网。这种拓扑结构网络是网型网和星形网复合而成的。它是以星形网为基础,并在通信量较大的区间构成网型网。

（4）环形网和总线型网。这两种拓扑结构在计算机通信网中应用较广。在这两种拓扑结构网络中,传输的信息速率较高,并要求各节点或总线终端节点有较强的信息识别和处理能力。

2. 按使用范围分类

城市轨道交通通信网按使用范围可分为本地网、长途网和国际网。

（1）本地网包括大城市、中等城市、小城市和县本地网。

（2）长途网是指负责本地网之间长途电话业务的网络。

（3）国际网是指国际电话通信通过国际电话局完成。每个国家都设有国际电话局,而国际电话局之间形成国际电话网。

3. 按业务类型分类

城市轨道交通通信网按业务类型可分为电话网、电报网、数据网、传真网、移动通信网和综合业务数字网等。

（1）电话网包括市内电话网、农村电话网、本地电话网和长途电话网。

（2）电报网包括公众电报网、用户电报网和智能用户电报网。

（3）数据网包括公众数据网和专用数据网。

（4）传真网包括本地传真网、地区性传真网和全国性传真网。

（5）移动通信网包括本地移动通信网和漫游移动通信网。

（6）综合业务数字网包括本地综合业务数字网和全国性综合业务数字网。

4．按运营方式分类

城市轨道交通通信网按运营方式可分为公用通信网和专用通信网。

（1）公用通信网即公众网，是向全社会开放的通信网。

（2）专用通信网是相对于公用通信网而言的，是国防、军事或国民经济的某一专业部门（如城市轨道交通、铁道、石油、水利电力等部门）自建或向通信服务运营商租用电路，专供本部门内部业务使用的通信网。

三、城市轨道交通通信系统的组成及功能

城市轨道交通通信系统一般由传输、公务电话、专用电话、无线集群调度、闭路电视监控、广播、时钟、乘客引导显示、防雷、光纤在线监测、动力环境监测、不间断电源等系统组成。

城市轨道交通通信系统的服务范围包括运营控制中心、车站、车辆段、停车场、维修中心、车站内等。城市轨道交通通信系统不是单一的子系统，而是多个相对独立的子系统的组合。这些子系统在不同的运营环境下协调工作。各子系统能对各自的故障进行检测和报警，从而确保整个通信系统的可靠性。

（一）传输系统

传输系统是整个通信网的纽带。它将各子系统信息传送到控制中心，同时为电力系统、信号系统、自动售检票系统、消防报警系统、办公网络等提供传输通道。传输系统组网模式如图6-16所示。

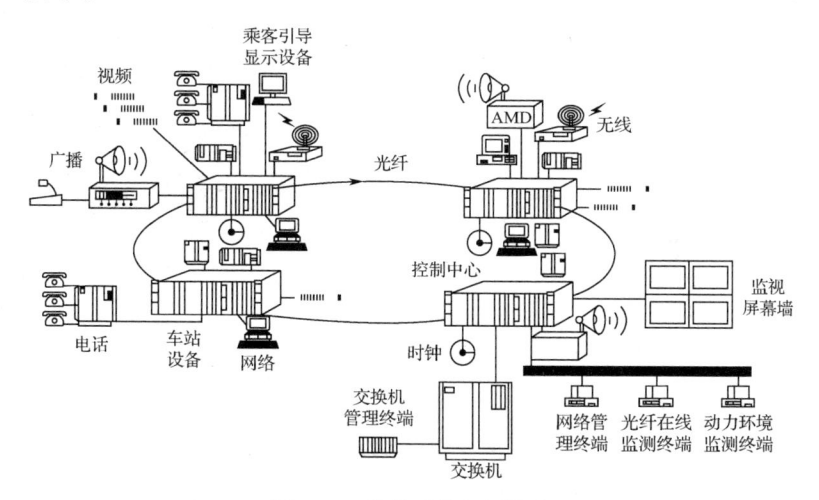

图6-16 传输系统组网模式

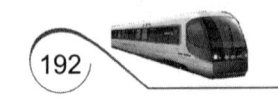

整个传输系统一般由车站设备、控制中心设备和传输线路三部分组成。车站设备用来将车站各系统需要上传的电信号转换成光信号,通过光缆线路传输到控制中心;控制中心设备是将车站上传的光信号转换成各子系统或其他系统需要的电信号。控制中心设备一般包括网络管理系统。网络管理系统用来监测整个网络设备运行状态,同时还具有系统参数设置、故障统计、报表输出、系统用户权限设置等功能。

(二)公务电话系统

公务电话系统为城市轨道交通运营提供办公电话、传真等业务,同时在控制中心、车站、车辆段等也设置公务电话,既可作为办公电话使用,也可以作为有线调度电话的备份,即一旦调度电话故障,临时应急使用。

(三)专用电话系统

专用电话系统主要用于城市轨道交通运营及维修服务,是行车调度员和车站(车辆段)值班员指挥列车运行、维护人员指导使用人员操作设备的重要通信工具,是为列车运营、电力供应、日常维修、防灾救护提供指挥手段的专用有线通信系统。

1. 专用电话系统的结构

专用电话系统包括调度通信、站场通信、站间通信、区间通信等。专用电话系统可为控制中心指挥人员,如行车调度员、维修调度员、电力调度员、环境报警调度员、防灾调度员等提供专用直达通信,并且具有单呼、组呼、全呼、紧急呼叫和录音等功能,同时可为站内各有关部门提供与车站值班员之间的直达通话,并为车站值班员提供可以呼叫相邻车站的车站值班员的功能。专用电话系统如图 6-17 所示。

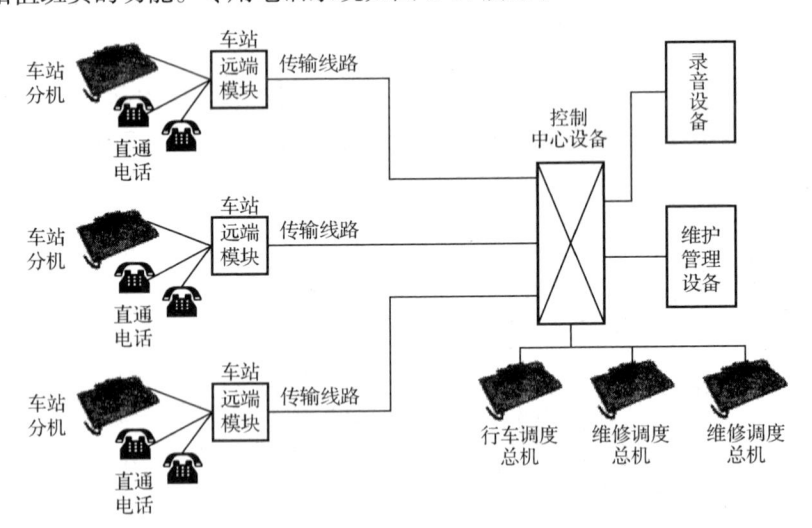

图 6-17 专用电话系统

1)调度通信

调度通信包括行车调度、维修调度、电力调度、环境调度、防灾调度等。

调度通信采用的是以各调度子系统的调度员为中心的一点对多点的通信方式。调度员

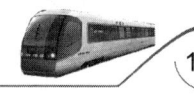

可按个别呼叫（呼叫单独一个用户）、组呼（按调度台的不同分组方式，呼叫某一组调度分机用户）或全呼（呼叫调度台系统中的所有调度分机用户）等方式呼叫调度辖区范围内相关的所属用户并通话，并接受所属用户的呼叫通话。通话方式为全双工方式，也可根据需要设置为单呼定位通话方式。调度台与调度台之间可进行通话。

调度员一般使用键控式操作台或触摸式操作台。调度分机是根据使用人员的具体需求配置的，如车站值班员需要与多个调度联系，一般采用键控式操作台；变电所值班员只与电力调度联系，一般采用电话机。

2）站场通信

站场通信供行车值班室或站长与本站内运营业务有关人员进行通话联系。

站场通信一般采用直通电话。室内作业人员设置普通分机，而室外或在站台上设置紧急电话。紧急电话机选用的是单键式、外置扬声器的电话机。在紧急情况下，只要按下紧急电话机的按键即可与值班室通话。

站场通信主要用于车辆段、停车场内行车指挥，乘务运转，车辆段内调度指挥和车辆检修人员之间的专用通信。每个车辆段或停车场设置专用调度电话，其上与行车调度联系，其下与车辆段、停车场内专用调度电话分机联系。其通话方式与调度通信方式相同。

站场直通电话为一点对多点的辐射式集中连接方式，应能满足车站值班员、车辆段和停车场信号楼值班员、车辆段运转值班员、列检值班员、信号维修值班员等与本站场相关部门进行直接通话，并且只允许值班员与分机相互呼叫通话，分机间不允许通话。

3）站间通信

站间通信是指相邻两个车站值班员之间进行通话联络的点对点通信方式。

站间通信电话是为相邻两站（包括上行和下行）值班员办理行车有关业务时使用的。车站值班员一般使用按键式操作台作为值班台，在站间通话时单键操作即可接通。

4）区间通信

区间通信主要是指区间电话，主要驾驶员、区间维修人员与邻站值班员及相关部门联系通话。

区间电话是在城市轨道线路沿线每隔一段距离设置的通话装置。其设置形式有两种：一种是区间通话柱，一种是轨旁电话。区间通话由于设置在室外或隧道内，环境较差，所以要满足防潮、防火、防燥、防尘、防冻、防破坏性等特殊要求。

区间电话一般分为区间专用自动方式和区间直通方式。在区间专用自动方式上，用户摘机后需要拨号呼叫，由车站分机根据所播号码进行转接；在区间直通方式上，选择通话的用户一般包括上/下行车站、行车调度、电力调度、信号、通信、线路桥梁等相关人员，且摘机后即可直接接通。

2. 专用电话系统的功能

专用电话系统一般包括调度总机、调度分机、站间直通电话、紧急电话、区间通话柱、轨旁电话等终端设备。

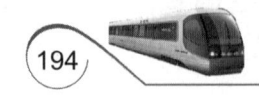

1）调度电话

调度电话分为总机和分机，其基本功能一样。根据不同用户的需求，可以对调度电话进行不同的功能设置。对调度电话的功能要求如下。

（1）总机能对分机进行选呼、组呼、全呼，任何情况下均不能发生阻塞。

（2）分机能对总机进行一般呼叫和紧急呼叫。

（3）调度台具有优先级别设置功能，高优先级别的可强拆、强插低级别的通话。

（4）总机与分机间呼叫通话，分机间不允许通话。

（5）各总机之间具有台间联络功能。

（6）总机能显示分机呼叫号码、区分呼叫类别、对双方通话进行录音。

2）其他终端

站间直通电话、紧急电话、轨旁电话、区间通话柱都具有一键直通功能，除紧急电话外其他终端还具有拨号呼叫功能。

（四）无线集群调度系统

无线集群调度系统主要解决固定人员（调度员、值班员）与流动人员（驾驶员、站务、维修人员与列检人员等）及其相互之间的通话及数据传输问题。无线集群调度系统网络一般为带状网络，如图6-18所示。

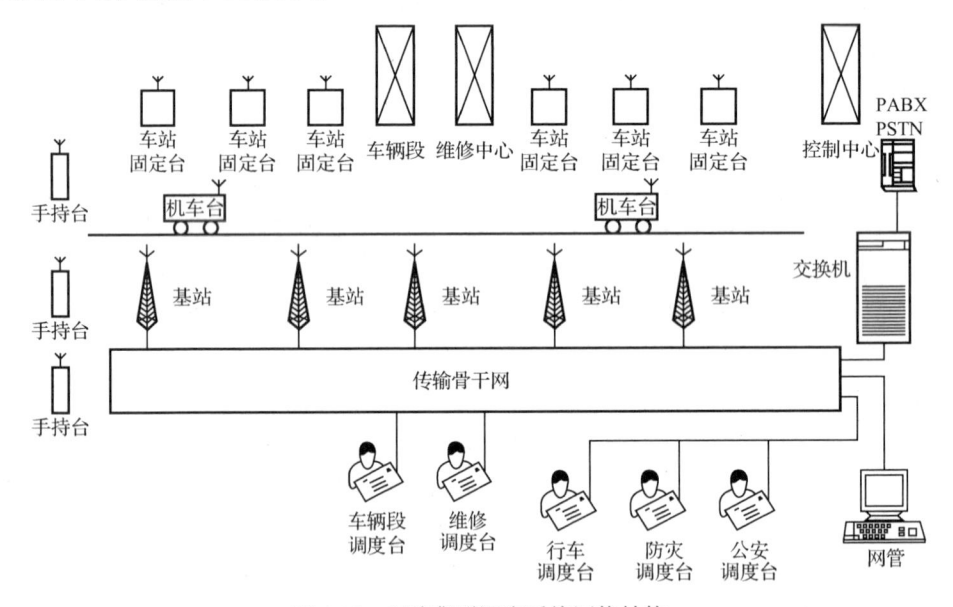

图6-18 无线集群调度系统网络结构

无线集群调度系统主要包括控制中心交换设备、控制中心网络管理终端、调度台、基站、移动设备（便携式手持台、车载电台、车站用固定台）、传输设备等。

无线集群调度系统在功能组成上一般分为6个无线通信子系统，分别为其6个不同部门提供服务，既可保持不同通信组的相互独立性，使其各自通信操作互不妨碍，又可以实现系统设备和频率资源的共享。这6个无线通信子系统包括行车调度通信子系统、站务通信子系统、车辆段调度通信子系统、维修调度通信子系统、公安调度通信子系统、防灾调度通信子系统。

行车调度通信子系统负责完成正线行车调度员与机车驾驶员的通信联系，传送行车指挥话音和数据指挥命令。

站务通信子系统负责完成车站车控室内勤人员与车站外勤人员及本站控制内列车驾驶员之间的通话。

车辆段调度通信子系统负责完成车辆段、停车场内的行车调度员与机车驾驶员的通信联系，传送行车指挥话音和数据指挥命令。

维修调度通信子系统提供维修调度员、各专业调度员及本专业维修人员之间的无线通信，一般采取组呼方式。不同专业人员各自分组。当不同专业人员之间要进行通话时，可由维修调度员临时派接通话。

公安调度通信子系统、防灾调度通信子系统提供公安人员、防灾调度员、沿线指挥人员和抢险救灾人员之间的通信（采用组呼方式）。此系统是在突发事件情况下才启用的，由网络调度员通过动态重组功能设置临时通话小组，将应急指挥人员、各专业的抢修人员、车站值班人员等组成一个通话小组以适应现场抢险应急需要。

无线集群调度系统主要用于解决固定人员（调度员、值班员）与流动人员（驾驶员、维修人员与列检人员等）之间的通话。该系统由无线控制设备、无线基站、调度台、车站固定台、车载台和便携移动台等设备组成。

（五）闭路电视监控系统

闭路电视监控系统是城市轨道交通运营管理及保证运输安全的重要手段，能给控制中心的调度员、各车站值班员、公安值班人员等提供有关列车运行、乘客疏导、防灾救火、突发事件等情况下的现场视频信息。闭路电视监控系统主要由中央控制室监视控制设备、车站监控设备、车站硬盘录像设备、云台摄像机和固定摄像机等设备组成。

1. 摄像部分

摄像部分是闭路电视监控系统的前沿部分，是整个系统的"眼睛"。它被布置在所监视场所的某个位置上，能监视其视场角所覆盖的各个部位。

2. 传输部分

传输部分就是闭路电视监控系统的图像信号传送的通路。一般来说，传输部分单指传输图像信号的通路。某些闭路电视监控系统的传输部分不但要传输图像信号，而且要传输声音信号，甚至在控制中心通过控制台对摄像机、镜头、云台、防护罩等进行控制时，还要传输控制信号。

3. 控制部分

控制部分是整个闭路电视监控系统的指挥中心。控制部分的主要功能有视频信号放大与分配、图像信号的校正与补偿、图像信号的切换、图像信号的记录、摄像机及其辅助部件（如镜头、云台、防护罩等）的控制等。

4. 显示部分

显示部分一般由多台监视器、监视屏幕墙或计算机显示器组成。其功能是将传送过来的图像信号显示出来。在闭路电视监视系统中，特别是在由多台摄像机组成的闭路电视监控系统中，一般都不是一台监视器的图像信号由一台摄像机进行显示，而是几台摄像机的图像信号由一台监视器轮流切换显示，这样可以节省设备，减少空间占用。当某个被监视的场所发生情况时，可以通过切换器将这一路信号切换到某一台监视器上一直显示，并通过控制台对其遥控跟踪记录。在一般的闭路电视监控系统中，通常摄像机数与监视器数的比例为4∶1、8∶1甚至16∶1。

（六）广播系统

广播系统为乘客提供列车到发时间、安全提示信息，还能在紧急情况或突发事件时为乘客提供疏散信息。广播系统主要由中央控制设备、车站、段场控制设备、站厅、站台声场设备等组成。

（七）其他系统

城市轨道交通通信系统除上述系统外，还有时钟系统、乘客引导显示系统、防雷系统、光纤在线监测系统、动力环境监测系统、不间断电源（Uninterrupted Power Supply，UPS）等系统。这些系统的功能及组成简述如下。

1. 时钟系统

时钟系统主要是为行车组织提供统一的标准时间，并向其他系统提供标准时间信号。时钟系统由中心母钟、监控终端、二级母钟、子钟及传输通道等设备构成。

2. 乘客引导显示系统

乘客引导显示系统主要功能是为乘客提供关于行车时刻表、安全提示、视频等的文字或多媒体视频信息。乘客引导显示系统由中心控制终端、车站控制设备、LED（发光二极管）显示屏、PDP（等离子）或液晶显示屏组成。

3. 防雷系统

防雷系统为其他通信系统提供防雷保护，当设备遭到雷击或强电干扰后防雷系统通过隔离保护、均压、屏蔽、分流、接地等方法减少雷电对设备的损害。

4. 光纤在线监测系统

光纤在线监测系统主要为光缆传输通道进行实时在线监测，维护人员可以通过网管监控设备监测光缆状态，并能在故障时判断故障点。

5. 动力环境监测系统

动力环境监测系统对通信机房的温湿度、烟雾、空调等工作环境进行监测，以及对通信系统UPS设备的工作参数进行监控，通过传输设备将车站内通信机房的信息传至控制中心网络管理终端，以便维护工作人员能够实时监测车站状况。

6. UPS系统

UPS系统主要为其他通信系统提供稳定的电源，当市电或UPS主机故障时，通过电池组为通信设备供电，保证通信设备正常运行。UPS 系统包括主机、蓄电池组、配电设备等。

相关案例

调度电话

调度电话在城市轨道交通系统中发挥着重要作用，运行控制中心（Operation Control Center，OCC）设四门调度电话，为中心调度员（如行车调度、电力调度、防灾调度、维修调度等）进行运营组织、电力供应、设备维修和救灾防护的指挥提供有效通信手段。

1. 调度电话盘面

调度电话盘面如图 6-19 所示。

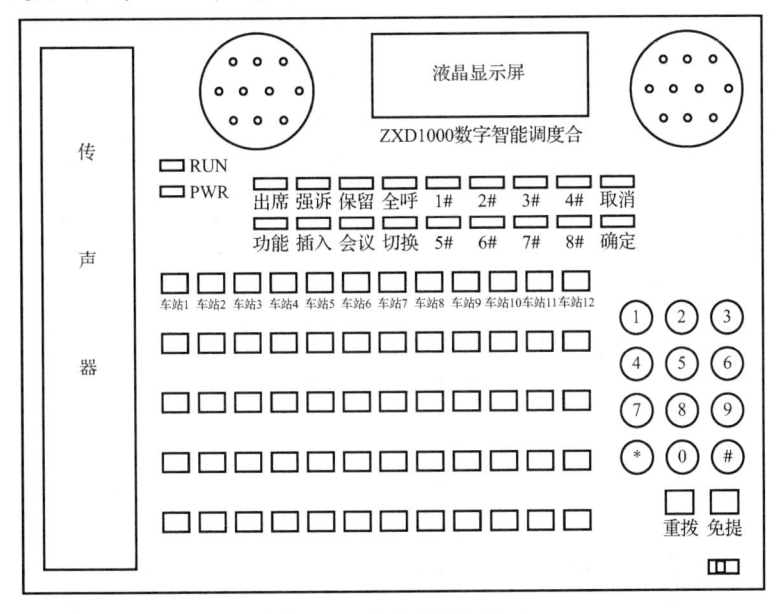

图 6-19 调度电话的盘面

（1）显示屏：中文显示呼叫车站、来电号码、日期、时间和通话的状态。

（2）"1#～8#"分组：组呼已储存的组，每组可储存不多于 30 个调度电话。

（3）会议：可以同时选定多个号码（通过固定车站按键选定）进行电话会议。调度员可控制调度分机能否发话，并可对各调度分机送话。

（4）保留：如果在通话中有另一方呼叫，则可使用该按键，便可实现不挂断前者而与另一方通话。

（5）重拨：重复拨号。

（6）免提：用扩音器通话。

（7）取消：中断通话、取消拨号（每按一下该按键即可取消一位所拨的号码）。

（8）固定车站键：每个车站固定一个按键，在需要与该站通话时直接按该按键即可。

（9）两路分机：每一门调度电话都有两路分机，而这两路分机可以进行切换并能同时通话、互不干扰。

（10）分机1：分机1使用传声器进行通话，能够使用所有的通话功能。

（11）分机2：分机2使用免提进行通话，能够使用所有的通话功能。分机2和分机1不能同时与同一个车站进行通话。

调度电话外接一个扬声器，可以当传声器使用。

2. 主要操作

调度电话已固定各车站的号码，可进行单呼、组呼和全呼。

（1）单呼：直接按固定车站号码键即可接通，也可通过拨号按键呼叫，而呼叫前先拿起传声器或按免提键。

（2）组呼：可以选固定组，按相关固定键。不同调度台根据日常工作需要将各自通话对象分组。组呼还可以自由选组，即自由选定需要通话的车站。其操作方法：先按"会议"按键，然后按固定车站按键选择需要加入会议的车站。

（3）全呼：按"全呼"按键，可以接通全部车站调度电话分机。

（4）切换：用分机1与一组车站进行通话，如果要和另外一组车站通话时，可以按"切换"按键，将通话切换到分机2。切换后，无须再按其他按键即可使用免提进行通话。

（5）呼入：当有电话呼入时，该站固定按键上方的红色指示灯会闪亮，按一下该按键即可接听。接听时，无须断开其他通话，自动保持通话连接。

拓展知识

闭路电视监视系统设备

1. 摄像机

摄像机是获取监视现场图像的前端设备，一般以CCD图像传感器为核心部件，外加同步信号产生电路、视频信号处理电路及电源等。

摄像机有黑白和彩色之分。黑白摄像机由于具有高分辨率、低照度等优点，特别是可以在红外光照射下成像，因此在电视监控系统中应用较多。

摄像机根据使用场所的不同一般分为球形摄像机、枪形摄像机、一体化摄像机、红外摄像机、智能型摄像机、云台摄像机等。

不同摄像机具有各自特点：球形摄像机没有角度限制，可以看到摄像头覆盖的全部场景；云台摄像机可以通过控制云台角度，改变摄像范围；一体化摄像机的镜头与摄像机连为一体，不可拆卸镜头；枪形摄像机的摄像头可更换；红外摄像机在摄像头前加装红外灯，可用于夜间监控。

2. 镜头

镜头与CCD摄像机配合，可以将远距离目标成像在摄像机的CCD靶面上。

镜头的种类繁多，按焦距可分为短焦距镜头、中焦距镜头、长焦距镜头和变焦距镜头；按视角的大小可分为广角镜头、标准镜头、远摄镜头；按结构可分为固定光圈定焦镜头、手动光圈定焦镜头、自动光圈定焦镜头、手动变焦镜头、自动光圈电动变焦镜头、电动三可变镜头（指光圈、焦距、聚焦这三者均可变）等类型。由于镜头选择得合适与否，直接关系到摄像质量的优劣，因此在实际应用中必须合理选择镜头。

3. 云台

云台主要有水平云台、全方位云台、球型云台几种。

水平云台又称扫描云台，绝大多数限于室内使用。水平云台体积小、质量小，用于固定摄像机在水平方向进行360°的扫描。

全方位云台与水平云台相比，在垂直方向上增加了一个驱动电动机。该电动机可以带动摄像机座板在垂直方向±60°范围内做仰俯运动。由于部件增多，全方位云台在尺寸和质量上都比水平云台要大。

球型云台从外观结构上看与普通云台有很大的不同，但传动机理和普通云台是一样的。球型云台一般都设计成一个中空的托架形，将云台及摄像机和电动镜头一起放置在封闭的球罩里。其托架部分正好用于安装摄像机和电动镜头。球型云台可以在水平和垂直两个方向任意转动，镜头前端扫过的轨迹恰好构成了一个球面。

4. 红外灯

在闭路电视监控系统中，有时要在夜间无可见光的环境下，对某些重要部位进行监视。监视现场设置的红外灯可进行辅助照明，以使CCD摄像机正常感光成像。利用红外灯辅助照明的CCD摄像机与低照度的CCD摄像机相比，具有价格极低、在绝对黑暗的环境下仍可获得清晰图像的特点。

闭路电视监控系统中使用的红外灯大致有两种类型：一种是用普通照明灯外加可见光滤除装置，能耗较高；另一种是用若干红外发光二极管组成的二极管阵列。

5. 解码器

解码器是控制摄像机云台或镜头时，进行摄像机与控制器之间信号传输与转换的装置。解码器一般安装在配有云台及自动镜头的摄像机附近，有多芯控制电缆直接与云台及自动镜头相连，另有两芯护套线或两芯屏蔽线的通信线与监控室内的系统主机相连。

6. 视频矩阵

视频矩阵的功能是将输入的视频信息切换到指定输出端口。

视频矩阵设备如图6-20所示，主要功能就是实现对输入视频图像的切换输出，即将视频图像从任意一个输入通道切换到任意一个输出通道显示。一般来讲，一个$M×N$矩阵表示可以同时支持M路图像信号输入和N路图像信号输出，而且能够将任意一个输入通道连接至任意一个输出通道。

图6-21为"8入4出"视频矩阵原理图，其中视频信号经驱动电路提高带负载能力后，直接输入矩阵交叉的电子开关；控制部分根据控制面板或键盘的指令输出选通码到矩阵交叉电子开关，使其选通指定通道，以便摄像机的视频信号输入指定的输出口。

图6-20 视频矩阵设备

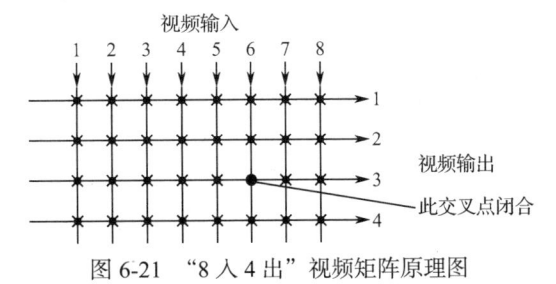

图6-21 "8入4出"视频矩阵原理图

7. 通信电缆

1）视频电缆

视频电缆选用 75Ω 的同轴电缆，通常使用的电缆型号为 SYV-75-3 和 SYV-75-5。这两种型号电缆对视频信号的无中继传输距离一般为 300~500m。当传输距离更长时，可相应选用 SYV-75-7、SYV-75-9 或 SYV-75-12 的粗同轴电缆（在实际工程中，粗同轴电缆的无中继传输距离可达 1km 以上）。一般来说，信号的传输距离越长则信号的衰减越大，信号的频率越高则信号的衰减也越大，但传输信号的电缆线径粗则信号衰减越小。在长距离无中继传输中，视频信号的高频成分被过多地衰减而使图像变模糊（表现为图像中物体边缘不清晰，分辨率下降），而当视频信号的同频头被衰减得不足以被监视器等视频设备捕捉到时，图像便不能稳定地显示，这时可根据使用要求选用视频放大器。

视频信号实际所能传输的距离与电缆的质量及所用的摄像机及监视器均有关。当摄像机输出电阻、电缆特性阻抗、监视器输入电阻这 3 个物理量不能完全匹配时，就会在同轴电缆中造成回波反射（驻波反射），因而在长距离传输时图像会出现重影及波纹，甚至出现图像跳动。在实际工程中，尽可能一根电缆一贯到底，中间不留接头，避免造成插入损耗。

2）通信电缆

通信电缆是指控制键盘与摄像机解码器之间连接的二芯电缆，一般采用 RS-485 通信方式。通信电缆可以选用普通的二芯护套线，为适应强干扰环境下的远距离传输，还可选用带有屏蔽层的二芯线。

3）控制电缆

控制电缆通常是指用于控制云台及电动可变镜头的多芯电缆。它的一端连接于控制器或解码器的云台、电动镜头控制接线端，另一端则直接接到云台、电动镜头的相应端子上。控制电缆提供的是直流或交流电压，而且一般传输距离很短（有时还不到 1 m），基本上不存在干扰问题，因此无须使用屏蔽线。常用的控制电缆大多采用六芯电缆或十芯电缆。其中，六芯电缆分别接于云台的上、下、左、右、自动、公共 6 个接线端；十芯电缆除了接云台的 6 个接线端外，还包括电动镜头的变倍、聚焦、光圈、公共 4 个接线端。

任务三　城市轨道交通信号系统与通信系统的操作运用案例

【操作运用案例1】城市轨道交通信号系统的认知

1. 实训项目教师工作活页

实训项目教师工作活页　　　　　　　　　　　　　　　　NO:_____

实训项目	城市轨道交通信号系统的认知		
学　　时	2	班级	略
实训场所	轨道交通系统综合实验室		
工具设备	城市轨道交通信号基础设备实物或仿真模型，信号机、轨道电路、道岔及电动转辙机等图片，模拟信号控制台、电源屏、继电器组合及组合架，多媒体设备课件、图片、示教板等。		

续表

教学目标	专业能力	（1）能说出城市轨道交通信号基础设备的种类。 （2）能解释城市轨道交通信号的使用和显示意义。 （3）能识别城市轨道交通信号机。 （4）能说出城市轨道交通道岔及转辙机的结构和作用。 （5）能说出城市轨道交通轨道电路的构成和作用。 （6）能说出城市轨道交通连锁的概念、种类及作用。 （7）能说出城市轨道交通闭塞概念及闭塞的制式。 （8）能说出应答器的设置及作用。 （9）能说出地面应答器的分类、工作原理及功能。 （10）能说出列车自动控制系统的组成。
	方法能力	（1）能综合运用专业知识，通过专业书籍、上网查询、多媒体课件和图片资料获得帮助信息。 （2）能根据实训项目学习任务确定实训方案，从中学会表达及展示活动过程和成果。
	社会能力	（1）能在实训活动中保持积极向上的学习态度。 （2）能与小组成员和教师进行交流和沟通。 （3）能与他人共享学习资源，具有较好的合作能力和团队协作精神。
教学活动	略（详见教学活动设计）	
教学评价	学生活动： （1）以8~10人小组为单位开展实训活动，根据本组成员在实训过程中的能力表现及结果进行自评、组内互评。 （2）根据其他小组成员在成果展示活动中的表现及结果进行互评。 教师活动： （1）教师组织学生开展评价活动和总结。 （2）对学生本单元项目单元成绩做出综合评价。	
教学资料	（1）城市轨道交通概论教材。 （2）城市轨道交通运输设备参考书。 （3）实训项目学生学习活页（附页）。	
指导教师		教学时间　　　　　年　　月　　日

2. 实训项目学生学习活页

实训项目学生学习活页　　　　　　　　　　　　　　　　　　　　　　　　NO：_____

> **实训项目1　城市轨道交通信号系统的认知**
> 　　班级：_____　姓名：_____　　　　学号：_____　时间：_____

一、实训目标

1．专业能力目标

（1）能说出城市轨道交通信号基础设备的种类。

（2）能解释城市轨道交通信号的使用和显示意义。

（3）能识别城市轨道交通信号机。

（4）能说出城市轨道交通道岔及转辙机的结构和作用。

（5）能说出城市轨道交通轨道电路的构成和作用。

（6）能说出城市轨道交通连锁的概念、种类及作用。

（7）能说出城市轨道交通闭塞概念及闭塞的制式。

（8）能说出应答器的设置及作用。

续表

（9）能说出地面应答器的分类、工作原理及功能。
（10）能说出列车自动控制系统的组成。
2. 方法能力目标
（1）能综合运用专业知识，通过专业书籍、上网查询、多媒体课件和图片资料获得帮助信息。
（2）能根据实训项目学习任务确定实训方案，从中学会表达及展示活动过程和成果。
3. 社会能力目标
（1）能在实训活动中保持积极向上的学习态度。
（2）能与小组成员和教师进行交流和沟通。
（3）能与他人共享学习资源，具有较好的合作能力和团队协作精神。

二、知识总结

1. 简要说出城市轨道交通信号系统的组成。

2. 简要说出地面信号机的设置和显示意义。

3. 说出色灯信号机的种类和设置地点。

4. 简要说出轨道电路的组成与工作原理。

5. 简要说出传统信号系统和城市轨道交通信号系统的特点。

三、操作运用

1. 根据下图所示，说明继电器的工作原理。

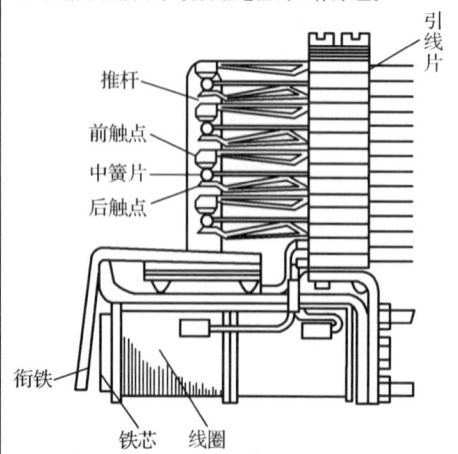

续表

继电器的工作原理：

2. 根据下表中信号的图形符号，填写相应代表的意义。

信号机显示	图形符号	复示信号机显示	图形符号	信号机类型	图形符号
	●		⌀		⊶
	⊘		⦿		⊷
	○		⌀		⊃
	⊙		⊗		⊂
	◎				

3. 根据 S700K 转辙机示意图，指认并填写转辙机的各部件名称。

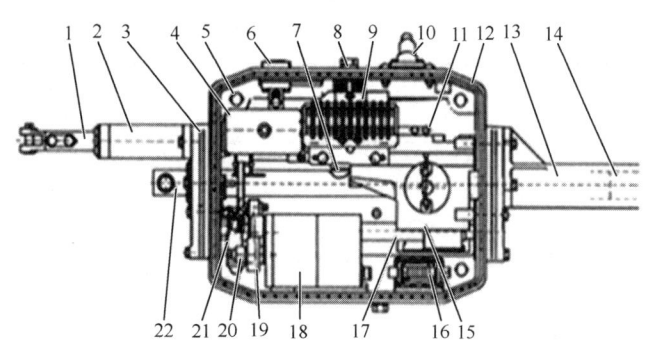

1_____；2_____；3_____；4_____；5_____；
6_____；7_____；8_____；9_____；10_____；
11_____；12_____；13_____；14_____；15_____；
16_____；17_____；18_____；19_____；20_____；
21_____；22_____。

4. 简单画出地面应答器和车载应答器动作示意图。

续表

四、实训小结
五、成绩评定

1. 学生评价

评价等级	A—优	B—良	C—中	D—及格	E—不及格
学生自评					
组内互评					
他组互评					

2. 教师评价

评价等级	A—优	B—良	C—中	D—及格	E—不及格
专业能力					
方法能力					
社会能力					
评价结果					

3. 综合评价

评价等级	A—优	B—良	C—中	D—及格	E—不及格
评价结果					

注：按照学生自评占10%、组内互评占10%、他组互评占20%、教师评价占60%的比例计分。其中，A—100分，B—85分，C—75分，D—60分，E—50分。

4. 评价量规

等级	行为表现描述
A	能圆满高效地完成实训任务的全部内容
B	能顺利完成实训任务的全部内容
C	能完成实训任务的全部内容，但需要一些帮助和指导
D	自己只能完成实训任务的部分内容，但在教师的指导下，能够完成任务的全部内容
E	不能完成实训任务的全部内容

【操作运用案例2】城市轨道交通通信系统的认知

1. 实训项目教师工作活页

实训项目教师工作活页　　　　　　　　　　　　　　　　　　NO：_____

实训项目	城市轨道交通通信系统的认知		
学　时	2	班级	略
实训场所	城市轨道综合仿真实验室。		
工具设备	城市轨道交通通信设备及模拟系统，通信设备实物零部件，多媒体设备课件、图片、示教板等。		
教学目标	专业能力	（1）能说出城市轨道交通通信系统的分类。 （2）能画出城市轨道交通通信网的基本结构。 （3）能说出城市轨道交通通信网的分类。 （4）能说出城市轨道交通通信系统的组成。	

续表

教学目标	专业能力	（5）能说出城市轨道交通传输系统的组成及各部分的作用。 （6）能说出城市轨道交通专用电话系统的组成及作用。 （7）能说出城市轨道交通闭路电视监控系统的组成及作用。 （8）能说出城市轨道交通广播系统的组成及作用。
	方法能力	（1）能综合运用专业知识，通过专业书籍、上网查询、多媒体课件和图片资料获得帮助信息。 （2）能根据实训项目学习任务确定实训方案，从中学会表达及展示活动过程和成果。
	社会能力	（1）能在实训活动中保持积极向上的学习态度。 （2）能与小组成员和教师进行交流和沟通。 （3）能与他人共享学习资源，具有较好的合作能力和团队协作精神。
教学活动	略（详见教学活动设计）	
教学评价	学生活动： （1）以8～10人小组为单位开展实训活动，根据本组成员在实训过程中的能力表现及结果进行组内互评。 （2）根据其他小组成员在成果展示活动中的表现及结果进行互评。 教师活动： （1）教师组织学生开展评价活动和总结。 （2）对学生本单元项目单元成绩做出综合评价。	
教学资料	（1）城市轨道交通概论教材。 （2）城市轨道交通运输设备参考书。 （3）实训项目学生学习活页（附页）。	
指导教师		教学时间	年　月　日

2．实训项目学生学习活页

实训项目学生学习活页　　　　　　　　　　　　　　　　　　　　　　NO：_____

实训项目2　城市轨道交通通信系统的认知
班级：_____姓名：_____　　学号：_____时间：_____ 一、实训目标 1．专业能力目标 （1）能说出城市轨道交通通信系统的分类。 （2）能画出城市轨道交通通信网的基本结构。 （3）能说出城市轨道交通通信网的分类。 （4）能说出城市轨道交通通信系统的组成。 （5）能说出城市轨道交通传输系统的组成及各部分的作用。 （6）能说出城市轨道交通专用电话系统的组成及作用。 （7）能说出城市轨道交通闭路电视监控系统的组成及作用。 （8）能说出应答器的设置及作用。 （9）能说出城市轨道交通广播系统的组成及作用。 2．方法能力目标 （1）能综合运用专业知识，通过专业书籍、上网查询、多媒体课件和图片资料获得帮助信息。 （2）能根据实训项目学习任务确定实训方案，从中学会表达及展示活动过程和成果。

续表

3. 社会能力目标

（1）能在实训活动中保持积极向上的学习态度。

（2）能与小组成员和教师进行交流和沟通。

（3）能与他人共享学习资源，具有较好的合作能力和团队协作精神。

二、知识总结

1. 简要说出城市轨道交通通信系统的作用及要求。

2. 简要说出城市轨道交通通信系统的分类。

3. 简要说明城市轨道交通专用电话的功能。

4. 简要说明闭路电视监控系统的作用及组成。

5. 简要说出城市轨道交通广播系统设备的组成及作用。

三、操作运用

1. 根据下图所示，填写通信传输系统组网模式中各部分的名称。

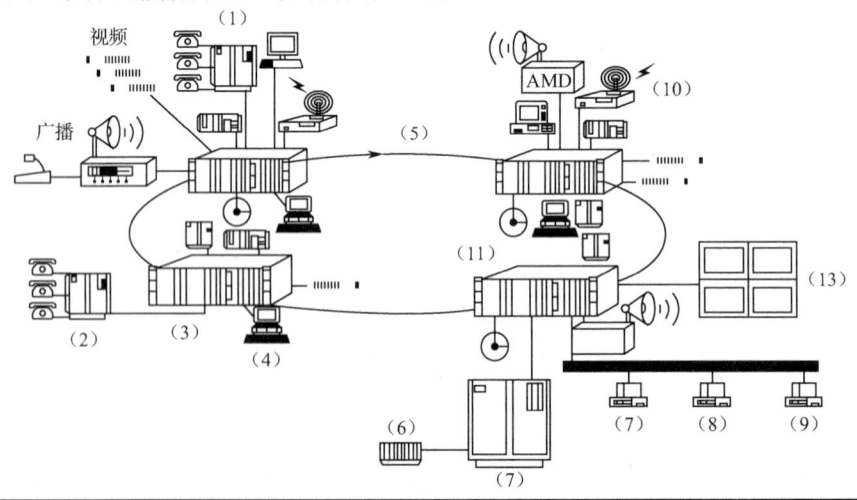

续表

（1）_____；（2）_____；（3）_____；（4）_____；（5）_____；
（6）_____；（7）_____；（8）_____；（9）_____；（10）_____；
（11）_____；（12）_____；（13）_____。

2. 画出通信网的五种拓扑结构图。
（1）网型　　（2）星形　　（3）复合型　　（4）环形　　（5）总线型

3. 根据专用电话网络示意图，填写（1）~（6）所示位置的设备名称。

（1）_____；　　（2）_____；　　（3）_____；
（4）_____；　　（5）_____；　　（6）_____。

4. 简单画出无线集群调度系统网络结构图。

四、实训小结

_____

五、成绩评定
1. 学生评价

评价等级	A—优	B—良	C—中	D—及格	E—不及格
学生自评					
组内互评					
他组互评					

续表

2. 教师评价

评价等级	A—优	B—良	C—中	D—及格	E—不及格
专业能力					
方法能力					
社会能力					
评价结果					

3. 综合评价

评价等级	A—优	B—良	C—中	D—及格	E—不及格
评价结果					

注：按照学生自评占10%、组内互评占10%、他组互评占20%、教师评价占60%的比例计分。其中，A—100分，B—85分，C—75分，D—60分，E—50分。

4. 评价量规

等级	行为表现描述
A	能圆满高效地完成实训任务的全部内容
B	能顺利完成实训任务的全部内容
C	能完成实训任务的全部内容，但需要一些帮助和指导
D	自己只能完成实训任务的部分内容，但在教师的指导下，能够完成任务的全部内容
E	不能完成实训任务的全部内容

思考与练习

1. 城市轨道交通信号系统有哪几部分组成？
2. 城市轨道交通信号基础设备的组成及作用是什么？
3. 转辙机的基本结构和作用是什么？
4. 城市轨道交通轨道电路的构成及作用是什么？
5. 什么是电气集中连锁？简述电气集中连锁的设备组成。
6. 什么是计算机连锁？简述计算机连锁设备的特点。
7. 什么是城市轨道交通的列车自动控制系统？
8. 城市轨道交通列车自动控制系统的基本作用是什么？
9. 城市轨道交通列车自动控制系统各子系统的作用是什么？
10. 地面信号机如何设置？其显示意义是什么？
11. 何为应答器？它有何作用？
12. 传统信号系统和城市轨道交通信号系统各有何特点？
13. 城市轨道交通系统通信设备有哪几部分组成？
14. 城市轨道交通通信传输系统有何作用？
15. 城市轨道交通通信网基本结构及分类是什么？
16. 城市轨道交通专用电话的主要功能是什么？

17. 城市轨道交通系统中闭路电视主要包括哪些设备？它们有何作用？
18. 城市轨道交通系统中广播设备有何作用？
19. 无线集群调度系统的功能和组成是什么？
20. 城市轨道交通系统中时钟系统的功能及组成是什么？

项目七 城市轨道交通行车管理

城市轨道交通行车管理是城市轨道交通生产组织核心的组成部分，是综合运用各种专业设备、组织协调运输生产活动的技术业务。它采用先进的行车组织方法，密切城市轨道交通内部各专业部门和乘客之间的联系，建立正常稳定的客运生产秩序，充分发挥各种运输技术设备的效能，以保证安全、正点、优质、高效地完成乘客运送任务。

城市轨道交通一般只办理客运业务，不办理货运业务。城市轨道交通行车管理工作首先确定列车运行计划，包括全日行车计划、列车交路方案、列车编组方案、列车停站方案和车辆配备计划，再编制列车运行图，最后由各部门组织列车运行，包括控制中心的列车运行组织，停车场的列车出入库作业、调车作业，车站的行车组织作业及正线的列车驾驶等。

任务一 城市轨道交通列车运行计划

学习目标

（1）了解全日行车计划的编制要素和编制过程。
（2）了解列车运行方案的组成及各部分的作用。
（3）掌握列车交路方案的种类及各种交路的含义。
（4）了解列车的折返方式。
（5）掌握车辆配备计划及车辆在运用上的分类。
（6）了解列车的编组方案。
（7）掌握列车各种停站方案的种类及特点。
（8）掌握运用车、检修车、备用车的定义。
（9）掌握列车运行图的定义，了解列车运行图的作用。
（10）掌握列车运行图的表示和列车运行图的分类。
（11）了解运行图的组成要素及作用。

学习任务

认知全日行车计划的编制过程及内容，认知列车运行方案的种类及作用，掌握列车交路方案和停站方案，能够识别和填画列车运行图。

工具设备

全日行车计划表，列车交路方案挂图，列车折返方式挂图，列车周转图挂图，各种列车运行图挂图，配合多媒体课件。

教学环境

具备多媒体设备的教室。

基础知识

为了经济合理地应用技术设备，实现高服务水平、高效率和低成本的运营目标，城市轨道交通的运营组织必须以列车运行计划为基础。列车运行计划由全日行车计划、列车运行方案、车辆配备计划和列车运行图组成。

一、全日行车计划

全日行车计划是营业时间内各小时开行的列车数计划，它是编制列车运行图和确定车辆运用的基础资料。

（一）编制要素

全日行车计划根据营业时间内分时最大断面客流量、列车定员人数和车辆满载率，以及希望达到的服务水平进行编制。全日行车计划编制的基础是客流情况。

1. 营业时间

营业时间的安排主要考虑两个因素：一是考虑市民出行活动的特点，以方便乘客；二是满足城市轨道交通各项设备检修施工的需要。世界上大多数城市的城市轨道交通营业时间为 18~20h，个别城市是 24h 运营，如美国的纽约和芝加哥。适当延长运营时间，是城市轨道交通服务水平的体现。

2. 分时最大断面客流量

站间客流数据是计算最大断面客流量的原始资料。根据站间客流数据，首先计算出各站上下车人数，然后计算出断面客流量，最后得出最大断面客流量。

在新线投入运营时，站间客流数据来源于客流预测资料；在既有线运营时，站间客流数据来源于客流统计或客流调查资料。由于在客流预测资料中，通常只有高峰小时与全日站间客流预测数据，分时最大断面客流量的确定可采用下列两种方法：在已知高峰小时最大断面客流量的基础上，根据分时客流占高峰小时客流的比例进行确定；或者在已知全日最大断面客流量的基础上，根据分时客流占全日客流的比例进行确定。

3. 列车定员数

列车定员数是列车编组辆数和车辆定员数的乘积。

列车编组辆数的确定以高峰小时最大断面客流量作为基本依据。在客流量与列车运能一定的情况下，列车编组辆数取决于列车间隔和车辆选型。但在列车密度已经较大时，为满足增长的客流需求，增加列车编组辆数往往成为首选措施。此时，城市轨道交通保有的运用车数是增加列车编组辆数的限制因素之一，其他限制因素包括站台长度等。

车辆定员数取决于车辆的尺寸、车厢内座位布置方式和车门设置数。一般而言，在车辆限界范围内，车辆长宽尺寸越大载客越多，车厢内座位纵向布置比横向布置载客要多。

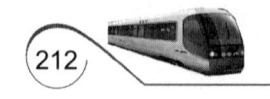

4. 线路断面满载率

线路断面满载率即单位时间内、特定断面上的车辆载客能力利用率。在实际工作中，线路断面满载率通常是指早高峰小时、单向最大客流断面的车辆载客能力利用率，它与单向最大断面客流量、单位时间内开行的列车数、列车编组数及车辆定员数有关。

线路断面满载率既反映了列车在最大客流断面的满载程度，也反映了乘车的舒适程度。为提高车辆利用率、降低运输成本，在编制全日行车计划时，高峰小时可适当超载。

（二）编制步骤

根据分时最大断面客流量、列车定员数及线路满载率计算出营业时间内分时开行列车数和行车间隔时间后，还要考虑乘客便利性、服务质量等因素，检查是否存在某段时间内行车间隔时间过长的情况。如果行车间隔时间过长，就会增加乘客的候车时间，降低服务水平，须调整开行间隔，最终确定全日行车计划。另外，高峰小时的行车间隔的确定应检验与列车折返能力是否相适应，以及实际行车组织的可行性。

1. 计算分时开行列数

$$n_i = \frac{p_{\max}^i}{p_{列} \beta}$$

式中　n_i——分时开行列车数（列或对）；

$p_{\max}^i$——分时最大断面客流量（人）；

$p_{列}$——列车定员数（人）；

β——线路断面满载率。

2. 计算分时行车间隔

$$t_{间隔}^i = \frac{3600}{n_i}$$

式中　$t_{间隔}^i$——分时行车间隔（s）。

3. 确定全日行车计划

在计算得出分时开行列车数和行车间隔的基础上，应检查是否存在某段时间内行车间隔过长的情形。

为提高服务水平，城市轨道交通的行车间隔在非高峰运营时间的 9:00～21:00 一般不宜大于 6min，在其他非高峰运营时间一般不宜大于 10min。

表 7-1 为某条线路根据客流计算所得的全日行车计划及实际运行计划。

表 7-1　全日行车计划及实际运行计划

运营时间	理论计算 开行列数	理论计算 行车间隔	实际运行 行车间隔	运营时间	理论计算 开行列数	理论计算 行车间隔	实际运行 行车间隔
5:01—6:00	6	10min	10～7min	8:01—9:00	16	3min45s	3min45s
6:01—7:00	8	7min30s		9:01—10:00	10	6min	5min
7:01—8:00	15	4min	3min45s	10:01—11:00	10	6min	

续表

运营时间	理论计算 开行列数	理论计算 行车间隔	实际运行 行车间隔	运营时间	理论计算 开行列数	理论计算 行车间隔	实际运行 行车间隔
11:01—12:00	12	5min	5min	17:01—18:00	15	4min	4min
12:01—13:00	11	5min25s		18:01—19:00	15	4min	
13:01—14:00	10	6min		19:01—20:00	10	6min	6min
14:01—15:00	10	6min		20:01—21:00	10	6min	
15:01—16:00	12	5min		21:01—22:00	6	10min	6～10min
16:01—17:00	14	4min20s	4min	22:01—23:00	6	10min	

二、列车运行方案

列车运行方案包括列车编组方案、列车交路方案、列车停站方案三部分。列车编组方案规定了列车是固定编组还是非固定编组，以及列车的编组辆数；列车交路方案规定了列车的运行区间与折返车站；列车停站方案规定了列车是站站停车还是非站站停车，以及非站站停车的方式。此外，列车运行方案还规定了按不同编组、交路和停站方案开行的列车数。

列车运行方案是日常运营组织的基础。列车运行方案应遵循客流分布特征与运营经济合理兼顾的原则，以实现既能维持较高的乘客服务水平，又能提高车辆运用效率的目标。

（一）列车编组方案

1. 列车编组方案的种类

1）大编组

大编组是指在运营时间内列车编组辆数固定且相对较多，如地铁列车采用 6 辆或 8 辆编组。

2）小编组

小编组是指在运营时间内列车编组辆数固定且相对较少，如地铁列车采用 3 辆或 4 辆编组。

3）大小编组方案

大小编组是指在运营时间内列车编组辆数不固定。大小编组有两种：一种是在客流非高峰时段编组辆数相对较少，而在客流高峰时段编组辆数相对较多，例如，在客流非高峰和高峰时段，地铁列车分别采用 3/6 辆编组、4/6 辆编组或 4/8 辆编组；另一种是在全日运营时间内采用大小编组，例如，地铁列车采用 3/6 辆或 4/6 辆编组。

2. 影响列车编组方案比选的因素

影响列车编组方案比选的因素是客流、通过能力和车辆选型。此外，还应考虑乘客服务水平、车辆运用经济性和运营组织复杂性等因素。

1）客流因素

客流因素是指高峰小时最大断面客流与分时客流不均衡程度。在车辆选型、列车间隔一定的情况下，客流越大，列车编组也越大。

2）车辆选型

车辆选型的依据是高峰小时最大断面客流量，在高峰小时最大断面客流量≥3万人时应采用A型车和B型车，车辆定员分别为310人和230人。在车辆定员一定的情况下，为适应小编组方案，列车间隔应相应压缩，但列车间隔的压缩受到线路通过能力和列车折返能力的制约。

3）乘客服务水平

在进行列车编组方案比选时，应考虑不同编组方案的乘客服务水平。在客流量不大、列车密度较低的情况下，与大编组方案相比，采用小编组方案时的乘客候车时间较短。因此，小编组方案有助于提高乘客服务水平。

4）车辆运用经济性

采用小编组方案，对提高列车满载率及降低牵引能耗具有积极的意义，但列车比例的增加会导致车辆平均价格的上升，而小编组列车开行数的增加也会使乘务员配备数相应增加。

5）运营组织复杂性

与采用固定编组方案相比，在选用大小编组方案时，列车的编组与解体、高峰与非高峰时段的过渡及列车间隔的调整等均增加了运营组织的复杂程度。

（二）列车交路方案

1. 列车交路方案的种类

列车交路方案规定了列车运行区段、折返车站及按不同交路运行的列车数量。

列车交路分为长交路、短交路和长短交路三种。

（1）长交路是指列车在线路的两个终点站间运行，到达线路终点站后折返，如图7-1所示。

长交路列车运行组织简单，对中间站折返设备要求不高，适合于全区段客流量比较均衡的线路，但在各区段客流量不均衡程度较大的情况下，会产生部分区段运能的浪费。

（2）短交路是指列车在线路的某一区段内运行，在指定的中间站折返，如图7-2所示。

短交路能提高断面客流较小区段的列车满载率，但要设置中间折返站，并且该折返站为双向折返，增加了折返作业的复杂性，跨区段出行的乘客需要换乘，致使其服务水平有所降低。

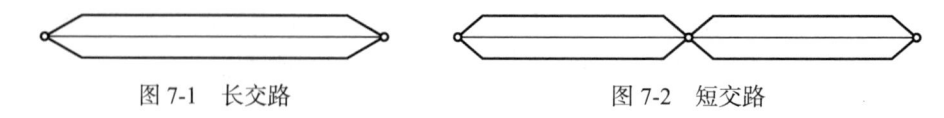

图7-1　长交路　　　　　图7-2　短交路

（3）长短交路是指列车在线路上运行，既能够在两个终点站间折返，也能够在某一中间站折返，如图7-3所示。长短交路方案可提高长交路列车满载率，加快短交路列车周转，部分乘坐长交路列车的乘客候车时间增加，需要设置中间折返站。

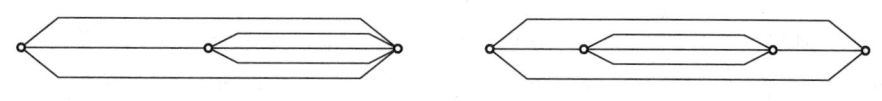

图 7-3　长短交路

2. 列车折返方式

列车折返是指列车通过进路改变、道岔转换，经过车站的调车进路由一条线路至另一条线路运行的方式。具有列车折返条件的车站称为折返站。根据车站折返线的布置，列车折返方式主要有站前折返、站后折返和混合折返三种。

1）站前折返

列车在中间站或终点站利用站前渡线进行折返作业的称为站前折返。站前折返如图 7-4 所示。

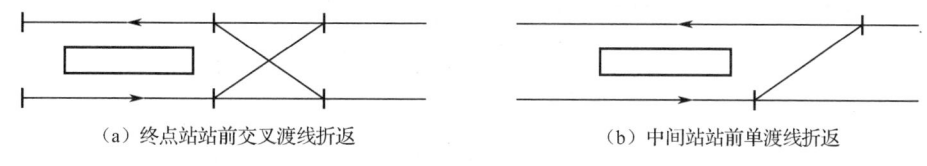

（a）终点站站前交叉渡线折返　　　（b）中间站站前单渡线折返

图 7-4　站前折返

站前折返的优点：列车无空驶折返走行；乘客上下车一起进行，能缩短停站时间；车站正线兼折返线及站线长度缩短，有利于车站造价的节省。站前折返的缺点：出发列车与到达列车存在敌对进路；因列车进站或出站侧向通过道岔，列车速度受到限制，影响乘坐的舒适感；在大客流量的情况下，站台秩序会受到影响。

2）站后折返

列车在中间站、终点站利用站后渡线进行折返作业的称为站后折返。站后折返如图 7-5 所示。

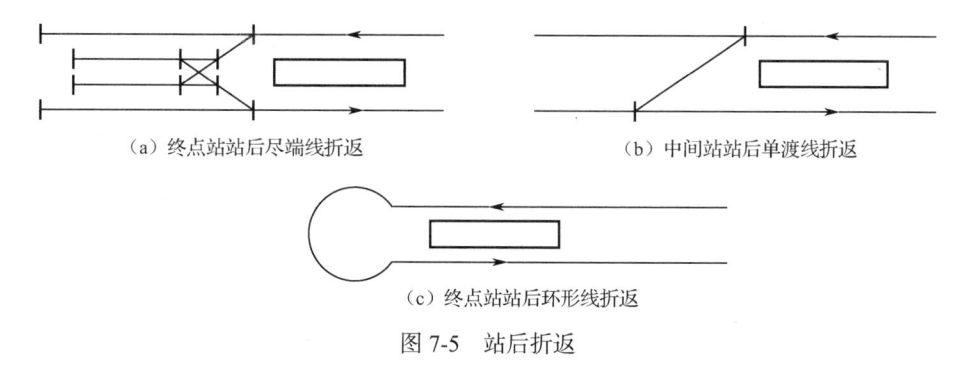

（a）终点站站后尽端线折返　　　（b）中间站站后单渡线折返

（c）终点站站后环形线折返

图 7-5　站后折返

站后折返的优点：出发列车与到达列车不存在敌对进路；列车进出站速度较高，有利于提高运行速度；列车进出站不经过道岔区段，乘客无不舒适感；此外，采用尽端线折返设备，折返线既可供列车折返，也可供列车临时停留检修。因此，站后折返被广泛采用。站后折返的缺点：列车的折返走行距离较长。

环形线折返设备能保证最大的通过能力，节约设备费用与运营成本。但它也存在一些缺点：列车在小半径曲线上运行造成单侧钢轨磨耗；折返线不能停放检修列车；若用明挖法施工修建，则增大了开挖范围等。终点站环形折返如图 7-6 所示，该站修建了车站配线，解决了环形折返线不能停放列车的问题，提高了列车折返作业组织的机动性。

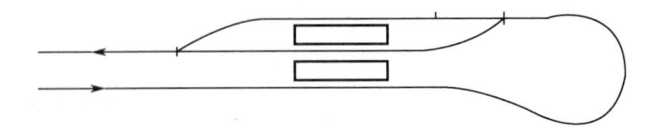

图 7-6　终点站环形折返

3）混合折返

混合折返如图 7-7 所示。采用混合折返的目的是为了提高列车折返能力与线路通过能力。混合折返兼有站后折返与站前折返的特点。

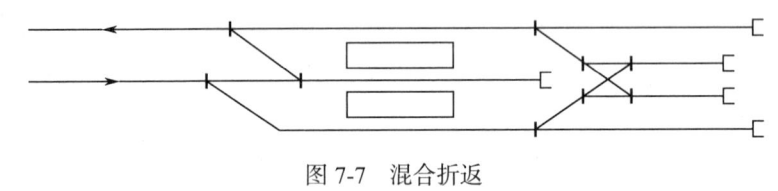

图 7-7　混合折返

（三）列车停站方案

1. 列车停站方案的种类

城市轨道交通列车停站方案一般有站站停车、区段停车、跨站停车、部分列车跨多站停车四种。

1）站站停车

站站停车是指列车在全线所有车站均停车。与其他停车方案相比，此方案线路上开行列车种类简单、不存在列车越行，乘客无须换乘，也无须关注站台上的列车信息显示。目前，城市轨道交通大多数都采用这种方式，如图 7-8 所示。

在跨区段、长距离出行乘客比例较大时，站站停车在车辆运用与乘客服务水平方面效果较差。

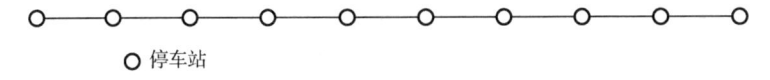

○ 停车站

图 7-8　站站停车

2）区段停车

区段停车在长短交路情况下采用，长交路列车在短交路区段外每站停车，但在短交路区段内不停车通过；而短交路列车则在短交路区段内每站停车，短交路列车的中间折返站同时又是乘客换乘站，如图 7-9 所示。

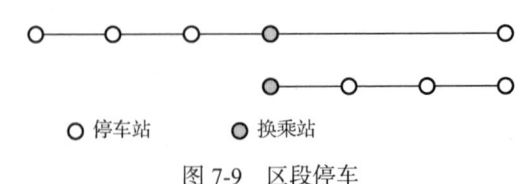

○ 停车站　　● 换乘站

图 7-9　区段停车

采用区段停车方案有利于压缩长距离出行乘客的乘车时间和减少车辆运用、降低运营成本。但在行车量较大的情况下，此方案可能会产生越行，须修建侧线；且在不同交路区段上下车的乘客会增加换乘时间，而在短交路区段内上下车的乘客会延长候车时间。

3）跨站停车

跨站停车在长交路情况下采用，线路上运行 A、B 两种停站方式的列车，A、B、C 为线路上三种类型的车站，A 类列车仅停 A 型车站、C 型车站，在 B 型车站通过；B 类列车仅停 B 型车站、C 型车站，在 A 型车站通过。C 型车站作为两类列车的换乘站，跨站停车如图 7-10 所示。

由于 A 型车站、B 型车站的列车到达间隔加大，在 A 型车站、B 型车站上车乘客的候车时间有所增加；此外，在 A 型车站、B 型车站间上下车的乘客需要在 C 型车站换乘，这样会增加换乘时间并带来不便。

跨站停车方案比较适用于 C 型车站上下车客流较大且乘客乘车距离较长的情况。

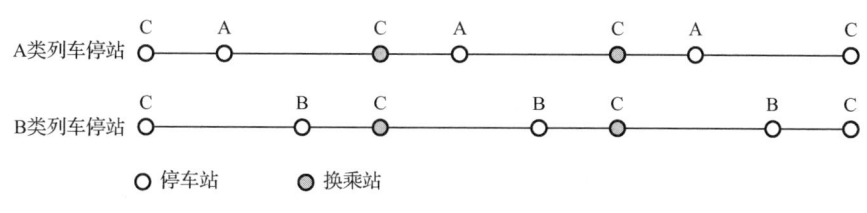

图 7-10　跨站停车

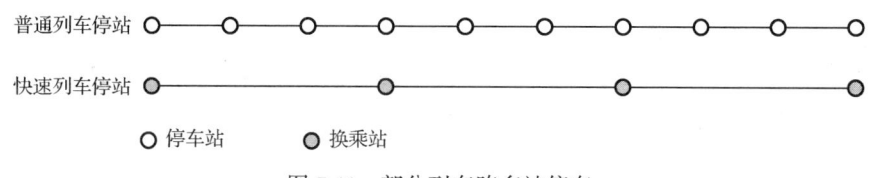

4）部分列车跨多站停车

部分列车跨多站停车是指线路上开行两类长交路列车，即普速、站站停列车和快速、跨多站停列车，快速列车只在线路上的主要客流集散站停车，在其他站则不停车，如图 7-11 所示。

图 7-11　部分列车跨多站停车

2. 影响列车停站方案选择的主要因素

影响列车停站方案选择的主要因素为站间客流特征、乘客服务水平、列车越行、运营经济性和运营组织复杂性等。

（1）站间客流特征：在长距离出行乘客比例较大及某些发到站间的直达客流也较大时，采用非站站停车方案通常是有利的。在线路上以同一区段内发到的短途客流为主时，不宜采用非站站停车方案。

（2）乘客服务水平：采用非站站停车方案是否可行，应根据站间客流，定量分析计算长途乘客节约的出行时间与部分乘客增加的换乘与候车时间。如果乘客的节约时间总和大于增加时间总和，或者乘客的节约时间与增加时间基本持平，则采用非站站停车方案是可行的，能提高或至少不降低乘客服务水平。

（3）列车越行：当采用非站站停车方案时，必须考虑列车越行的相关问题，如列车越行判定条件、越行站设置数量及位置等。

（4）运营经济性：非站站停车方案能加快列车周转、减少运用车数，从而降低运营成本。当采用非站站停车方案时，通常要在部分中间站增设越行线，车站土建与轨道等费用的增加会引起车站造价上升。

（5）运营组织复杂性：由于各类列车的停站安排不同及列车在中间站越行，控制中心、车站控制室对列车运行的监控及站台上的乘车导向服务均应加强。因此，非站站停车方案的运营组织要比站站停车方案复杂。

三、车辆配备计划

为完成乘客运送任务，城市轨道交通必须设置车辆基地，配属一定数量的车辆。

（一）车辆运用的分类

车辆按运用上的不同可分为运用车、检修车和备用车三类。

1. 运用车

运用车是为了完成日常客运任务而配备的技术状态良好的车辆。

运用车数的计算公式为

$$N_{运用} = \frac{n_{高峰} \theta_{列} m}{3600}$$

式中　$N_{运用}$——运用车数（辆）；

　　　$n_{高峰}$——高峰小时开行列数（列）；

　　　$\theta_{列}$——列车周转时间（s）；

　　　m——列车编组辆数（辆）。

列车周转时间是指列车在线路上往返一次所消耗的全部时间。它包括列车在区间的运行时间，在各中间站的停车时间，以及在两端折返站的折返停留时间。列车周转时间的计算公式为

$$\theta_{列} = \Sigma t_{运} + \Sigma t_{站} + \Sigma t_{折停}$$

式中　$\Sigma t_{运}$——列车在线路上往返一次各区间运行时间总和（s）；

　　　$\Sigma t_{站}$——列车在线路上往返一次各中间站停站时间总和（s）；

　　　$\Sigma t_{折停}$——列车在折返站停站时间总和（s）。

2. 检修车

检修车是指处于定期检修状态的车辆。

车辆经过一段时间的运用后，各部件会产生磨耗变形或损坏，为保证车辆技术状态良好、确保列车运行安全和延长车辆使用寿命，必须定期对车辆进行各种修程的检修。

车辆的定期检修分成月检、定修、架修和大修（又称厂修），也有安排双周检与双月检等。车辆检修修程和检修周期是根据车辆各部件使用寿命及车辆运用环境等因素综合考

虑确定的。在实行预防性计划检修制度时，车辆定期检修通常按照车辆运用时间和走行路程先达到者执行，不同的检修修程有不同的检修周期表，表 7-2 为某城市轨道交通线路的车辆检修修程、周期及停时。

表 7-2 车辆检修修程、周期及停时

检修修程	检修周期		检修停时/日
	运用时间	走行路程/万 km	
双周检	2 周	0.5	0.5
双月检	2 月	2	2
定 修	1 年	10	10
架 修	5 年	50	25
大 修	10 年	100	40

车辆检修除定期检修外，还有日常检修，包括列检和临修。

另外，也有根据部件的使用情况进行均衡修的车辆检修修程。

3. 备用车

为了适应客流变化，确保完成临时紧急的运输任务，以及预防运用车发生故障，必须保有若干技术状态良好的备用车辆。

备用车的数量一般控制在运用车数量的 10%左右。备用车原则上停放在停车场内或线路两端终点站。

（二）车辆运用计划

车辆运用包括列车的出入段、正线运行和列检等作业。车辆运用应按计划进行，车辆运用计划根据列车运行图与车辆检修计划进行编制。

1. 排定出入段顺序与时间

新图下达后，车辆段应根据列车运行图的要求，排定运用车组的出段顺序、时间和担当车次、回段顺序、时间和返回方向。运用车组出段时间应分别明确乘务员出勤时间和运用车组出库、出段时间。

2. 铺画车辆周转图

列车正线运行通常采用循环交路，根据列车运行图和车辆出入段顺序，车辆运用计划以车辆周转图的形式规定了全日对应各出入段顺序的运用车组在正线上往返运行的列车交路，运用车组在两端折返站的到发时刻，以及运用车组出入段时间和顺序，如图 7-12 所示。

3. 确定对应各出段顺序的运用车

根据车辆的运用状态与检修计划，确定担当次日各出段顺序、列车交路的运用车（编号）与待发股道。在安排车辆运用时，应注意使运用车的走行公里在一定时期内大体均衡。

4. 配备乘务员

城市轨道交通的乘务制度通常采用轮乘制。由于乘务员值乘的列车不固定，在编制车辆运用计划时，应对乘务员的出/退勤时间、地点和值乘列车车次，以及工间休息和途中用餐等同步做出安排。在安排乘务员的工作时，应注意乘务员的连续工作时间不要超过规定的劳动时间。

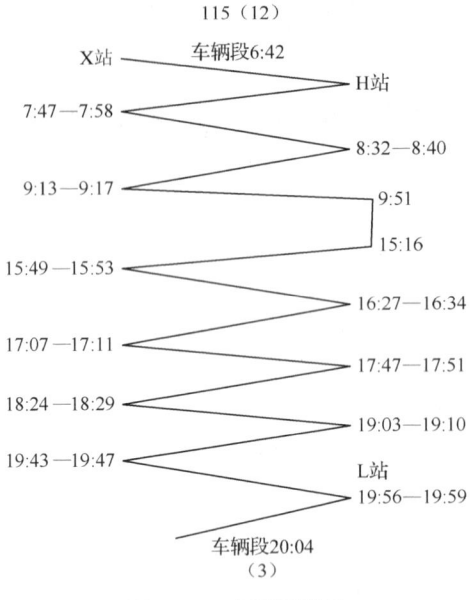

```
                    115（12）
          X站      车辆段6:42
                              H站
     7:47—7:58
                          8:32—8:40
     9:13—9:17
                          9:51
                          15:16
     15:49—15:53
                          16:27—16:34
     17:07—17:11
                          17:47—17:51
     18:24—18:29
                          19:03—19:10
     19:43—19:47
                              L站
                          19:56—19:59
                    车辆段20:04
                       （3）
```

图 7-12　车辆周转图

四、列车运行图

（一）列车运行图的定义及作用

1. 列车运行图的定义

列车运行图是用坐标原理表示列车运行状况的一种图解形式，即列车在各区间运行和在各车站到达、出发（通过）时刻的图解，如图 7-13 所示。

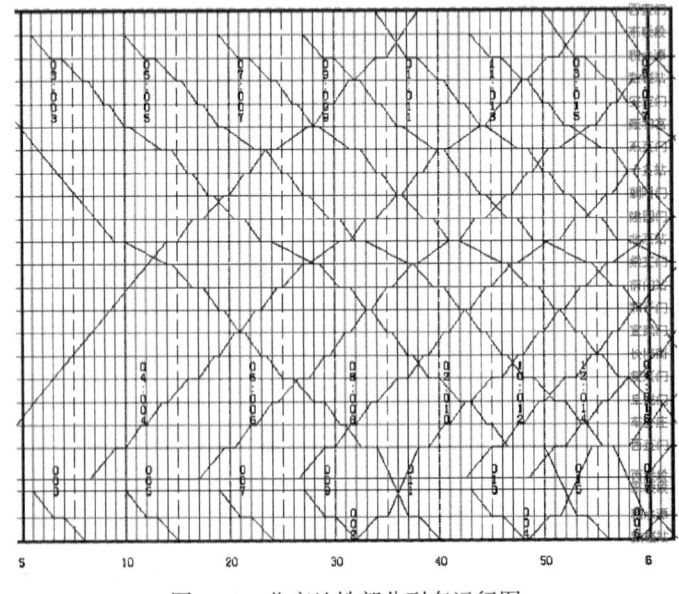

图 7-13　北京地铁部分列车运行图

2. 列车运行图的作用

（1）列车运行图是组织列车运行的基础。

列车运行图规定了各次列车占用区间的顺序、列车在区间的运行时分、在车站到达和出发（或通过）的时刻、在车站的停站时间和折返站的折返作业时间，以及列车交路和出入停车场时刻等。

（2）列车运行图是城市轨道交通运营组织的综合性计划。

城市轨道交通运营生产是一个统一的整体，涉及运营的各业务部门都要根据列车运行图所规定的要求来安排工作。例如，控制中心根据列车运行图指挥列车运行，车站根据列车运行图安排行车组织和客运组织工作；车辆维修部门每天运营前要整备好要运营的列车；车辆运转部门要根据列车运行图的要求确定列车的派出时刻和乘务员的作息计划；工务、通信、信号、供电、机电等部门也要求根据列车运行图的规定来安排施工计划和维修计划。

（二）列车运行图的图解原理

列车运行图是利用平面直角坐标系的原理，用横坐标表示时间，纵坐标表示距离，用图解的方式表示列车运行的轨迹。

在列车运行图上，横线表示车站的站名线，竖线表示时分线。

（1）横坐标：表示时间变量，按要求用竖线将横坐标按一定比例进行时间划分，一般城市轨道交通列车运行图采用一分格或二分格，即每一等分表示 1min 或 2min。

（2）纵坐标：用横线将纵坐标按一定比例加以划分，代表车站的站名线，通常中间站的车站站名线用较细线条表示，换乘站、折返站和终点站用较粗线条表示。

车站站名线有按区间运行时分比例和按区间实际里程比例两种方法来确定，实际工作中通常采用按区间运行时分比例来确定车站站名线。采用这种方法时，列车运行线基本上是一条斜直线，并且容易发现列车区间运行时分的差错。

（3）垂直线：按规定要求，将时间进行等分。

（4）水平线：表示各个车站中心线所在的位置，又称站名线。

（5）斜线：列车运行线，上斜线表示上行列车，下斜线表示下行列车。

（6）交点：列车运行线与站名线的交点表示该列车在车站到达、出发或通过的时刻。

在列车运行图上，各次列车均有不同的车号与车次。一般按不同的列车类别规定代号与列车号，如专运列车、图定列车、加开列车、调试列车、空驶列车、救援列车、施工列车等；按发车顺序编制列车车次。但每个城市每条线路也有所不同。例如，上海轨道交通1号线目前使用的车次号由 5 位数组成，前 3 位为列车识别符，后 2 位为目的地号，目的地号代表列车的运行终点站，如 11296 次表示 1 号线开往莘庄站的 112 次列车；而北京轨道交通则由 4 位数组成，第 1 位为上下行方向，第 2 位为列车种类，后 2 位为列车运行顺序。

（三）列车运行图的格式

为了适应使用上的不同需要，运行图在使用上分为以下几种格式。

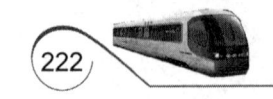

（1）一分格运行图：横轴以 1min 为单位进行等分，是地铁、轻轨采用的格式。

（2）二分格运行图：横轴以 2min 为单位进行等分，是市郊铁路编制新图时采用的格式。

（3）十分格运行图：横轴以 10min 为单位进行等分，是市郊铁路日常使用的格式。

（4）小时格运行图，横轴以 1h 为单位进行等分，是编制乘客列车方案图、机车周转图或客车周转图时采用的格式。

（四）列车运行图的分类

根据区间正线数目、列车运行速度、上下行方向列车数和同方向列车运行方式等条件，列车运行图的分类如下。

1. 按区间正线数目的不同分类

（1）单线运行图：上下行列车都在同一条正线上运行。

（2）双线运行图：上下行列车在各自的正线上运行。

2. 按列车运行速度的不同分类

（1）平行运行图：同方向列车的运行速度相同，停站方式相同。

（2）非平行运行图：同方向列车的运行速度不相同。

3. 按上下行方向列车数目的不同分类

（1）成对运行图：上下行方向的列车数目相等。

（2）不成对运行图：上下行方向的列车数目不相等。

4. 按同方向列车运行方式的不同分类

（1）连发运行图：同方向列车的运行以站间区间为间隔运行。

（2）追踪运行图：同方向列车以闭塞分区或制动距离加上安全防护距离为间隔运行，即在一个区间内允许有一列以上同方向列车追踪运行。

城市轨道交通系统的列车运行图大多采用双线成对追踪平行运行图。

（五）列车运行图的组成要素及应用

列车运行图的组成要素主要有列车区间运行时分、列车停站时间、列车在折返站停留时间、列车折返出发间隔时间、列车出入车辆段作业时间、追踪列车间隔时间和连发间隔时间。

1. 列车区间运行时分

列车区间运行时分是指列车在两个相邻车站间的运行时间标准，通过牵引计算和列车试运行相结合的方法计算确定。

由于上下行方向线路平纵断面条件，以及列车运行速度的不同，区间运行时分应按上下行方向和各种列车分别确定。

列车区间运行时分应根据列车在每一区间的两个车站上不停车通过和停车两种情况分别确定。列车不停车通过两个相邻车站所需的区间运行时分称为纯运行时分。因列车到站停车和列车启动出站而增大的区间运行时分与纯运行时分之差称为停车附加时分和启动附加时分。停车附加时分和启动附加时分应根据车辆类型、列车编组辆数，以及进、出站线路的平纵断面等条件进行确定。A—B 区间列车运行时分示意图如图 7-14 所示。

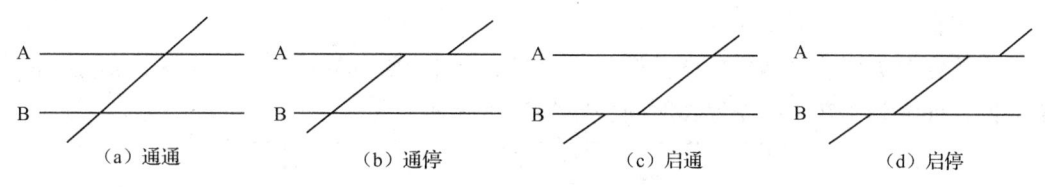

图 7-14　A—B 区间列车运行时分示意图

设 A—B 区间的 $t_{纯}^{上}$=14min；$t_{纯}^{下}$=15min；$t_{启}^{A}=t_{启}^{B}$=3min；$t_{停}^{A}=t_{停}^{B}=1$min，四种情况的列车区间运行时分如表 7-3 所示，其缩写如表 7-4 所示。

表 7-3　列车区间运行时分

站　名	上　行				下　行			
	通通	通停	启通	启停	通通	通停	启通	启停
A B	14	15	17	18	15	16	18	19

表 7-4　列车区间运行时分缩写

站　名	上　行	下　行
A	1	3
	14	15
B	3	1

2．列车停站时间

列车停站是为了供乘客上下车，列车停站时间取决于下列因素。

（1）车站上下车人数。

（2）平均上（下）一个乘客所需时间，取决于车辆的车门数、车门宽度、车厢内的座椅布置方式、站台高度和车站客运组织措施等。

（3）开关车门时间。

（4）车门和屏蔽门的不同步时间。

（5）确认车门关好与信号显示时间。

3．列车在折返站停留时间

列车在折返站停留时间是指列车在折返站办理各项作业时所需的时间。

在站后折返时，主要包括以下作业。

（1）在站线上，开车门、乘客下车作业。

（2）列车入折返线走行。

（3）在折返线上，列车换向作业。

（4）列车出折返线走行。

（5）在站线上，乘客上车、关车门作业。

在站前折返时，主要包括以下作业。

（1）在站线上，乘客下车、上车与开、关车门作业。

（2）在站线上，列车换向作业。

上述各单项作业时间可根据分析与查标相结合的方法计算确定。综合各个单项作业所需时间，即为列车在折返站停留时间，如图 7-15 所示。

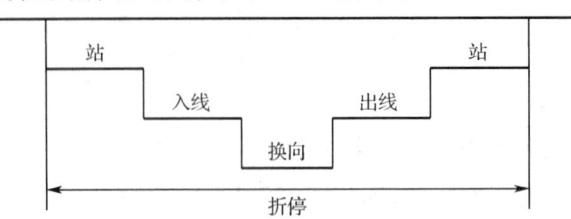

图 7-15　列车在折返站停留时间示意图

4. 列车折返出发间隔时间

列车折返出发间隔时间是指列车在折返站的最小出发间隔时间，主要取决于折返线的布置、采用的折返方式等。

5. 列车出入车辆段作业时间

列车出入车辆段作业时间是指列车在车辆段与正线防护信号机间的运行时间，列车在正线防护信号机与列车始发站间的运行时间，以及列车在进入区间正线前等待信号和确认信号的时间。

6. 追踪列车间隔时间

在自动闭塞线路上，同方向运行两列车以闭塞分区（轨道电路区段）或制动距离加上安全防护距离为间隔运行，又称追踪运行。追踪运行的两列车之间的最小间隔时间称为追踪列车间隔时间。

影响追踪列车间隔时间的主要因素包括列车停站时间、列车运行控制方式、列车间隔距离、列车运行速度、接近车站线路的平纵断面、车站是否设置配线和行车组织方法等。

7. 连发间隔时间

从列车到达或通过前方车站时起，至由车站向该区间发出另一同方向列车时止的最小间隔时间，称为连发间隔时间（$\tau_{连}$），如图 7-16 所示。

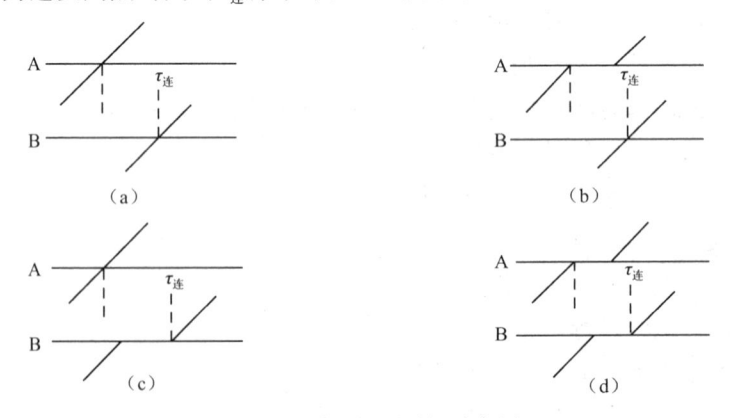

图 7-16　连发间隔时间示意图

连发间隔时间有两种类型、四种形式。两种类型根据后行列车在后方站通过或停车进行划分。四种形式分别如下。

（1）前行列车在前方站通过，后行列车在后方站通过。

（2）前行列车在前方站停车，后行列车在后方站通过。

（3）前行列车在前方站通过，后行列车在后方站发车。

（4）前行列车在前方站停车，后行列车在后方站发车。

（六）编制列车运行图

在新线投入运营，即有线技术设备、客运量或行车组织方法发生较大变化时，均须进行列车运行图的重新编制。

1. 编图要求

（1）确保行车安全：列车运行图应符合《行规》等行车规章的有关规定，严格遵守行车作业程序和各项时间标准。

（2）合理运用设备：列车运行图应与客流线结合，充分利用线路通过能力。在满足客流需求的同时，注意提高车辆满载率和旅行速度。

（3）优化运输产品：列车运行图应根据客流特点，开行列车间隔、编组辆数、列车交路和旅行速度不同的列车。

（4）配合站段工作：为使换乘站的客运作业能均衡进行，列车运行图应安排列车交错到达换乘站，并预留调试列车运行线。

2. 编图步骤与编图资料

列车运行图的编制由运营管理部门负责组织，大体经历研究讨论、编制方案、铺画详图和计算指标4个阶段。

（1）按编图要求与编图目标确定编图注意事项。

（2）收集编图资料，对有关问题组织调查研究和试验。

（3）总结分析现行列车运行图的完成情况和存在的问题，提出改进意见。

（4）编制列车运行方案图。

（5）征求调度、车站、车辆部门对列车运行方案的意见，并进行必要的调整。

（6）根据列车运行方案铺画详细的列车运行图，编制列车时刻表。

（7）对列车运行图的编制质量进行全面检查，并计算列车运行图指标。

（8）将编制完毕的列车运行图、列车时刻表与编制说明等报有关部门审核批准。

在编制列车运行图前应收集的编图资料包括运营时间、分时最大断面客流量，全日行车计划、列车编组方案、列车交路方案与列车停站方案，运用车数、线路通过能力、列车折返能力、列车出入段能力、换乘站设备能力与车站存车线能力，列车区间运行时分、列车停站时间、列车在折返站停留时间、列车折返出发间隔时间、列车出入车辆段作业时间、追踪列车间隔时间与连发间隔时间，列检、列车上线调试与乘务员作息安排，与其他交通方式的衔接，以及对现行列车运行图完成情况的分析等。

3. 铺画列车运行图

铺画列车运行图分两步进行。第一步编制列车运行方案图，着重解决列车运行图的全面布局问题；第二步铺画列车运行详图，即详细规定每一列车在各个车站上的到达、出发或通过时刻。在铺画列车运行图前，首先应确定车站站名线的位置。

（1）按列车区间运行时分比例确定车站站名线如图 7-17 所示。

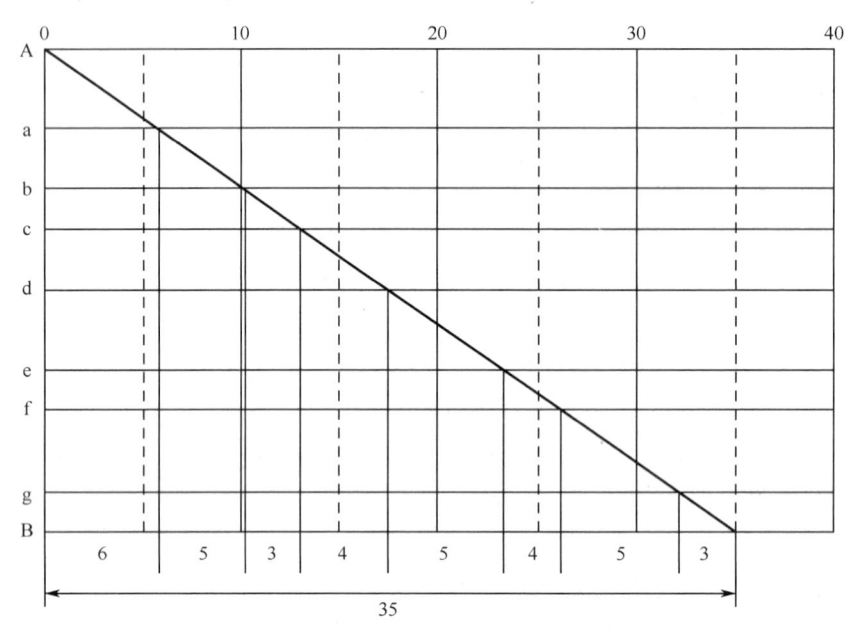

图 7-17 按列车区间运行时分比例确定车站站名线

（2）编制列车运行方案图。

编制列车运行方案图时，应重点考虑以下问题。

① 方便乘客：主要体现在合理排定始、末班车的到发时刻；清晨与夜间的列车间隔不宜太长；合理规定列车的停车站及停站时间；各线路列车在换乘站到发时刻合理衔接；列车与其他交通工具在到发时刻上合理衔接等。

② 列车运行与折返站作业协调：列车在折返作业时，有可能会产生进路干扰，应调整列车在折返站的到发间隔，尽可能安排平行作业，能最大限度避免进路干扰、提高列车折返能力。

③ 列车运行与换乘站作业协调：为避免车站设备运用紧张与客运作业秩序混乱，在编制列车运行方案时应安排各线列车交错到达换乘站，如图 7-18 所示。

④ 列车运行与车辆段作业协调：为保证运用车技术状态良好，应均衡安排列检作业时间，并考虑列检能力、乘务员的作息时间安排等。

（3）铺画列车运行详图。

在一分格列车运行图上精确铺画每条列车运行线，详细规定列车在每个车站的到达、出发和通过时刻、在折返站的停留时间等。

项目七 城市轨道交通行车管理

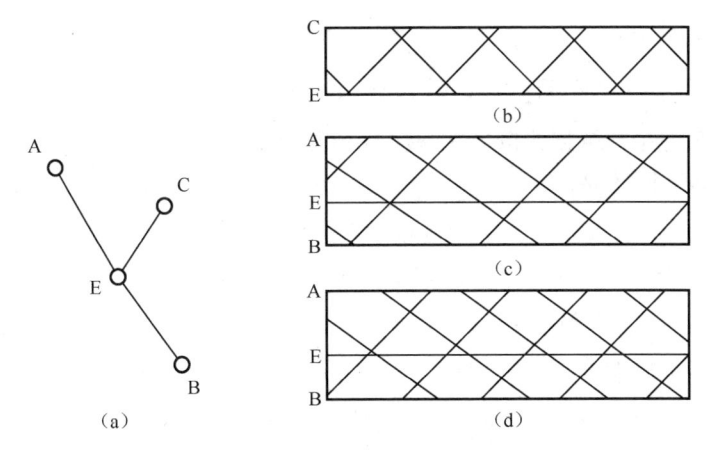

图 7-18 列车交错到达换乘站示意图

列车铺画顺序按照列车等级依次为专用列车、客运列车、调试列车和空驶列车。自列车出车辆段起，从始发站铺画到折返站，经过折返作业停留后，由折返站出发向区间铺画。

在铺画列车运行详图时，应注意确保行车安全和乘客安全，必须做到以下几点。

① 遵守列车区间运行时分和列车停站时间标准。
② 遵守列车在折返站停留时间和列车折返出发间隔时间标准。
③ 遵守追踪列车间隔时间和连发间隔时间标准。
④ 遵守乘务员作息时间标准。
⑤ 列车在车站折返时，停在折返站上的列车数应与该站的站线数相适应。
⑥ 列车在车站越行时，停在越行站上的列车数应与该站的侧线数相适应。

除编制基本运行图外，为适应客流量波动和人工驾驶的需要，还应编制分号运行图，包括双休日运行图、节假日运行图和人工驾驶运行图等。

（4）列车运行图指标计算。

在确认列车运行图符合各项要求后，计算列车运行图指标。为了评价新编列车运行图的质量，应将新图的各项指标与现图的各项指标进行比较，分析各项指标提高或降低的原因。列车运行图主要指标如下。

① 开行列车数：开行列车数按列车种类和上下行分别计算。
② 折返列车数：按各个折返站分别计算。
③ 行车间隔：行车间隔包括高峰小时与非高峰小时时段。
④ 首、末班列车始发站发车时刻。
⑤ 客运列车技术速度（$V_{技}$）：

$$V_{技} = \frac{\Sigma 列车单程运行距离}{\Sigma 列车单程旅行时间 - \Sigma 列车停站时间}$$

⑥ 客运列车旅行速度（$V_{旅}$）：

$$V_{旅} = \frac{\Sigma 列车单程运行距离}{\Sigma 列车单程旅行时间}$$

⑦ 输送能力（$N_{输}$）:
$$N_{输} = \Sigma(客运列车数 \times 列车定员数)$$

⑧ 高峰小时运用车组数：按早、晚高峰小时分别计算。

⑨ 列车周转时间（$\theta_{列}$）:
$$\theta_{列} = \Sigma t_{运} + \Sigma t_{站} + \Sigma t_{折停}$$

⑩ 车辆总走行公里（$S_{车}$）：包括图定车辆空驶里程。
$$S_{车} = \Sigma(客运列车数 \times 列车运行距离)$$

⑪ 车辆日均走行公里（$S_{日车}$）:
$$S_{日车} = \frac{车辆总走行公里}{\Sigma 分时运用车数}$$

⑫ 运能利用率（$K_{运}$）:
$$K_{运} = \frac{日客运量 \times 平均运距}{\Sigma 客运列车数 \times 列车定员 \times 列车运行距离}$$

（5）实行新图前的准备工作。

为保证新图能够正确和顺利实行，必须在实行新图前做好下列准备工作。

① 发布实行新图的命令。
② 印刷并分发列车运行图和列车时刻表。
③ 编制执行新图的技术组织措施。
④ 做好车辆和乘务员的调配工作。
⑤ 组织有关人员学习新图，了解与熟悉新图的规定与要求。

相关案例

北京地铁两线早高峰客流缩短间隔

2012年3月28日，北京地铁5号线、10号线同时将列车最小运行间隔缩短为2min30s，从第一个早高峰情况看，北京地铁运营时间缩短间隔的举措对于缓解这两条线各站的客流压力起到了较好的效果，在员工积极疏导下，早高峰客流平稳有序。

天通苑北站、宋家庄站作为地铁5号线的始发车站，列车出站后乘客滞留率下降了约20%，车站加强广播的力度宣传乘客有序乘降列车。缩短北京地铁时刻表运行间隔后，车站乘客滞留率比以前有了明显的下降，多数滞留乘客都是希望在终点站能够等个座位，车站也通过加强现场疏导的方式引导乘客分散乘车，避免乘客集中在某一车门处候车。惠新西街南口站是地铁5号线与10号线的换乘车站，两条线路同时缩短运行间隔，给惠新西街南口站的换乘组织工作带来了压力，据统计，列车运行间隔缩短后，惠新西街南口站每小时的换乘量增加了约10%。为了应对缩短运行间隔后换乘乘客增加这一情况，惠新西街南口站采取加派人员的方式加强了站台的疏导力度，并在地铁5号线站台增设了临时导流设施，避免双向换乘的乘客出现客流交叉的情况，以确保换乘秩序。地铁10号线北土城、国贸等重点换乘站都加派人员进行客流疏导工作，各车站滞留的乘客有所减少，国贸站昨天进出站客流量是 5.5 万人次，缩短间隔后，客流略有增加，客流量约为 5.8 万人次。

负责运营管理地铁 5 号线的运营一分公司和负责运营管理地铁 10 号线的运营三分公司，针对此次缩短北京地铁发车时间间隔进行了细致严密的准备工作。

地铁 5 号线东单站区所属崇文门站、东单站等重点车站增设综控员客运监控岗，加强车站客运组织能力，并在站台加装导流围栏，引导乘客分散候车。惠新西街南口站早高峰时段，在开往巴沟方向的站台加派站区人员进行宣传疏导，晚高峰前期随时关注客流，根据客流量情况适时启动南厅扩区限流，同时根据客流量延长站台人员及支援人员的执岗时间，并加强车站的广播宣传工作。根据早晚高峰时段乘客经常集中在某个靠近电梯或楼梯附近的车门候车这一情况，车站加强了关键部位的疏导工作，并且在雍和宫站、惠新西街北口站、大屯路东站等三座车站的 11 个重点车门处安排人员重点看护，保证车站的正常客运组织，确保列车的正点率。位于线路两端的天通苑北站和宋家庄站利用站厅限流围栏加大客运组织力度，降低进站及换乘地铁 5 号线乘客的数量和速度，早高峰时段利用车站广播加大乘客的疏导力度，使乘客分散候车、乘车，确保站台秩序。同时加大对值班站长、安全员、日勤人员进行车门应急处置的培训及相关突发事件处置预案的培训工作，确保车站遇到突发大客流、车门故障、列车晚点等情况下的客运组织工作。

地铁 10 号线万柳车辆段乘务中心地勤人员加强试车，确保列车不带故障上线运营，加强对乘务员的培训，强化培训折返作业流程及遇突发故障处理流程。为满足新运行的北京地铁需求，万柳维修中心强化对规修车、对规检车，提高备品、备件准备率，并且强化职工故障处理能力，全力保障列车按点出库，安排人员做好重点站值守工作，了解正线车辆运营状况，及时反馈，确保车辆质量。为确保缩短间隔后客流平稳有序，地铁 10 号线各站区在扎实做好各项准备工作的同时，提前组织职工熟悉新的运行图并掌握其特点，强化学习行车专业相关知识。同时，加大对高峰时段客流密集部位的值守力度，积极宣传疏导乘客，使乘客尽量到站台中部候车。

拓展知识

城市轨道交通备用客车的运用

备用客车是作为调整城市轨道交通行车间隔，进行客流疏导的关键工具。备用客车是城市轨道交通行车组织的一种常备列车车辆，包括按规定编组的客车车组、工程车和单机。备用客车（以下简称为备用车）的作用主要是当正线运营发生列车故障时，上线替代故障列车；或因正线列车故障造成行车间隔变大时，上线调整行车间隔，以保证正线列车"套跑"运行图；或车站出现大客流等情况时，导致大量乘客滞留时利用备用车上线以疏导客流。

1. 广州地铁备用车的实际运用情况

下面以广州地铁 2008 年 1 月份运营情况为例，分析备用车在实际运营中的执行情况。广州地铁 1 月份日均客运量已达 158.1 万人次。其中，广州地铁 1、2、3 号线的客流量的早晚高峰期最大满载率均在77%上。另外,广州地铁2008年1月份列车晚点情况较多,达到220次;相应备用车的实际使用率也比较频繁,共107次。由于旧设备老化、新设备不完善及其他外界不定因素影响,实际运营组织的晚点较多,从而加大了运营组织压力。在特殊情况下,如何把握关键时机,及时、合理地利用备用车调整行车间隔,保证正线列车能按照运行图运行,就成为地铁运营的关键点之一。

2. 备用车运用的优化

1)备用车的使用原则

备用车的使用原则为提前预想,果断决策,择机使用,不能"带病"上线。备用车使用的目的是及时调整行车间隔,疏散站台积聚乘客。这就要求使用的备用列车必须状态良好,不能"带病"上线。当然,备用车的车辆状态是否具备使用条件,能不能上线,必须由车辆检修人员判断,必要时,要通过行车调度人员与检修人员沟通来决定。

2)备用车的使用时机

备用车的使用应及时、得当,能够调整运营秩序。但是,如果备用车的使用错过关键时机,不但对行车组织的调整起不到实质性作用,反而可能会使后续列车堵塞,造成列车运行间隔不均。下面以广州地铁常见的运营故障为例,分类说明备用车的关键使用时机。

(1)直接使线路通过能力下降的故障。发生此类故障时,故障区域的后续列车排队滞留,而在故障区域前方车站的列车到达间隔将持续加大,车站集聚的乘客不能及时得到运输,站台集聚的乘客将会超过车站实际的承受能力。这时,就需要行车组织人员择机合理安排备用车上线以调整运行。在地铁高密度行车间隔下,实际上线列车较多,在安排备用车上线时,应该优先考虑等间隔地调整列车运行。以广州地铁1号线为例,如果烈士陵园站上行有列车故障,行车组织人员应及时优先选择广州东站的备用车上线替代开行相应的车次,并相应地在西朗站合理安排个别列车转为备用车。

(2)屏蔽门故障。发生此类故障,预计列车延误较大时,应立即安排司机上备用车待令或通知车辆运用库做好加开备用车准备,择机加开到正线。

(3)车辆故障。发生此类故障无法在正线处理。按照《车辆故障处理指南》或检修调度要求,当列车到终点站退出服务时,行车调度员应在第一时间通知有关车站备用车或车辆运用库备用车做好上线准备,并根据实际情况组织备用车在故障车前加开,替代故障列车上线载客服务。

(4)突发大客流。当某个车站突发大客流,出现站台乘降困难(持续有乘客上不了车)或受某个车站突发大客流影响,其他车站出现多趟列车均有大量乘客无法上车时,行车调度员应及时安排备用车加开,减小行车间隔以疏散客流。在条件允许的情况下,为更有效地疏运大客流车站的乘客,利用备用列车上线后的行车间隔缩短的优势,可适当安排列车在始发站不开门载客,空车直接不停站运行至大客流车站投入客运服务。

(5)个别列车发生较大的延误。当个别列车发生较大延误时,会导致此列车与前行列车间隔过大,造成后续列车堵塞。如果单纯地使备用车上线,只是增加上线的车辆数,会给列车的间隔调整带来困难,并不能填补或拉匀行车间隔。此时,行车调度员可根据故障列车的实际位置，在具备折返条件的中间站安排列车折返，同时组织备用车上线。

3）备用车的运用形式

（1）备用车直接上线。列车出现较大晚点而不能"套跑"运行图时，可利用两端备用车进行行车间隔的调整，以保证列车满足运行需要。

（2）备用车不停站通过。如果中间站滞留大量乘客，且现有列车要到达该站的时间还较长时，在条件允许的情况下（沿途站客流较小、站台能保证安全），可安排备用车在此车站不载客，直接运行到相应车站进行客流运输。

（3）回场列车上线加开。在转峰期（高峰期转中峰期或中峰期转低峰期），如果正线客流较大，或有列车发生较大晚点时，可将计划回场列车留在正线，加开运行，以满足行车组织需要。

4）备用车热备的建议

临时调用备用车，涉及列车准备、司机安排、进路准备等问题。这些都直接影响备用车发车的时机。从实际运营来看，备用车从准备到上正线的时间偏长，有时甚至会错过时机。因此，建议结合线网实际客流规律，在特殊时段采取"备用车热备"的方式，即提前组织司机在备用车上待命。主要的特殊时段有：一是早上出车至早高峰峰值结束时（9:00）；二是重大节假日高峰时间段（14:00—18:30）；三是地铁沿线有大型活动，如广交会、焰火晚会等可预见性大客流时。

运营组织是个大联动机，使用备用车所涉及的因素也较多，在实际运营中可能由于设备故障或突发客流的发生地点、发生时间的不同，备用车的使用方式、方法也会不同。因此，这就要求在备用车的使用上，除行车调度人员预想充分、考虑周全外，同时还需要司机、车站、车辆运用库等各部门、各岗位的高效配合，这样才可保证备用车的高效使用。

任务二　城市轨道交通行车组织与乘务管理

学习目标

（1）了解运营网络指挥中心（COCC）的作用及设备组成。

（2）了解线路控制中心机构的组成。

（3）掌握调度生产组织机构的组成。

（4）了解行车调度指挥的作用。

（5）掌握行车调度指挥的层次。

（6）了解电力调度、环控调度、客运调度各自的职责。

（7）了解正常情况下行车调度指挥的模式。

（8）掌握列车运行调整的作用和种类。

（9）了解非正常情况下的行车调度指挥方法。

（10）了解行车调度质量分析的种类和作用。

（11）了解车站行车组织的内容。

（12）掌握车站行车设备的种类。

（13）了解车站施工管理的要求。

（14）了解列车出车作业、列车收车作业、列车整备作业的程序及内容。

（15）掌握调车作业的定义及分类。

（16）了解调车作业的分工及对调车工作的要求。

（17）了解城市轨道交通的乘务方式。

（18）了解驾驶员作业的基本流程。

学习任务

认知调度生产组织机构的组成，认知电力调度、环控调度、客运调度各自的职责，掌握列车运行调整的作用和种类，认知列车出车作业、列车收车作业、列车整备作业的程序及内容，能够识别城市轨道交通的乘务方式。

工具设备

COCC 功能定位框架图，调度生产组织机构挂图，行车组织指挥层次挂图，配合多媒体课件。

教学环境

具备多媒体设备的教室。

基础知识

一、行车调度指挥

城市轨道交通系统是一个复杂的、技术密集型的城市公共交通系统，它具有各项作业环节紧密联系和各部门、各工种协同工作的特点，为对运输生产活动进行集中领导、统一指挥和实行进行有效监控，城市轨道交通系统必须设立行车组织的指挥中心。行车指挥中心分两个层次：运营网络指挥中心（COCC）和线路控制中心（OCC）。

（一）运营网络指挥中心

COCC 作为中央运营协调与应急指挥中心，负责协调各线路控制中心及各相关单位，特别在发生影响两条及以上线路的紧急情况时，实现运营资源的统筹、协调和联动，提升应急突发事件的处置能力。

COCC 实时监督轨道交通网络客流变化、列车运行和设施设备运行状态；在发生紧急情况时，迅速做出反应，指挥和协调各单位进行应急处置；承担运营生产信息采集、核实、报告、发布的任务。

COCC 的设备主要包括综合显示屏、调度工作站、监控工作站、调度电话、无线列调、调度专用对讲机和广播装置等。综合显示屏集中显示多条轨道交通运营线路的 CCTV、ATS、CADA 和 AFC 等信息。另外，COCC 可以根据各城市的情况配备一些应急处置的辅助系统，如预案管理系统、应急信息发布系统、GIS/GPS 系统等，以提高应急处置能力。

COCC 可以独立设置，也可以与线路控制中心设置在一个大厅。图 7-19 为 COCC 功能定位框架图。

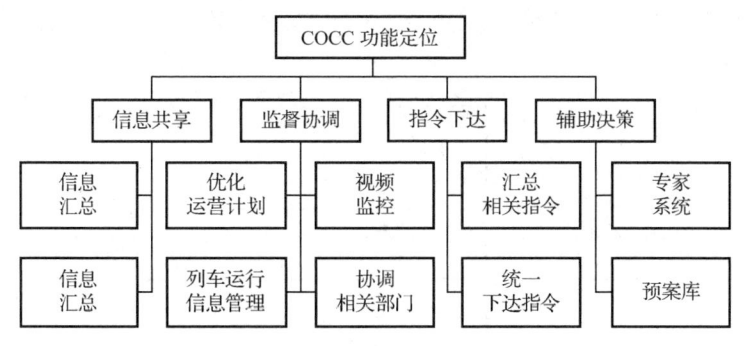

图 7-19　COCC 功能定位框架图

（二）线路控制中心

线路控制中心（简称控制中心）是城市轨道交通日常运输工作的指挥中枢，基本任务是组织指挥线路与列车运行有关的各部门、各工种协同作业，确保按图行车，组织完成客运生产任务，保证行车和乘客安全，努力提高运输效率和发挥经济效益。

1. 控制中心机构组成

控制中心负责所辖轨道交通线路行车、电力、环控及客运等相关系统的运行调度和突发事件处理。

调度机构通常设置行车调度、电力调度、环控调度和客运调度等调度工种，调度生产组织机构如图 7-20 所示，各个城市轨道交通调度生产组织机构不尽相同，有些城市将行车调度和客运调度并岗称为运营调度，电力调度和环控调度并岗称为设备调度。

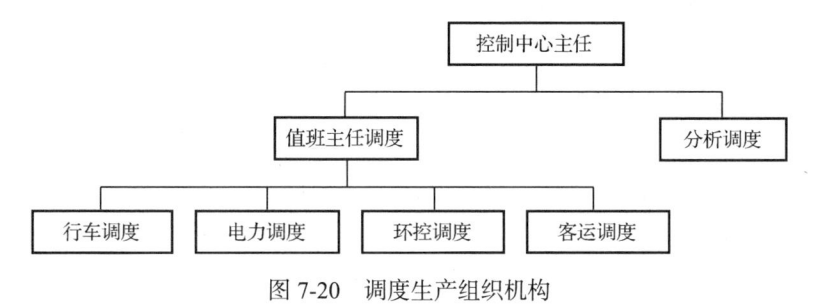

图 7-20　调度生产组织机构

2. 行车调度

行车调度是列车运行的组织、领导和指挥者，负责组织指挥各部门、各工种严格按照列车运行图工作；检查监督各行车部门执行运行图情况，发布调度命令；监控列车到达、出发及途中运行情况，确保列车运行正常秩序；随时掌握客流情况，及时调整列车运行方案；当列车运行秩序不正常时，及时采取措施，尽快恢复正常运行秩序；当发生行车异常情况时，及时、准确地处理，防止行车事故的发生；当发生行车事故时，按规定程序及时向上级主管部门汇报，并采取措施防止事故扩大，积极参与组织救援工作；安排各类检修施工作业，组织施工列车开行。

所有与列车运行有关的作业人员，如车站值班员、停车场运转值班员、列车驾驶员都必须服从行车调度指挥、执行行车调度命令；如果行车设备在运营时间内发生故障，则由行车调度指挥电力调度、环控调度配合行车调整及处置。行车组织指挥层次如图7-21所示。

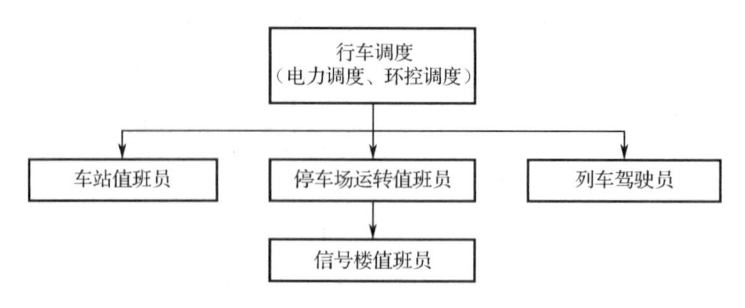

图7-21　行车组织指挥层次

城市轨道交通行车调度设备主要包括显示屏、行车调度工作站、监控工作站、调度电话和广播装置等。

3．电力调度

电力调度负责对变电所、接触网设备的运行状态进行实时监控和数据采集。例如，完成监控范围内的断路器、电动隔离开关的控制操作，完成对有关信息的采集、处理、记录及报表统计等。电力调度通过实时监控供电设备的运行，掌握和处理供电设备的各种故障，确保实现对系统安全、可靠地供电。

4．环控调度

环控调度负责监控全线各站典型区域的温度、湿度、CO_2浓度等环境参数，并对各区间的危险水位监控，及时发出报警信号；监控全线各车站的通风、空调和给排水设备，以及屏蔽门、自动扶梯和防淹门的运行；并根据具体情况制定环控要求，向车站下达区间隧道通风设备的运行模式。

5．客运调度

客运调度负责监控全线各站的客流状况，根据行车调度的列车调整指令，向有关车站下达客流组织指令。例如，当行车调度下达列车越站指令时，客运调度就要通知相关车站进行车站广播，以免乘客误乘。尤其在发生非正常运营状况时，客运调度必须配合行车调度的调整计划，编制相关的信息告知用语，通知相关车站，通过车站广播、车站乘客信息屏的发布、临时公告等方式，告知乘客，以实现对车站客流的有序组织，保证对行车命令中需要乘客配合的部分能有效执行。

（三）正常情况下的行车调度指挥

随着科学技术的发展，城市轨道交通运行控制设备正逐步向自动化、远程化的方向发展，行车调度工作也已从人工电话调度指挥方式，向计算机调度集中控制（ATC系统控制）方式发展。ATC系统已被越来越多的城市轨道交通系统采用。在正常情况下，列车运行控制由ATC系统自动完成。列车按ATS系统的指令在ATP系统的防护下，由ATO系统实现列车自动驾驶，列车进路按 ATS 系统的指令，由车站连锁设备自动排列，行车调度主要监视列车的运行。

1. 行车调度指挥模式

行车调度指挥分为集中控制模式和站控模式。

1）集中控制模式

（1）全自动模式：ATC 系统根据列车运行时刻表，由系统自动办理进路，调度全线列车的运行。

（2）自动调度模式：根据列车运行时刻表自动办理列车进路，但列车在车站的停站时分、运行等级等，由调度员进行调整。

（3）集中人工模式：列车的始发进路和运行目的地由调度员人工办理和设定。一般车站都设为自动或连续通过进路，列车运行进路由列车的目的地号"自动触发"，所以列车运行进路可处于"自动"状态，但是列车在各站的停站时间、出发时间、运行等级等都由调度员设定。

2）站控模式

在调度员授权下，可将控制权下放给连锁集中站，由连锁集中站的车站值班员对所管辖区段的列车运行进路进行控制，也可以设置"连续通过信号"和"自动信号"，自动触发列车运行进路。

2. 列车运行调整

由于设备故障、途中运缓或作业延误等原因，造成列车运行晚点。此时，行车调度应根据列车运行的实际情况，按恢复正点和行车安全兼顾的原则，对列车的运行等级进行调整，尽快使晚点列车恢复到正点运行状态，实现按图行车。

在 ATS 系统中，列车运行调整有自动调整和人工调整两种。自动列车运行调整是指系统根据使用时刻表对早、晚点时间在一定范围内的图定列车自动进行列车运行调整，可以通过改变列车运行等级和停站时间进行调整。当列车早、晚点时间超出一定范围时，必须由行车调度进行人工列车运行调整，可以组织列车跳停、扣车等。

（四）非正常情况下的行车调度指挥

1. ATC 设备故障时行车

1）控制中心 ATS 设备故障

当控制中心 ATS 自动功能故障时，由行车调度人工排列进路和进行列车运行调整，以及通知折返列车输入新的车次号。当控制中心 ATS 显示功能故障时，控制权下放给集中站，由车站值班员在连锁工作站上排列进路。

2）车站连锁设备故障

当集中站连锁设备故障时，行车调度下达按电话闭塞法行车的调度命令，将控制权下放给集中站。控制中心和车站共同确认电话闭塞法行车的第一趟列车运行前方区间和车站空闲，车站值班员以手动信号接发列车，列车在故障区间以限速人工驾驶方式运行。

3）ATP 设备故障

（1）车载设备故障：车载 ATP 设备故障时，行车调度下令切除车载 ATP，以限速人工驾驶方式运行至前方站，清客后以双区间间隔、人工驾驶方式运行至就近有折返线或入段线的车站，退出运营。

（2）轨旁设备故障：小范围轨旁设备故障时，由行车调度确认故障区间空闲后，向司机发布调度命令，列车不切除车载 ATP，但在故障区间以限速人工驾驶方式运行，并且在故障区间只准一个列车占用。大范围轨旁设备故障时，由行车调度发布调度命令，停止使用基本闭塞法，改按电话闭塞法行车。列车切除车载 ATP，以人工驾驶方式运行。

4）ATO 设备故障

ATO 设备故障时，列车改为 ATP 防护下的人工驾驶。列车在区间运行速度按 ATP 速度码执行。

2. 电话闭塞法行车

电话闭塞法是在没有机械、电气设备控制的条件下，仅凭站间行车电话联系来保证列车空间间隔的一种临时代用的行车闭塞法。电话闭塞法的使用范围是：在运营期间由于信号设备故障，自动闭塞设备不能正常使用，以及在运营结束后开行工程列车、轨道列车或其他非规定制式列车时。

电话闭塞法行车时，列车占用区间的行车凭证为路票，列车发车凭证为发车手信号，同方向相邻列车的最小发车间隔为两站两区间（终端站除外）。改用电话闭塞法或恢复基本闭塞法行车，均应有行车调度员发布的调度命令。

在改用电话闭塞法行车时，行车调度应及时调整使用时刻表，确保合理的列车间隔，车站值班员根据调整后的时刻表严格按照规定的作业程序和要求进行办理闭塞、准备进路、显示信号、发出列车、接入列车、闭塞解除作业。在人工调度的情况下，由人工绘制列车运行图。

3. 特殊情况下列车运行

1）列车反方向运行

在正常情况下，列车按正方向运行，但在特殊情况下，可组织列车反方向运行。所谓列车反方向运行是指下行列车在上行线运行或上行列车在下行线运行。列车反方向运行时要以行车调度的调度命令为准。行车调度应对反方向运行列车重点监控，确保行车安全。

2）列车退行

列车因故需要退行时，行车调度在确认列车退行进路空闲和车站广播通告乘客注意安全的情况下，下达准许列车退行的调度命令。

3）救援列车开行

在接到司机的救援请求后，如果确定由在线列车担当救援任务，则行车调度应尽可能根据正向救援的原则指派救援列车，并及时向担当救援任务的列车司机下达调度命令，以及向有关车站值班员下达清客配合的调度命令。

在线列车担当救援任务时，原则上应先清客，后担当救援任务。这时，有关车站应根据调度命令，适时进行扣车、准备列车进路，适时广播，做好客运组织工作。

4. 检修施工时列车运行

城市轨道交通的检修施工作业除了必须中断列车运行的设备抢修外，原则上安排在非运营时间。检修施工过程中的列车运行原则上分为4个阶段：列车的出库、进入施工区段后封区施工、施工完毕后解封、列车回库。行车调度在施工安排中，必须明确列车的行车方式，既要保证检修施工作业能顺利完成，又要确保次日运营能正常进行。

检修施工结束后，行车调度根据车站值班员的报告，在确认行车设备完好、检修施工人员和机具撤离后，方可同意注销施工。

（五）行车调度质量分析

调度质量分析、统计可分为日分析、定期分析和专题分析。

（1）日分析：对列车正点率，列车运行图兑现率，列车加开、取消情况，换车、放站、清客情况，列车救援、严重晚点、反方向运行情况，设备、列车故障情况，施工完成情况，各种报表记录等指标的分析。

（2）定期分析：定期对阶段的各项运营指标、安全生产和施工检修等情况进行分析、统计，为改进日常运营组织方案提供依据。

（3）专题分析：对特定情况组织专题分析，以便指导行车调度更好地完成任务或进行总结。

二、车站行车组织

车站按是否具有"站控"功能可分为集中站和非集中站。集中站又称连锁集中站，它是指具有"站控"功能的车站，集中站车站值班员根据调度命令，可监控集中站管辖线路上的列车运行、办理电话闭塞行车，以及执行扣车、催发车等列车运行调整措施，集中站通常为有道岔的车站。反之，非集中站是指不具有"站控"功能的车站，通常为无岔站。

车站行车组织是指在调度控制中心统一指挥下，合理运用车站的各项技术设备，完成车站行车控制、施工管理等一系列作业的总称。

（一）车站行车作业

1. 车站行车设备

为满足车站的行车作业要求，须配置各种类型的行车设备。车站行车设备主要如下。

（1）线路：正线、折返线、存车线等。

（2）道岔：单开道岔、双开道岔、渡线道岔等。

（3）信号和通信设备：车站信号设备通常有发车表示器、防护信号机和阻挡信号机等；车站的连锁设备一般设置在有道岔的车站。用于车站行车作业的通信设备主要有调度电话、站间集中电话、公务电话等。

2. 车站列车运行控制

车站列车运行控制是根据整个系统的列车运行控制方式的变化而变化的：在自动控制方式（ATC）下，车站行车组织的主要工作是监护列车运行状态；在特殊情况下，控制中心下放权力，由连锁集中站进行行车控制，负责列车在车站接、发、调车等作业，进行排列进路、单操道岔、设置信号等操作，并根据行车调度命令，对列车运行进行调整。

（二）车站施工管理

城市轨道交通运营管理部门应制定施工检修作业管理的规章制度，严格按规定办理施工检修作业，并设立专门的机构，负责对申请的各施工检修作业统一编制定期施工计划，还可根据实际情况，对施工计划进行调整，并下发车站。

另外，车站为确保行车安全应建立健全各类行车作业、管理的规章制度，这些制度包括车控室的管理、交接班制度、车站值班员岗位责任制、道岔保养制度等，只有对车站的行车组织工作进行规范管理，才能确保行车安全。

三、停车场行车组织

停车场的作业由运转值班员总体负责，包括车辆运用作业及为完成车辆调移而进行的调车作业。运转值班员是行车组织的领导人，信号楼值班员负责列车进路和调车进路的办理。

（一）车辆运用作业

1. 列车出车作业

运转值班员根据现用的列车运行图、运营检修用车安排、车场线路存车情况等，编制发车计划，内容包括列车车次、出发股道、运用车编号等。发车计划编制完成后，将计划下达给信号楼值班员，还应将计划上报给行车调度。另外，运转值班员还应协助列车驾驶员办理出车作业。如果发现车辆故障，应及时调整列车的出车次序，并给信号楼及行车调度传达变更出车计划。

2. 列车收车作业

在正常情况下，列车经由入库线入库。在设备故障或准备检修施工时，在获得行车调度及信号楼值班员的准许后，列车也可由出库线入库。列车进入车库停稳后，运转值班员协助列车驾驶员办理退勤手续。

在发生列车晚点、脱线、清客、行车事故与救援时，运转值班员应组织当事人及有关人员填写情况报告并及时上报有关部门。此外，运转值班员还应对当日列车故障与安全情况进行统计。

3. 列车整备作业

根据清洗计划组织列车清洗，包括车辆内部的清扫、清洁和车身清洗等。列车收车后，如无列车清洗等其他作业，运转值班员应及时向车辆检修部门办理车辆交接手续，便于进行列车检修作业。运转值班室接到车辆检修部门移交的车辆后，指派专人对车辆状态进行检查，确认车辆技术状态符合正线运行要求后，方能接收和投入使用。

（二）调车作业

除在正线上的运行外，凡因列车折返、转线、解体、编组和车辆摘挂、取送等作业需要，列车或车辆在线路上进行有目的的调动，都属于调车作业的范围。

1. 调车作业的分类

调车作业按调车作业目的可分为折返调车、转线调车、解体调车、编组调车、摘挂调车和取送调车。停车场内一般含有除列车折返调车外的各类调车作业，折返调车主要是正线终点折返站的调车作业。停车场的调车作业主要在牵出线、调车线、检修线和洗车线等线路上进行，调车作业的动力可以是电力机车，也可以是内燃机车。

2. 调车作业的分工

调车作业是一项多工种联合进行的复杂作业，为了安全、协调、迅速地工作，按时完成调车任务，必须实行统一领导、单一指挥。运转值班员负责编制调车作业计划，信号楼值班员办理调车进路，调车长（可由副司机担任）指挥调车作业的实施，调车司机、调车员完成调车作业。

3. 调车工作的要求

调车工作应达到以下要求：及时完成调车任务，保证列车按图运行和其他有关作业的按时完成；充分运用各种技术设备，采用先进的作业方法，提高调车作业效率；确保调车作业安全。

为了实现上述要求，调车工作必须遵守行车组织规则及有关调车作业的规定，建立和健全有关工作制度。

四、城市轨道交通乘务管理

城市轨道交通乘务员一般是指电动列车驾驶员，电动列车驾驶员的主要工作是从事城市轨道交通电动列车的驾驶、应急故障处理，部分城市的电动列车驾驶员还担当电动列车在检查、维修、调试等过程中的列车操纵作业。

电动列车驾驶员是城市轨道交通行车组织的关键工种之一。列车运行时，电动列车驾驶员负有对列车和乘客安全的重要责任，所以，对于电动列车驾驶员而言，必须掌握规范的作业标准。

（一）乘务组织

在乘务管理方面，合理选择乘务方式、优化配备驾驶员，对提高乘务管理水平和企业经济效益具有显著意义。

1. 乘务方式

城市轨道交通的乘务方式有轮乘制和包乘制两种。

1）轮乘制

轮乘制是指列车的值乘驾驶员不固定，由各个驾驶员轮流值乘。采用轮乘制后，有利于合理安排驾驶员作息时间，以较少的驾驶员完成乘客输送任务。但驾驶员对车辆性能、状态的熟悉和对车辆保养的责任心可能不如包乘制，为此可通过建立制度、加强教育，明确驾驶员的职责来提高车辆保养质量。

目前，大多数城市轨道交通线路采用轮乘制。

2）包乘制

包乘制是指列车的值乘驾驶员固定，由若干个驾驶员包乘包管。采用包乘制后，便于驾驶员掌握车辆性能、状态，有利于增强驾驶员对车辆保养的责任心。但与轮乘制相比，采用包乘制时，驾驶员劳动生产率较低，对车辆运用计划的编制要求较高。

2. 驾驶员配备数

驾驶员配备数与列车上值乘驾驶员数、折返站替换休息驾驶员总数、轮班循环天数及驾驶员备用系数有关。一般来说，包乘制比轮乘制增加定员 20%左右。

3. 驾驶员操作培训

电动列车驾驶员的日常驾驶操作培训主要依靠列车模拟驾驶器和列车模拟驾驶台来完成。它们两者都利用了计算机的仿真技术，对列车的牵引控制及制动控制进行模拟，从而实现对列车启动、牵引加速、制动、停车、ATO 自动驾驶、故障处置等操作培训。除此之外，还可设置各种突发事件的场景，进行针对性的培训，从而提高驾驶员对故障的辨识和处置及应对突发事件的能力。随着我国今后大力发展城市轨道交通的趋势，采用列车模拟驾驶器及列车模拟台进行操作培训的方式，比较符合大规模培训驾驶员的要求，并且其安全性和经济性都比较强。

（二）驾驶员作业

驾驶员在驾驶列车时，必须确认各类行车信号，严格按照信号指示驾驶列车；同时必须坐姿正确，目视正前方，遇到危及行车安全的状况时应及时采取有效的应对措施，尽量避免人员及财产的损失。

1. 行车作业

列车在驶入正线前，驾驶员必须对列车进行一次出乘检查作业，其作业流程是：出勤→列车检查→静、动态调试→出库驾驶→出停车场驾驶→正线驾驶；列车结束正线运行后的作业流程是：退出正线运行→进停车场驾驶→进库驾驶→列车检查及收车→退勤。

2. 应急处置

运行列车如遇突发列车应急故障，驾驶员应及时汇报给行车调度，服从行车调度的指挥，并运用合理的方法处置列车应急故障；如果列车自身不能运行，驾驶员经处理无效后，必须动用其他列车配合实施救援时，则应及时向行车调度员提出救援请求；救援时，一般执行正向救援原则，即由后续列车对故障列车实施救援。

相关案例

调度命令

调度命令是行车调度在调度指挥工作中对行车有关人员发出的要求其配合完成某些行动的指令。

1. 命令形式

调度命令有口头命令、书面命令两种。

(1) 口头命令：为单个受令对象（列车司机）直接发布的短期性指令。

(2) 书面指令：一般至少有两个受令对象，有时还需要送达司机，较长时间影响行车的命令一般为书面命令。

不管是口头命令还是书面命令，都必须记录到计算机的台账上。

2. 调度命令发布场景

(1) 列车切除ATP，切关门旁路，洗车模式动车（口头）。

(2) 列车反方向运行（口头）。

(3) 变更行车闭塞法（书面）。

(4) 封闭/开通区间（书面）封锁/开通区间。

(5) 列车清客（口头）。

(6) 列车救援（3个口头）。

(7) 区间限速（视情况而定）。

(8) 区间下人（口头）。

(9) 载客通过（口头）。载客通过不允许连续跳停超过3站。

(10) 开行工程列车，调试列车（书面）。

(11) 列车以RMO（RMF）/CLOSEIN方式越过红灯（口头）。

(12) 行车调度认为有必要的其他情况。

3. 发布调度命令的一般情况

(1) 调度命令应由当班行车调度发布，发布前应详细了解现场情况，听取有关人员意见，命令内容应一事一令，先拟后发。书面调度命令必须由负责监护的调度员批阅后方可发布，发布口头命令可不批阅。发布命令时应用语规范、口齿清晰、语速中等。

(2) 所有命令必须有命令号，书面命令每月按1～100的顺序循环使用，口头命令每天按101～200的顺序循环使用，抢修命令格式："线路号+命令号"，线路号由"1"开始至"99"；命令号由"01"开始至"99"循环使用，每一个循环期间不得漏号、跳号及重号。

① 受令处所若为沿线各车站，要根据标准填记车站全称。

② 发令人、受令人、复诵人、复核人必须填记全名。

③ 发令日期、时间按实际发令时间填写。

在日常运行过程中，如无法及时将书面命令传递给司机时，应适时完成命令的补交手续。当调度命令发布后要更改时，必须取消原有命令，重新发布新的调度命令，不得在原有命令的基础上进行补充说明。

拓展知识

车载ATP系统功能分析

车载ATP系统是确保列车运行安全的关键设备，它与地面ATP设备相配合，完成速

度或距离信号的接收和解译,实现超速防护、制动保证、零速检测、车门控制、后退防护等。以图 7-22 所示的车载设备的 ATP 系统为例,对其系统功能进行分析。车载 ATP 系统功能框图如图 7-23 所示。

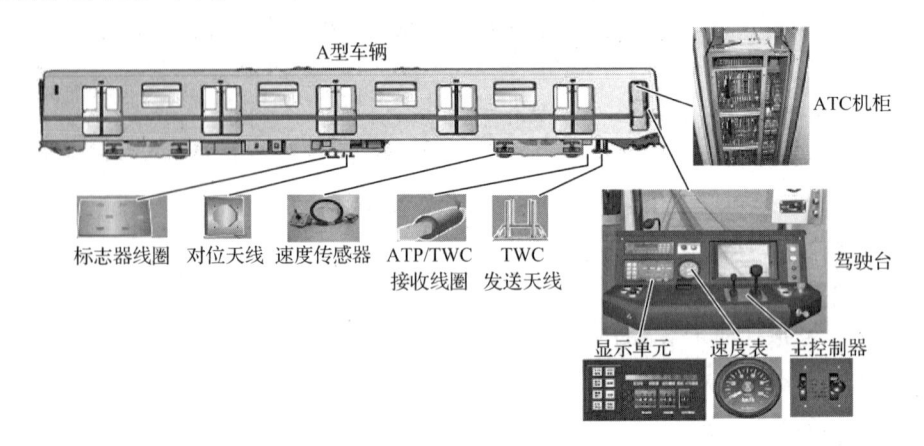

图 7-22　车载设备的 ATP 系统

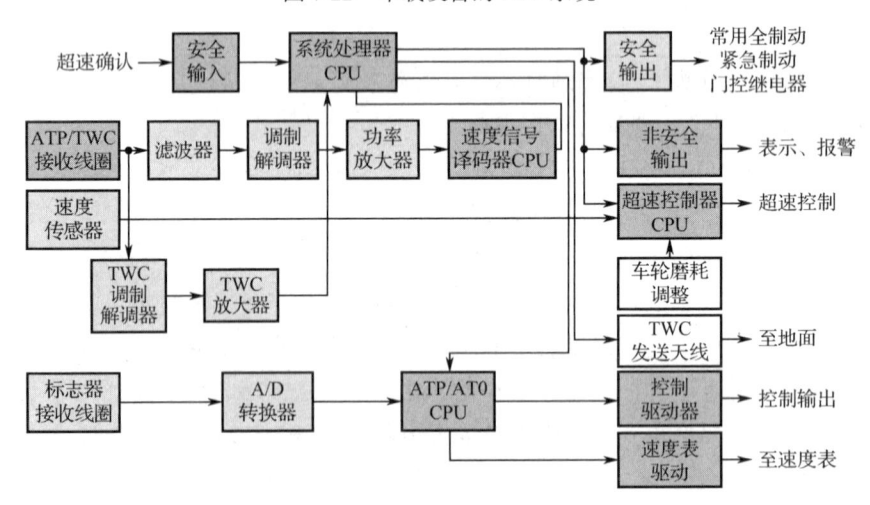

图 7-23　车载 ATP 系统功能框图

1. ATP 信号的接收和解译

地面 ATP 系统通过钢轨向列车发送速度命令和门控命令,其载频为 2250Hz,车载 ATP 接收线圈以耦合方式,从钢轨接收经低频调制的 ASK 车载信号,通过滤波器、调制解调器,提供一个固定的电平方波,送至速度信号译码器 CPU,该 CPU 译出的速度或门控命令,再送至系统处理器 CPU。

2. 超速防护

ATP 系统的主要功能是实现列车的超速防护,保证列车不会超出"速度命令"所规定的速度,该功能由超速控制器 CPU 来完成。超速控制器 CPU 接收来自系统处理器 CPU 的限制速度信息和来自速度传感器的列车实际信息,如果列车的实际速度超出了 ATP 限速,出现超速状态,则在自动模式下,列车将自动调整速度,在人工模式下由司机采取措施减速。如果在规定时间内达不到最小制动率,则系统的制动保证功能将发出指令,施加不可逆转的紧急制动,一旦紧急制动被启动,将保证列车停车。

"零速"检测在所有的操作模式都生效,当列车速度小于 3km/h 时,ATP 系统便确认为"零"速度,并由超速控制器 CPU 进行零速检测,当列车实际速度小于零速度设定值时,则零速检测信息返送至系统处理器。

3. 列车门的开、闭控制

当列车到达对位停车点时,列车对位天线检测到由站台对位线圈送出的 13.235kHz 的频率,证明列车已正确地在站台对位,车载 ATO 系统发出"列车进行全常用制动"的指令,并生成一个列车停稳信号给 ATP 系统。ATP 系统接收到该指令后,施加全常制动,并检测到速度为零。这时,ATP 系统生成一个列车"对位"信号给车载 ATO 系统,并通过车载对位天线,送出载频为 21.945kHz、调制低频为 77Hz 的"对位"信号。

地面对位线圈接收并译出上述"对位"信号,使车站 ATP 模块通过站台区域的轨道电路,送出打开列车门信号,其载频为 2250Hz,调制频率为 4.5Hz(左门)或 5.54Hz(右门)。

列车 ATP 接收线圈,从钢轨接收到打开车门信号以后,使相应的"门控继电器"励磁,并点亮相应侧的门控表示灯,这时司机按压与表示灯相一致的门控按钮,即当门控继电器的前触点与车辆门控电路的安全触点一致时,才能开启站台侧的所有车门;与此同时,车载 ATP 系统发出指令给列车对位天线,使其停发列车对位信号,改发打开站台屏蔽门信号。

当停站定时结束时,车站 ATP 模块停止发送打开车门信号,使列车相应的门控继电器失磁,司机可按压车门关闭按钮,门控电路启动列车门关闭程序。列车启动列车门关闭程序的同时,列车 ATP 系统中止发送开启屏蔽门信号,使站台屏蔽门控制继电器失磁,启动站台屏蔽门关闭程序。

停站定时结束后,站台侧发车指示灯点亮。在启动列车门和屏蔽门关闭程序后,地面 ATP 系统通过站台区域轨道电路,向列车发送速度命令,车辆 ATP 系统译出速度命令,并将列车门关闭信号一起送给车载 ATO 系统,ATO 系统收到上述信号后,使司机控制台的 ATO 表示灯以 1Hz 的频率闪光,提示司机按压 ATO 启动按钮,司机按压此按钮后,列车按 ATO 自动运行模式启动加速并自动运行。

在人工模式的情况下,司机必须以人工控制方式将列车停于对位停车点,当列车对位表示灯点亮时,证明列车正确对位,在确认对位停车后,司机可按压站台侧门控按钮才能打开车门;关闭车门也由司机控制。

4. 后退防护和无意识运行的防护

司机手柄所处的位置决定了列车的运行方向,而如果检测到并确认列车的实际运行方向与司机手柄位置不一致,则应施加紧急制动予以防护。无论在自动模式还是人工模式,都由超速防护系统提供后退防护。另外,当列车制动停车以后,施加全常用制动,在尚未收到速度命令的情况下,列车无意识运行,只要检出车速超过 3km/h,那么车载 ATP 系统就会实施紧急制动予以防护。

5. ATP 系统的冗余工作

在车载 ATC 系统中，一般在列车头、尾两端 A 型车，各设两套独立的 ATP 系统，除车载 ATP 接收线圈和车辆接口的输出继电器公用外，ATP 系统有两套。两套 ATP 系统的工作模式有平行模式、ATP1 模式和 ATP2 模式。平行模式是常用的工作模式，选择开关置于"平行"位置，两套 ATP 系统同时工作；但 ATO 系统只从 ATP1 系统接收数据，而且 ATP1 系统的 DC/DC 电源供车载 ATO/ATS/ATP1 系统工作，ATP2 系统的 DC/DC 电源只供 ATP2 系统工作，ATP1 模式和 ATP2 模式下，仅被选择的 ATP 系统工作，另一套 ATP 系统断电不工作，工作的 ATP 系统提供 DC/DC 电源给车载 ATO、ATS 模块工作；但是一套 ATP 系统工作、另一套 ATP 系统不工作的模式是不可取的，平行、互为备用的冗余模式是合理的。

任务三　城市轨道交通行车管理的操作运用案例

【操作运用案例 1】城市轨道交通列车运行计划的认知

1. 实训项目教师工作活页

实训项目教师工作活页　　　　　　　　　　　　　　　　NO：_____

实训项目	城市轨道交通列车运行计划的认知		
学　　时	2	班级	略
实训场所	轨道交通系统综合实验室。		
工具设备	全日行车计划表、列车交路方案挂图、列车折返方式挂图、列车周转图挂图、各种列车运行图挂图、多媒体设备课件示教板等。		
教学目标	专业能力	（1）能说出全日行车计划的编制要素和编制过程。 （2）能说出列车运行方案的组成及各部分的作用。 （3）能画出各种列车交路方案并能解释各种交路的含义。 （4）能识别列车的各种折返方式。 （5）能解释车辆配备计划及车辆在运用上的分类。 （6）能说出列车的编组方案。 （7）能识别列车各种停站方案并能解释各自的特点。 （8）能解释运用车、检修车、备用车的定义。 （9）能说出列车运行图的定义及作用。 （10）能解释列车运行图的表示和分类。 （11）会识别列车运行图。 （12）能说出列车运行图的组成要素及作用。 （13）会计算列车运行图的主要指标。	
	方法能力	（1）能综合运用专业知识，通过专业书籍、上网查询、多媒体课件和图片资料获得帮助信息。 （2）能根据实训项目学习任务确定实训方案，从中学会表达及展示活动过程和成果。	
	社会能力	（1）能在实训活动中保持积极向上的学习态度。 （2）能与小组成员和教师进行交流和沟通。 （3）能与他人共享学习资源，具有较好的合作能力和团队协作精神。	

续表

教学活动	略（详见教学活动设计）
教学评价	学生活动： （1）以8~10人小组为单位开展实训活动，根据本组成员在实训过程中的能力表现及结果进行自评、组内互评。 （2）根据其他小组成员在成果展示活动中的表现及结果进行互评。 教师活动： （1）教师组织学生开展评价活动和总结。 （2）对学生本单元项目单元成绩做出综合评价。
教学资料	（1）城市轨道交通概论教材。 （2）城市轨道交通行车组织参考书。 （3）实训项目学生学习活页（附页）。
指导教师		教学时间	年　月　日

2. 实训项目学生学习活页

实训项目学生学习活页　　　　　　　　　　　　　　　NO：_____

实训项目1　城市轨道交通列车运行计划的认知
班级：_____　姓名：_____　学号：_____　时间：_____ 一、实训目标 1. 专业能力目标 （1）能说出全日行车计划的编制要素和编制过程。 （2）能说出列车运行方案的组成及各部分的作用。 （3）能画出各种列车交路方案并能解释各种交路的含义。 （4）能识别列车的各种折返方式。 （5）能解释车辆配备计划及车辆在运用上的分类。 （6）能说出列车的编组方案。 （7）能识别列车各种停站方案并能解释各自的特点。 （8）能解释运用车、检修车、备用车的定义。 （9）能说出列车运行图的定义及列车运行图的作用。 （10）能解释列车运行图的表示和列车运行图的分类。 （11）会识别列车运行图。 （12）能说出列车运行图的组成要素及作用。 （13）会计算列车运行图的主要指标。 2. 方法能力目标 （1）能综合运用专业知识，通过专业书籍、上网查询、多媒体课件和图片资料获得帮助信息。 （2）能根据实训项目学习任务确定实训方案，从中学会表达及展示活动过程和成果。 3. 社会能力目标 （1）能在实训活动中保持积极向上的学习态度。 （2）能与小组成员和教师进行交流和沟通。 （3）能与他人共享学习资源，具有较好的合作能力和团队协作精神。 二、知识总结 1. 简述影响列车编组方案选择的因素。

续表

2. 画出列车交路的各种方案并解释各方案的特点。

3. 通过画图解释列车站前折返方式，并简要说出该种折返的优缺点。

4. 简要说明列车停站方案的种类，画出各种停站方案的示意图。

5. 简述列车运行图的定义及分类。

三、操作运用

1. 根据下表中车辆检修修程，填写车辆检修周期及检修停时。

检修修程	检修周期		检修停时/日
	运用时间	走行路程/万 km	
双周检			
双月检			
定 修			
架 修			
大 修			

2. 根据 C—D 区间的运行时分，画出该区间列车运行的四种方案，并计算各自的区间运行时分，填在下表中。

站 名	上 行				下 行			
	通通	通停	启通	启停	通停	通停	启通	启停
C								
D								

站 名	上 行	下 行
C	1	3
	10	11
D	3	1

续表

3. 画图表示列车在 D—E 区间采用连发运行图的四种方式,在图上标出连发间隔时间。

4. 根据 A—B 下行各区间运行时分,确定 a~f 站的各站站名线。
A—B 下行各区间运行时分表(含 A 站启动和 B 站停车附加时分)

A—a	a—b	b—c	c—d	d—e	e—f	f—B
6	4	7	5	6	4	7

四、实训小结

_____

_____

五、成绩评定
1. 学生评价

评价等级	A—优	B—良	C—中	D—及格	E—不及格
学生自评					
组内互评					
他组互评					

2. 教师评价

评价等级	A—优	B—良	C—中	D—及格	E—不及格
专业能力					
方法能力					
社会能力					
评价结果					

续表

3. 综合评价

评价等级	A—优	B—良	C—中	D—及格	E—不及格
评价结果					

注：按照学生自评占10%、组内互评占10%、他组互评占20%、教师评价占60%的比例计分。其中，A—100分，B—85分，C—75分，D—60分，E—50分。

4. 评价量规

等级	行为表现描述
A	能圆满高效地完成实训任务的全部内容
B	能顺利完成实训任务的全部内容
C	能完成实训任务的全部内容，但需要一些帮助和指导
D	自己只能完成实训任务的部分内容，但在教师的指导下，能够完成任务的全部内容
E	不能完成实训任务的全部内容

【操作运用案例2】城市轨道交通行车组织与乘务管理的认知

1. 实训项目教师工作活页

实训项目教师工作活页　　　　　　　　　　　　　　　　　　NO：＿＿＿＿＿

实训项目	城市轨道交通行车组织与乘务管理的认知		
学　时	2	班级	略
实训场所	轨道交通系统综合实验室。		
工具设备	COCC功能定位框架图，调度生产组织机构挂图，行车组织指挥层次挂图，配合多媒体课件、多媒体设备课件示教板等。		
教学目标	专业能力	（1）能说出运营网络指挥中心（COCC）的作用及设备组成。 （2）能说出线路控制中心机构和调度生产组织机构的组成。 （3）能识别行车调度指挥的层次。 （4）能说出电力调度、环控调度、客运调度各自的职责。 （5）能解释正常情况下行车调度指挥的模式。 （6）能说出列车运行调整的作用和种类。 （7）能说出非正常情况下的行车调度指挥方法。 （8）能识别车站行车设备的种类。 （9）能说出列车出车作业、列车收车作业、列车整备作业的程序及内容。 （10）能说出调车作业的定义及分类。 （11）能识别城市轨道交通的乘务方式。 （12）能说出驾驶员作业的基本流程。	
	方法能力	（1）能综合运用专业知识，通过专业书籍、上网查询、多媒体课件和图片资料获得帮助信息。 （2）能根据实训项目学习任务确定实训方案，从中学会表达及展示活动过程和成果。	
	社会能力	（1）能在实训活动中保持积极向上的学习态度。 （2）能与小组成员和教师进行交流和沟通。 （3）能与他人共享学习资源，具有较好的合作能力和团队协作精神。	
教学活动	略（详见教学活动设计）		

续表

教学评价	学生活动： （1）以 8~10 人小组为单位开展实训活动，根据本组成员在实训过程中的能力表现及结果进行组内互评。 （2）根据其他小组成员在成果展示活动中的表现及结果进行互评。 教师活动： （1）教师组织学生开展评价活动和总结。 （2）对学生本单元项目单元成绩做出综合评价。
教学资料	（1）城市轨道交通概论教材。 （2）城市轨道交通行车组织参考书。 （3）实训项目学生学习活页（附页）。
指导教师		教学时间		年　　月　　日

2. 实训项目学生学习活页

实训项目学生学习活页　　　　　　　　　　　　　　　　　　　　　NO：_____

实训项目 2　城市轨道交通行车组织与乘务管理的认知

班级：_____　姓名：_____　学号：_____　时间：_____

一、实训目标

1. 专业能力目标

（1）能说出运营网络指挥中心（COCC）的作用及设备组成。

（2）能说出线路控制中心机构和调度生产组织机构的组成。

（3）能识别行车调度指挥的层次。

（4）能说出电力调度、环控调度、客运调度各自的职责。

（5）能解释正常情况下行车调度指挥的模式。

（6）能说出列车运行调整的作用和种类。

（7）能说出非正常情况下的行车调度指挥方法。

（8）能识别车站行车设备的种类。

（9）能说出列车出车作业、列车收车作业、列车整备作业的程序及内容。

（10）能说出调车作业的定义及分类。

（11）能识别城市轨道交通的乘务方式。

（12）能说出驾驶员作业的基本流程。

2. 方法能力目标

（1）能综合运用专业知识，通过专业书籍、上网查询、多媒体课件和图片资料获得帮助信息。

（2）能根据实训项目学习任务确定实训方案，从中学会表达及展示活动过程和成果。

3. 社会能力目标

（1）能在实训活动中保持积极向上的学习态度。

（2）能与小组成员和教师进行交流和沟通。

（3）能与他人共享学习资源，具有较好的合作能力和团队协作精神。

二、知识总结

1. 简述运营网络指挥中心（COCC）的作用及设备组成。

续表

2. 简述 ATC 设备故障时行车调度指挥方法。

3. 简述客运调度的主要职责。

4. 解释行车调度指挥模式中的集中控制模式。

5. 简述城市轨道交通的轮乘制和包乘制的定义及各自特点。

三、操作运用
1. 画出 COCC 功能定位框架图。

2. 画出调度生产组织机构图。

3. 画图表示出行车组织指挥层次。

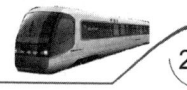

续表

4. 简述特殊情况下列车运行的方法。

四、实训小结

五、成绩评定
1. 学生评价

评价等级	A—优	B—良	C—中	D—及格	E—不及格
学生自评					
组内互评					
他组互评					

2. 教师评价

评价等级	A—优	B—良	C—中	D—及格	E—不及格
专业能力					
方法能力					
社会能力					
评价结果					

3. 综合评价

评价等级	A—优	B—良	C—中	D—及格	E—不及格
评价结果					

注：按照学生自评占10%、组内互评占10%、他组互评占20%、教师评价占60%的比例计分。其中，A—100分，B—85分，C—75分，D—60分，E—50分。

4. 评价量规

等级	行为表现描述
A	能圆满高效地完成实训任务的全部内容
B	能顺利完成实训任务的全部内容
C	能完成实训任务的全部内容，但需要一些帮助和指导
D	自己只能完成实训任务的部分内容，但在教师的指导下，能够完成任务的全部内容
E	不能完成实训任务的全部内容

思考与练习

1. 全日行车计划的编制要素和编制过程是什么?
2. 列车运行方案由哪几部分组成?各部分有何作用?
3. 列车交路方案有哪几种?各自方案有何特点?
4. 列车的折返方式有哪几种?
5. 车辆在运用上如何分类?
6. 列车的停站方案有哪几种?各自有何特点?
7. 何为列车运行图?列车运行图有何作用?
8. 列车运行图是如何分类的?
9. 列车运行图有哪些组成要素?
10. 车站站名线是如何确定的?
11. 城市轨道交通运行组织的特点是什么?
12. 运营网络指挥中心(COCC)由哪些设备组成?
13. 线路控制中心机构由哪几部分组成?
14. 电力调度、环控调度、客运调度各自的职责是什么?
15. 列车运行调整有哪几种?它们各自有何作用?
16. 非正常情况下的行车调度指挥主要有哪些方法?
17. 列车出车作业、列车收车作业、列车整备作业包括哪些程序及内容?
18. 什么是调车作业?调车作业有哪些种类?
19. 城市轨道交通的乘务方式有哪几种?
20. 驾驶员作业的基本流程是什么?

项目八 城市轨道交通客运组织与票务组织

任务一 客运组织

学习目标

（1）明确客运组织原则。
（2）了解如何进行客流调查。
（3）了解客运组织工作的主要内容。
（4）掌握日常客流及特殊客流组织办法。

学习任务

认知城市轨道交通客运组织，主要包括客运组织的组织机构及原则、客流调查、客流计划、客流组织办法等。

工具设备

站台、站厅环境（如闸机、进出站引导标志等）模拟设备；客流组织模拟软件。

教学环境

在普通教室、能连接互联网的多媒体教室及城市轨道交通系统的各种模型实训室中进行，课后可实地参观。

基础知识

城市轨道交通系统的客流量随时间段的不同具有明显的高峰与低谷特性，且这种不均衡性也与城市的产业布局、居民出行习惯有关。因此，有计划地进行客流组织与疏导比较困难，实行优质高效的客运组织工作必须依靠科学管理。城市轨道交通主要通过合理的客流组织及设备运用来完成其大容量的客运任务。

一、客运组织及原则

（一）客运组织

1. 定义

客运组织是通过合理布置客运有关设备、设施，以及对客流采取有效的分流或引导措施来组织客流运送的过程。

2. 客运组织的核心任务

客运组织工作的核心是保证客流运送的安全、保持客流运送过程的畅通、减少拥挤、及时疏散大客流。车站是轨道交通运营的窗口单位。车站客运组织工作是车站运营生产的重要组成部分。在客运组织的过程中，车站还应向乘客提供优质服务。客运服务质量的高低将直接反映出城市轨道交通运营的管理水平。

（二）客运组织的原则

在城市轨道交通中、客运组织必须实行集中领导、统一指挥的原则。控制指挥中心负责全线的客运组织。车站的客运组织由车站站长或值班站长负责。对车站客运组织工作的要求如下。

1. 安全准时

保证乘客进站、出站和乘车的安全，确保列车按列车运行图规定的时间行车。

2. 方便迅速

售检票设备操作方便，售检票位置设置合理，出入口、楼梯等导向标志清晰准确，尽量减少客流交叉、对流，确保乘客快捷到达目的地。

3. 热情周到

耐心正确地解答乘客的问题，主动热情地为乘客服务。

二、客流的特征与分类

1. 客流的定义

客流是指人们出行需要乘坐公共交通车辆以实现其位置移动，进而达到出行目的乘客群。客流也可以解释为在公共交通线路的某一方向上、某一断面上，在一定时间内用某种交通工具来实现位置移动乘客的总称。

2. 客流量

客流量是从总的方面反映城市居民需要乘坐公共交通车辆的数量多少。它是由因生产、生活等需要出行乘车的城市、郊区固定居住人口和外地住城市的临时人口而构成的。客流量包含时间、地点、方向、距离、数量等因素。乘客流动的数量称"流量"，乘客流动的方向称"流向"，乘客流动的时间称为"流时"。

影响客流量大小的因素有城市性质与面积、人口密度、经济水平、就业人口、城市布局、出行距离，以及公共交通线路网的布设、票价、服务质量等。

3. 客流的数量指标

为了分析客流在公共交通线路上的具体分布，通常需要调查某一路段、站点或某一线路的乘客乘车情况。客流的数量指标如下。

（1）流向量：在单位时间内，向同一个方向乘车的乘客通过人数。

（2）通过量：在单位时间内，通过某站的单方向的乘客人数。

（3）集结量：在单位时间内，某站（段）需要乘坐公共交通车辆的人数。

（4）疏散量：在单位时间内，某站（段）下车的乘客人数。

（5）待运量：在单位时间内，某站（段）未乘上公共交通车辆的滞留在站上的乘客人数。

（6）交替量：在单位时间内，某站（段）上下车的乘客总人数。

（7）客运量：在一定时间内公共交通实际运送的乘客人次。一般统计的是年、季、旬、周、日的客运量。

4．客流调查

在城市轨道交通系统的运营过程中，为掌握客流在时间、空间上的动态变化规律，必须经常进行各种形式的客流调查。

1）客流调查种类

根据不同的情况和需要，城市轨道交通系统的客流调查种类主要有全面客流调查、乘客情况抽样调查、断面客流目测调查和节假日客流调查等。

（1）全面客流调查。

全面客流调查是对城市轨道交通全线客流的综合调查。全面客流调查的内容通常包括全线客流调查和乘客抽样调查。

（2）乘客情况抽样调查。

乘客情况抽样调查是通过问卷方式进行的。其内容包括乘客构成情况调查和乘客乘车情况调查。

其中，乘客构成情况调查在车站进行；被调查人数取全天在车站乘车人数的一定比例；调查表内容有年龄、性别、居住地、出行目的等。

（3）断面客流目测调查。

断面客流目测调查是一种经常性的客流抽样调查，可根据需要选择一或两个客流量断面进行调查，一般是对最大客流量断面进行调查。调查人员用目测估计某个重点车站的车辆运输的乘客人数。

（4）节假日客流调查。

节假日客流调查是一种专题性客流调查，重点对春节、元旦、国庆节、双休假日和若干民间节日期间的客流进行调查。

节假日客流调查的内容包括机关、学校、企业等单位的休假安排，都市旅游城市的发展程度和城市居民的生活方式等。

2）客流调查汇总指标

在进行了客流调查后，对花费了许多时间、人力和财力所获得的客流调查资料应认真整理或绘成图表，然后采用适当的统计方法来汇总计算各项指标，进行正确的分析。

3）客流分析

在城市轨道交通系统运营过程中，对客流动态情况实行经常性的监督和系统的分析，掌握客流现状与客流变化规律，是城市轨道交通系统行车组织工作和客运组织工作得以顺利进行的前提。

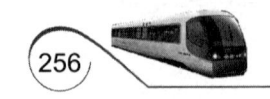

三、客流计划

客流计划是对运输计划期间城市轨道交通线路客流的规划。它是全日行车计划、车辆配备计划和列车交路计划编制的基础。客流计划的主要内容包括站间到发客流量，各站上下车人数，全日、高峰小时和低谷小时的断面客流量，全日分时最大断面客流量等。

客流计划以站间到发客流量（如表 8-1 所示）资料作为编制基础，分步计算出各站上下车人数（如表 8-2 所示）和各区间断面客流量（如表 8-3 所示）。

表 8-1　站间到发客流量　　　　　　　　　　　　（单位：人）

发＼到	A	B	C	D	E	F	G	H	计
A		7 019	6 098	7 554	4 878	9 313	12 736	23 798	71 396
B	6 942		1 725	4 620	3 962	6 848	7 811	16 538	48 446
C	55 661	1 572		560	842	2 285	2 879	4 762	18 561
D	7 725	4 128	597		458	1 987	2 822	4 914	22 631
E	4 668	3 759	966	473		429	1 279	3 121	14 695
F	9 302	7 012	1 988	2 074	487		840	5 685	27 382
G	12 573	9 327	2 450	2 868	1 345	1 148		2 133	31 844
H	22 680	14 753	4 707	5 184	2 902	5 258	2 015		57 499
计	69 551	47 570	18 525	23 333	14 874	27 268	30 382	60 951	292 454

表 8-2　各站上下车人数　　　　　　　　　　　　（单位：人）

下行上客数	下行下客数	车　站	上行上客数	上行下客数
71 396	0	A	0	69 551
41 504	7 019	B	6 942	40 551
11 328	7 823	C	7 233	10 702
10 181	12 734	D	12 450	10 599
4829	10 140	E	9 866	4 734
6525	10 862	F	20 857	6 406
2133	28 367	G	29 711	2 015
0	60 951	H	57 499	0

表 8-3　各区间断面客流量　　　　　　　　　　　　（单位：人）

下　行	区　间	上　行
71 396	A—B	69 551
105 881	B—C	103 160
109 386	C—D	106 629
106 866	D—E	104 778
101 522	E—F	99 646
87 185	F—G	85 195
60 951	G—H	57 499

1. 全日行车计划

全日行车计划是营业时间内各个小时开行的列车对数计划。它规定了城市轨道交通线路的日常作业任务，是科学组织运送乘客的办法。

2. 车辆配备计划

车辆配备计划是为完成全日行车计划而编制的车辆保有数安排计划。

3. 列车交路计划

在城市轨道交通线路的各个区段客流量不均衡的情况下，采用合理的列车交路安排是运输计划的一个重要组成部分。列车交路计划规定了列车的运行区段、折返车站和按不同列车交路运行的列车对数。

四、客运组织工作的主要内容

1. 客运公司（或运营公司）客运组织工作的主要内容

（1）完成客流调查、预测等基础资料的准备工作。

（2）完成年度客运计划。

（3）编制、审定、修改客运组织的有关规章制度。

（4）编制车票印制计划。

（5）编制列车开行计划，审批加开列车计划。

2. 站段客运组织工作的主要内容

（1）贯彻执行有关规章、命令、指示。

（2）编制和下达、执行季度计划和月计划。

（3）制定车站客运管理办法，并执行该办法。

（4）组织协调各车站完成客运计划。

（5）实施客流调查工作、车站检售票工作、卫生与服务工作。

五、日常客流组织办法

影响客运组织的因素较多，不同类型车站的客运组织内容有着较大的区别，中小车站的客运组织比较简单，而大车站、换乘站因客流较大、客流方向比较复杂，其客流组织也比较复杂。相对于岛式站台的车站，侧式站台的车站容易将不同方向的客流分开，但不利于乘客的换乘，售检票设置较分散，不利于车站组织管理。

车站日常客流组织主要由进站客流组织、出站客流组织、换乘客流组织三部分组成。

（一）进站客流组织

（1）组织引导客流经出入口、楼梯、自动扶梯（或垂直电梯），通过通道进入车站站厅层非付费区。

（2）组织引导部分乘客在自动售票机、客服中心或临时票亭购票后检票通过进站闸机进入付费区，如图 8-1 所示，引导部分持储值票或次票、周票等不用购票的部分乘客直接检票通过进站闸机进入付费区。

图 8-1　引导进站乘客

（3）乘客入闸检票或人工检票进入站厅付费区后，组织引导乘客再通过楼梯、自动扶梯（或垂直电梯）进入站台层候车。

（4）乘客到达站台后，应组织引导乘客站在黄线内候车，如图 8-2 所示，通过导向标识和乘客资讯系统选择乘车方向和了解列车到发时刻。

（5）列车到站停稳开门后，引导乘客按先下后上的顺序乘车，站台工作人员要注意很好地做好组织工作，防止乘客抢上、抢下造成的安全问题和纠纷，如图 8-3 所示。

图 8-2　引导乘客在黄线内候车 　　　　图 8-3　车停后引导乘客先下后上

（二）出站客流组织

（1）乘客下车后到达车站站台，组织引导其经楼梯、自动扶梯（或垂直电梯）进入站厅层付费区。

（2）通过出站闸机（单程票出闸时将被收回）或人工验票，进入站厅层非付费区后，组织引导乘客（通过导向标志）找到相应的出入口，经通道、出入口出站。

（3）组织引导乘客（通过导向标志）找到相应的出入口，经通道、出入口出站。

（4）组织引导车票车资不足（无效车票）或无票乘车的乘客到客服中心办理相关乘客事务处理后，方可出站。

（三）换乘客流组织

（1）按照换乘的地点，乘客换乘主要有付费区换乘和非付费区换乘两种类型。

① 付费区换乘。

乘客到达换乘站下车后，无须通过出站闸机，直接在付费区内根据引导标志指引经楼梯、自动扶梯（或垂直电梯）、换乘通道或平台等到达另一站台层换乘候车。付费区换乘一般包括同站台平面换乘、站台立体换乘及通道换乘。这种换乘客流组织要求有良好的引导标志和通道设计，在容易出差的地点安排工作人员职守引导，保证乘客尤其是初乘者安全顺利完成换乘，如图8-4所示。

图8-4　付费区换乘

② 非付费区换乘。

乘客到达换乘站下车后，根据引导标志指引，经楼梯、自动扶梯（或垂直电梯）到达站厅层付费区，通过出站闸机进入非付费区或出站，到另一线路重新进入付费区或进站换乘。这种换乘客流组织需要最大限度缩短乘客的走行距离、良好的衔接引导标志，并且避免这部分客流与其他客流的交叉干扰。

（2）城市轨道交通不同线路间的换乘方式主要有站台换乘、站厅换乘、通道换乘、站外换乘和组合换乘几种类型。

① 站台换乘。

站台换乘有两种方式，同站台换乘（如图8-5所示）和上下层站台换乘。

图8-5　同站台换乘

同站台换乘是指两条不同线路的站线分设在同一站台的两侧，乘客可同站台完成换乘的方式。

上下层站台换乘是指乘客由一个站台通过楼梯或自动扶梯到另一个站台的直接换乘方式。

② 站厅换乘。

站厅换乘是指乘客由一个站台通过楼梯或自动扶梯到达另一个车站的站厅或两站公

用站厅，再通过站厅前往另一个站台乘车的换乘方式。站厅换乘一般用于相交车站的换乘，换乘距离比站台直接换乘要长。

③ 通道换乘。

通道换乘是指在两个或几个单独设置的车站之间设置联络通道等换乘设施，以方便乘客完成换乘的方式。通道可以直接连接两个站台，这样就使换乘距离较近，换乘时间较短。通道还可以连接两个站厅收费区，这样就使换乘距离相对较远，换乘时间较长。一般情况下，换乘通道长度不宜过长，换乘通道的宽度可根据客流状况加宽。

④ 站外换乘。

站外换乘是指乘客在车站付费区以外进行换乘的方式。此种换乘方式往往是客观条件不允许或设计不当造成的。乘客换乘路线可分割为出站行走路线、站外行走路线。在所有换乘方式中，站外换乘所需的换乘时间和换乘距离最长，给乘客的换乘带来很大不便，应尽量避免。

⑤ 组合式换乘。

组合式换乘是指上述两种以上换乘方式组合而成的一种换乘方式。在实践中，往往是几种换乘方式的组合，以便使所有换乘方向的乘客均能实现换乘，如图8-6所示。

图 8-6　立体组合式换乘

六、特殊客流组织

特殊客流组织主要指大客流组织和突发事件的客流组织。

（一）大客流组织

当车站发生可预见性大客流或突发性大客流时，车站应合理安排人员，对客流做好疏导和组织工作，并会同地铁公安部门对客流进行控制。客流控制应坚持"由内至外，由下至上"的原则，在车站出入口、进站闸机、站厅与站台的楼梯、电扶梯处进行重点控制。

1. 大客流的定义

大客流是指车站在某一时段集中到达的，客流量超过车站正常客运设施或客运组织措施所能承担的客流量时的客流。

大客流一般在大型文体活动散场或重要枢纽节假日期间发生。大客流的主要表现是：非常拥挤或极度拥挤、乘客流动速度明显减缓、客流交叉干扰严重等，因此大客流对乘客的出行造成不利影响、对运营安全造成较大威胁。

2. 大客流的分类

根据大客流产生的影响和后果不同，大客流可分为一级大客流和二级大客流。

另外，从客流的时效性和产生原因还可对大客流进行详细分类。例如，可预见性大客流、突发性大客流；节假日大客流、暑期大客流、大型活动大客流、恶劣天气大客流等。其中，节假日大客流、暑期大客流和大型活动大客流为可预见性大客流。

3. 大客流的特点

1）节假日大客流的特点

节假日大客流主要由购物休闲、旅游观光和返乡探亲等乘客构成，在国家法定的元旦、春节、劳动节、清明节、中秋节和国庆节假期内，造成地铁各站客流量较平时有大幅上升，购买单程票和初次乘坐地铁的乘客居多。

2）暑期大客流的特点

暑期大客流主要由购物休闲、旅游观光和放暑假的学生等乘客构成，每年 7 月、8 月地铁各站客流量较平时有明显增加。大客流高峰时段一般集中在每日的 8:00~16:00。

3）大型活动大客流的特点

大型活动大客流的特点是在特定时间段（如大型活动结束后）客流会显著增加，大型活动一般都在周末举行，因大客流所发生的时间和规模大多可预见，且持续时间较短、影响范围有限，通常只对该活动地点附近的车站影响较大。大型活动大客流主要由购物休闲的乘客构成。

4）恶劣天气大客流的特点

恶劣天气大客流是指在出现酷暑、大雨、台风等恶劣天气时，地面交通受到较大影响，市民改乘地铁或进入地铁车站避雨，造成地铁车站客流量明显增加，对车站客流组织带来一定困难。

4. 大客流的组织

大客流的组织应在保证疏散客流安全的前提下，尽快地疏散客流，大客流组织的主要措施如下。

1）增加列车运能

根据大客流的方向，在大客流发生时，利用就近的折返线、存车线组织列车运行方案，增加列车运输能力，从而保证大客流的疏散。因此，增加列车的运能是大客流组织的关键。

2）增加售检票能力

增加售检票能力是大客流疏散的主要障碍，因此车站在设置售检票位置时应考虑提供疏散大客流的通道。在大客流疏散时，可采取事先做好票务服务及相关服务设备设施的准备工作，具体如下。

（1）售检票设备的准备。

（2）车票和零钞的准备。

（3）临时售票亭的准备。

（4）自动扶梯和垂直电梯的准备。

（5）临时导向标志和隔离设备的准备。

（6）其他客运设备设施的准备。

3）启动大客流控制办法

大客流往往是难以预测的，因此为了保证大客流发生时疏散客流的安全，各车站应该根据本车站的具体情况建立切实可行的大客流控制预案办法，合理组织安排各岗位和地点的具体工作,迅速缓解车站压力,避免意外发生。

(1)合理地制定控制原则。

(2)明确客流控制组织机构分工原则。

(3)坚持集中领导、统一指挥的原则。

4)大客流控制具体措施

根据各城市轨道运营单位的具体情况制定大客流控制的具体措施,以保证大客流控制措施的顺利实施。

(1)控制站台客流。

(2)控制付费区客流。

(3)控制非付费区客流。

5)大客流组织办法

各城市轨道运营单位制定大客流的组织办法不尽相同,大致内容及程序如下。

(1)值班站长应及时报告行车调度,行车调度通过监控系统加强对车站客流情况的监控。

(2)车站应加强现场疏导工作,增加工作人员,利用隔离带、铁马等设施做好秩序维护和服务组织工作。

(3)车站应在适当位置增设临时售票点,出售预制票,避免 TVM 前乘客排长队购票的情况出现。

(4)车站根据现场情况,利用告示牌、临时导向标志、车控室广播设备、手提广播,适时做好乘客的宣传、引导工作。

(5)车站行车值班员应通过监控系统,加强对现场情况的监控工作。

(6)车站加强对出入口、站厅、站台客流的监控及疏导,避免站厅非付费区内人员过度拥挤或流通不畅。

(7)车站根据客流情况,实行楼梯和自动扶梯、闸机、出入口三级控制。

(8)当站台发生拥挤时,车站应采取关闭部分自动售票机、进站闸机的措施,以减慢乘客购票进站速度,控制进站客流,或者在某些出入口实行单向疏导方式,缓解站内客流压力。

(9)站台保安应密切注意站台和列车情况,一旦发生列车上乘客拥挤、乘客上车有困难的情况,车站要马上向控制指挥中心请求加开列车。

(10)列车司机发现有乘客上不了车或影响车门、屏蔽门关闭时,应及时报告行车调度,并做好广播引导乘客,车站人员迅速与司机共同处理。

(二)突发事件客流组织

突发事件是指在没有任何征兆的情况下,在城市轨道交通车站内、列车上或其他设备设施内突然发生的危及人身安全的事件,如自然灾害地震、人为因素爆炸、设备故障火灾等。突发事件发生时在车站内或列车上的客流均称为突发事件客流。各车站应该根据本站具体情况建立切实可行的突发事件客流组织预案,合理组织安排各岗位和地点的具体工作，迅速疏散客流，避免意外发生、扩大和蔓延。

当发生突发事件时，车站可根据实际情况采用不同的客流组织办法对乘客进行疏导。主要有疏散、清客、隔离三种办法。

1. 疏散

疏散是指在紧急情况下，利用一切通道和出口迅速将乘客从危险区域全部转移到安全区域，包括车站疏散和隧道疏散。

2. 清客

清客是指当车站或列车出现异常时，将乘客从某一区域全部转移到另一区域，包括车站清客和列车清客。

3. 隔离

隔离是指采用某种方式或设备人为地隔开人群或封闭某个区域。根据造成隔离的原因，隔离的组织方法分为非接触纠纷隔离、接触式纠纷隔离、客流流线隔离、疫情隔离。

相关案例

北京地铁乘坐须知

（1）乘坐地铁凭当日本线有效车票或月票（13号线，八通线月票无效）、证件检票进站。使用月票、证件乘车，要主动出示票证。每张车票可免费携带1.2m以下儿童一名，不足1.2m者不能单独乘车。

（2）对使用伪造、涂改、冒用、过期、无效票证者，依据《北京市地下铁道列车车票使用办法》执行。

（3）携带物品超过$0.12m^2$，必须另购买行李票。

（4）失明、失聪、智障等残障人士、行动不便的老人、学龄前儿童及醉酒者，需有人陪同进站乘车。

（5）严禁携带爆炸、易燃、自然、有毒、腐蚀性和杀伤性等危险品（如雷管、炸药、鞭炮、汽油、柴油、煤油、油漆、电石、液化气、各种酸类等），以及容易污损地铁设备和站、车环境的物品乘车。

（6）禁止携带超长（1.8m以上）、笨重（如自行车、洗衣机、电视机、台式计算机显示器、电冰箱、组合音响等）、动物，以及妨碍公共卫生、车内通行和危害乘客安全（如玻璃及易碎玻璃制品）等物品乘车。

（7）衣冠不整等不文明者不能进站乘车。

（8）在站台候车时，须站在黄色安全线以内。严禁跳下站台、翻越护栏进入线路内，以免发生危险。

（9）自觉遵守站、车秩序。出入站及上下车时不要拥挤，先下后上；乘车时严禁挤靠车门；车门关闭时，不要抢上抢下；严禁在车连接处乘降车，以免发生危险。

（10）要爱护站、车内各项设施。禁止擅自触动行车设备。

（11）列车到达终点站或因列车故障清人时，乘客要全部下车，严禁乘车转线或进入库线，以免发生意外。

（12）地铁站、车内发生意外情况时，要服从工作人员指挥，协助工作人员维护好秩序。

（13）乘坐地铁自动扶梯应右侧站立，左侧急行。

（14）地铁站、车内禁止吸烟、随地吐痰、乱扔废弃物，保持站、车卫生。

（15）不要在站、车内追逐打闹。

（16）不要在站台、大厅、出入口、通道久留。禁止在出入口平台上坐卧。

（17）禁止在地铁大厅、出入口内存放物品。

（18）禁止在站、车内行乞。

（19）地铁站、车内未经允许禁止兜售各种商品和发放宣传品。

（20）请乘客自觉遵守上述各项规定。对违反规定者，视情节轻重移交公安部门处理。

拓展知识

站台"1m 安全线"的由来

无论乘坐火车还是地铁，人们在站台上候车的时候，都习惯于站在一条"安全线"之外，它离站台的边缘有 1m 的距离（离钢轨外侧 3m）。这条用醒目颜色标出的警戒线告诫乘客：在列车通过车站或进出车站尚未停稳时，千万别越过这条"线"，否则极有可能发生人身伤亡事故。

在站台上标出引人注目的警戒线，已经有相当长的历史。但说起它的由来，要追溯到发生于 20 世纪的一场悲剧。

那是在 1905 年的一个冬日，北风呼啸，大雪纷飞。俄国西伯利亚铁路线上的鄂洛多克车站却热闹非凡，鼓乐喧天。沃尔伦斯基站长率领全站的 37 名员工，迎候着沙皇尼古拉二世派往西伯利亚的一位钦差大臣从此地路过。他们为了表示对沙皇的忠心，穿上节日的盛装，手持鲜艳的花束，精神抖擞地列队在铁路两旁，有的甚至爬上路基，夹道欢迎这位要员。

随着一声汽笛长鸣，钦差大臣的专列在远处出现了。然而它并没有像沃尔伦斯基站长原先想象的那样缓缓进站、慢慢停靠，而是如同一匹狂奔怒吼的"野马"直冲进站。刹那间，在站台上迎候的员工好像背后被人狠狠地猛击一掌，不由自主地向前倒了下去。"人巷"顷刻倒塌了，34 人当即丧命，4 人受重伤而终身残疾。

惨案发生后，朝野震惊，强烈要求把肇事的凶手绳之以法。然而，办案人员在经过多方调查之后，却毫无结果。这场惨案既非违章行驶引起的，也不是人为破坏造成的。由于当时科学水平所限，难以解释清楚。后来，随着科学技术的发展和认知能力的提升，运用瑞士科学家丹尼尔·伯努利 1738 年所发现的定律，人们才弄清楚引发这场惨案的真正原因。

伯努利定律指出，在一个流体系统中，（如气流、水流）流速越快，所产生的压力就越小。火车当高速前进时会带动其两侧空气向前高速运动，致使其两空气压力骤降。这样，离火车较远的空气压力就大于火车两侧的空气压力，而这种压力差可以将列车两侧的物件"吸"向列车。说得具体一点就是，火车在高速前进的时候，如果人离火车较近，其身前、身后就会产生不同的压力。由于身前的空气流动得较快，身后的空气流动得较慢，于是人身上便产生了压力差，而这个压力差竟然可以高达几十千克力。这就是为什么火车快速开过时，人容易被"吸"过去而倒下的原因。在懂得了这个道理之后，站台警戒线便应运而生了。从此以后，所有的车站站台上都画了一条醒目的"安全线"，警示乘客候车时不可往前越出一步，以确保人身安全。

行人在铁路道口、人行过道、平过道处，发现或听到有火车开来时，应立即躲避到距铁路钢轨 2m 以外的位置。违规穿越轨道，那是绝对不允许的。我国铁路第六次大提速后，时速 200km 的动车组列车大面积开行。当动车组列车驶过时，铁路边掀起的风速将超过每秒 14m。人即使不在轨道上，但如果过于靠近轨道都有可能被吸进去，造成人身意外事故。计算表明，时速 200km 的"子弹头"开起来，每秒行驶距离可达 56m，即从 500m 外的地方到行人面前只需 9s。另外，"子弹头"经过时，掀起的风速极值达到每秒 20m，相当于 7~8 级的大风。500m 的距离转瞬即到，行人无法躲避，还会被"吸"进去。因此，铁路两旁 2m 内都不允许站人。在这种运行速度下，司机从发现行人到刹车，距离至少需要 1000m。而行人以正常速度越过轨道至少需要 10s，牵牲畜、搬自行车等过轨道所需时间更长，一旦发现紧急情况，火车刹车往往已经来不及了。

任务二　票务组织

学习目标

（1）了解车票的发展。
（2）掌握车票的种类。
（3）了解车票的票制、票价制定方法。
（4）了解车票的功能。
（5）掌握检票的方式及自动售检票的优点。

学习任务

认知城市轨道交通票务组织，主要包括车票的发展历史、车票的分类及要求、如何制定票制与票价、车票的功能及车站的售检票方式等。

工具设备

多媒体设备课件、图片、示教板、计算机多媒体设备等。

教学环境

在普通教室、能连接互联网的多媒体教室及城市轨道交通系统的各种模型实训室中进行，课后可实地参观。

基础知识

城市轨道交通运营收入主要是票款收入，因此必须做好以确定票制、指定票价、售检票管理等内容为核心的票务管理工作。

一、车票的发展

车票是乘客乘坐交通工具的票据或凭证。早期乘客乘坐地铁一般都采用纸票作为车票,该形式下地铁运营就需要大量员工进行售票和检票工作,效率极其低下,且在现金管理上容易存在漏洞。另外,纸票只能使用一次,不能重复使用,容易造成资源浪费。

城市轨道交通的车票体系大致可分为以下3个阶段。

第一阶段为城市轨道交通运营初期阶段,采用纸质车票,单一票价。北京地铁纸票直到2007年才被取消。

第二阶段为自动售检票系统的初始阶段,采用计程、计时票价制。车票媒介包括磁卡车票和IC卡,如上海地铁多采用磁卡车票。

第三阶段为现代化联网收费系统阶段,使用非接触式IC卡作为车票媒介。在这一阶段,除单程票等形式的车票,还有"一票通"和"一卡通"两种通用性车票,以方便乘客。

"一票通"车票是用于城市轨道交通系统内,实现不出站换乘不同线路的乘车凭证。

"一卡通"车票是可在城市公交、轨道交通、出租汽车、轮渡等交通系统中通用的一种乘车付费媒介,具有储值功能。

二、车票的种类

由于不同国家、不同地区所采取的扶持政策不同,因此各地车票的种类也存在很大的差异。

(一)按使用性质分类

车票按使用性质分为单程票、储值票、许可票或特种票三大类。

1. 单程票

单程票是指乘客以一定金额购得一次旅程服务承诺,只可进行一次进站和一次出站行为的车票。

单程票一般分为以下几种。

1)普通单程票

普通单程票是单程票中使用最多、最广的一种车票。乘客在购买普通单程票时完成对该票的赋值。普通单程票在当日、当站(按参数设置)、限时、限距使用,出站时被回收。

2)应急票

应急票可以有两种方式,一种是预先对一定数量的车票进行赋值,由车站工作人员人工发售,使用方式与普通单程票相同,只是由于对其进行了预先赋值,对资金及车票的管理措施有更多的要求;另一种是将车票进行应急专用编码,在进站时发放给乘客,当乘客在到达站出站时要根据乘坐情况进行补票,因此该方式可解决大客流进站时售票能力不足的问题。

3）纪念票

纪念票是指为某种题材专门制作的纪念性票卡，可供收藏用，另定价发行，在有效期内可以使用，不计程，出站时不被回收。

4）优惠票

优惠票是指根据条件给予一定折扣优惠的车票，如批量购买的车票、参与某项活动的车票等。

单程票从使用范围来看，一般只限制在城市轨道交通内部循环使用。单程票采购回来后首先要经过初始化工作，在票内写入密钥，并在数据应用区写入票卡类型、有效期等信息；其次，配发到车站后通过自动售票机和票务处理机进行发售，乘客出站时由出站闸机自动回收，回收后的车票可在车站循环使用，而异常车票须交回车票主管部门重新进行初始化。这样可以降低每乘次的票卡媒介使用成本，但也会给票卡管理增加物流管理等难度。

2. 储值票

储值票是指可反复充值以保证车票内预存有一定资金，在金额足够的情况下可多次使用，每次使用时根据费率表扣除乘车费用的车票。储值票一般分为记名储值票和不记名储值票。记名储值票卡内保存持卡人的个人信息，如持卡人的姓名、性别、身份证号等；卡面可根据需要印刷持卡人的姓名、性别、身份证号和照片等。记名储值票可以挂失，并可以享受信用消费、信用增值及其他特殊服务。表面印有个人化信息的记名储值票一般不允许转让使用，也不能退还，主要有个人记名储值票、学生票、员工票、家属票、老人免费票、残疾人免费票、伤残军人免费票等。不记名储值票的票上没有持票人的个人信息，通常使用后如无污损可以将车票退还给发卡公司重新发行使用。但不记名储值票不能挂失，不能享受信用消费和信用增值服务。储值票的卡内金额一般都有一定的上限，不同的城市规定不同，如深圳市储值票的卡内金额最高为1000元人民币。

储值票可分为以下几种。

1）普通储值票

普通储值票是储值票中使用最多、最广泛的一种车票，可反复充值使用，每次使用时根据费率扣费。

2）优惠票

优惠票是指根据需要给予一定折扣优惠的车票，如老人票、儿童票等。

3）纪念票

纪念票是指为某种题材专门制作的纪念性票卡，可供收藏用。

3. 许可票或特种票

许可票是一种不同于单程票和储值票的特殊票种，由运营方根据某种特殊需要，针对某些群体的特殊需求，以吸引或方便他们来乘坐为目的而发行的，并赋予特定的使用许可的一种车票。许可票在限定的条件下具有一定的优惠，主要包括日票、周票、月票、次票、旅游票、公务票和测试票等。

1）公务票

公务票是供城市轨道交通相关的从业人员工作使用的。

2）测试票

测试票是一种对自动售检票系统设备进行维护诊断的特殊车票，并只能在设备处于维护模式由维修人员测试设备时使用。

3）出站票

出站票是在出站补票时使用的车票，并在发售当日、当站有效，出站时被回收。

4）乘次票

乘次票被赋予固定乘次许可，在有效期及许可范围内可以重复使用。通常该种车票在使用时只计次数，不计里程。

（二）按构造原理分类

车票按构造原理分为纸制票、磁卡票（如图 8-7 所示）、IC 卡等。

（三）按外形分类

车票按外形分为卡式车票、筹码式车票（如图 8-8 所示）等。

（四）按计价方式分类

车票按计价方式分为计次票、计时票、计程票、计时计程票、计时计次票或许可票等。

图 8-7　磁卡票

图 8-8　筹码式车票

三、票制与票价

城市轨道交通的票价政策应该符合市民收入水平，能够有效吸引市民将其作为首选出行工具，并能为交通行业的各个参与方（政府、运营管理部门和乘客）创造最大效益。

城市轨道交通的票价政策主要包含票价结构、票价水平、车票的种类及根据不同乘客需要确定的票价。

（一）票制

票价制式就是指票价的不同组合形式，简称票制。票制可分为单一票制、计程票制、计时票制和分区票制。

1. 单一票制

单一票制是指无论乘行距离远近，票价均相同的计算票价的方法。

优点：售票简单，效率高，进站检票，出站不检票，可减少车站管理人员。

缺点：乘客支付的车费不够公平合理，且给票价的确定带来了困难。

2. 计程票制

计程票制是指按乘车里程计算票价的方法。分段票制也属于计程票制，是按站数分段计算票价的方法。计程票制可以克服单一票制的缺点，但售检票手续烦琐，需要的检票人员多。

3. 计时票制

计时票制是指按照乘客在城市轨道交通系统中停留时间计费的票制。

4. 分区票制

分区票制是指将城市轨道交通线网分成若干区，在同一区中出行，只要支付该区的票价，而一旦越区则必须额外支付费用。

（二）票价

票价是交通运输企业提供的产品的销售价格。

城市轨道交通作为城市公共交通的一个组成部分，带有公益性质，不能单纯追求盈利。城市轨道交通的票价不仅取决于城市轨道交通的运营成本，还受其他交通方式的票价水平、城市发展水平、市民生活水平、物价政策、企业交通补贴费用及乘客承受力等多种因素的制约。

四、售检票的方式

（一）开放式售检票

开放式售检票是指车站不设检票口，乘客在上车前或在列车上付费，列车上进行随机查票，可进行补票与罚款的售检票方式。

（二）封闭式售检票

封闭式售检票是指车站设检票口，乘客进出收费区进行检票并完成收费的售检票方式。封闭式售检票又有传统的人工售检票、半自动售检票和先进的自动售检票三种方式，如表 8-4 所示。

表 8-4　封闭式售检票三种方式的比较

方　式	定　义	特　点
人工售检票	完全由人工来完成售检票和票务数据统计的方式	设备投资低，但需要大量的票务人员，占用车站较大空间，乘客在售检票过程中花费的时间较长

续表

方　式	定　义	特　点
半自动售检票	由人工参与，设备辅助来完成售检票的票务数据统计的方式	需要配备的票务人员相对减少，提高了系统自动化程度，在票务统计上实行了自动化管理，乘客在购票、检票等过程中花费的时间相对较少
自动售检票	完全由乘客自行操作售检票设备来完成售检票，并由设备自动完成票务数据统计的方式	为乘客提供人性化的操作界面，让乘客方便、快捷地乘坐城市轨道交通，但一次性设备投入资金较大（如上海轨道交通8号线自动售检票系统投入3亿元人民币）

（三）自动售检票系统

自动售检票（Automatic Fare Collection，AFC）系统是基于计算机、网络、自动控制等技术，能够实现购票、检票、计费、收费、统计全过程的自动化系统。

1. AFC系统的发展

巴黎地铁在20多年前就采用了当时先进的磁卡AFC系统；东京地铁在1988年4月开始应用磁卡AFC系统；上海地铁在20世纪80年代末率先开始采用AFC系统的研究。

2. AFC系统的组成

AFC系统是集电子技术、计算机通信和微机实时控制等于一体的自动收费系统和数据库系统。在城市轨道交通AFC系统的发展过程中，先后出现过磁卡AFC系统、磁卡和IC卡兼容AFC系统、IC卡AFC系统三种技术制式。

AFC系统由城市轨道交通清分系统、中央计算机系统、车站计算机系统、车站AFC设备和车票卡5个层次组成。AFC系统如图8-9所示。

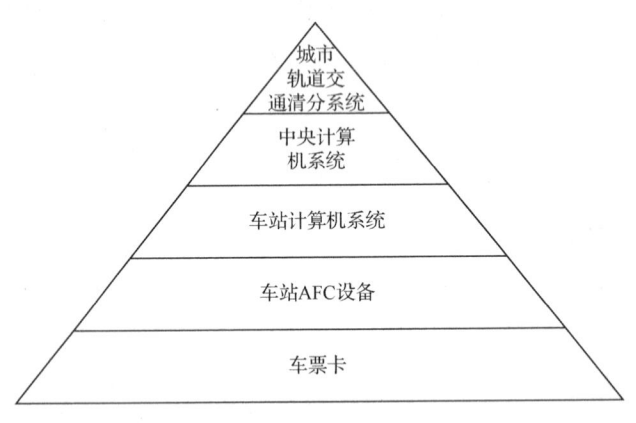

图8-9　AFC系统

（1）城市轨道交通清分系统：主要提供系统控制、数据收集统计、票务清算等功能，是AFC系统的核心部分。

（2）中央计算机系统：包括小型机系统、数据系统、监控工作站、数据传输设备、车票卡编码及初始化设备等。

（3）车站计算机系统：包括车站计算机、监控工作站、数据传输设备等。

（4）车站AFC设备：包括检票机（如图8-10所示）、自动售票机（如图8-11所示）、半自动售票机、自动验票机（如图 8-12 所示）和自动加值机（如图 8-13 所示）等。

图 8-10　自动检票机

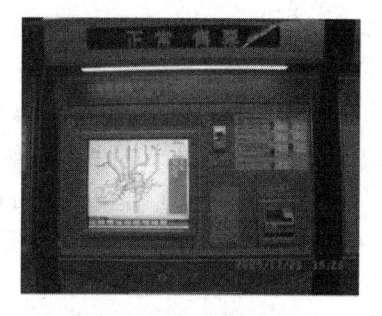

图 8-11　自动售票机

图 8-12　自动验票机

图 8-13　自动加值机

3．AFC 系统的优势

（1）方便乘客。

（2）有效地减少乃至消除员工舞弊、欺诈行为。

（3）提供灵活的票价政策。

（4）为城市各个公交运营单位之间的票务清算提供准确依据。

（5）为城市公共交通规划提供准确的、客观的客流和票务统计依据。

相关案例

国外城市轨道交通系统的票价和票制

（1）多票种和多票制是伦敦地铁运营的特点。伦敦地铁车票分为单程票、往返票、日票、周票、周末票、月票、年票等诸多种类，而其票价则根据区间和时段不同而有所差别。例如，除周末和节假日外，每天上午 9:30 前为高峰时段，而高峰时段票价是非高峰时段票价的 1.28～1.8 倍。

（2）法国政府认为城市轨道交通的票价从法律上讲应该由政府权威机关负责制定，但运营企业的利益也不能忽视。就票价政策而言，应该保持三个方面的平衡：运营服务费用的收支平衡；满足乘客和用户对城市轨道交通的需求；实现社会财富的重新合理分配。法国政府对城市轨道交通票价实行全面控制，并对票价与经营成本之间的差额实行政策性补贴，即票务收入一般占城市轨道交通运营成本的 40%，而其余 60% 则由政府实行政策性补贴。

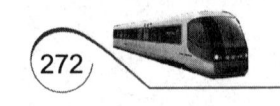

（3）新加坡轨道交通有三条线路，全长为67km，建设资金全部来源于政府财政拨款，建成后无偿交给城市轨道交通公司经营。新加坡政府认为，不能完全由市场来决定城市轨道交通市场的结构和票价，但乘客也应为他们享受的良好服务支付合理的费用。

（4）纽约地铁票又称城市卡，分为有限和无限两种。有限城市卡票价为单次1.5美元。持单次城市卡的乘客不出站可任意换乘；持无限城市卡的乘客可不限时多次免费换乘。

（5）莫斯科2011年1月1日起对地铁票价做出调整。对于单次车票的票价，由原来的10卢布涨至13卢布（约合4元人民币），上浮了30%；而针对经常乘坐地铁的上班族和学生等群体，其使用的月票、季票、年票及学生票的票价仅上调10%。

（6）东京自由乘车券可在购券当日全天内自由地用于乘坐东京23个区内的所有日本铁路（JR）、都营地铁和都营公共汽车及营团地铁这样一些交通工具，票价为1580日元。

拓展知识

北京地铁AFC系统一卡通进出站方法

2008年6月9日，新的自动售检票（AFC）系统在北京市地铁1、2、5、13号线和八通线正式启用，而乘坐地铁的乘客将可以体验新的刷卡乘车方式。

1. 如何使用单程票

进站方法：

1）选择通道

闸机上方亮有绿色箭头则表示正在工作；亮有红色"×"字则表示暂停检票工作。请根据绿色箭头的指示，选择相应通道进站。

2）在刷卡区刷卡

持单程票的乘客，一票仅限一人，请右手持票，用票轻触进站闸机顶部的刷卡区。

3）迅速通过

当闸机发出提示"嘟"声，扇门打开，信息屏显示"谢谢"，证明单程票刷卡有效，请迅速进站。

特别提醒：

（1）进站后请妥善保管车票，以便出站时使用。

（2）请不要将车票弯曲、折叠或污损。

（3）闸机扇门关闭时请勿冲撞。

2. 如何使用一卡通

出站方法：

1）选择通道

请根据绿色箭头的指示，选择相应通道出站。

2）轻触刷卡区

乘客出站时也是一人一卡，请右手持卡，用卡轻触出站闸机顶部的刷卡区。

3）迅速出站

当闸机发出提示"嘟"声，扇门打开，信息屏则显示本次乘车扣款金额及卡内余额，表明一卡通储值卡刷卡有效，请迅速出站。

温馨提示：

（1）一卡通储值卡进、出站均须刷卡。

（2）为了方便携带大件行李及乘坐轮椅的乘客乘车，均设有宽口通道进出站。

（3）如果带有1.2m以下儿童乘车，刷卡后请让儿童先行，成人随后由通道迅速通过。

任务三　城市轨道交通客运组织与票务组织的操作运用案例

【操作运用案例1】城市轨道交通客运组织的认知

1. 实训项目教师工作活页

实训项目教师工作活页			NO：_____	
实训项目	城市轨道交通客运组织的认知			
学　时	2		班级	略
实训场所	多媒体教室或城市轨道交通系统的各种模型实训室。			
工具设备	城市轨道交通客运组织的相应挂图，多媒体设备课件、图片、示教板等。			
教学目标	专业能力	（1）能明确说出客运组织原则。 （2）能说出车站如何进行客流调查。 （3）能介绍客运组织工作的主要内容。 （4）能说出日常客流及特殊客流组织办法。		
教学目标	方法能力	（1）能综合运用专业知识，通过专业书籍、上网查询、多媒体课件和图片资料获得帮助信息。 （2）能根据实训项目学习任务确定实训方案，从中学会表达及展示活动过程和成果。		
	社会能力	（1）能在实训活动中保持积极向上的学习态度。 （2）能与小组成员和教师进行交流和沟通。 （3）能与他人共享学习资源，具有较好的合作能力和团队协作精神。		
教学活动	略（详见教学活动设计）			
教学评价	学生活动： （1）以5~7人小组为单位开展实训活动，根据本组成员在实训过程中的能力表现及结果进行自评、组内互评。 （2）根据其他小组成员在成果展示活动中的表现及结果进行互评。 教师活动： （1）教师组织学生开展评价活动和总结。 （2）对学生本单元项目单元成绩做出综合评价。			
教学资料	（1）城市轨道交通概论教材。 （2）城市轨道交通客运组织参考书。 （3）实训项目学生学习活页（附页）。			
指导教师		教学时间		年　　月　　日

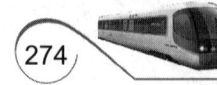

2. 实训项目学生学习活页

实训项目学生学习活页　　　　　　　　　　　　　　　　　　　　　　NO：_____

实训项目 1　城市轨道交通客运组织的认知
班级：_____　姓名：_____　　　　学号：_____　时间：_____ 一、实训目标 1. 专业能力目标 （1）能明确说出客运组织原则。 （2）能说出车站如何进行客流调查。 （3）能介绍客运组织工作的主要内容。 （4）能说出日常客流及特殊客流组织办法。 2. 方法能力目标 （1）能综合运用专业知识，通过利用专业书籍、多媒体课件和图片资料获得帮助信息。 （2）能根据实训项目学习任务确定实训方案，从中学会表达及展示活动过程和成果。 3. 社会能力目标 （1）能在实习训练活动中保持积极向上的学习态度。 （2）能与小组成员和教师就学习中的问题进行交流和沟通。 （3）能与他人共享学习资源且具有较好的合作能力和团队协作精神。 二、知识总结 1. 城市轨道交通客运组织工作的主要内容是什么？   2. 客流调查的种类有哪几种？   3. 大客流的类型及其特点是什么？   4. 隔离有哪些方法？   三、操作运用 利用实训室设备，组织学生进行车站大客流组织的模拟演练。 四、实训小结

续表

五、成绩评定

1. 学生评价

评价等级	A—优	B—良	C—中	D—及格	E—不及格
学生自评					
组内互评					
他组互评					

2. 教师评价

评价等级	A—优	B—良	C—中	D—及格	E—不及格
专业能力					
方法能力					
社会能力					
评价结果					

3. 综合评价

评价等级	A—优	B—良	C—中	D—及格	E—不及格
评价结果					

注：按照学生自评占10%、组内互评占10%、他组互评占20%、教师评价占60%的比例计分。其中，A—100分，B—85分，C—75分，D—60分，E—50分。

4. 评价量规

等级	行为表现描述
A	能圆满高效地完成实训任务的全部内容
B	能顺利完成实训任务的全部内容
C	能完成实训任务的全部内容，但需要一些帮助和指导
D	自己只能完成实训任务的部分内容，但在教师的指导下，能够完成任务的全部内容
E	不能完成实训任务的全部内容

【操作运用案例2】城市轨道交通票务组织的认知

1. 实训项目教师工作活页

实训项目教师工作活页　　　　　　　　　　　　　　　NO:_____

实训项目	城市轨道交通票务组织的认知		
学　时	2	班级	略
实训场所	多媒体教室及城市轨道交通系统的各种模型实训室中或实训基地。		
工具设备	城市轨道交通车票、自动检票机、自动售票机、增值机等设备的实物或模型、图片及仿真三维立体图多媒体课件。		
教学目标	专业能力	（1）能说出城市轨道车票的发展。 （2）会识别车票的种类。 （3）能说出车站的票制、票价制定方法。 （4）能说出车票的功能。 （5）能解释车站检票的方式及自动售检票的优点。	

续表

教学目标	方法能力	（1）能综合运用专业知识，通过专业书籍、上网查询、多媒体课件和图片资料获得帮助信息。 （2）能根据实训项目学习任务确定实训方案，从中学会表达及展示活动过程和成果。
	社会能力	（1）能在实训活动中保持积极向上的学习态度。 （2）能与小组成员和教师进行交流和沟通。 （3）能与他人共享学习资源，具有较好的合作能力和团队协作精神。
教学活动	略（详见教学活动设计）	
教学评价	学生活动： （1）以5～7人小组为单位开展实训活动，根据本组成员在实训过程中的能力表现及结果进行组内互评。 （2）根据其他小组成员在成果展示活动中的表现及结果进行互评。 教师活动： （1）教师组织学生开展评价活动和总结。 （2）对学生本单元项目单元成绩做出综合评价。	
教学资料	（1）城市轨道交通概论教材。 （2）城市轨道交通客运组织参考书。 （3）实训项目学生学习活页（附页）。	
指导教师		教学时间	年　　月　　日

2. 实训项目学生学习活页

实训项目学生学习活页　　　　　　　　　　　　　　　　　　　　NO：_____

实训项目2　城市轨道交通票务组织的认知

班级：_____ 姓名：_____ 学号：_____ 时间：_____

一、实训目标

1. 专业能力目标

（1）能说出城市轨道车票的发展。

（2）会识别车票的种类。

（3）能说出车站的票制、票价制定方法。

（4）能说出车票的功能。

（5）能解释车站检票的方式及自动售检票的优点。

2. 方法能力目标

（1）能综合运用专业知识，通过利用专业书籍、多媒体课件和图片资料获得帮助信息。

（2）能根据实训项目学习任务确定实训方案，从中学会表达及展示活动过程和成果。

3. 社会能力目标

（1）能在实习训练活动中保持积极向上的学习态度。

（2）能与小组成员和教师就学习中的问题进行交流和沟通。

（3）能与他人共享学习资源且具有较好的合作能力和团队协作精神。

二、知识总结

1. 说出城市轨道交通车票的种类。

续表

2. 说出城市轨道交通的售检票方式。

3. 简要介绍 AFC 系统。

三、操作运用

1. 识别车站的各种票务设备，并能说出其功能。

2. 使用自动售票机购买单程票。

四、实训小结

五、成绩评定

1. 学生评价

评价等级	A—优	B—良	C—中	D—及格	E—不及格
学生自评					
组内互评					
他组互评					

2. 教师评价

评价等级	A—优	B—良	C—中	D—及格	E—不及格
专业能力					
方法能力					
社会能力					
评价结果					

续表

3. 综合评价

评价等级	A—优	B—良	C—中	D—及格	E—不及格
评价结果					

注：按照学生自评占 10%、组内互评占 10%、他组互评占 20%、教师评价占 60% 的比例计分。其中，A—100 分，B—85 分，C—75 分，D—60 分，E—50 分。

4. 评价量规

等级	行为表现描述
A	能圆满高效地完成实训任务的全部内容
B	能顺利完成实训任务的全部内容
C	能完成实训任务的全部内容，但需要一些帮助和指导
D	自己只能完成实训任务的部分内容，但在教师的指导下，能够完成任务的全部内容
E	不能完成实训任务的全部内容

思考与练习

1. 城市轨道交通客运组织工作的主要内容是什么？
2. 客流调查的种类？
3. 大客流的类型及其特点？
4. 隔离有哪些方法？
5. 城市轨道交通车票的种类？
6. 城市轨道交通的售检票方式？
7. AFC 系统有哪些优点？

项目九　城市轨道交通环境控制与安全管理

城市轨道交通作为公共客运系统已成为城市交通的重要干线，在城市的建设和发展中越来越受到重视。随着我国国民经济的快速发展和城市综合实力的日益增强，城市轨道交通建设正面临前所未有的发展机遇。与此同时，人们对城市轨道交通的舒适及安全问题也空前重视，建立城市轨道交通环境控制及安全体系迫在眉睫。

任务一　城市轨道交通环境控制

学习目标

（1）了解环境控制系统的概念、作用、分类和组成。
（2）了解环境控制系统的主要设备、控制方式及运行模式。
（3）了解给排水系统的组成。
（4）了解消防报警系统的功能。
（5）了解火灾自动报警系统的组成。
（6）掌握消火栓灭火的操作过程。
（7）了解自动喷水灭火系统的组成。
（8）了解防/排烟系统的组成及作用。

学习任务

认知环境控制系统，主要包括环境控制系统的概念、作用、分类和组成；环境控制系统的主要设备、控制方式及运行模式；给排水系统的组成；消防报警系统的功能及作用。

工具设备

课件、图片、示教板、计算机多媒体设备等。

教学环境

在普通教室、能连接互联网的多媒体教室中进行，课后可实地参观。

基础知识

一、环境控制系统

(一) 概念

在城市轨道交通中,环境影响着乘客和操作人员的舒适性。这些环境影响因素包括湿度、温度、空气流动、噪声、灰尘、气味等。因此,为了满足人体舒适度的要求,要对城市轨道交通的环境进行控制。

环境控制系统是一套可以对环境进行空气处理的系统,主要调节指定区域内的空气湿度、温度,并控制二氧化碳、粉尘等有害物质浓度。环境控制的地点包括车站站厅、站台、隧道、设备及管理用房等。

(二) 作用

(1) 列车正常运行时,环境控制系统保证城市轨道交通内部空气指标在规定标准范围内。

(2) 列车阻塞在区间隧道内时,环境控制系统能确保隧道内空气流通。

(3) 列车在区间隧道发生火灾事故时,环境控制系统具备防灾、排烟、通风功能。

(4) 车站内发生火灾事故时,环境控制系统具备防灾、排烟、通风功能。

(三) 分类

环境控制系统按车站建筑形式分为地面高架车站环境控制系统、地面车站环境控制系统和地下车站环境控制系统三种;按环境控制对象可分为地面车站(含地面高架车站)环境控制系统、地下车站环境控制系统、地下区间隧道环境控制系统、主变电站环境控制系统、牵引变电站环境控制系统等。其中,地下车站环境控制系统又分为屏蔽门环境控制系统和非屏蔽门环境控制系统。

1. 屏蔽门环境控制系统

在屏蔽门环境控制系统中,在站台与区间隧道之间设置完全隔断、可以移动的屏蔽门,列车停站时屏蔽门与列车门一一对应打开,列车出站时屏蔽门关闭,而这一物理屏障将列车产生的巨大热量拒之于车站之外;站内采用空调制冷系统,保证站内温度符合规定标准;区间隧道内则利用列车运行活塞风,通过风井与室外进行通风换气,满足区间隧道内通风要求。

2. 非屏蔽门环境控制系统

非屏蔽门环境控制系统按地铁系统与地面通风风道的连接方式又分为开式环境控制系统和闭式环境控制系统。

(四) 组成

环境控制系统主要由隧道通风系统、车站空调通风系统、空调制冷循环系统、隧道洞口空气幕系统、折返线通风系统等组成。隧道通风系统包括区间隧道活塞通风及机械通风系统(兼排烟)、车站区间排热系统(屏蔽门方式)。车站空调通风系统包括车站空调通风大系统、车站空调通风小系统。将车站的站厅、站台公共区空调通风系统称为车站空调通风大系统；将车站管理用房和设备用房空调通风系统（兼排烟）及主变、牵引变通风与空调系统称为车站空调通风小系统。

（五）环境控制系统的主要设备、控制方式及运行模式

1. 主要设备

1）冷水机组

冷水机组是环境控制系统中的主要设备，为中央空调提供冷源。目前，上海地铁按压缩机的压缩形式分为三种类型的冷水机组：活塞式冷水机组、离心式冷水机组和螺杆式冷水机组，如图 9-1 所示。

（a）活塞式冷水机组　　　（b）离心式冷水机组　　　（c）螺杆式冷水机组

图 9-1　冷水机组

2）空调机组

空调机组是环境控制系统中空气集中处理设备，可完成对空气的多种处理功能，包括对空气的过滤、冷却、加热、去湿、消声、新风和回风混合等。在地下车站夏季工况时，通常由冷水机组提供 7~12℃的冷冻水送至空调机组的表冷器，经与空气进行热交换后，再回到冷水机组，被冷水机组冷却后，再送回空调机组的表冷器，完成一个冷冻水的冷却循环。经过空调机组的表冷器冷却后的空气由空调机组内的离心式风机送至站厅和站台。

3）风机

环境控制系统中，使用两类风机：轴流风机和离心风机。轴流风机的特点是风压较低、风量较大、噪声相对较大。离心风机的特点是风压高、风量可调、噪声相对较低。在地铁环境控制系统中，风机按用途和作用可分为地铁区间隧道用的事故冷却风机，通风季节用的全新风机，空调季节用的空调新风机、回排风机，空调及通风季节用的排热风机，设备用房用的送风机、排风机，管理用房用的送风机、排风机，主变电站、牵引变电站、降压变电站用的送风机、排风机等。排风机一般兼作排烟、排毒风机。此外，地铁车站在重要场所还设有排烟、排毒风机。

在地铁车站的两端设有事故冷却风机来负责区间隧道的通风，还设有热排风机来排走电动列车在停站时散发的热量。

4）水泵

在地铁中央空调水系统中，使用的水泵是 IS 系列单级离心水泵，用作冷冻循环水和冷却循环水的动力。

5）冷却塔

在制冷装置中，最为普遍的冷凝器冷却方式是水冷式。水冷式冷凝器必须使用一套冷却水系统。而冷却塔作为冷却水系统的降温设备而广泛应用在中央空调的水系统中。冷却水在冷水机组的冷凝器中吸热，温度升高，通过冷却水泵送到冷却塔的布水器中，在布水器中冷却水被喷淋，形成细小水滴，流经填料层时形成薄薄的水膜，最后流到塔底。

6）阀门

在地铁环境控制系统中，阀门被广泛应用在工况调节、流量控制、防火排烟等系统中。阀门按大类可分为风阀及水阀。风阀被大量应用到通风系统及中央空调系统中。水阀主要应用在冷却循环水和冷冻循环水中。

7）风口

风口又称空气分布器，用来向房间送入空气或排出空气。在通风管道上设置各种形式的送风口、回风口及排风口，并调节送入或排出的空气量。

2. 控制方式

环境控制系统的控制方式通常采用中央级、车站级和现场级三种控制方式，其中现场级具有最优控制权。

3. 运行模式

环境控制系统的运行方式通常分为正常状态运行和非正常状态运行模式。

二、给排水系统

城市轨道交通给排水系统为城市轨道交通运营提供所需的生活、生产、消防用水，并收集生活、生产、消防废水及雨水等，然后通过车站排水泵站提升后排出车站。

（一）给水系统

车站给水系统主要有4个独立系统组成，即车站生产、生活供水系统，消防供水系统，水幕供水系统和空调冷却循环水系统。

车站的生产、生活、消防水源来自城市自来水供水管网。

1. 生产、生活供水系统

地下车站生产、生活供水来自车站附近的大口径自来水管道。地面车站生活、生产供水采用直接供水方式。

2. 消防供水系统

地下车站的消防供水根据车站附近城市自来水管网实际情况，采用两路进水方式供给消防使用，且有条件的情况下尽量由两根城市自来水管道分别引入。当车站附近只有一根城市自来水管道，则在城市自来水管道上加设一个阀门，并在两侧引出两根进水管道引入车站。总进水管道为DN200两路管道，在地面设有水表井和阀门。

消火栓系统由水枪、水带、消火栓、消防管道、消防水池、高位水箱、水泵结合器及增压水泵等组成。

消火栓系统供水来自室外进水管与室内进水管。室内、室外进水管从城市水网引入且

分别有不少于两路水源,其中一路水源作为备用。

室外消火栓分为壁式与地面式两种,使用时在消火栓接口上连接水带、水枪,打开水枪阀即可灭火。

室内消火栓系统两路水源进入车站消防泵房后,每路水源各有一台水泵加压,出消防泵房后在车站内形成环状布置,并与隧道区间内的消火栓管道连通。每个地下车站消火栓增压水泵负责1/2区间隧道内消火栓的增压。室内使用消火栓箱(如图9-2所示),箱内配置水枪、水带和消火栓,使用时在消火栓接口上连接水带、水枪,打开水枪阀即可灭火。

3. 水幕供水系统

水幕供水系统设备防火隔离水幕喷头设置在各车站站台层的每个扶梯口,由城市自来水管网两路水源供水。每路水源经消防泵房水泵增压后,在车站内形成独立的环状管网布置。

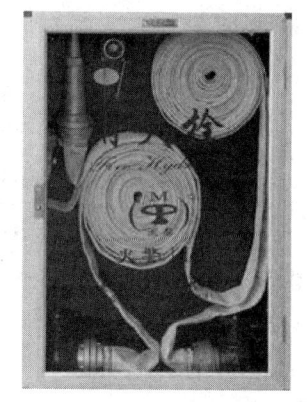

图9-2 消火栓箱

(二)排水系统

1. 排水

城市轨道交通排水系统包括重力排水方式和机械排水方式。其中,机械排水方式又主要有以下5个独立排水方式。车控室通过自动控制系统对排水设备运行进行监视。

1)车站废水排水

车站废水主要包括结构渗漏水、冲洗废水、消防废水及敞开部位的雨水、车站站厅层和站台层的冲洗废水。

一般车站内设一至两座废水泵站,位置均设在车站的端头,集水池设在废水泵层下部。

2)区间隧道排水

区间隧道内主要有结构渗漏水、消防废水、冲洗废水等。城市轨道交通采用高站位线路结构,所以在两地铁车站之间中部的线路低洼处设置排水泵站。大部分排水泵站设置在上、下行线两路之间的联络通道中,废水由线路两侧明沟汇集到泵站集水池。

3)车站污水排水

车站内厕所等生活污水由排水管道汇集至污水池。污水池设在污水泵站下部。

4)渗漏水排水

在车站敞开式出入口和自动扶梯下,设两台排水泵,而集水池主要汇集敞开式出入口的雨水和车站结构的渗漏水。

5)风井口排水

在地下车站的风井等部位设有泵站和集水池,主要汇集风井口雨水和车站结构渗漏水。

2. 泵站

排水系统的泵站主要有车站废水排水泵站、污水排水泵站、出入口排水泵站、地下结构渗漏水和车站风井排水泵站、区间排水泵站和电缆层排水泵站。

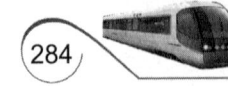

三、消防报警系统

消防报警系统（Fire Alarm System，FAS）包括火灾自动报警系统、固定灭火系统和防/排烟系统等。

FAS 系统的探测点分布在站厅、站台、设备用房和管理用房等处所，对保护区域进行火灾监控。

（一）消防报警系统的功能

消防报警系统如图 9-3 所示。它的功能：通过火灾报警控制器（如图 9-4 所示）自动捕捉火灾监测区域内火灾发生时的烟雾或热气，发出声光报警，通过输出触点，控制自动灭火、事故照明、事故广播、消防给水和排烟等系统，实施救灾，以实现监测、报警和灭火的自动化。

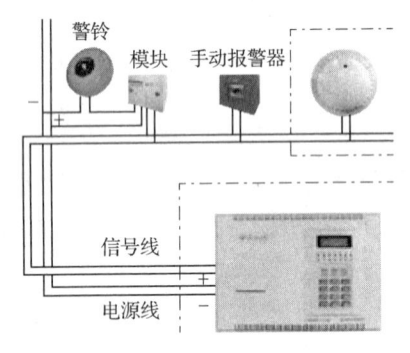

图 9-3　消防报警系统

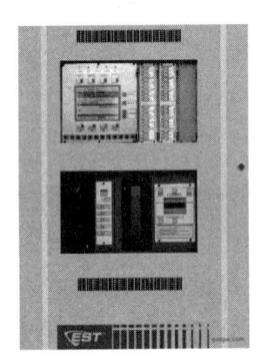

图 9-4　火灾报警控制器

（二）火灾自动报警系统的组成

火灾自动报警系统由报警主机、外围设备、管网及网络等设备组成。外围设备由手动报警器、火灾报警模块、电话、探测器等组成。

1. 报警主机

报警主机是消防报警系统的核心设备，是分析、判断、记录和显示火灾的部件。报警主机又称报警控制器，是通过探测器不断向监视现场发出巡测信号，监视现场的烟雾浓度、温度等，并由探测器不断反馈，控制器将返回的代表烟雾浓度或温度的电信号与控制器内存的现场正常整定值进行比较，判断并确定是否发生了火灾；当确认发生火灾时，在控制器上首先发出声光报警，并显示烟雾浓度，显示火灾区域的地址编码和打印报警时间、地址等，同时向火灾现场发出警铃或电笛报警；在火灾发生区域的相邻区域也发出报警信号，显示火灾区域；各应急疏散指示灯亮，以指示疏散路线等；与此同时，在火灾发生区域发出联动控制信号，使电梯（残疾人电梯）迫降于首层等。

2. 探测器

火灾自动报警系统所使用的探测器（如图 9-5 所示）可分为感烟探测器、感温探测器、复合型探测器等。

| 感烟探测器 | 感温探测器 | 复合型探测器 |

图 9-5 探测器

3. 手动报警器

手动报警器如图 9-6 所示，分为普通型和智能型两种。在火灾自动报警系统设计规范中规定，报警区内的每个防火分区至少应设置一只手动报警器。手动报警器按钮是手动触发装置，具有在应急状态下人工手动通报火警或确认火警的功能。

4. 火灾报警模块

火灾报警模块如图 9-7 所示，按使用功能可分为探测模块、控制模块、信号模块及输入/输出模块。

图 9-6 手动报警器　　　　图 9-7 火灾报警模块

（三）固定灭火系统

用于城市轨道交通地面、地下、高架的固定灭火系统有以水为介质的消火栓灭火系统、自动喷水灭火系统及气体自动灭火系统。其中，消防泵和喷淋泵分别是消火栓灭火系统、自动喷水灭火系统的主要供水设备；气体自动灭火控制盘、管网和电磁阀为气体灭火系统的主要设备。

1. 消火栓灭火系统

消火栓在城市轨道交通地面、地下和高架线路都是主要的消防灭火设备，以水作为一种灭火介质，是一种既及时又有效的灭火工具。消火栓灭火系统由消防给水设备即消火栓部分（包括给水管网、加压泵、水枪、水带等）和电控部分（包括启泵按钮、防灾报警器启泵装置及消防控制柜等）组成。为保证喷水枪在灭火时具有足够的水压，要采用加压设备。常用的加压设备有两种：消防水泵和稳压给水装置。一般采用消防水泵，在每个消火栓内设置消防泵启动按钮，灭火时，用小锤击碎按钮上的玻璃小窗，按钮弹出，通过控制电路启动消防水泵，达到灭火效果。消火栓灭火系统中消防水泵的启动和控制方式的选择，与建筑物的规模和水系统设计有关。为确保安全，消火栓灭火系统控制电路设计应简单合理。

2. 自动喷水灭火系统

自动喷水灭火系统是一种在发生火灾时，在火警信号驱动下自动打开喷头喷水灭火的消防设施。自动喷水灭火系统由洒水喷头、报警阀组、水流报警装置、管道、供水设施等组成。

自动喷水灭火系统分为闭式系统、雨淋系统、水幕系统和自动喷水—泡沫联用系统。

闭式系统采用闭式洒水喷头。在发生火灾时，闭式系统能自动打开闭式洒水喷头喷水灭火。

雨淋系统又称开式系统，采用开式洒水喷头，并由火灾自动报警系统或传动管控制。在发生火灾时，雨淋系统能自动开启雨淋报警阀并启动供水泵向开式洒水喷头供水灭火。

水幕系统由开式洒水喷头或水幕喷头、雨淋报警阀组成，用于挡烟阻火和冷却分隔物。

自动喷水—泡沫联用系统配置有供给泡沫混合液的设备，在灭火时既可喷水又可喷泡沫。

采用闭式洒水喷头的自动喷水灭火系统包括湿式系统、干式系统、预作用系统等。在城市轨道交通一般使用的是湿式系统。

3. 气体自动灭火系统

气体自动灭火系统是固定灭火系统一种灭火形式。城市轨道交通的 FAS 都是由自动报警系统和自动消防系统两部分组成。前者是对火灾初期的探知和报警，后者是对火灾的及时扑灭和有效防护。

气体自动灭火系统一般安装在车站的重要设备用房，如车站的通信机械室、信号机械室、降压站、牵引变电所、电器设备室等场所。城市轨道交通常用的气体灭火系统有卤代烷 1301 气体灭火系统、烟络尽 442R 气体灭火系统、FM200 气体灭火系统和 1211 灭火系统等。当火灾发生后，一般首先火灾探测器报警（感烟、感温探测器），信号到达控制盘，经 CPU 处理、分析后，输出延时信号与 DC 24V 电度信号，关闭放火阀，启动瓶头阀。

气体自动灭火系统是在火灾报警控制器的控制下启动水幕、水喷淋系统或自动喷射高效灭火剂。

（四）防/排烟系统

1. 防/排烟设备

城市轨道交通地下车站都具有防火、防烟、排烟系统。在消防联动控制系统中，报警主机应集中控制所有层面的防火门、防火阀、防火卷帘、排烟机、送风、排风机及空调、通风设施。

城市轨道交通的防/排烟设备一般采用防火阀、防火门、防火卷帘门及送、排风机系统。防烟设备的作用是防止烟气侵入疏散通道，而排烟设备的作用是消除烟气大量积累并防止烟气扩散到疏散通道。因此，防/排烟设备及其系统的设计是车站自动消防系统的必要组成部分。

防/排烟设备还包括正压送风机、排烟风机、送风阀及排烟阀，以及防火卷帘门（如图 9-8 所示）、防火门（如图 9-9 所示）等。防/排烟设备与消防控制主机具有联动功能，可在消防主机上显示各设备的运行情况，可进行连锁控制和就地控制；根据火灾情况打开有关排烟通道上的排烟口，启动排烟风机，降下有关防火卷帘门及防烟设备，打开安全出口的电动门，关闭有关防火阀及防火门，停止有关防烟分区内的空调系统；同时打开送风口、关闭送风机等。

图 9-8　防火卷帘门　　　　　图 9-9　防火门

2．与报警主机的联动

1）防火阀开启与关闭方式

（1）防火阀关闭。

① 当消防报警主机在自动模式下，接收到报警信号后，自动关闭防火阀。

② 消防报警主机在手动模式下可输入防火阀地址码，将其关闭。

③ 防火阀操作箱联动开关在手动位置时，可按下"关"按钮，使防火阀关闭。

④ 当环境温度达到 70℃时，防火阀可自动关闭或手动关闭。

（2）复位。

① 如果防火阀的关闭是由探测器报警而引起的，应先将消防报警主机设置到手动状态，然后将探测器复位，再手动复位（打开）防火阀。在紧急状态下，应先手动复位（打开）防火阀，然后再将探测器复位，等系统报警消除后，将消防报警主机恢复到自动位置。

② 如果防火阀是由报警主机输入命令将其关闭的，应先撤销命令，再到现场打开防火阀或在防火阀操作箱上按"开"按钮，打开防火阀（此时防火阀操作箱联动开关必须在手动位置）。

③ 如果防火阀自动关闭或手动关闭的，可直接在现场打开防火阀或在防火阀操作箱上按"开"按钮来打开防火阀（此时防火阀操作箱联动开关必须在手动位置）。

2）防火卷帘门关闭与开启方式

（1）防火卷帘门关闭。

① 当消防报警主机在自动状态下，接收到报警信号，将自动关闭防火卷帘门。

② 消防报警主机在手动模式下可输入防火卷帘门地址码，将其关闭。

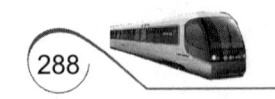

③ 在防火卷帘门现场操作箱上，按下"关"按钮，使防火卷帘门关闭。

（2）防火卷帘门的开启。

① 如果防火卷帘门的关闭是由探测器报警而引起的，应先将消防报警主机设置到手动状态，然后将探测器复位，再手动打开防火卷帘门。在紧急状态下，应先手动打开防火卷帘门，然后再将探测器复位，等系统报警消除后，将消防报警主机恢复到自动位置。

② 如果防火卷帘门是由报警主机输入命令将其关闭的，应先撤销命令，再到现场手动打开防火卷帘门，等系统恢复正常后，将消防报警主机恢复至自动位置。

③ 如果防火卷帘门是现场关闭的，应在现场按"向上"按钮。

相关案例

1. 地铁火灾原因及后果实例

严重地铁火灾实例如表 9-1 所示。

表 9-1 严重地铁火灾实例

地铁名称	火灾时间	原因	后果
北京地铁古城站工区	1965 年 12 月	焊接火花引起可燃物起火	烧毁保温棚架 2600m^2、搅拌机 8 台、水泥板 10 节
纽约地铁	1985 年 8 月	人为纵火	烧毁 16 节车厢、15 人受伤
阿塞拜疆巴库地铁	1995 年 10 月	电气老化而短路起火	269 人受伤，5581 人死亡，大火至次日清晨扑灭
日本名古屋地铁	1983 年 8 月	变电所整流器短路起火	停电 4 小时，152 辆地铁列车停开，3 人死亡，4 人受伤
韩国大邱地铁	2003 年 2 月	人为纵火	196 人死亡、147 人受伤

2. 地铁消防安全知识

地铁在施工和运营期间可能发生的灾害可分为自然灾害和人为灾害两类。从世界地铁 100 多年事故教训来看，地铁灾害中发生频率最高和造成危害损失最大的就是火灾。历史上的几次地铁火灾实例有：1991 年德国柏林发生地铁火灾，18 人送医院急救；2003 年 1 月英国伦敦发生地铁列车撞月台引起大火事故，至少造成 32 人受伤；近期的韩国大邱地铁人为纵火事故等。

要想做好地铁火灾的防火工作，就必须先了解地铁火灾的以下特点。

（1）人的心理恐慌程度大，行动混乱程度高。地铁区间隧道出入口少、通道狭窄、疏散距离长、人员多，故造成的人员恐慌和行动混乱程度要比在地面建筑物中严重得多，易发生挤踩事故。

（2）浓烟积聚不散。地铁内部封闭的环境使物质不易充分燃烧，火灾时可燃物的发烟量很大，而地铁的进排风只靠少量的风口，机械通风系统发生故障时很难依靠自然通风补救，烟雾的控制和排除都比较复杂。浓烟积聚不散，对人员逃生和火灾扑救都将带来很大的障碍。

项目九　城市轨道交通环境控制与安全管理

（3）温度上升快，峰值高。由于地铁建筑物是一个相对封闭的空间，发生火灾以后，大量的热量积聚无法散去，空间温度提高很快，火势猛烈阶段温度可达 1000℃。高温有时会造成气流方向的变化，对逃生人员影响很大，而且会对车站结构造成很大的破坏。

（4）人员疏散难度大。人员从地铁内部到地面开阔空间的疏散和避难都要有一个垂直上行的过程，比下行要耗费体力，从而影响疏散速度。同时，自下而上的疏散路线与内部烟和热气流自然流动的方向一致，因而人员的疏散必须在烟和热气流的扩散速度超过步行速度之前完成。这一时间差很短，又难以控制，故给人员的疏散带来很大困难。

（5）扑救困难。由于地下空间限制，以及浓烟、高温、缺氧、有毒、视线不清、通信中断等原因，救援人员很难了解现场情况；又由于大型的灭火设备无法进入现场，进入的救援人员需要特殊防护等特点，因此救人、灭火困难大。

针对以上特点，地铁防火首先就是要贯彻"预防为主，防消结合"的防火原则。依照国家的一系列规范及规定，从建筑结构防灾设计、监控报警与消防系统设计、地铁车辆防火设计、火灾时的应急方案等多方面来综合考虑，建立和完善地铁的综合防火系统。

拓展知识

自动灭火系统在城市轨道交通中的应用

细水雾灭火系统是一项预防扑救火灾的新技术，在国外大型工程项目及城市轨道交通中应用较广，但在国内城市轨道交通中无应用业绩。细水雾相对于气体，其优势主要表现在以下几方面。

（1）水源容易获取，灭火的可持续能力强。

（2）有冷却作用，可隔绝辐射热，可以有效避免高温造成的结构变形。

（3）可承受一定限度的通风。

（4）对人体无害，环保。

（5）用水量少，只有水喷淋系统的 10%~20%。

（6）该系统既可局部应用，保护独立的设备或设备的某一部分，又可作为全淹没系统，保护整个空间。

细水雾灭火系统作为一种技术先进、成熟、可靠、环保的灭火系统，有较好的发展趋势和应用前景，已形成有利的市场竞争态势。因此，有必要对细水雾的应用进行进一步的探究和分析。

任务二　城市轨道交通安全管理

学习目标

（1）了解城市轨道交通安全系统工程的构成。

（2）了解安全管理的目的和要求。

（3）了解安全管理的主要措施。

（4）掌握城市轨道交通事故的定义和分类。
（5）了解事故的调查分析。
（6）掌握城市轨道交通的安全对策。
（7）了解城市轨道系统防灾的对策。
（8）了解城市轨道交通应急预案。

学习任务

认知城市轨道交通安全管理，主要包括城市轨道线路的安全系统工程、城市轨道交通事故的分类、城市轨道交通的安全对策、城市轨道交通系统防灾的对策等。

工具设备

具有地铁火灾发生状况视频录像，以及国内外城市轨道交通系统事故发生现场图片。

教学环境

在普通教室、能连接互联网的多媒体教室中进行，课后可实地参观。

基础知识

城市轨道交通的安全性要远高于其他交通方式。城市轨道交通的安全防范工作没有做好，轻则扰乱运输生产秩序，重则设备受损甚至危及乘客的生命财产安全，给社会带来重大损失。从企业角度来讲，安全是实现效益的保证，抓好了安全，运输生产才不致因事故而中断，才能保证生产过程的连续性，不断提高生产的效率和效益；从社会角度来讲，城市轨道交通的运输安全涉及城市各行各业的活动，以及千家万户的日常生活，因而它直接关系到城市社会经济的发展，有时甚至涉及政治的稳定。可以说，安全是城市轨道交通运营管理的头等大事。也就是说，运输必须安全，只有安全才能保障运输。

"安全第一，预防为主"是城市轨道运输企业永恒的主题。

一、安全管理体系

（一）安全的定义

安全与危险是相对的概念，是人们对生产、生活中是否可能遭受健康损害和人身伤亡的综合认识。按照系统安全工程的认识论，无论是安全还是危险都是相对的。

安全生产是指生产过程的安全，即"不发生工伤事故、职业病、设备或财产损失"。

城市轨道交通安全是指城市轨道交通运行或生产过程中，不发生行车、客运人身伤亡，火灾爆炸，设备设施事故等。

（二）安全系统工程

城市轨道交通运输安全是一项系统工程，因此应该从系统工程的角度考虑安全问题。

安全系统涉及的范围极广，几乎和城市轨道交通系统的所有硬、软件相关，并由下列基本要素构成。

（1）人：是指参与运输工作的工作人员和乘客，这涉及人的思想政治素质、业务素质、心理素质和生理素质。这四种素质都在不同程度上影响着运输生产的安全。

（2）设备：是保证安全的基础条件。一方面，城市轨道交通应尽量采用先进设备来保证运输安全。这是因为设备的可靠与否会极大地影响运输安全，而先进设备的可靠性往往较高。另一方面，也要充分发挥人的主观能动性来保证安全。在选定了设备的情况下，应坚持不懈地抓好设备可靠性管理，搞好设备的定期检修、维修、更新、布局和联控等。

（3）工作条件：主要是指工作环境及运输所处的自然环境。工作环境是指物理因素，如工作室的噪声、温度、湿度、震动、粉尘、光、热等；自然环境包括狂风、暴雨、大雾、高温等自然现象。

（4）管理：包括对人的管理（如一系列的工作制度、班组结构、工时定额、训练、教育、思想政治工作等）、对设备的管理、行车组织及事故救援等。

在这个系统中，某个环节出现问题，哪怕是微小的事故隐患，都可能引发事故，甚至使整个运输系统陷于瘫痪。

（三）安全管理的目的和要求

1. 安全管理的目的

以安全运营为中心，取得良好的经济效益和社会效益是城市轨道交通安全管理的目标。换言之，城市轨道交通安全管理的目的是"保障安全运营和乘客的人身安全"。

2. 安全管理的要求

1）安全生产管理原理

安全生产管理原理是从生产管理的共性出发，对生产管理中安全工作的实质内容进行科学的分析、综合、抽象与概括，所得出的安全生产管理规律。因此，安全生产原则是指在生产管理原理的基础上，指导安全生产活动的通用规则。在具体生产过程中，一般以标准、规定、规则、规范、工艺要求、管理制度等形式体现，并要求员工严格执行。

2）安全生产管理的目标

安全生产管理的目标是指减少和控制危害，减少和控制事故，尽量避免生产过程中由于事故造成的人身伤害、财产损失、环境污染及其他损失。安全生产管理包括安全生产的法制管理、行政管理、监督检查、工艺技术管理、设备设施管理作业环境和条件管理等，因此要加强日常检查，及时纠正错误。

（四）安全管理主要内容

对于城市轨道交通系统安全性包括有涉及安全方面的工作，一般又称安全工程或安全性工程。其主要内容包括安全生产、安全管理、安全技术、安全保障体系、劳动保护、事故应急救援及事故调查处理等牵涉系统安全的各个方面。

安全生产管理的基本对象是企业的员工，涉及企业中的所有人员、设备设施、物料、环境、财务、信息等各个方面。安全生产管理的范围包括安全生产管理机构和管理人员、安全生产责任制、安全生产管理规章制度、安全生产策划、安全生产培训教育、安全生产资料档案等。

城市轨道交通安全管理体系框图如图 9-10 所示。

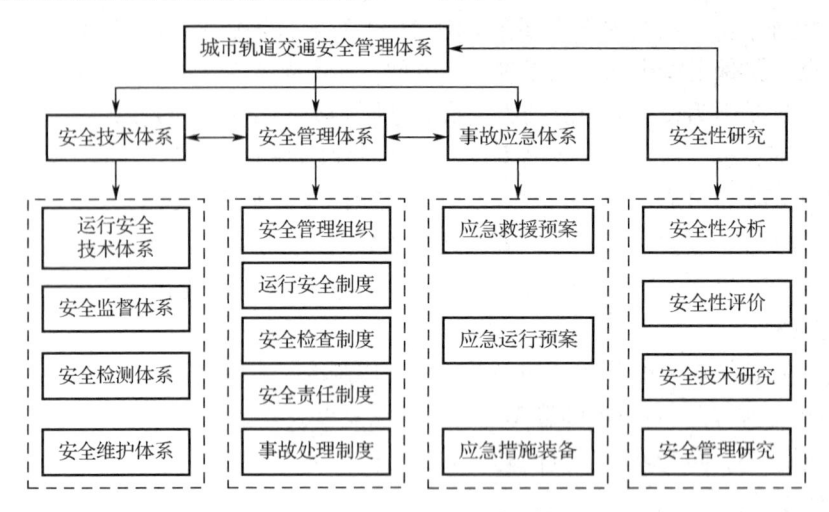

图 9-10　城市轨道交通安全管理体系框图

1. 安全评价

安全评价又称风险评价,是检验企业安全管理的重要指标。2007 年,国家安全生产监督管理总局批准颁发了《安全评价通则》(AQ8001—2007)、《安全预评价导则》(AQ8002—2007)、《安全验收评价导则》(AQ8003—2007)。根据上述标准,安全评价又称危险度评价或风险评价,即指以实现系统安全为目的,应用安全系统工程原理和方法,辨识与分析系统在生产经营活动中存在的危险、有害因素,预测发生事故或造成职业危害的可能性及其严重程度,提出科学、合理、可行的安全对策措施建议,做出评价结论的活动。安全评价可针对一个特定对象,也可针对一定区域范围。

安全评价按照实施阶段不同分为三类:安全预评价、安全验收评价、安全现状评价。

2. 安全管理的主要措施

城市轨道交通安全管理的主要措施有:建立各类安全工作规章制度和操作规程,开展安全工作的宣传教育和职业技能培训,落实各类设施设备的维护保养,加强现场安全检查,及时整改各类安全隐患,签订各类安全工作责任书或协议,落实安全生产责任制,明确权利和义务等措施。

安全管理防范包括安全技术防范(简称"技防")和人员值班防范(简称"人防")两类。前者主要依靠先进的技术设备进行防范监控,后者主要依靠人员进行安全监控管理。

为确保"技防"的安全、可靠,必须经常对防范设备进行预防性测试、遥控遥测、录音录像和数据记录等工作。平时要加强对设备的维修、保养。

城市轨道交通车站要加强对现场的安全管理,主要措施有:加强车站的现场安全检查,及时整改车站的各类安全隐患,开展安全工作的宣传教育和职业技能培训等。

二、轨道交通事故

世界各国的城市轨道交通在运营过程中,都曾发生过各类事故。据统计,仅日本在

1962~1971年期间，地铁灾害及严重事故累计达43件。1993年10月，美国曼哈顿地铁列车发生火灾，数百人被困于车内。2014年5月，韩国首尔发生两辆地铁列车相撞事故，导致170余名乘客受伤。城市轨道交通列车多运行于隧道之中或者高架线路之上，发生事故后的处理和救援工作十分不便。可见，加强城市轨道交通的安全管理和防灾工作具有非常重要的意义。研究如何提高救援工作的及时性，尽量减少人员伤亡或减轻事故损失，并制定一套相应的行车事故处理规则、救援办法及事故后的调查分析制度等都是不可缺少的环节。

（一）事故的定义

《现代汉语词典》对事故的解释：多指在生产、工作上发生的意外损失或灾祸。

《辞海》对事故的定义：意外的变故或灾祸。其要点：其一，非期望出现的事件；其二，有造成生命、财产损失的事实。

事故可以更加全面地定义为"一项主观上不愿意出现、导致人员伤亡、健康损失、环境及商业机会损失的不期望事件"。

安全生产事故是指在生产经营领域中发生的意外突发事件，通常会造成人员伤亡或财产损失，使正常的生产、生活活动中断，又称生产安全事故。

国务院第493号令《生产安全事故报告和调查处理条例》将生产安全事故定义为"生产经营活动中发生人身伤亡或直接经济损失的事件。"

城市轨道交通事故是指在运营或在生产过程中，因违反规章制度、劳动纪律、作业操作规程，或技术设备原因或其他原因引起的人员伤亡、设备损坏、经济损失、影响正常生产作业或危及运营安全的事件。

（二）事故的分类

1. 按事故责任分类

（1）责任事故：由于人们违背自然规律或客观规律，违反法律、法规、规章和标准等行为造成的事故。

（2）非责任事故：遭遇不可抗拒的自然因素或目前科学无法预测的原因造成的事故。

2. 按事故后果分类

（1）伤亡事故：人员在生产区域中所发生的和生产有关的负伤或者死亡的事故。

（2）非伤亡事故：只造成生产中断、设备损坏或财产损失的事故。

3. 按地铁企业内部事故分类

（1）行车事故：在行车过程中造成人员伤亡、设备损坏、影响达到一定时间或危及行车安全的事故。

（2）设备事故：由违章操作或维修保养原因、技术原因、设备性能原因而造成设备损坏、影响正常运营或危及生产安全的事故。

（3）工伤事故：从业人员在生产或运营过程中发生人身伤亡的事故。

（4）火灾事故：在生产或运营过程中发生因燃烧、爆炸等造成人员伤亡、经济损失或影响正常运营等后果的事件。

（5）客伤事故：在城市轨道交通运营中或城市轨道交通运营区域内发生的城市轨道交通运营单位外的人员（一般指乘客）伤亡事故。

（6）自然灾害：指地震、海啸、洪水、暴风雪等灾害。

4. 按行车事故等级分类

（1）重大事故。

（2）大事故。

（3）险性事故。

（4）一般事故。

5. 按生产事故分类

（1）特别重大事故：造成30人以上死亡，或者100人以上重伤（包括急性工业中毒，下同），或者1亿元人民币以上直接经济损失的事故。

（2）重大事故：造成10人以上、30人以下死亡，或者50人以上、100人以下重伤，或者5 000万元人民币以上、1亿元人民币以下直接经济损失的事故。

（3）较大事故：造成3人以上、10人以下死亡，或者10人以上、50人以下重伤，或者1000万元人民币以上、5000万元人民币以下直接经济损失的事故。

（4）一般事故：造成3人以下死亡，或者10人以下重伤，或者1 000万元人民币以下直接经济损失的事故。

（三）事故的调查分析

地铁运营安全不仅受到人、车辆、轨道等系统因素影响，还受到社会环境和列车运行相关设备（信号系统、供电系统）等因素的影响。近年来，国内外地铁事故统计的分析表明，人、车辆、轨道、供电、信号及社会灾害等是地铁事故的主要因素。

1. 人员因素

从2002至2003年，对上海地铁1号线和2号线发生事故的分类统计表明，普通事故主要是因乘客未遵守安全乘车规则，而严重事故多是由于工作人员职责疏忽引发的。人员因素成为地铁事故的主要原因，例如：

（1）拥挤。2001年12月4日晚，北京地铁1号线一名女子在站台上候车，当车驶入站台时，被拥挤人流挤下站台，当场被列车压死。1999年5月在白俄罗斯，地铁车站人员过多、混乱而拥挤，导致54名乘客被踩死。

（2）不慎落人和故意跳入轨道。长期以来，因人员跳入地铁轨道，造成地铁列车延误的事件屡次发生，短的一两分钟，长则三五分钟。而地铁列车只要一旦受到影响，不能正点行驶，势必影响全局，就必须全线进行调整。这样，不仅影响当事列车上的乘客，而且使整条线路甚至其他线路上的乘客都可能被延误。

（3）工作人员处理措施不得当。韩国大邱地铁2003年那场大火中，地铁司机和综合调度室有关人员对灾难的发生就有着不可推卸的责任。前方车站已经发生火灾后，另一辆1080号列车依然驶入烟雾弥漫的站台，在车站已经断电、列车不能行驶的情况下，司机没有采取任何果断措施疏散乘客，却车门紧闭，而且仍请示调度该如何处理。更不可思议的是，在事故发生 5min 后，调度居然还下达"允许 1080 号车出发"的指令。

2．车辆因素

（1）导致地铁列车事故的主要因素是列车出轨。在 2003 年 1 月 25 日，英国伦敦地铁中央线一列挂有 8 节车厢的列车在行经伦敦市中心一地铁站时出轨并撞在隧道墙上，最后 3 节车厢撞在站台上，32 名乘客受轻伤；同年 9 月，一列慢速行驶的地铁列车在国王十字地铁站出轨，并导致地铁停运数小时。2000 年 3 月，日比谷线地铁列车意外出轨，造成了 3 死 44 伤的惨剧。2000 年 6 月，美国发生一起地铁列车意外出轨事故，当时有 89 位乘客受伤。

（2）其他车辆因素。2003 年 3 月 20 日，上海地铁 3 号线闸门自动解锁拖钩故障，导致地铁停运 1 个多小时。2002 年 4 月 4 日，上海地铁 2 号线因机械故障车门无法开启，导致地铁停运半小时。

3．轨道因素

2001 年 5 月 22 日，台北地铁淡水线士林站附近轨道发生裂缝，地铁列车被迫减速，并改为手动驾驶，10 万乘客上班受阻。

4．供电因素

2003 年 7 月 15 日，上海地铁 1 号线莲花路到莘庄的列车突然停电，导致地铁停运 62min。经查明，是地铁牵引变电站直流开关跳闸，列车蓄电池亏电过量，才致使列车无法正常启动的。2003 年 8 月 28 日，英国首都伦敦和英格兰东南部部分地区突然发生重大停电事故，伦敦近 2/3 地铁停运，大约 25 万人被困在伦敦地铁中。

5．信号系统因素

2003 年 3 月 17 日，上海地铁 1 号线信号控制系统突然发生故障，导致地铁停运 8min。2003 年 2 月 14 日，上海地铁 2 号线中央控制室自动信号系统发生故障，导致地铁停运 20min。

6．社会灾害

地铁车站及地铁列车是人流密集的公众聚集场所，一旦发生爆炸、毒气、火灾等突发事件，就会造成群死群伤或重大损失，严重地影响了社会秩序的稳定。近年来，地铁不断发生爆炸、毒气、火灾等事故。1995 年 3 月 20 日，日本东京地铁曾经遭受邪教组织"奥姆真理教"施放沙林毒气，夺走了十多条人命，5000 多人受伤，引起全世界震惊。2003 年 2 月 18 日，韩国大邱地铁发生的纵火事件造成至少 126 人死亡，146 人受伤，318 人失踪。2004 年 2 月 6 日，莫斯科地铁的爆炸及大火夺去了好多人的生命，令上百人受伤。

（四）事故的处理

城市轨道交通事故的救援组织工作应把地铁或轻轨视为一个开放系统，实行救援工作社会化。当事故发生后，在事故紧急通报名单中，除应包括本公司有关领导及救援组织外，还应包括事故所在地的市政领导、公安局、消防总队、有关医疗机构，必要时还应包括电力、煤气、自来水公司等。各方面人员接到事故通报后，都应及时出动，分别进行伤亡人员救护，火灾扑灭，车辆起用，线路信号整修，乘客疏散，事故现场保护，水、电、煤气防护等工作，形成一个救援工作的立体作战体系。如果只依赖城市轨道交通公司内部力量，那么在救援上需要较长时间，在人力、物力上也受到限制，从而会扩大事故的损失。

三、安全对策

主要从以下几方面着手加强城市轨道交通运输的安全生产。

（一）健全安全法制

（1）制定有关运输安全的法规、法令，做到有法可依。
（2）要做到执法必严，违法必究。
（3）提高城市的文明程度和居民的法制观念。

（二）健全安全管理制度，提高科学管理水平

为确保运输安全，不仅要不断探索和完善安全管理制度，还要不断提高科学管理水平，积极研究先进的管理方法、手段，采用系统工程的方法，分析、评价并控制系统中的事故，调整设备、操作、生产周期和费用等因素，使系统发生事故的概率降到最小，达到最佳安全状态。

（三）提高关键设备的可靠性和先进性，为行车安全提供保障

对于城市轨道交通而言，脱轨事故可能由于车辆断轴或轨道状况不良所致，弓网事故既可能由于接触网参数失调，也可能是受电弓参数不匹配甚至因轨道不良引起。因此，设备方面的安全保障是无处不在的，一要尽量避免各类故障的发生，二要一旦发生故障就能引起监控系统的反应，以便及时采取措施使之不至于发展为危及安全的事故，具体原则如下。

（1）采用设备优先原则，尽量减少对操作人员注意力的依赖。
（2）遵循简单的系统构成原则，以反复验证过的技术为主体构成系统。
（3）加强维修养护工作，特别是保证预留充分的维护保养时间。
（4）汲取国内外同类事故的经验教训，对事故多发部位采取重点保护措施。
（5）不论发生何种故障，首先应停车或进行速度限制的故障安全原则。
（6）设备冗余原则，即重要设备采用二重或三重体制，以便在单台设备故障的情况下保证系统总体的正常运行。
（7）及早发现故障，迅速传递信息并采取有效措施。

（四）加强安全运行的组织管理，不断提高行车组织工作水平

城市轨道交通的调度指挥系统大都以现代化的硬件设备为支撑条件，为行车调度员提供最佳工作环境，可以最大限度地减少调度员的机械、重复性工作。同时，还以优化调度指挥为目标，为调度员提供调度决策方案，全面提高调度指挥质量和调度指挥水平，保证

稳定的列车运行秩序和正常运行状态。

1. 加强列车速度控制

列车速度保持在指定速度以内（避免冒进信号）或按规定对进站列车进行速度控制。在列车通过小半径曲线或进站通过道岔，以及进行工务维修或线路状况不佳必须缓行时也应规定相应的限速值，在轨道上出现障碍物、发生自然灾害及设备发生故障时，首要的安全措施也是对列车进行限速缓行或指令停车。

2. 严格执行接发列车的标准化作业和程序

整个城市轨道交通网或某一线路上沿线各站应实行统一的接发列车作业标准，这对提高运输质量，保证行车安全具有重要意义。

3. 合理的运行图是安全运行的基础

运行图的设计必须符合《技术管理规程》和《行车组织规则》的有关规定，特别是必须严格遵守有关时间间隔标准和行车作业程序。

此外，为确保列车的运行安全，除了保证设备的安全外，提高使用和操作这些系统的工作人员的素质和责任心也同样十分重要。因此，必须加强对工作人员安全责任心的教育和培养，以及操作技能的培训，逐步建立一套完整的安全规章和人员培训制度，形成强有力的安全保障体系。

（五）系统防灾

由于城市轨道交通系统的基础设施，如高架桥梁、浅埋地下隧道、地面轨道及其他设施，不可避免地受到自然环境的影响，譬如地震、洪水、大风等会对这些基础设施构成严重威胁。因此，城市轨道交通系统的防灾工作也是十分重要的，应本着预防为主的原则，从细微处着手，常抓不懈。可能对城市轨道交通系统造成危害的自然灾害包括地震、火灾、洪水、飓风等。

四、应急预案

应急预案是针对具体设备、设施、场所和环境，在安全评价的基础上，为降低事故造成的人身、财产与环境损失，就事故发生后的应急救援机构和人员，应急救援的设备、设施、条件和环境、行动的步骤和纲领，控制事故发展的方法和程序等，预先做出的科学而有效的计划和安排。

应急预案分为企业预案和政府预案，前者由企业根据自身情况制定和负责；后者由政府组织制定和由相应级别的政府负责。

应急预案在面对突发事件，如自然灾害、重特大事故、环境公害及人为破坏时，可以有效进行应急管理、指挥、救援计划等。它一般应建立在综合防灾规划之上。应急预案有几大重要子系统：完善的应急组织管理指挥系统，强有力的应急工程救援保障体系，综合协调、应对自如的相互支持系统，充分备灾的保障供应体系，体现综合救援的应急队伍等。

（一）城市轨道交通应急预案

1. 突发公共事件的分类

根据突发公共事件的发生过程、性质和机理，突发公共事件主要分为以下四类。

（1）自然灾害：主要包括水旱灾害、气象灾害、地震灾害、地质灾害、海洋灾害、生物灾害和森林草原火灾等。

（2）事故灾难：主要包括工矿商贸等企业的各类安全事故、交通运输事故、公共设施和设备事故、环境污染和生态破坏事件等。

（3）公共卫生事件：主要包括传染病疫情、群体性不明原因疾病、食品安全和职业危害、动物疫情，以及其他严重影响公众健康和生命安全的事件。

（4）社会安全事件：主要包括恐怖袭击事件、经济安全事件和涉外突发事件等。

各类突发公共事件按照其性质、严重程度、可控性和影响范围等因素，一般分为四级：Ⅰ级（特别重大）、Ⅱ级（重大）、Ⅲ级（较大）和Ⅳ级（一般）。对可能发生和可以预警的公共事件应当进行预警。预警级别依据突发事件可能造成的危害性、紧急程度和发展态势，也分为四级：Ⅰ级（特别严重）、Ⅱ级（严重）、Ⅲ级（较重）和Ⅳ级（一般），依次以红色、橙色、黄色、蓝色表示。

2. 编制预案的目的

编制预案的目的是：做好城市轨道交通事故灾难的防范与处置工作，保证及时、有序、高效、妥善地处置城市轨道交通事故灾难，最大限度地减少人员伤亡和财产损失，维护社会稳定，支持和保障经济发展。

3. 应急管理的规定

按《城市轨道交通运营管理规定》（中华人民共和国交通运输部2018年第8号令）规定，城市人民政府城市轨道交通主管部门应当会同有关部门制定处理突发事件的应急预案；城市轨道交通运营单位应当根据实际运营情况制定地震、火灾、浸水、停电、反恐、防爆等分专题的应急预案，建立应急救援组织，配备救援器材设备，并定期组织演练。

（1）当发生地震、火灾，或者其他突发事件时，城市轨道交通运营单位和工作人员应当立即报警和疏散人员，并采取相应的紧急救援措施。

（2）城市轨道交通车辆地面行驶中遇到沙尘、冰雹、雨、雪、雾、结冰等影响运营安全时，城市轨道交通运营单位应当启动应急预案，并按照操作规程进行安全处置。

（3）遇有城市轨道交通客流量急增危及安全运营的紧急情况时，城市轨道交通运营单位应当采取限制客流量的临时措施，确保运营安全。

（4）遇有自然灾害、恶劣气象条件或者发生突发事件等严重影响城市轨道交通安全的情形，并且无法采取措施保证安全运营时，运营单位可以停止线路或者部分路段运营，但是应当提前向社会公告，并报告市人民政府、城市轨道交通主管部门。

（5）当城市轨道交通运营中发生安全事故时，市人民政府、城市轨道交通主管部门、城市轨道交通运营单位应当依据应急预案进行处置。

（6）当城市轨道交通运营中发生人员伤亡事故时，应当按照"先抢救受伤者，及时排除故障,恢复正常运行,后处理事故"的原则处理,并按照国家有关规定及时向有关部门报告;市人民政府、城市轨道交通主管部门、城市轨道交通运营单位应当配合公安部门及时对现场进行勘察、检验,依法进行现场处理。

4. 应急情况报告

事故的报警是非常重要的,早期预警可以使事故救援工作开始于事故初发期,可以及时控制事故,防止事故蔓延和扩大。

应急情况报告的基本原则是:快捷、准确、直报、续报。

1)快捷

最先接到事故灾难信息的单位应在第一时间报告。事故现场应立即上报,事故发生单位要在 1h 内上报,政府及其他管理部门要在 2h 内上报,重特大事故应在 4h 内上报国务院。

2)准确

报告内容要真实,不得瞒报、虚报、漏报。

3)直报

发生特别重大事故灾难,要直报领导小组办公室,同时报省、市地铁事故灾难应急机构。在紧急情况下,可越级上报国务院,并及时通报有关部门。

4)续报

在事故灾难发生一段时间内,要连续上报事故灾难应急处置的进展情况及有关内容。

5)报告内容

特别重大事故灾难快报及续报应当包括以下内容。

(1)事件单位的名称、负责人、联系电话及地址。

(2)事件发生的时间、地点。

(3)事件造成的危害程度、影响范围、伤亡人数、直接经济损失。

(4)事件的简要经过。

(5)其他要上报的有关事项。

(二)应急预案处置

城市轨道交通应急预案是针对城市轨道交通突发事件事前制定的应急管理、指挥、救援计划等方案。当突发事件出现时,信息的及时传递对于及时启动预案、减少事故损失、及早恢复正常运营是十分重要的,因此必须制定信息传递制度。

1. 信息传递原则

信息传递应遵循"快速准确、有序高效、对口汇报"的原则。现场处置应遵循"职责明确、快速到位、控制有效"的原则。

2. 信息分类和传递

1)信息分类

城市轨道交通突发事故或事件的信息按事件的性质和严重程度分为 A、B、C 三类。其中,A 类事件最为严重,事件的严重程度按 A、B、C 次序递降。

2）信息传递

信息传递坚持"电话汇报为主、短信群发为辅"的报告原则。

3）应急报告程序

对任何事故、事件的整体应急报告程序与预案实施的报告程序基本相同，即发现事故或征兆要进入应急报告程序时，一般都应按下列规定程序进行。

（1）报警。

（2）发出救援指令。

（3）开始救援行动。

（4）现场处置。

（5）结束紧急状态。

3. 报告（警）内容及要求

事故报警是非常重要的，早期报警可以使事故救援工作开始于事故初发期，及时控制事故的蔓延和扩大。在事故救援中，任何贻误时机的行为都可能带来灾难性的后果。

报警分为两种形式，即自动报警和人工报警。在安装自动报警系统的场所，当发生事故时，自动报警系统会发出报警，否则，只能依靠人工报警形式。

4. 应急预案启动程序

1）启动预案

城市轨道交通事故发生后，指挥中心迅速了解掌握事故发生的时间、地点、人数、起因等情况，进一步判明性质，在报告城市轨道交通公安部门的同时，迅速启动有关预案，公安部门应及时调动交巡警、特巡警、消防、宣传、通信及事发地公安派出所等警种和部门快速赶往现场，开展先期处置，必要时通知110联动单位到场开展应急救援。各部门迅速启动各自的预案开展工作。

2）封锁现场

在现场情况进一步判明的基础上，指挥中心通过指挥调度系统，继续调集相应处置力量赴指定位置集结待命。前期到达现场参与处置力量，根据指挥部分工，进行处置工作。

3）疏散人群

案发地公安派出所和刑警、特巡警、交巡警到达现场后，视情况采取相应措施。有人员伤亡的，组织进行抢救；发生危险化学品车辆倾覆、外溢事故的，及时疏导和组织受到威胁的群众安全撤离，并及时将情况报告总指挥部。

4）抢救伤员

根据现场情况，组织到达现场警力和110联动单位，紧张有序地营救被困、遇险的伤亡人员。同时协调卫生、急救部门在现场附近设立紧急救护站和救护车集结处，迅速确立若干家医院为抢救点，保证抢救渠道畅通。交巡警部门负责全面保障抢救车辆、人员出入现场的交通顺畅，开设紧急救助通道。文保部门迅速与医院协调，开辟专用抢救通道和救治病房，并及时统计伤亡人数，上报总指挥部。交巡警大队与医院方面配合，尽快查明伤亡者身份。

5）勘查现场

交巡警部门组织力量对现场进行全面、细致的勘验检查，对现场进行勘查、拍照和录像，提取和固定痕迹物证，扣押肇事者或有关证件，暂扣肇事车辆，寻找目击证人，查明事故原因。

6）恢复秩序

在抢救伤员、排除险情、勘查现场等各项工作结束后，立即安排施救单位迅速撤出现场，清扫道路，待施救单位撤出现场后，再撤出警戒区域，撤出时必须从事故车辆处由远到近、由内到外依次撤出安全设施。尽最大努力，尽快恢复交通，各项处置工作结束后，各参战单位及时总结处置工作情况，并由城市轨道交通公安分局办公室负责汇总，上报区委、区政府和市公安局。

5．应急保障

城市轨道交通应急保障主要包括：信息网络通畅、救援物资齐备、人员调动迅速、指令及时传输、培训训练到位、法律法规保障。从这6个方面着手，确保在发生紧急情况时能迅速控制险情、减少损失、尽快恢复城市轨道交通的运营正常。

1）信息网络通畅

建立质量高、技术先进、实用稳定而又封闭独立的网络化应急通信系统，配备必要的应急备用设施和技术力量，确保信息报送渠道的安全畅通。

2）救援物资齐备

加强对车辆、警械、防毒及防爆、灭火、打捞、起吊等设备、器材的保管和维护，满足处置时需要。保障应急处置期间的交通运输，以及"伤员抢救绿色通道"的畅通。

3）人员调动迅速

交警、巡警、特警、治安大队及属地派出所按照事故规模要求，随时保持一定的处置应急力量，或随时能集结一定力量投入处置工作。应急力量应包括医疗卫生、市政部门有关人员和相关专家等，当然也包括对轨道交通运营管理部门的专业技术人员的及时调动。

4）指令及时传输

通信部门应确保现场指挥部和参与处置单位的通信联系畅通，保障处置现场的指令、信息汇报的传输畅通，确保指挥部门与现场的通信联络。

5）培训训练到位

积极组织开展应对事故现场指挥人员及队伍的指挥和技能培训，定期进行应急模拟综合演练，提高合成作战和快速有效反应能力。

6）法律法规保障

城市轨道交通事故的处置工作应根据相关法律进行事件的善后处理，法制部门也应及时、主动地提供相关的服务和支持。

相关案例

南京地铁列车连挂车钩发生碰撞情况问题分析

1. 事故时间地点

时间：2005年12月1日6:55。

地点：小行—安德门上行区间，距安德门站约300m处。

2. 事故后果

此次事故造成2526车A端的防爬器轻微擦伤，2526车A端车头右侧的导流罩损坏。

3. 事故经过

7:40，行调指令基地内1314车出库并连挂故障车2526车。

8:05，1314车出库，采用洗车模式与2526车连挂时，因列车处于小半径曲线位置，车钩对位不正，连挂失败，车钩发生碰撞。

4. 事故原因分析

本案例事故的主要原因是编制技术文本时，考虑得不够充分，没有明确"小曲率半径连挂作业要求"；当时车辆连挂时线路半径为150m，根据《南京地铁南北线一期工程车辆合同文件附件1》中对车钩连挂的规定，是不允许进行自动连挂的，合同中明确要求列车自动连挂时最小半径不得小于300m。

同时，也反映出调度人员和作业人员安全意识不强、经验不足、缺乏处理特殊情况的应变能力。

经过此事故后，南京地铁在2007年版的《小行基地运作规则》中规定：小行基地内道岔区段及其他300m以下曲线半径线路原则上不得进行电客车连挂作业。特殊情况下须进行连挂作业时，须确认车钩位置，如果车钩自动对中不能达到对中范围的要求，须进行手动调整。150m曲线半径的线路上进行连挂作业时，由车辆系统专业人员进行现场技术指导。

5. 如何防止此类事故在地铁的发生

由此引申我们还要考虑车辆在坡道连挂时车钩纵向偏差会导致的后果，相关的技术规定有待与设备部商定。

加强安全教育，完善培训计划。从兄弟地铁多收集一些特殊故障处理的资料，作为乘务人员培训的必修课。

加大管理力度，严禁擅自操作。理性对待没有把握的陌生故障，及时请教专业工程师和相关领导。

拓展知识

地铁事故自救知识

作为重要的公共交通工具，地铁的安全保障如何？当灾害发生时乘客应该注意哪些问题呢？

1. 车厢碰撞：要尽量固定住身体

（1）遇有列车突然减速并紧急停驶时，要尽量固定住身体，以防止身体随惯性向前冲击而撞伤。

（2）如果时间允许最好能平卧在坐椅上，或钻在两个椅子中间的空当之中，紧紧抓牢或抱住靠背或椅子腿，这样既可身体与车厢形成一体，在车厢发生倾斜或翻滚时不致与车厢或其他物体发生碰撞。

2. 车厢着火：从疏散门进入隧道撤离

1）在列车上

（1）按动地铁车厢的紧急报警装置及时报告。

（2）利用车厢内的灭火器进行扑火自救。

（3）如果火势蔓延，乘客应先行疏散到安全车厢。

（4）如果列车无法运行且要在隧道内疏散乘客时，乘客要在司机的指引下，有序通过车头、车尾疏散门进入隧道，或者通过打开的疏散平台往邻近车站撤离。

（5）乘客切勿有拉门、砸窗跳车等危险行为。不要因为顾及贵重物品，而浪费宝贵的逃生时间。

2）在车站内

（1）利用车站站台墙上的火警手动报警器报警或直接报告地铁车站工作人员。

（2）在有浓烟的情况下，捂住口鼻贴近地面逃离。

（3）要注意朝明亮处，迎着新鲜空气跑。遇火灾不可乘坐车站的电梯或扶梯。

3. 地铁故障：切勿跳轨防触电

（1）依照指示从列车紧急出口疏散或从打开的车门、疏散平台疏散。

（2）疏散时大件物品行李请留在车上，以免阻碍疏散。

（3）切勿擅自跳下轨道以防触电，穿高跟鞋的乘客需脱鞋以免扭伤。

（4）请在指定线路上行走，不可走到其他线路上或隧道内；沿站台末端阶梯进入站台。

4. 车厢停电：不可扒门进入隧道

（1）站台突然停电，很可能是该站的照明设备出现了故障，在等待工作人员进行广播和疏散前，请原地等候。

（2）列车在运行时遇到停电，乘客千万不可扒门离开车厢进入隧道。即使全部停电后，列车上还可维持 45min~1h 的应急通风。

5. 危险品毒气：用衣物纸巾捂口鼻

（1）如果在车厢内发现不明包裹，在未确定其危险性时，最好远离该包裹。

（2）利用随身携带的餐巾纸、衣物等用品堵住口鼻、遮住裸露皮肤。

（3）迅速朝远离毒源的方向逃跑。到达安全地点后，用水清洗裸露皮肤。

6. 掉下站台：紧贴墙壁以免刮倒

（1）如果乘客坠落后看到有列车驶来，最有效的方法是立即紧贴非接触轨侧墙壁，注意使身体尽量紧贴墙壁以免列车刮到身体或衣物。

（2）看到列车已经驶来，切不可就地趴在两条铁轨之间的凹槽里，因为地铁列车和道床之间没有足够的空间使人容身。

任务三　城市轨道交通环境控制与安全管理的操作运用案例

【操作运用案例1】城市轨道交通环境控制的认知

1. 实训项目教师工作活页

实训项目教师工作活页　　　　　　　　　　　　　　　　　NO:_____

实训项目	城市轨道交通环境控制的认知		
学　时	2	班级	
实训场所	多媒体教室及城市轨道交通系统的各种模型实训室中进行。		
工具设备	课件、图片、示教板、计算机多媒体设备等。		
教学目标	专业能力	（1）能说出环境控制系统的概念、作用、分类和组成。 （2）介绍环境控制系统的主要设备、控制方式及运行模式。 （3）说出给排水系统的组成。 （4）简要介绍的消防报警系统的功能。 （5）说出火灾自动报警系统的组成。 （6）介绍消火栓灭火的操作过程。 （7）说出自动喷水灭火系统的组成。 （8）说出防/排烟设备的组成及作用。	
	方法能力	（1）能综合运用专业知识，通过利用专业书籍、多媒体课件和图片资料获得帮助信息。 （2）能根据实训项目学习任务确定实训方案，从中学会表达及展示活动过程和成果。	
	社会能力	（1）能在实习训练活动中保持积极向上的学习态度。 （2）能与小组成员和教师就学习中的问题进行交流和沟通。 （3）能与他人共享学习资源且具有较好的合作能力和团队协作精神。	
教学活动	略（详见教学活动设计）		
教学评价	学生活动： （1）以5~7人小组为单位开展实训活动，根据本组成员在实训过程中的能力表现及结果进行自评、组内互评。 （2）根据其他小组成员在成果展示活动中的表现及结果进行互评。 教师活动： （1）教师组织学生开展评价活动和总结。 （2）对学生本实训项目单元成绩做出综合评价。		
教学资料	（1）城市轨道交通概论教材。 （2）城市轨道交通运输设备、车站设备等参考书。 （3）实训项目学生学习活页。		
指导教师		教学时间	年　月　日

2. 实训项目学生学习活页

实训项目学生学习活页　　　　　　　　　　　　　　　　　　　　　　　NO：_____

实训项目 1　城市轨道交通环境控制的认知
班级：_____　姓名：_____　　　学号：_____　时间：_____   一、实训目标   1. 专业能力目标   （1）能说出环境控制系统的概念、作用、分类和组成。   （2）介绍环境控制系统的主要设备、控制方式及运行模式。   （3）说出给排水系统的组成。   （4）简要介绍消防报警系统的功能。   （5）说出火灾自动报警系统的组成。   （6）介绍消火栓灭火的操作过程。   （7）说出自动喷水灭火系统的组成。   （8）说出防/排烟设备的组成及作用。   2. 方法能力目标   （1）能综合运用专业知识，通过利用专业书籍、多媒体课件和图片资料获得帮助信息。   （2）能根据实训项目学习任务确定实训方案，从中学会表达及展示活动过程和成果。   3. 社会能力目标   （1）能在实习训练活动中保持积极向上的学习态度。   （2）能与小组成员和教师就学习中的问题进行交流和沟通。   （3）能与他人共享学习资源且具有较好的合作能力和团队协作精神。   二、知识总结   1. 总结环境控制系统的作用和分类。   2. 列举环境控制系统的主要设备。   3. 说出车站空调通风系统和区间隧道通风系统的组成。   4. 说出消防报警系统的功能。   5. 说出火灾自动报警系统的组成。   三、操作运用   1. 上网搜集地铁火灾的案例，分析火灾原因，制定对策。

续表

2. 根据下面列举的三种冷水机组图片，标出冷水机组的种类。

（1）＿＿＿＿＿＿＿　　　（2）＿＿＿＿＿＿＿　　　（3）＿＿＿＿＿＿＿

3. 根据下面列举的探测器图片，标出探测器的种类。

（1）＿＿＿＿＿＿＿　　　（2）＿＿＿＿＿＿＿　　　（3）＿＿＿＿＿＿＿

4. 画图说明湿式自动喷水的原理。

四、实训小结

五、成绩评定

1. 学生评价

评价等级	A—优	B—良	C—中	D—及格	E—不及格
学生自评					
组内互评					
他组互评					

2. 教师评价

评价等级	A—优	B—良	C—中	D—及格	E—不及格
专业能力					
方法能力					
社会能力					
评价结果					

3. 综合评价

评价等级	A—优	B—良	C—中	D—及格	E—不及格
评价结果					

注：按照学生自评占10%、组内互评占10%、他组互评占20%、教师评价占60%的比例计分。其中，A—100分，B—85分，C—75分，D—60分，E—50分。

续表

4. 评价量规

等级	行为表现描述
A	能圆满高效地完成实训任务的全部内容
B	能顺利完成实训任务的全部内容
C	能完成实训任务的全部内容，但需要一些帮助和指导
D	自己只能完成实训任务的部分内容，但在教师的指导下，能够完成任务的全部内容
E	不能完成实训任务的全部内容

【操作运用案例2】城市轨道交通安全管理的认知

1. 实训项目教师工作活页

实训项目教师工作活页　　　　　　　　　　　　　　　　　　　　　　　　NO：_____

实训项目	城市轨道交通安全管理的认知		
学　时	2	班级	
实训场所	多媒体教室及城市轨道交通系统的各种模型实训室中进行。		
工具设备	模拟地铁火灾发生状况视频录像，以及国内外城市轨道交通系统事故发生现场图片等。		
教学目标	专业能力	（1）能说出城市轨道交通安全系统工程的构成。 （2）会介绍安全管理的目的和要求。 （3）能说出安全管理的主要措施。 （4）说出城市轨道交通事故的定义和分类。 （5）说出事故的调查分析内容。 （6）能解释城市轨道交通的安全对策。 （7）能简要介绍城市轨道交通应急预案。	
	方法能力	（1）能综合运用专业知识，通过利用专业书籍、多媒体课件和图片资料获得帮助信息。 （2）能根据实训项目学习任务确定实训方案，从中学会表达及展示活动过程和成果。	
	社会能力	（1）能在实习训练活动中保持积极向上的学习态度。 （2）能与小组成员和教师就学习中的问题进行交流和沟通。 （3）能与他人共享学习资源且具有较好的合作能力和团队协作精神。	
教学活动	略（详见教学活动设计）		
教学评价	学生活动： （1）以5~7人小组为单位开展实训活动，根据本组成员在实训过程中的能力表现及结果进行自评、组内互评。 （2）根据其他小组成员在成果展示活动中的表现及结果进行互评。 教师活动： （1）教师组织学生开展评价活动和总结。 （2）对学生本实训项目单元成绩做出综合评价。		
教学资料	（1）城市轨道交通概论教材。 （2）城市轨道交通运输设备、车站设备等参考书。 （3）实训项目学生学习活页。		
指导教师		教学时间	年　　月　　日

2. 实训项目学生学习活页

实训项目学生学习活页　　　　　　　　　　　　　　　　　　　　　　NO：_____

实训项目 2　城市轨道交通安全管理的认知
班级：_____ 姓名：_____ 学号：_____ 时间：_____

一、实训目标

1. 专业能力目标

（1）能说出城市轨道交通安全系统工程的构成。

（2）会介绍安全管理的目的和要求。

（3）能说出安全管理的主要措施。

（4）说出城市轨道交通事故的定义和分类。

（5）说出事故的调查分析内容。

（6）能解释城市轨道交通的安全对策。

（7）能简要介绍城市轨道交通应急预案。

2. 方法能力目标

（1）能综合运用专业知识，通过利用专业书籍、多媒体课件和图片资料获得帮助信息。

（2）能根据实训项目学习任务确定实训方案，从中学会表达及展示活动过程和成果。

3. 社会能力目标

（1）能在实习训练活动中保持积极向上的学习态度。

（2）能与小组成员和教师就学习中的问题进行交流和沟通。

（3）能与他人共享学习资源且具有较好的合作能力和团队协作精神。

二、知识总结

1. 简要说明城市轨道交通安全系统工程的构成要素。

2. 简要说出安全管理的主要内容和措施。

3. 简要说出轨道交通事故的定义和分类。

4. 简要说出影响轨道交通事故的主要因素。

续表

5. 简要说出城市轨道交通的安全运营对策有哪些?

6. 介绍城市轨道交通的应急预案。

三、操作运用

根据处理各种事故的知识，按照教师设置的场景，分成相应的小组，模拟对下列事故进行处理。

1. 分别模拟车站被劫时的应急处理。

2. 车站发生火灾时的处理。

3. 车站全部票务处理机故障的处理。

4. 电梯困人的处理。

5. 乘客受伤的处理等。

教师可自行发挥场景设置，目的是让学员学完后能灵活运用以上所学理论知识，进行角色互换，小组评价。

四、实训小结

_____

_____

五、成绩评定

1. 学生评价

评价等级	A—优	B—良	C—中	D—及格	E—不及格
学生自评					
组内互评					
他组互评					

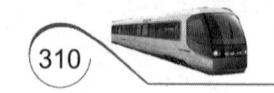

续表

2. 教师评价

评价等级	A—优	B—良	C—中	D—及格	E—不及格
专业能力					
方法能力					
社会能力					
评价结果					

3. 综合评价

评价等级	A—优	B—良	C—中	D—及格	E—不及格
评价结果					

注：按照学生自评占10%、组内互评占10%、他组互评占20%、教师评价占60%的比例计分。其中，A—100分，B—85分，C—75分，D—60分，E—50分。

4. 评价量规

等级	行为表现描述
A	能圆满高效地完成实训任务的全部内容
B	能顺利完成实训任务的全部内容
C	能完成实训任务的全部内容，但需要一些帮助和指导
D	自己只能完成实训任务的部分内容，但在教师的指导下，能够完成任务的全部内容
E	不能完成实训任务的全部内容

思考与练习

1. 城市轨道交通环境控制系统的特点、要求和措施是什么？
2. 城市轨道交通有哪些给排水设备？
3. 城市轨道交通安全系统工程的构成要素是什么？
4. 城市轨道交通事故如何分类？
5. 影响城市轨道交通事故的因素？
6. 城市轨道交通的安全运营对策有哪些？
7. 城市轨道交通应急预案主要包括哪些内容？